Erika Helene Etminan: Lebenskrisen meistern

vianova
Verlag Via Nova

Erika Helene Etminan

Lebenskrisen meistern

Handbuch für Selbstmanagement in schwierigen Zeiten

vianova
Verlag Via Nova

1. Auflage 2009

Verlag Via Nova, Alte Landstr. 12, 36100 Petersberg

Telefon: (06 61) 6 29 73

Fax: (06 61) 96 79 560

E-Mail: info@verlag-vianova.de

Internet: www.verlag-vianova.de / www.transpersonale.de

Umschlaggestaltung: Guter Punkt, München

Satz: Sebastian Carl

Druck und Verarbeitung: Fuldaer Verlagsanstalt, 36037 Fulda

ISBN 978-3-86616-145-0

Für
Anne, Joseph und Hein

Inhalt

Gott gebe mir

die Gelassenheit,
Dinge hinzunehmen,
die ich nicht ändern kann,

den Mut,
Dinge zu ändern,
die ich ändern kann,

und die Weisheit,
das eine vom anderen zu unterscheiden.

– Friedrich Öttinger (1702 - 1782) –

I. Verstehen, was Krise ist

1.0 Einleitung

Bevor wir im späteren Verlauf des Buches über Selbstmanagement in Krisenzeiten nachdenken oder über persönliches und spirituelles Wachstum, wollen wir in diesem ersten Teil des Buches zunächst auf eine ganz grundsätzliche Weise untersuchen, was eigentlich eine Krise ist. Leid und Krise sind in unserer Gesellschaft zwei Tabu-Themen, ungeliebt und ausgeblendet. Dieses Buch hat deshalb vor allem die Aufgabe, diese ungeliebten Themen ein wenig ins Licht der Aufmerksamkeit zu stellen, einerseits natürlich für die Betroffenen, andererseits aber auch gesellschaftlich. Denn wenn diese Themen auf Dauer „ausgeblendet" werden, dann machen sie sich aus ihrem Schattendasein heraus unangenehm bemerkbar, sie bekommen Macht über uns. Weiter wollen wir untersuchen, was eigentlich eine Krise ist, wie und warum Krisen entstehen und was genau der Unterschied zwischen Leid und Krise ist. Auch werden wir besprechen, auf welchen Ebenen unseres Daseins wir in Krisen kommen können. Die wenig schöne Antwort wird sein: Auf allen Ebenen! Und manchmal auf mehreren Ebenen gleichzeitig! Außerdem werden wir untersuchen, warum manche Krisen gesellschaftlich anerkannt sind und manche nicht. Dies hat etwas mit dem Auf- beziehungsweise Abbau des Lebens zu tun. Wir werden auch sehen, dass es eigentlich darum geht, jede Krise für die eigene Weiterentwicklung zu nutzen, sei es nicht im materiellen Leben, so doch im geistigen Leben.

Aber warum sind wir in diese Krise geraten? Warum nur? Das ist die erste und vielleicht wichtigste Frage in Zeiten von Leid und Krise. Hierauf werden wir in diesem ersten, mehr systematischen Teil des Buches eingehen. In diesem ersten Teil werden wir uns mit den inneren und äußeren Ursachen und Begleiterscheinungen von Leid und Krise beschäftigen und auch mit unserer eigenen Haltung gegenüber diesen Phänomenen. Wir werden erfahren, dass Leben auch leiden heißt. Vielfältige Abwehr- und Vermeidungsmechanismen kommen zur Sprache, unsere eigenen Mechanismen, aber auch die anderer Leute, die nichts mit Leid und Krise zu tun haben wollen. Menschen, die in einer Krise sind, gehen oft sehr verschieden mit den Herausforderungen einer Krise um, je nachdem, zu welchem Typus sie gehören. Um besser verstehen zu können, warum Menschen in vergleichbaren Krisen manchmal doch extrem andere Dinge lernen müssen, werden wir uns kurz den Unterschied zwischen Opfer- und Tätertypen anschauen.

Danach werden wir uns die vielen verschiedenen Formen von Krisen anschauen. Es wird eine Reise auf der schweren, dunklen Seite des Lebens werden. Wem das zu viel wird, der wähle einfach die Krisenform aus, die auf seine eigene Situation am ehesten zutrifft, und lasse den Rest weg. Wie der Prozess einer Krise normalerweise abläuft, wird schematisch dargestellt im Kapitel 1.6 „Die Phasen einer Krise“. Zum besseren Verständnis dieses Prozesses gibt es ein einfaches Schema, das dem Leser auch ermöglichen wird, seine eigene Situation besser einzuschätzen. Hier werden wir sehen, wie eine Krise, wenn sie losbricht, uns zunächst mehr oder weniger tief in die dunkle Seite hineinführt, um uns dann aber auf der anderen Seite wieder ins Licht zu entlassen. Für die einzelnen Phasen werden die zentralen Aspekte beschrieben und auch die Entwicklung aufgezeigt, die ein Betroffener in diesen Phasen mitmacht. Wenn wir auf der anderen Seite wieder auftauchen, werden wir viel gelernt und uns als Menschen ein gutes Stück weiterentwickelt haben.

Die nächste wichtige Frage wird natürlich sein, wie wir wieder aus dieser Krise herauskommen. Um diese Frage wird es im zweiten, mehr unterstützenden Teil des Buches gehen (II „Selbstmanagement in Krisenzeiten“). In den Teilen III „Krise als Chance für persönliches Wachstum“ und IV „Die spirituelle Dimension von Krise“ werden wir uns auch ausführlich damit beschäftigen, wie es Betroffenen gelingen kann, eine solche schwere Lebensphase nicht einfach nur irgendwie „schnell hinter sich zu bringen“, sondern wie sie genutzt werden kann, um sich persönlich und spirituell weiterzuentwickeln und um später … zu verstehen und zu verzeihen. Bis am Ende nur noch Dankbarkeit bleibt!

1.1 Leid und Krise – zwei gesellschaftliche Tabus

Leid ist eine Seite des Lebens, von der wir in guten Zeiten nicht mitbekommen, dass es sie gibt. Oder vielleicht nicht mitbekommen möchten? Aber Leid ist anwesend, sichtbar oder unsichtbar ist es doch immer anwesend. Manche strengen sich an, so zu tun, als wäre es nicht so. Andere sagen: „Leiden gehört zum Leben!“, und es klingt ein wenig resigniert. Sie meinen, wir müssen es hinnehmen, wir können es nicht ändern, es ist, wie´s ist. Dann schimmert etwas Unabänderliches hindurch. So reden Menschen, die bereits Erfahrung mit Leid haben. Und es klingt weise, wenn sie so reden. Diese Töne hören wir heute allerdings nur noch selten, meistens von älteren Leuten, die auf Grund ihres Alters bereits genug „mitgemacht“ haben. Menschen also, die bereits einen Verlust erlitten haben, sei es der Verlust eines geliebten Menschen oder der Verlust ihrer eigenen körperlichen und geistigen Fähigkeiten. Diese Töne hören wir nicht nur immer seltener, sie werden auch immer leiser. Denn Leiden ist *out*. Eine auf Erfolg ausgerichtete Gesellschaft kann kein Leid gebrauchen, es stört den Traum von der Machbarkeit des Lebens. Probleme sind Hürden, die genommen werden wollen: Schau her, wie ich es mache, ich habe Erfolg; denke positiv, dann schaffst du es, usw. Im Licht der Aufmerksamkeit stehen vor allem Menschen, die auf dem Weg nach oben sind und die durch Erfolgsmeldungen von sich reden machen. Aufbruch und Aufbau sind angesagt. Wenn wir hier mitreden können, dann sind wir auf dem aufsteigenden Ast – dann sind wir *in*. Aber wehe, wenn nicht!

Die Schattenseiten des Lebens werden in unserer Gesellschaft zunehmend ausgeklammert und verdrängt. Niemand will mit den Grenzen der Machbarkeit in Berührung kommen, mit menschlicher Ohnmacht, mit körperlichem Leid, mit seelischer Katastrophe, mit dem Verlust von beruflicher oder persönlicher Identität. Dies jedoch bedeutet für Menschen, die sich in der Krise befinden, dass sie soziale Isolation erfahren. Sie erleben, dass Bekannte die Flucht ergreifen und dass Freunde sich zurückziehen, während sie doch gerade jetzt, in dieser Not, andere nötiger brauchen als zu normalen Zeiten. Warum ist das so? Die dunklen Zeiten des Lebens, die Zeiten des Abbruchs, der Demontage, des Verlustes und der Niederlage, die Zeiten des absteigenden Astes, sie gehören in unserer Gesellschaft nicht zum öffentlichen Leben dazu. In unserer positiv denkenden, jungdynamischen und auf Erfolg ausgerichteten „Kultur“ ist Leid ein Tabu geworden.

Dauert eine dunkle Zeit länger, ist die Dunkelheit schwärzer als zuerst angenommen oder das Leid kaum zu ertragen, dann haben nicht nur die Betroffenen selbst ein großes Problem, sondern auch die Menschen darum herum. Die Schattenseiten des Lebens werden heute verdrängt, mit Pillen, mit (legalen / illegalen) Drogen unterdrückt oder mit Konsum (TV!) in jeder Form betäubt. Niemand will mit der Erfahrung von Ohnmacht, mit schwerem körperlichem oder psychischem Leid in Berührung kommen. Deshalb wird von den Betroffenen erwartet, dass sie ihr Leid stoppen und ihre Krise beenden. Sie sollen es „wegmachen“. Wie, ist egal, Hauptsache weg. Wenn die Betroffenen diese Erwartung nicht erfüllen oder nicht erfüllen können, dann werden die Telefongespräche kürzer und seltener. Besuche bleiben aus. Das passiert, wenn die Betroffenen es nicht schaffen, schnell wieder auf den aufsteigenden Ast aufzuspringen, auf dem anscheinend *alle* anderen unterwegs sind. Dann haben sie nicht nur ihr ursprüngliches Problem, es kommt noch ein weiteres hinzu: Sie bekommen Probleme mit anderen Leuten, mit ihrem Umfeld. Leid ist dann ihr eigener Fehler, es scheint, dass sie etwas falsch machen. Stillschweigend wird ihnen Masochismus vorgeworfen: Lust am Leid. Auch wird ihnen vorgeworfen, nicht aus der Krise herauszu*wollen*. Als ob es in so einem dunklen Loch schön wäre! Sie würden ja gern raus wollen, wissen aber oft nicht wie oder haben die Kraft nicht, die dazu nötig wäre. Und die Ratschläge der anderen passen oft nicht zu ihnen als Person oder nicht zu der konkreten Situation. Betroffene spüren, dass diese Ratschläge nicht helfen, und erfahren Ratschläge oft als zusätzliche „Schläge". Die schlimmsten Ratschläge kommen sowieso von Leuten, die (noch) nicht wissen, was Leid ist, oder die genau diese Krise noch nicht mitgemacht haben. Von Schlaumeiern also! Das tut weh! Solche Ratschläge kommen nicht gut an, weil sie *kalt* sind, weil die Erfahrung dahinter fehlt. Ihnen fehlt die *Weisheit*, die sich erst nach getaner Arbeit ergibt. Menschen, die selbst erfahren haben, was die Betroffenen jetzt mitmachen, sind wesentlich stiller, sie sind vorsichtiger mit Tipps. Wenn sie Tipps geben, dann sagen sie nur, was ihnen selbst geholfen hat. Sie sagen keinem, was er oder sie tun muss. Weil sie das nämlich nicht wissen und nicht wissen können. Es gibt nur eine/einen, die/der weiß, wie sie/er es machen muss: wir selbst! Weisheit ist das Wissen, das aus der Erfahrung kommt. Aber bis dahin ist es möglicherweise noch ein langer Weg, der zurückgelegt werden will. Erst will diese Krise, erst will dieses Leiden gelebt werden. Aber warum nur, in Gottes Namen? Warum nur sind wir in diese Krise geraten? Wo sind der *Glanz* und die *Intensität* aus unseren Kinderjahren geblieben? Wo ist das Lachen geblieben, das direkt nach dem Schmerz und den Tränen kam? Den vollen *Glanz* des Lebens können wir nur erfahren, wenn wir bereit sind, auch die dunklen Seiten des Lebens zu akzeptieren und sie genauso zu durchleben wie die angenehmen Seiten. Wir hätten es gern etwas einfacher? Wir wollen gern nur die positiven, angenehmen Seiten erleben und genießen? Geht leider nicht! Denn Leben ist Kontrast, ist Dualität.

In den Teilen III „Krise als Chance für persönliches Wachstum" und IV „Die spirituelle Dimension von Krise" werden wir sehen, wie wir aus äußeren Niederlagen *inneren* Gewinn erzielen können, wie wir persönliche Niederlagen in geistigen Nutzen verändern können, wie wir aus Sch… Gold machen können. Ich weiß, dies ist eine Zumutung für jemanden, der noch mitten in einer Krise steckt. Aber es gehört tatsächlich zu unseren Möglichkeiten als Mensch, auch schwärzeste Zeiten zu durchstehen und wieder aufzustehen. Danach sind wir um eine wichtige Erfahrung reicher: dass nämlich Leiden zum Leben nicht nur dazu gehört, sondern darüber hinaus für die eigene Entwicklung sogar sehr *wertvoll* sein kann! Die Religionen haben das schon immer gesagt, aber wir hatten keine Lust mehr darauf, wir wollten lieber das Leben genießen. Den Leidaspekt des

Lebens anzunehmen und ihn in unser Weltbild und in die persönliche Erfahrung zu integrieren, macht es möglich, eigenes Leiden und das Leiden anderer als eine reale und sogar bereichernde Erfahrung zuzulassen. Wir gehen dann den Weg zurück zur *vollen Intensität* des Lebens. Als Belohnung kommt der *Glanz* zurück. Und das Lachen!

1.2 Was ist eigentlich eine „Krise"?

Was ist das Geheimnis von Krise? Ist eine Krise einfach nur eine Gemeinheit des Lebens? Dann können wir nicht viel mehr damit machen, als sie auszuhalten und zu warten, bis sie vorbei ist. Es wird eine ziemlich schreckliche Zeit werden, denn es kann etwas länger dauern. Gut, es gibt genügend Möglichkeiten, sich abzulenken und Erleichterung zu suchen. Diese Versuche, zu flüchten, sich zu betäuben und sich abzulenken, funktionieren zwar, sie sind aber nicht der Sinn der Sache. Krisen sind nicht einfach nur gemein, sie wollen uns nicht einfach nur ärgern, obwohl wir manchmal vielleicht das Gefühl haben, dass oben im Himmel die Götter mit uns Bowling spielen.

Es gibt Menschen, die haben zeitweise oder vielleicht sogar ihr ganzes Leben lang ein bestimmtes Problem, das ihr Leben erschwert: Geldmangel, eine Krankheit oder die Krankheit eines Angehörigen, ein schwieriges Kind oder einen schwierigen Partner, einen Beruf, den sie nicht mögen, eine Ungerechtigkeit, die ihnen ständig widerfährt usw. All diese Dinge können als sehr leidvoll erfahren werden und auch lange andauern. Das Leben wird dadurch sehr erschwert, es fehlt jegliche Leichtigkeit und es gibt nicht viel Grund zum Lachen. Aber selbst wenn dieses Leid wirklich als Leid erfahren wird, so wird man sich irgendwann doch daran gewöhnen (obwohl man sich nie wirklich daran gewöhnt!). Das Leiden wird chronisch werden, aber man kann doch damit irgendwie leben. Man lernt, damit zu leben, man arrangiert sich und kann damit alt werden. Man lernt in unbequemen Schuhen laufen. Der Versuch, dieses chronische Leiden zu verändern, wird eine Krise auslösen. Das chronische Leiden muss dann durch ein akutes Stadium, muss durch eine Krise gehen, um heilen zu können[1]. Krise ist also etwas anderes als Leid, obwohl eine Krise mit viel Leid verbunden sein kann. Und was den einen Menschen in eine schwere oder schwerste Krise bringt, das steckt jemand anders einfach so weg und macht – ganz pragmatisch – das Beste daraus. Unabhängig davon, welche Faktoren eine Krise auslösen, die Tatsache, wie sehr oder wie tief

---

1 Der Begriff Krise kommt von „katharsis", was Reinigung bedeutet.

wir in eine Krise geraten, hängt vor allem davon ab, wie wichtig oder tief greifend für jemanden eine Veränderung ist, wie jemand als Person veranlagt ist und ob vielleicht in der Vergangenheit eine oder mehrere andere Krisen „überspielt“ wurden.

Durch welche Einflüsse eine Krise auch ausgelöst wird, sie bricht mehr oder weniger heftig über das alte Leben herein und verändert es. Krise ist ein intensiver Veränderungsprozess, bei dem vom alten Leben nicht viel – vielleicht auch gar nichts – übrig bleibt. Dabei kann es sein, dass diese Krise selbst aktiv ausgelöst wurde, wie zum Beispiel durch einen längeren Auslandsaufenthalt oder durch die Bewerbung auf eine höhere Position. Eine solche Krise kann mit Leid verbunden sein, muss es aber nicht unbedingt. Wenn zum Beispiel durch Heirat und Familiengründung eine neue Lebensphase beginnt, dann kann das sehr schön sein, denn diese Veränderungen werden als erwünscht erfahren. Trotzdem kann es auch anstrengend sein und uns gut durchschütteln. In diesem Buch wird es nur am Rande um diese „schönen“ Krisen gehen, obwohl sie der Vollständigkeit halber ebenfalls erwähnt werden. Sie sind anstrengend, aber auch schön, während für viele, eigentlich für die meisten anderen Krisen gilt, dass sie nicht schön, sondern grauenhaft anstrengend sind und dass es manchmal schwierig ist, sie überhaupt zu überleben. Wir werden uns in diesem Buch hauptsächlich um diese schweren und eingreifenden Krisen kümmern, die mit sehr viel Leid verbunden sind, um Krisen also, die durch bestimmte äußere oder innere Einflussfaktoren ausgelöst wurden und zu passiven, ungewollten Krisen wurden.

Woher weiß man, dass man in einer Krise ist? Zunächst einmal weiß man es *nicht*, obwohl man vielleicht schon längere Zeit in der Krise ist. Es kann sehr lange dauern, bis man selbst oder andere das Wort „Krise“ zum ersten Mal in den Mund nehmen. Denn Krise ist nichts Schönes. Sie ist wie eine schlimme Krankheit und niemand hat gern schlimme Krankheiten. Deswegen wird das Wort „Krise“ lange vermieden und umgangen. Es wird schon wieder gut werden, beschwichtigen wir uns selbst und trösten uns die anderen. Es ist viel gewonnen, wenn das Wort „Krise“ zum ersten Mal ausgesprochen wird, denn dann ist die Sache benannt und man kann beginnen, damit umzugehen.

Aber woher weiß man, dass man in einer Krise ist? Man ist in einer Krise, wenn man Dinge (innere wie äußere) mitmacht, die man nicht mehr versteht, von denen man überwältigt wird, die einem zu heftig sind, die einen in ein neues Leben mitreißen, obwohl man das alte eigentlich nicht hergeben will. Eine Krise beherrscht das Denken und das Fühlen, sie lähmt das Handeln oder zwingt uns geradezu zum Handeln, sie ist – von kurzen Atempausen abgesehen – Tag und Nacht anwesend. Krise ist außerdem mit Destabilisierung verbunden, zeitweise also auch mit dem Verlust von Sicherheit und von Kontrolle. Wir verlieren die

Macht über uns und über die Situation. Nicht nur die äußere Sicherheit geht verloren, genauso schlimm – vielleicht sogar schlimmer – ist es, wenn die vertraute innere Sicherheit sich auflöst. Einschneidende Veränderungen im Leben oder penetrante Probleme zwingen uns dann dazu, alte Gewohnheiten und Selbstverständlichkeiten aufzugeben und alte (unbewusste) Haltungen, Einstellungen und Lebensmuster zu überprüfen. Wenn diese Prozesse tief gehen, dann werden sie als eine Veränderung bis hin zur Zerstörung des alten Lebens oder der alten Persönlichkeit erfahren. All dies geschieht nicht freiwillig und deshalb tut's besonders weh. Diese Veränderung wurde möglicherweise nötig, weil mit den alten Verhaltensweisen offensichtlich kein Fortschritt mehr zu erreichen war oder weil die alten Persönlichkeitsstrukturen und Lebensmuster nicht zu der Lösung beitragen konnten, die nun gefragt ist. Menschen kommen in eine Situation, in der sie gezwungen werden, sich zu verändern. Nicht einfach! Eigentlich ist dies ein zentraler Aspekt von Krise: Sie *zwingt* uns. Wo wir bisher Macher waren, wird nun mit und an uns *gemacht*. Vor allem Abbau-Krisen sind deshalb immer mit der starken Erfahrung von Ohnmacht verbunden. Es macht mit uns und wir werden nicht gefragt. Es ist stärker als wir. Eine Krise wird auf diese Weise zu einer tiefgreifenden Erfahrung, sie hinterlässt Spuren in uns und formt uns neu. Wenn wir uns ihr nicht stellen und sie nicht richtig verarbeiten, dann kann sie – wie ein Trauma – lebenslang dafür sorgen, dass uns das Thema der Krise immer wieder neu begegnen wird, in anderer Gestalt. Krise will, dass wir lernen, dass wir unsere „Hausaufgaben" machen! Wenn wir bereit sind zu lernen, dann tut Krise viel weniger weh, als wir zunächst dachten. Aber wenn wir uns weigern, die „Hausaufgaben" zu machen, dann kann sie sehr wehtun, immer wieder und vielleicht für eine lange Zeit – bis wir gelernt haben.

Man ist in einer Krise, wenn man irgendwann wie besessen nur noch von diesem Problem redet oder – andersrum – wie besessen von diesen Dingen schweigt, obwohl es viel zu sagen gäbe. Man ist in einer Krise, wenn man wie fixiert nur noch auf die eigene Situation starrt, weil sie so einnehmend ist, dass daneben kein anderes Leben mehr existiert. Zusammenfassend könnte man vielleicht sagen, Krise ist eine besondere und besonders *intensive* Zeit, die eventuell als sehr leidvoll erfahren wird. Sie ist der Übergang von einer alten zu einer neuen Lebensphase und wird als umso schwerer erfahren, je weniger sie vom Betroffenen begrüßt werden kann. Krise ist die Zeit einer Veränderung, die von schön und willkommen bis hin zu reinem Horror gehen kann. Wie auch immer, Krise ist eine intensive Erfahrung, sie ist die Schule des Lebens. Sind wir bereit zu lernen?

Im nächsten Kapitel werden wir äußere und innere Auslöse-Faktoren für Krisen unterscheiden. Dafür ist es nötig, kurz darzustellen, wie sehr Krise uns auch innerlich packen kann und wie „fremd“ wir dann werden – fremd für uns selbst und für andere. Andere Menschen haben es nicht leicht mit uns, wenn wir eine solche innerliche Veränderung mitmachen. Wir selbst haben es auch nicht leicht damit, aber danach fragt eigentlich niemand. Stattdessen müssen wir uns verteidigen, weil wir „anders“ sind und weil wir im Moment nicht richtig wissen, was wir wollen, und uns deshalb auch nicht klar verhalten können. Andere wollen den alten Menschen zurück, der wir aber nicht mehr sind. Zumindest wollen sie Klarheit über uns haben, die wir ihnen zurzeit aber nicht geben können. Noch nicht. Wir selbst hätten auch gern Klarheit, aber es dauert noch ein wenig. Ein wichtiger Schritt ist getan, wenn wir uns selbst eingestehen können, dass wir uns in einem solchen Veränderungsprozess befinden, und wenn wir uns zugestehen können, dass wir uns die Zeit nehmen dürfen, die wir dafür brauchen. Manchmal sind diese Veränderungszeiten regelrechte Transformationszeiten, bei denen sich am Ende eines solchen Prozesses ein neuer, anderer Mensch geformt hat. Anstrengend ist bei solchen Prozessen vor allem, dass wir die ganze Zeit über nicht wissen, was oder wer wir hinterher sein werden und wie lange diese Krise andauern wird. Nur eines ist sicher: Nach der Krise werden wir *mehr* wir selbst sein. Und das ist gut so!

1.3 Die Entstehung einer Krise

Die Entstehung von Krisen schreibt man den so genannten crisogenen Faktoren zu, die manchmal äußeren Ursprungs sind, manchmal aber einen ausschließlich inneren Ursprung haben. So viele verschiedene Formen von Krisen und so viele verschiedene Menschen es gibt, so viele verschiedene auslösende Faktoren gibt es.

Zu den äußeren (externen) Faktoren gehört einfach alles, was von außen kommen kann: Unfälle, schlechte Wirtschaftslage, Verlust des Arbeitsplatzes, Verlust des Partners, mutwillige Zerstörung oder Diebstahl, ungerechte Behandlung. Weiter gehören dazu Krankheit und Begegnung mit dem Tod, aber auch der Verlust von wichtigen Menschen, Dingen, Fähigkeiten oder Attributen (wie Schönheit, Jugendlichkeit), Funktion oder Position, Ansehen usw. Solche Ereignisse sind meistens mit einer Ohnmachtserfahrung verbunden, denn sie sind uns alles andere als willkommen. Manchmal geht es auch um einen Mehrfach-Verlust, wenn mit dem einen Ding (Geld) auch andere Dinge verschwinden (Ansehen, Freunde, Kontakte, Statussymbole). Eine Krise kann auch ausgelöst werden durch Ereignisse, die das eigene Ich kränken, weil wir uns herabgesetzt und in unserem Selbstwertgefühl gekränkt fühlen. Zu diesen äußeren Faktoren können aber auch wichtige, positive

Ereignisse gehören, wie zum Beispiel ein Abschlussexamen, ein Karrieresprung, eventuell verbunden mit der plötzlichen öffentlichen Aufmerksamkeit durch die Presse. Dinge also, die anders als bei einem Verlust durchaus positiv zu bewerten sind und doch eine enorme Herausforderung bedeuten können und uns eventuell in eine Krise bringen.

Von außen kommende Krisenauslöser sind uns leicht einsichtig, wir können relativ gut darüber reden (oder schimpfen). Sie haben vor allem den Vorteil, dass wir – zumindest gefühlsmäßig – im Recht sind. Schwieriger ist es mit den inneren Einflussfaktoren. Hier passiert innerlich etwas mit uns, es verändert sich etwas in uns und wir brauchen Zeit, um diese Veränderung selbst zu verstehen und eventuell eine Entscheidung treffen zu können. Dies wird uns in einen Prozess bringen, den man durchaus als Krise bezeichnen kann. An diesem Prozess sind möglicherweise auch andere Menschen beteiligt, die uns dann vorwerfen, dass wir uns verändert hätten und wir nicht mehr dieselben wären wie früher. Richtig! Wir sind nicht mehr dieselben. Aus buddhistischer Sicht verändern wir uns sowieso ständig, gibt es uns nicht als *konstante* Person und irgendwie haben die Buddhisten damit recht. Veränderung und Vergänglichkeit sind eigentlich das *einzig* Beständige. Wir sind nie dieselbe Person, nur sind manchmal die Veränderungen größer und haben dann auch größere Auswirkungen auf unser Leben und auf unser Umfeld.

Zu den inneren (internen) Auslösefaktoren können zunächst alle alten, ungelösten Probleme und Konflikte gerechnet werden, mit denen wir innerlich noch nicht fertig sind: frühkindliche Störungen, mangelnde Anerkennung und Zuwendung, mangelnde Liebe … die ganze psychologische Palette also. Schwierig wird es, wenn solche chronischen Probleme *nicht* aktiv in einer Therapie angegangen werden. Denn eine Therapie würde helfen, gewollt und beabsichtigt durch das akute Stadium einer Krise zur Heilung zu gelangen. Geschieht dies nicht, so kann sich der chronische Charakter verstärken und zur neurotischen Zunahme von Bedürfnissen nach Wohlstand oder Macht, Anerkennung oder Liebe führen. Bis wir eines Tages dann genau das verlieren, wonach wir so sehr verlangen. Manchmal entsteht eine Krise auch durch das Gefühl von Sinnlosigkeit. Vor allem bei Menschen, die erreicht haben, was sie sich vorgenommen hatten. Bei solchen Menschen stellt sich manchmal über Nacht ein Gefühl von Leere und Sinnlosigkeit ein. Das soll *alles* gewesen sein? Habe ich dafür mein Leben lang so hart gearbeitet? Damit dieses schale Gefühl zurückbleibt? Da muss es doch noch mehr geben, etwas, für das es sich *wirklich* lohnt zu leben. Und schon kommen die so genannten Sinnfragen, von denen wir immer dachten, dass nur „Spinner" sich damit rumquälen. Auch persönliche Weiterentwicklung und die allmähliche oder plötzliche Veränderung des bisherigen Selbstverständnisses können für enorme innere Unruhe und Orientierungslosigkeit sorgen.

Zum guten Schluss kann eine Krise auch (von innen her) ausgelöst werden durch einen spirituellen Transformationsprozess, wenn Gott jemanden „packt" und auf Seine Ziele hin umformt. Dieser Prozess geht mit dem Abbau des eigenen Egos einher und ist sehr schmerzhaft. Allerdings kann in dieser Situation dem Leiden ein Sinn zugeordnet werden, weil es verstanden wird. Zu den Krisen, die durch innere Faktoren ausgelöst werden, gehören also auch alle persönlichen oder spirituellen Wachstumsprozesse, obwohl hier die Grenze zwischen inneren und äußeren Faktoren bereits ziemlich vage und unscharf wird. Denn so einfach, wie zunächst dargestellt, ist es nun doch nicht mit den inneren und äußeren Auslösern. Schon das Thema Krankheit lässt uns sehen, dass es eine Grauzone gibt. Ist Krankheit etwas von außen, das mich überfällt wie ein Einbrecher? Oder ist sie etwas aus meinem Inneren? Habe ich für meine Krankheit Verantwortung? Habe ich Einfluss auf die Entstehung meiner Krankheit? Habe ich Einfluss auf die Heilung meiner Krankheit? Und wie weit geht dieser Einfluss? Wie immer die Antwort auch ausfallen mag, sie wird deutlich machen, ob ich zu den Opfer- oder zu den Tätertypen gehöre (siehe Kapitel 1.4). Aber selbst wenn ich meinen Einfluss auf die Krankheit und meine Verantwortung dafür nicht sehe, dann habe ich immer noch Einfluss auf und Verantwortung für meinen *Lernprozess*. Was lerne ich aus dieser Krankheit? Aber es gibt Menschen, die so sehr als Opfertyp identifiziert sind, dass sie selbst dies nicht sehen können. Solche Menschen werden es auch mit den folgenden Überlegungen schwer haben:

Wenn es bei Krankheit eine Grauzone gibt oder eine Wechselwirkung zwischen innen und außen, wie ist es dann bei Unfällen? Losgelöst von der juristischen Schuldfrage, ist es Zufall, dass mich dieses Auto angefahren hat? Ist es Zufall, dass ich mir das Bein gebrochen habe? Was ist „Zufall"? Inwieweit habe ich selbst Verantwortung für das Geschehen? Und inwieweit habe ich Einfluss auf den Genesungsprozess? Für eines aber habe ich in jedem Fall die Verantwortung: aus der Sache zu *lernen*! Was sagt dieser Unfall über mich und mein Leben aus? Was will hier gelernt werden? Und so können wir weitergehen, zur Arbeitslosigkeit, zum Ruin meiner Firma, zum Betrug durch Finanzhaie, zum Verlust der Aktien, zum Fremdgehen des Partners, zum Weglaufen des Kindes...Was gibt es hier zu *lernen*? Was soll mir das sagen? Was hat dies mit meinem Lebensthema zu tun? Welche neue Fähigkeit muss ich in diesem Zusammenhang erwerben? Es will gelernt werden! Krise ist eine große Chance, um persönlich und spirituell zu wachsen.

1.4 Krise als Entwicklungschance

Die verschiedenen Ebenen von Krisen

Wenn Menschen in eine Krise geraten, dann lassen sich auf vielen verschiedenen Ebenen[2] Schwierigkeiten und Krisensymptome beobachten. Dies kann die Selbstverwirklichung betreffen, die in Gefahr ist oder die es endlich anzupacken gilt. Es kann um Entzug von Anerkennung und Macht gehen oder darum, diese endlich zu erwerben. Es kann um den Entzug von jeglichem Kontakt gehen oder darum, endlich die eigene Kontaktfähigkeit zu entwickeln. Es kann darum gehen, zu lernen, für die eigene Sicherheit zu sorgen, aber es kann auch darum gehen, endlich alle Sicherheiten loszulassen. Es kann darum gehen, den Mut und die Kraft aufzubringen, die eigene Existenz in die Hand zu nehmen, es kann aber auch darum gehen, die eigene Existenz in Gottes Hand zu legen. Woher weiß ich, was ich lernen muss? Ich brauche jedenfalls nicht das zu lernen, was ich bereits kann. Um ein ganzer, vollständiger und damit *heiler* Mensch zu werden, muss ich das lernen, was ich noch nicht kann. Möglicherweise also genau das Gegenteil von dem, was ich bereits konnte und auf das ich so stolz war.

Im weiteren Verlauf des Buches wird deutlich werden, dass diese verschiedenen Ebenen nicht immer klar von einander zu trennen sind und zwar deshalb, weil sie nie isoliert vorkommen. Sie gehen an manchen Stellen fließend ineinander über und die Ebene der Sicherheit ist in Krisenzeiten eigentlich immer mit im Spiel. Manchmal kommt es aber auch vor, dass unsere Krise wirklich mehrere Ebenen umfasst. Möglicherweise kommen wir wegen einer bestimmten Erfahrung in eine Krise, aber oft bleibt es nicht dabei. Unser Leben kann dann auf allen Ebenen, die oben angesprochen wurden, ins Schwanken kommen und möglicherweise wie ein Kartenhaus einstürzen. Wir hatten uns sicher gefühlt und lange und gern in diesem schönen (Karten-)Haus gelebt, ohne dass uns bewusst war, dass diese Stabilität endlich war – vergänglich. Das Leben hat unserem Kartenhaus die unterste Karte weggezogen. Bei dem einen Menschen ist es der Verlust des Partners oder eines Kindes, beim anderen der Ruin der Firma, beim dritten die nicht gewonnene Wiederwahl, beim nächsten das Ende des Arbeitslebens, beim übernächsten der Verlust der Schönheit nach einem schweren Unfall. Jeder hat eine unterste Karte.

---

2 Krisen spiegeln sich auf den Ebenen der menschlichen Bedürfnisse wider, deshalb entsprechen die hier beschriebenen Ebenen der Struktur und Rangordnung der menschlichen Bedürfnisse, wie Abraham Maslow sie dargestellt hat.

Wenn sie weggezogen wird, kommt der große „Crash". Glücklicherweise kann man auch da wieder herauskommen!

Opfer- und Tätertypen

Im vorigen Abschnitt haben wir die verschiedenen Ebenen betrachtet, auf denen Krisen sich abspielen können. Dabei wurde deutlich, dass es jeden von uns auf einer oder auf mehreren dieser Ebenen „erwischen" kann. Diese Ebenen sind also für uns alle mehr oder weniger gleich. Wie kommt es dann aber, dass der eine Mensch seine Krise z.B. auf der existentiellen Ebene so erfährt und der andere Mensch sie auf eine ganz andere Weise erlebt? Abgesehen von den unterschiedlichen Zielsetzungen einer Krise, hat vor allem die Tatsache Einfluss, dass der eine Mensch ein Opfertyp ist und der andere eher ein Tätertyp. Was meint nun „Opfertyp" und „Tätertyp"[3]?

Es gibt Menschen, die sich in ihrer Situation – und vor allem in ihrem Elend – als abhängig von anderen fühlen. Ich bin bedrückt, weil jemand mich hart angefasst hat. Ich bin traurig, weil ich nicht verstanden wurde. Ich bin depressiv, weil meine Mutter oder mein Vater so dominant waren. Ich habe keine Lebensfreude, weil mir das keiner vorgelebt hat. Wenn ich so denke (unbewusst natürlich!), dann bedeutet dies, dass ich über meine Stimmung und meine Lebenshaltung keine eigene Wahl habe. Andere Menschen mit ihren Fehlern und falschen Verhaltensweisen bestimmen dann nämlich, wie es mir geht. Aus dieser Abhängigkeit können wir uns nicht so leicht befreien, weil wir ja abhängig sind. Und andere werden immer irgendetwas falsch machen, mich nicht beachten, mich kränken, mich vor den Kopf stoßen usw. Also wird es mir immer schlecht gehen? Nein, in den Zeiten, in denen andere nett zu mir sind, wird es mir gut gehen. Was aber, wenn *ich* möchte, dass es mir gut geht? Es kann mir nicht gut gehen, weil andere immer irgendetwas falsch machen oder übersehen. Auf diese Weise wird es mir also nie wirklich gut gehen können. Wo liegt die Ursache für diese Klemme?

Wie *andere* sich verhalten und wie *ich* damit umgehe, das sind zwei völlig verschiedene Sachen. Wir haben die „Wahl". Das meint, dass wir wählen können, ob uns etwas schlechte Laune bereitet oder ob wir weiter gut gelaunt bleiben. Wir haben „potentiell" diese Möglichkeit der Wahl. Potentiell meint, dass wir diese Wahl tatsächlich haben, sie aber nicht wahrnehmen und nicht nutzen. Wir machen

3 Natürlich besteht immer die Gefahr, dass man mit einem solchen Schwarz-Weiß-Schema die Schattierungen dazwischen übersieht und Menschen erheblich Unrecht tun kann. Trotzdem hilft ein solch einfaches Schema dabei, Dinge in ihren Grundzügen deutlich zu machen.

keinen Gebrauch von unserer Fähigkeit zu wählen, sondern geben anderen Menschen Macht über unsere „roten Knöpfe", die dann auch beliebig gedrückt werden. Mit dem Ergebnis, dass wir wie Marionetten zucken und strampeln. Harte Worte? Ja, aber nicht unberechtigt. Was wäre, wenn ich mir meine Wahl bewusstmachen und von ihr Gebrauch machen würde? Dann würde mich jemand in scharfem Ton angreifen und ich würde ihn trotzdem weiter freundlich bitten, doch die Tür zuzumachen, weil es zieht. Oder mich würde jemand kränken wollen und ich würde ihn fragen, ob es ihm oder ihr nicht so gut geht. Dann bin ich nicht re-aktiv, sondern aktiv, ich ziehe mein Thema durch, ohne mich „anmachen" zu lassen. Das zu lernen, ist das Ende unserer Zeit als „Opfer" und der Beginn einer großen Freiheit. Wir geben anderen nicht länger die Macht über unsere Stimmungen und Zustände. Wir selbst übernehmen Verantwortung dafür. Okay, jemand hat mich verletzt und ich habe Stunden und Tage daran zu knabbern. Warum hat mich dieser Satz, diese Bemerkung verletzt? Was sagt dies über unsere Beziehung? Was sagt dies über mich? Wenn ich mir solche Fragen stelle, dann beginnt ein Lernprozess, der mich dazu bringt, mehr über mich und meine „roten Knöpfe" zu verstehen und sie mit der Zeit in die eigene Hand zu bekommen. Ich beginne, Verantwortung für mich zu übernehmen und werde so zum „Täter". Leider ist das Wort „Täter" in der deutschen Sprache negativ beladen, auch das Wort „Macher" wäre nicht passend, es hat eine andere Bedeutung. Bleiben wir also bei „Täter". Als Täter bin ich verantwortlich für das, was passiert, was mir passiert, aber auch für das, was ich anderen antue. Ich sehe meine Beteiligung und nehme wahr, welche Rolle ich im gesamten Geschehen einnehme und wie ich sie spiele. Wir sind viel mehr am Geschehen beteiligt, als wir bis jetzt wahrhaben wollten. Es ist äußerst unbequem, die eigene Beteiligung zu sehen, denn damit bekommen wir Verantwortung für die Situation. Dann müssen wir Rechenschaft ablegen, vor unserem Gewissen und vor anderen. Vielleicht war es bequemer, Opfer zu sein? Es ist jedoch nicht ganz fair, so zu denken. Denn Menschen, die sich chronisch als Opfer fühlen, leiden darunter, ohne allerdings zu sehen, dass der Gewinn, den sie hieraus ziehen, dass Leiden bei weitem überwiegt. Ihr (unbewusster!) Gewinn besteht darin, dass sie nicht verantwortlich sind und damit keine Schuld haben – *scheinbar.*

Sind Tätertypen nun glücklicher? Nein, denn sie stehen unter dem permanenten Druck, verantwortlich zu sein, es richtig machen zu müssen, handeln zu müssen, etwas erreichen zu müssen, sich rechtfertigen zu müssen. Müssen sie nichts lernen? Sie müssen lernen, zu erkennen, dass sie nicht wirklich die „Macher" sind, dass sie nicht das Zentrum der Welt sind, dass sie nicht alles in der Hand haben, dass das Ergebnis nicht von ihnen abhängt, dass sie nicht verantwortlich dafür sind, wenn es anderen (Opfern!) schlecht geht, sondern dass dies deren eigene Wahl ist.

Auf welcher Ebene auch immer sich eine Krise abspielt, Opfertypen werden in einer Krise aufgefordert, Verantwortung zu übernehmen und zu *tun*, während Tätertypen aufgefordert werden, weniger zu tun und mehr zu *lassen*. Der eine Mensch muss dann lernen, endlich die Sorge und Verantwortung für seine Situation zu übernehmen, während der andere eher lernen muss, jegliche Sorge loszulassen und sie anderen oder Gott zu übergeben. Der eine wird lernen müssen, für seine Sicherheit zu kämpfen, der andere wird lernen müssen, auf jede Sicherheit zu verzichten. Auf der Ebene der Selbstverwirklichung lernt der eine, endlich seine Ziele zu verfolgen, während der andere möglicherweise lernen muss, seine vielleicht egoistische Selbstverwirklichung einem höheren Ideal zu opfern. Wie wir eine Krise erfahren und um welche Lernziele es individuell geht, kann also sehr verschieden sein.

Sind wir nun also für alle Zeiten solche Opfer- oder Tätertypen? Sozusagen so geboren und dazu verurteilt? Oder können wir lernen, ein Tätertyp zu werden? Was müssen Opfertypen und was müssen Tätertypen lernen? Die beiden grundlegenden Typen von Opfer oder Täter gehören in einen größeren Zusammenhang, der etwas mit der Entwicklung unseres Egos zu tun hat. Diese Entwicklung des Egos wird im Kapitel 1.5 „Konkrete Formen von Krise“ (in den Abschnitten „Emanzipation als Wachstumskrise“ und „Egokrisen“) dargestellt werden.

Grundlegende Arten von Krise

Es ist nicht immer ganz einfach, zwischen den verschiedenen grundlegenden Arten von Krise zu unterscheiden. Zum einen, weil sie ineinander übergehen, zum anderen, weil jeder Mensch seine Krise anders nutzt. Was für den einen Menschen eine relativ belanglose Veränderung ist, kann sich für einen anderen zur absoluten Katastrophe entwickeln. Und ein dritter Mensch nutzt genau diese Katastrophe für seine weitere geistige Entwicklung. Die nun folgende Aufteilung in verschiedene grundlegende Arten von Krise sollte deshalb als *relativ* angesehen werden.

Vermeidungskrisen

Es kommt vor, dass Menschen den sich anbahnenden oder nötigen Veränderungen ausweichen wollen. Sie vermeiden dann, die Schritte zu tun, die nötig wären, diese Veränderung einzuleiten und zu vollziehen. Und damit stecken sie fest. Sie selbst merken es vielleicht noch nicht einmal, denn sie haben gute Gründe und Argumente für ihr Verhalten oder für ihre Entscheidung. Vermeidungskrisen sind deshalb von außen, aber auch durch die Betroffenen selbst nicht so leicht wahrnehmbar. Worüber reden wir hier? Es geht um Vermeidung und das kann vieles betreffen:

ein bestimmtes Examen oder die Abschlussprüfung, die immer wieder verschoben wird. Die Heirat, die eigentlich längst überfällig ist. Ein wichtiges Gespräch, in dem endlich eine bestimmte Situation geklärt werden könnte … Könnte, müsste, sollte … Ja, wenn da nicht unterschwellig und unbewusst eine Bremse wirken würde, die ständig diesen Schritt verhindert. Es können sehr kleine Dinge sein, die da erledigt werden wollen, aber es können auch sehr große, sehr wichtige Dinge sein. Die Tatsache, dass sie nicht geschehen, ist vielleicht nicht einmal so furchtbar schlimm. Sie machen die Krise nicht aus. Schlimm ist, dass wir permanent etwas vermeiden und aufschieben. *Damit* sind wir in einer Krise. Auch wenn möglicherweise nach außen hin alles völlig normal aussieht, es ist nicht normal. Es geht uns wahrscheinlich nicht wirklich schlecht wegen dieser Vermeidungen, aber es fühlt sich die ganze Zeit latent ein wenig besch… an. Warum? Mit diesem Vermeidungsverhalten vermeiden wir unsere weitere Entwicklung. Wir können erst weiter wachsen, wenn die Dinge wieder in Fluss kommen. Wir müssen uns erst um die nicht erledigten Aufgaben kümmern, bevor wir für neue Projekte und Entwicklungen, für Wachstum offen sind. Obwohl es auch die Variante gibt, ständig neue Projekte zu beginnen und keines davon abzuschließen. Auch dann stecken wir fest. Wenn wir weiterkommen wollen, sollten wir lernen, schwierige Dinge *zu tun* und sie *abzuschließen*. Kleine Dinge, schwierige Dinge, wichtige Dinge. Was steht uns im Wege, diese Dinge zu tun? Welche Haltung, welcher Charakterzug, welche Abneigung? Wer mag, kann hierüber nachdenken. Es gibt aber auch den Weg, es einfach zu tun. Es einfach zu tun, obwohl es nicht *einfach* ist!

Veränderungs- und Übergangskrisen

Obwohl dieses Buch hauptsächlich für Menschen geschrieben ist, die in schweren Abbruch-Krisen sind, sollen doch auch die „normalen" Lebenskrisen Erwähnung finden. Jeder Mensch geht durch Krisen, oft ohne sich dessen bewusst zu sein. Der Begriff „Krise" wird dabei auch nur selten verwendet. Was sind „normale" Lebenskrisen? Normale Lebenskrisen sind die Umbruch- und Übergangszeiten des Lebens, die jeder Mensch im Laufe seines Lebens mitmacht: Einschulung, Pubertät, Heiraten, Schwangerschaft und Kinder bekommen, eine neue Stelle antreten. Auch die normalen Veränderungen des bereits fortgeschrittenen Lebens (wenn die Kinder das Haus verlassen, die Menopause bei Frauen, das Ende des Arbeitslebens) gehören in diese Kategorie, wobei diese oft schon Züge einer Abbaukrise tragen.

Es ist nicht sehr verbreitet, diese Übergangszeiten als Krisen zu bezeichnen. Vor allem, weil sie von den Betroffenen in sehr unterschiedlicher Tiefe oder Intensität erlebt werden. Es ist durchaus nicht jedem bewusst, dass es sich um eine Krise handelt, vielleicht wird diese Tatsache sogar zurückgewiesen. Viele Menschen (vor allem Männer!) meinen, wenn ihnen etwas nicht bewusst ist, dass dies dann auch nicht existiere.

Der normale Lebenslauf eines Menschen kennt viele solcher Übergänge, die zum Teil von der Entwicklungspsychologie gut untersucht und dargestellt wurden. Diese Themen oder Aufgaben zu bearbeiten und die Übergänge bewusst zu durchleben, hat wesentlichen Einfluss auf die psychische und geistige Gesundheit und Weiterentwicklung eines Menschen[4]. Von der Art und Weise, wie wir mit solchen Veränderungen umgehen, wird es abhängen, ob wir diese für unsere persönliche Entwicklung nutzen. Wie eine solche Veränderung erfahren wird, hängt vor allem davon ab, wie willkommen sie uns ist oder wie sehr wir sie ablehnen. Auch hier sind die Buddhisten wieder sehr weise, wenn sie sagen, dass jede Ablehnung ein Problem erzeugt. Außerdem wird es einen Einfluss haben, ob für die neue Phase bereits klare Pläne und Zielvorstellungen vorhanden sind oder ob wir uns vielleicht der Sache nicht ganz gewachsen fühlen. Damit ist vor allem gemeint, ob wir diesen Wechsel selbst aktiv mitgestalten oder ob wir ihn passiv über uns ergehen lassen. Es macht einen wichtigen Unterschied, wie intensiv eine solche Übergangs- oder Umbruchphase erfahren wird und wie bewusst jemand sie erlebt. Wie auch immer, es geht um eine Veränderung und somit um eine Herausforderung – mitten im normalen Leben. Solche Veränderungen werden meistens ohne besondere Katastrophen stattfinden, aber es wird in jedem Falle ein wenig anstrengend sein. Mitten im normalen Leben soll gelernt werden – für die nächste Phase.

Aufbaukrisen

Ganz grob eingeteilt, lassen sich Krisen auch nach dem Maß unterteilen, in dem sie willkommen oder unwillkommen sind, und auch danach, wie sehr sie gesellschaftlich akzeptiert sind – oder eben nicht. Krisen sind dann Aufbau-Krisen, wenn sie mit einer positiven Veränderung einhergehen. Sie werden meistens begrüßt, weil man sich mit ihnen „sehen lassen" kann. Für diese Art Krisen bekommen wir Zuwendung und Aufmerksamkeit, denn sie sind mit dem Aufbau des Lebens verbunden: Heiraten, ein Haus bauen, eine neue Stelle antreten, sich selbständig machen, eine große Reise antreten, im Lotto gewinnen. Obwohl

4 Vor allem die Anthroposophie hat sich eingehend mit diesen Umbrüchen beschäftigt und ausführlich die Themen oder Aufgaben der jeweiligen Lebensphasen erhellt. In den Niederlanden ist dies vor allem Bernard Lievegoed gewesen, dessen Bücher auch in die deutsche Sprache übersetzt wurden.

solche Veränderungen nicht immer unbedingt mit Krise verbunden sein müssen, können sie doch mit einer Krise einhergehen. Wenn es wirklich eine Veränderung bedeutet, wenn es wirklich um Weiterentwicklung, das heißt um die Entwicklung neuer Fähigkeiten geht, dann werden sich Krisensymptome einstellen. Eines der wichtigsten Symptome dabei ist Angst. Wenn wir nachts wach liegen und schreckliche Phantasien uns beherrschen, dann können wir daran erkennen, dass es wirklich um Neu-Land geht. Neuland macht uns Angst, wo es für andere Menschen möglicherweise längst bekanntes Terrain ist. Aufbau ist in unserer Gesellschaft sehr willkommen und wir werden viele Leute finden, die uns unterstützen und uns in dem neuen Terrain begrüßen. Aber wir werden beim Aufbau auch Dinge verlieren und zurücklassen müssen, was wiederum Angst macht und Verlustgefühle hervorruft. Wir verlieren bestimmte Menschen, alte Freunde und Bekannte, Kollegen, vielleicht verlieren wir bestimmte Bequemlichkeiten und Sicherheiten. Je mehr diese Veränderung als Krise erfahren wird, umso sicherer können wir sein, dass es wirklich um Neuland geht. Solange es uns bei einem Übergang noch richtig gut geht und unser Ego sich im Licht dieser positiven Veränderung baden kann, liegt die Latte nicht viel höher als vorher, geht es nicht wirklich um eine einschneidende Veränderung. Veränderungen, die individuell als einschneidend erfahren werden, lösen eine Krise aus, auch wenn es um Aufbau geht. Dann lernen wir für das Neuland. Viele Führungskräfte gehen bei ihrem Aufstieg durch solche „Wachstums-Krisen“. Sie finden sich in einer neuen Rolle mit mehr Verantwortung wieder, entdecken, dass dies eine einsame Position ist, und müssen erfahren, dass von Untergebenen jedes Wort, jeder Blick auf die Goldwaage gelegt wird. Auch der Schritt in die berufliche Selbständigkeit wird von vielen Menschen als eine Krise erfahren. Denn sie werden in der Entscheidungsphase sehr von Ängsten und Sicherheitsbedürfnissen geplagt. Obwohl die hier beschriebenen Veränderungen individuell als eine Krise erfahren werden können, ist es nicht üblich, hier von „Krise“ zu sprechen. Im weiteren Verlauf werden wir uns nur noch ab und zu um diese Krisen kümmern, weil es in diesem Buch eher um die schweren Abbaukrisen geht.

Abbaukrisen

Im normalen Sprachgebrauch benutzen wir den Begriff „Krise“ hauptsächlich dann, wenn es um eine ganz andere Art von Veränderung geht, wenn es nämlich um Abbau und Verlust geht. Wenn wir von Krise sprechen, sind deshalb meistens Abbaukrisen gemeint. Und die sind nun wirklich nicht gern gesehen, sie sind „peinlich“. Wir mögen sie bei uns selbst nicht und auch nicht bei anderen. Wenn andere in einer solchen Abbaukrise sind, dann erinnert uns das in sehr nachdrücklicher Weise daran, dass wir selbst ebenfalls in solche Krisen geraten könnten, dass das Leben auch für uns noch sehr unschöne und schwierige Zeiten bereithalten könnte. Das mögen wir nicht und deshalb sind Abbaukrisen nicht „salonfähig", man kann sich mit ihnen nicht „sehen lassen". Zum Stichwort „Abbaukrisen" ist es wahrscheinlich gar nicht nötig, Beispiele zu bringen, sie sind hinlänglich bekannt: Von der Arbeitslosigkeit bis zur Pleite des eigenen Unternehmens, von Trennung und Scheidung bis zum Tod eines lieben Angehörigen, vom Verlust der körperlichen und geistigen Fähigkeiten bis hin zum eigenen Sterben, vom Verlust des eigenen Selbstwertgefühls bis hin zur ausgesprochenen Identitätskrise. Es geht bei Abbaukrisen um den Abbau und Verlust des Alten – und nicht immer ist das Neue bereits in Sicht. Abbau ist in unserer Gesellschaft unerwünscht, in der wir alle erfolgreich und wohlhabend sein müssen. Alles, was darauf hinweisen könnte, dass dies vergänglich und ein Trugbild ist, kommt nicht gut an, es ist *out*. Dementsprechend werden Menschen, die ihre Abbaukrise nicht mit Bravour meistern, die nicht mit einem strahlenden Lächeln ihr neues Leben verkünden, als Bedrohung und als anstrengend erfahren. Es scheint, dass sie etwas falsch machen, denn man selbst ist ja fest (verbissen) entschlossen, es in einer vergleichbaren Situation anders und besser zu machen. Abbau ist wirklich *out*! Menschen, die sich in einer solchen Abbaukrise befinden, erfahren deshalb oft noch eine zweite, weitere Krise – weil sie nämlich von anderen gemieden und umgangen werden. Man geht ihnen aus dem Weg. Sie und damit ihre Krise werden ausgeblendet. Eigentlich wäre es korrekter zu sagen: Der Abbau wird ausgeblendet. Menschen, die wegen einer Abbaukrise mit dieser zweiten, sekundären Krise zu tun bekommen, sagen übereinstimmend, dass diese zweite Krise noch viel *schlimmer* war als die eigentliche Abbaukrise. Das hatten sie nicht erwartet, nie und nimmer! Auf diese Weise wurde dem eigentlichen Leid noch viel weiteres – unerwartetes – Leid hinzugefügt. Und das, obwohl alle guten Willens waren!

Abbaukrisen sind vor allem deshalb anstrengend, weil sie unwillkommen sind. Wir schrecken vor ihnen zurück und erzeugen so unwillkürlich eine Spannung, die die Situation erschwert und sie unerträglich werden lässt. Abbaukrisen sind fast automatisch mit einer Ohnmachtserfahrung verbunden, weil wir – verständlicherweise – unsere Mitwirkung verweigern. Krisen mit Ohnmachtserfahrungen erfordern im späteren Heilungsprozess die Akzeptanz dessen, was geschehen ist. Erst dann können wir zu einer aktiven Mitwirkung fähig werden – Mitwirkung an der Genesung und am Wiederaufbau. Akzeptanz? Wie kann ich eine Sache akzeptieren, die mich so tief verletzt und gekränkt hat? Wie soll ich den Verlust eines Menschen gut finden, den ich doch so schmerzlich vermisse? Wir brauchen das nicht gut zu finden, Akzeptanz meint, anzuerkennen, dass die Situation *jetzt so ist.* Es ist unsere Verneinung und das Kämpfen gegen die Situation, wodurch alles noch viel schwerer wird. Verneinen und Kämpfen bedeutet, dass wir unsere Mitarbeit verweigern – noch. Wir werden aus dieser Krise nur herauskommen und nur dann für unsere eigene Weiterentwicklung von ihr profitieren können, wenn wir nachgeben und zugestehen, dass die Situation tatsächlich *so ist, wie sie ist.*

Wachstumskrisen

Wachstumskrisen sind alle Krisen, die uns dabei helfen, uns selbst, unsere Persönlichkeit und unsere Fähigkeiten weiterzuentwickeln. In diesem Sinne ist jede kleine Auseinandersetzung mit den Nachbarn, an der Kasse im Supermarkt, mit dem Chef oder mit einem nervigen Kollegen eigentlich eine kleine Wachstumskrise, weil sie mich auffordert, zu mir und zu meiner Sichtweise zu stehen und jedes Mal ein klein wenig mehr *ich selbst* zu sein. Aber auch jede andere Herausforderung, die mir gestellt wird und die ich annehme, kann zu einer Wachstumskrise führen. Ich muss jedes Mal die bohrende Angst, das ätzende schlechte Gefühl im Magen und in der Kehle überwinden, muss mit weichen Beinen zum Gespräch oder zum Vortrag gehen – obwohl alles in mir flüchten will. Wenn ich es trotzdem tue... dann bin ich gewachsen. Dann bin ich ein wenig mehr *ich selbst* geworden, bin ich ein wenig freier geworden, von der Furcht zu versagen, unabhängiger von dem, was andere über mich denken. Dann bin ich über diese Angst oder Enge hinausgewachsen, für dieses Mal. Das nächste Mal kommt bestimmt und die nächste Angst kommt auch bestimmt. Es ist keine andere Angst, es ist jedes Mal dieselbe. Irgendwann ist sie wie eine alte Bekannte. Aha, da ist sie wieder! Wenn sie auftaucht, wissen wir, dass die Latte wieder ein Stück höher liegt. Angst ist die *Wächterin der Grenzen.* Sie hat nicht die Absicht, uns zu stoppen, eher warnt sie uns und fordert uns auf, wachsam und hellwach zu sein, wenn wir diesen Schritt tun. Angst ist wie eine Schwester zu uns, wenn wir denn lernen würden, sie so zu sehen. Es geht nicht darum, vor ihr zurückzuweichen, es geht darum, sie bei der Hand zu nehmen und zu gehen – mit der Angst!

Aus dieser Sicht sind andere Menschen unsere Hürden, unsere „Sparringspartner", an denen wir lernen und die uns dabei helfen, uns weiterzuentwickeln. Für viele Menschen ist es hauptsächlich der Beruf, in dem sie sich diesen Hürden und diesen Wachstumschancen stellen, sicher nicht immer freiwillig. Für viele Führungskräfte (leider nicht für alle) ist ihr Werdegang ein ständiges Überschreiten ihrer eigenen Grenzen. Da, wo wir Angst empfinden, gibt es noch etwas zu lernen. Ein gängiger Spruch in einschlägigen Kreisen lautet dann auch: *Immer der Angst entlang!* Es gibt Menschen, die regelrecht „scharf" sind auf das gute Gefühl, es wieder einmal geschafft zu haben. Permanente Selbstüberwindung wird dann zum schweren Lebensthema. Solche „Wachstumstypen" suchen ihre Herausforderungen oft in spirituellen Techniken, vor denen andere nur zurückschrecken würden. Wenn sie auf diesem Weg bleiben und ein ethisches Leben führen, dann haben sie gute Aussichten, irgendwann in der *wirklichen* Freiheit zu landen, in der absoluten Angst-*Freiheit*, die Menschen erfahren, die in der Anschauung *Gottes* leben.

Durchweg alle Aufbaukrisen sind Wachstumskrisen. Aber auch jede Umbruch- oder Übergangskrise kann – und sollte sogar – eine Wachstumskrise sein, wenn wir die Herausforderung richtig verstehen und ihr nicht aus dem Weg gehen. Schwieriger ist es mit den Abbaukrisen. Vielen Menschen ist es nicht direkt einsichtig, wieso eine heftige Abbaukrise, wie zum Beispiel der Verlust des Arbeitsplatzes oder eine schwere Krankheit, eine *Wachstumskrise* sein kann. Es ist auch nicht sicher, dass es so sein wird, es gibt keine Garantie dafür. Ob es uns gelingt, einen schweren Verlust in einen Gewinn für unsere Entwicklung zu verwandeln, das liegt … an uns selbst! Wir selbst sind es, die entscheiden, ob wir aufgeben oder ob wir lernen wollen. Es liegt an uns, was wir aus dieser Krise machen!

Die Umwandlung von Krisen in Entwicklungskrisen

Dass wir von Aufbaukrisen für unsere Entwicklung profitieren können, braucht wohl nicht weiter erläutert zu werden. Aber können wir auch von Abbaukrisen profitieren? Es geht, aber es hängt davon ab, wie gründlich wir unsere „Hausaufgaben" machen und ob wir ab einem gewissen Punkt wirklich bereit sind, der Krise unsere Zusammenarbeit anzubieten. Das ist nicht immer einfach. Vor allem, wenn jemand sterbenskrank ist und es nur noch um Abbau geht. Ja, körperlich-materiell geht es um Abbau und steht am Ende der Tod, also die vollständige Niederlage – aus dieser Sicht. Aber eben nur aus dieser Sicht! Abbaukrisen für Wachstums- oder Entwicklungsprozesse zu nutzen, ist hier seelisch-geistig gemeint. Einen schweren Verlust oder das eigene Sterben (den Abbau) in Wachstum zu verwandeln meint, auf geistiger Ebene zu reifen, zu erkennen, zu verstehen, Frieden zu finden und dankbar zu werden.

In einer Krise geht Altes zu Ende und kündigt sich Neues, noch Unbekanntes an. Krise ist die Schule des Lebens, in der wir auf unsere nächste Aufgabe vorbereitet werden und unserem (eigentlichen) Lebensziel näher gebracht werden, auch wenn wir selbst das zunächst nicht so sehen. Wenn die Krise hart ist, werden wir klagen, dass wir hierauf nicht vorbereitet wurden, dass wir hierfür nicht ausgebildet wurden. Es ist genau anders herum: Krise ist Vorbereitung – auf etwas

Neues. Sind wir zu normalen Zeiten selbst die Bildhauer des Lebens, so wird in Krisenzeiten an uns „gebildhauert“ (Kimpfler). Deshalb tut's auch so weh und deshalb ist es so schwer auszuhalten. Das Wichtigste in Krisenzeiten ist deshalb die Kunst, es *geschehen* zu lassen! Es geht um die Einsicht, dass diesmal der Künstler auf der anderen Seite sitzt, und um die Bereitschaft, ihn seine Arbeit tun zu lassen – an uns. Es geht darum, dass wir uns dieser Krise überlassen und sie durchleben, dass wir zulassen, dass diesmal an uns gearbeitet wird. Krise will viel mehr, als uns einfach zu quälen oder uns das Leben schwer zu machen. Aber dafür müssten wir einmal aus der Vogelperspektive von oben herabschauen und untersuchen, was Krise mit Menschen macht. Vor allem, wenn die so genannten Abbaukrisen zuschlagen, dann geht vieles zu Bruch, nichts bleibt, wie es war. Menschen erfahren dies als Vergewaltigung, als eine Zumutung, als das Eindringen einer fremden Macht, die heftig über ihr Leben hereinbricht. Danach gehen Menschen für eine lange Zeit durch all die Schwierigkeiten, über die in diesem Buch gesprochen wird. Von Selbstzweifeln bis zur Existenznot, von Trauer und Verzweiflung, möglicherweise bis hin zu Wahnvorstellungen und Selbstmordgedanken. Eine schwere Zeit, die manchmal nur mit Mühe überlebt wird. Aber für Aufbau- wie für Abbaukrisen gilt, wenn Menschen vor diesen Phänomenen nicht flüchten, die Krise nicht leugnen, nicht durch Aktionismus oder Drogen (scheinbare!) Erleichterung suchen, sondern zulassen, dass die Krise ihre Arbeit tut, dann wird sich nach einiger Zeit eine positive Entwicklung zeigen, die aus uns einen neuen, anderen Menschen hervorbringt. Dies geschieht *von selbst*, wir brauchen dafür nichts zu tun, im aktiven Sinne von „tun“. Wir müssen nichts „machen“, wir brauchen uns noch nicht einmal zu ändern, denn das tut die Krise für uns. Vielleicht ist es genau dies, was so schwer auszuhalten ist? Dass wir nichts „tun“ können, sondern die Krise machen lassen müssen? Das heißt nun nicht, dass wir nichts tun müssten! Natürlich müssen wir etwas tun, nämlich die Dinge, die die Krise von uns verlangt. Aber nicht wir haben dabei die Leitung, sondern die Krise sagt, wo es lang geht und was zu tun ist. Wir haben es schwer damit, diese fremde Führung in unserem Leben zu akzeptieren. Sehr schwer. Wir werden dann auch sicher versucht sein, auszuweichen, uns abzulenken oder irgendwie diese Krise zu stoppen. Falls es gelingt, die Krise zu stoppen, bringt uns dies natürlich zunächst Erleichterung. Aber langfristig gesehen ist dieses Stoppen der Krise ohne weiteren Nutzen – eher das Gegenteil. Wir sind auf diese Weise zwar kurzfristig von Schmerz und Leid erlöst, aber wir sind nicht wirklich *erlöst*. Um wirkliche Erlösung zu erfahren, ist es nötig, die Krise – wie einen Heilungsprozess – zu einem guten Ende zu bringen, und dafür müssen wir uns ihr stellen. Machen wir uns nichts vor: Sie ist sowieso da, auch wenn wir versuchen, diese

Tatsache auszublenden. Sich der Krise zu stellen, heißt anzuerkennen, dass sie da ist, und sie zu fragen, was sie von uns will. Dann wird es leichter, denn statt uns dagegen zu stellen, können wir nun anfangen mitzuarbeiten. Frauen, die ein Kind geboren haben, wissen um diese Lebensweisheit. Wenn wir uns quer stellen, ist eine Geburt die Hölle. Je mehr wir bereit sind, dies geschehen zu lassen, umso leichter wird die Geburt. Die Natur weiß, wie Geburt geht, lassen wir es sie selbst regeln. Dies bedeutet Hingabe, es bedeutet, den Kopf auszuschalten, den eigenen Willen zurückzunehmen, die Kontrolle aufzugeben und *ES* machen zu lassen. Wenn wir diese Haltung einnehmen können, dann wird es leichter und einfacher. Dann haben wir immer noch die normalen Geburtsschmerzen, aber es ist nicht mehr die Hölle. Dies ist vergleichbar mit dem, was in einer Krise von uns erwartet wird. Natürlich müssen wir etwas tun, unser Leben weiter regeln, den normalen Geschäften nachgehen, auch wenn wir in einer Krise sind. Aber wir können die Krise machen lassen (*wenn* wir das können!) und schauen, wo wir herauskommen. Aber da wollten wir doch gar nicht hin? Genau! So funktioniert das mit dem eigenen Willen, er stellt sich quer. Es ist eben nicht so einfach, einen anderen Willen zu akzeptieren. Die Krise wird es uns lehren.

Irgendwann wird deutlich, dass Lernen, Wachsen und Weiterentwicklung das Hauptziel der Krise ist. Was kann ich bereits, was kann ich noch nicht und muss ich deshalb noch lernen? Meistens wird Krise als ein *Muss* erlebt, was den Prozess schwer macht. Es ist eine hohe Kunst, aus dem *Ich muss* ein *Ich will* zu machen. *Ich will* heißt Verantwortung für den Lernprozess zu übernehmen. Wir werden neue Verhaltensweisen einüben müssen, zum Teil geschieht dies äußerst ungern. Die eigenen Grenzen werden weiter gesteckt, es geht um Zunahme von Fähigkeiten. Dies bedeutet, das alte, bekannte Terrain zu verlassen und Neuland zu betreten. Die größten Hindernisse dabei sind unsere Sicherheitsbedürfnisse und die Bindung an das Vertraute. Oft leben wir lieber mit einem bekannten, chronischen Problem, als dass wir – mit der Lösung des Problems – ein unbekanntes Neuland betreten würden. Über die eigenen, vertrauten Grenzen zu gehen macht Angst. Aber genau da liegt unsere Chance. Wenn es schwer fällt, sich diesem Lernprozess zu stellen, dann kann es sehr hilfreich sein, gute Vorbilder zu haben. Hiermit sind nicht irgendwelche utopischen Ideale gemeint, sondern konkrete, lebende (oder gestorbene) Personen, die in der Entwicklung deutlich ein Stück weiter sind (oder waren) als wir selbst. Solche Vorbilder „verkörpern" unser Ziel, von ihnen können wir lernen, wie es geht. Es ist wahrscheinlich nicht nötig, darauf hinzuweisen, dass dies für unser Ego schwierig ist. Es hat nicht gern Lehrer, es belehrt lieber selbst.

Sich der Krise zu stellen heißt, Verantwortung für sich selbst und für den eigenen Lernprozess zu übernehmen. Natürlich würden wir lieber nicht lernen, dass wäre bequemer, aber nicht lernen würde bedeuten, dass wir klein bleiben. Lernen heißt, dass wir wachsen werden und unsere Fähigkeiten weiterentwickeln werden. Wenn wir lernen, übernehmen wir Verantwortung für unsere jetzige Situation und für unsere Zukunft. Es ist kein Zufall, dass wir in einer Krise sind. Die Krise will etwas von uns, es ist unsere Aufgabe herauszufinden, *was* sie von uns will.

Wenn wir in diesem Kapitel über Krise als *Chance* sprechen, dann wird dem Leser inzwischen längst deutlich geworden sein, dass Krisen eigene, aparte Projekte innerhalb des Lebens sind: Wachstums-Projekte. Und damit Ausnahmezeiten – außer bei den Leuten, die permanent im Wachstum sind, aber die bekommen auch die nötige Kraft dazu. Krisen sind Ausnahmezeiten, in denen hart gearbeitet wird – an uns. Sie sind Herausforderungen, in denen wir die Chance bekommen, uns weiterzuentwickeln. Erst wenn wir den Mut haben, durch eine Krise *hindurch*zugehen und uns den nötigen Lernprozessen zu stellen, dann wird eine Krise zur *Chance*, erst dann bekommt sie *Sinn*. Es liegt an uns, diese Krise als Wachstumsprozess zu nutzen. Wann also wird eine Krise zur Chance? Wenn wir ihr gehorchen, wenn wir die Hausaufgaben machen, die sie uns aufgibt. Krise ist die Schule des Lebens. Wenn wir bereit dazu sind, dann werden wir Schritt für Schritt lernen und uns weiterentwickeln. Zunächst ist uns überhaupt nicht klar, um welche konkreten Lernziele es geht. Aber die sind in der normalen Schule auch nicht immer klar. Wir protestieren, weil wir nicht auf diese Schule vorbereitet wurden? Die Krise selbst *ist* Vorbereitung – auf die nächste Lebensphase. Wir wollten das nicht? Genau dieses Neinsagen sorgt für die Schmerzen. Unsere Schmerzen sind unser eigener Widerstand gegen das, was geschieht. Könnten wir einfach Ja sagen, dann hätten wir diese Schmerzen nicht. Ja sagen und dem Prozess nachgeben werden wir erst dann, wenn die Schmerzen so groß sind, dass wir sie nicht mehr ertragen können. Dann erst geben wir nach und stimmen wir zu: Okay! In dem Maße, in dem es uns möglich ist, unsere Zustimmung zu geben zu dem, was geschieht, in dem Maße wird es weniger weh tun. Aber auch wenn durchaus einsichtig ist, was hier beschrieben wird, so leicht ist es nun wirklich nicht. Ein wirkliches Ja wäre das Ende der Krise.

1.5 Konkrete Formen von Krise

Nachdem wir uns im vorhergehenden Kapitel die verschiedenen grundlegenden Arten von Krise angeschaut haben, werden wir uns hier in diesem Kapitel ganz konkrete Formen von Krise anschauen. Die grundlegenden *Arten* wie Auf- oder Abbaukrise unterscheiden sich ganz grundsätzlich in ihrer Typologie, die dann aber in der konkreten *Form* einer Krise durchaus gemischt vorkommen kann. Zum Beispiel umfasst eine Identitätskrise sowohl Aspekte von Abbau (des Alten) wie von Aufbau (des Neuen). Oder umfasst die Krise einer schweren Krankheit einerseits Abbau (Sterben und Tod) und andererseits die Chance zum Aufbau (geistige Weiterentwicklung, Weisheit entwickeln).

In diesem Kapitel hier werden nun konkrete Formen von Lebenskrisen vorgestellt, wie zum Beispiel Beziehungskrisen, Midlife Crisis und Burnout, Sinn- und Glaubenskrisen, weiter Abbaukrisen wie Älterwerden, Krankheit und Behinderung, Tod und Sterben. Eine moderne Variante von Abbaukrise wurde ebenfalls aufgenommen: Scheidung und Trennung. Unter dem Stichwort „Verlusterfahrungen" wird es dann unter anderem auch um die Krise der Arbeitslosigkeit gehen. Wir werden auch drei besondere Krisen beleuchten, die alle ausdrücklich etwas mit unserem Ego und seiner Entwicklung zu tun haben: Emanzipation als Wachstumskrise, Identitätskrisen und Egokrisen. Ebenso werden wir schwierige Aspekte wie Ohnmacht und Trauma beleuchten. Und am Ende dieses Kapitels werden wir uns leider auch der Tatsache stellen müssen, dass Krisen oft nicht allein kommen, sondern meistens geballt in der Form von komplexen Mehrfachkrisen.

Emanzipation als Wachstumskrise[5]

Zu Beginn der psychischen Entwicklung sind das Ego und die Persönlichkeit noch wenig entwickelt (Prae-Ego-Phase)[6]. Solche Menschen haben die Tendenz, sich unterzuordnen und anzupassen. *Fremde* Werte werden übernommen, verbunden mit Gehorsam gegenüber Lehren und Ideologien. Dies gibt Orientierung

---

5 Um an späterer Stelle verstehen zu können, warum Krisen auch eine spirituelle Dimension haben, sollten wir hier einen kurzen Blick auf die verschiedenen Entwicklungsstufen des Ego werfen. Dabei wird deutlich werden, dass bestimmte Menschentypen auf ganz verschiedene Weise mit den Problemstellungen des Lebens umgehen. Es lassen sich insgesamt 3 Phasen oder Niveaus erkennen, die sich vom Auf- bzw. Abbau des Ego herleiten lassen. Obwohl viele Menschen fast ihr ganzes Leben auf einem dieser Niveaus verbringen, können sie doch auch alle 3 Stufen im Laufe eines Lebens durchlaufen. Letztendlich sind zwar immer alle drei Niveaus anwesend, sie sind uns aber nicht immer bewusst. Meistens steht eins dieser Niveaus im Vordergrund und wird mehr betont als die anderen. Wir werden hier die beiden Stufen besprechen, die den *Aufbau* des Ego kennzeichnen, die dritte Stufe, den Ego-*Abbau*, besprechen wir in Teil IV „Die spirituelle Dimension von Krise".

6 Die in diesem Buch beschriebenen drei Phasen der Ego-Entwicklung werden auf vergleichbarer Weise auch von Ken Wilber beschrieben, die Benennung der Phasen wurde von ihm übernommen. Die Phasen selbst könnten möglicherweise auch identisch sein mit den 3 Stadien, die man im Yoga der menschlichen Entwicklung zuschreibt: Erstarrung (*tamas*), Leidenschaft / Bewegung (*rajas*) und geistige Ruhe (*sattvas*).

und Sicherheit. Wenn gegen die Regeln dieser Lehren oder Ideologien verstoßen wird, treten Schuldgefühle auf. Anfangs lässt sich hiermit gut leben, diese Menschen fühlen sich nicht unterdrückt, sondern akzeptieren die Führung und Leitung durch andere und haben diese sogar nötig. Das Prae-Ego ist brav, gehorsam und die eigene Identität ist von anderen abgeleitet, also fremdbestimmt. Die eigene Entwicklung pocht aber irgendwann gegen diese Grenzen. Wir fühlen uns nicht mehr wohl und möchten die Situation verändern. Je mehr uns dann die eigene *Selbst*verleugnung bewusst wird, umso größer wird der Frust. Irgendwann beginnen wir an den Stäben unseres Käfigs zu rütteln, wir wollen in die Freiheit. Normalerweise werden wir zunächst versuchen, den oder die anderen zu verändern, was aber nicht gelingt, sondern zu Konflikten führt. Wenn wir dies entdecken, dann sind wir bereits mitten im Prozess der Emanzipation.

Was genau geschieht hier? Und woran erkennen wir, wann wir mit unserer Emanzipation beginnen? Es gibt deutliche Anzeichen dafür. Wir fühlen uns zunehmend unterdrückt und erfahren vor allem nach Gesprächen oder Diskussionen eine starke Unzufriedenheit, weil wir nicht zu unserem Recht gekommen sind. Typisch ist auch ein starkes Mitteilungsbedürfnis, wir reden mit anderen über die Auseinandersetzungen oder Situationen, in denen wir uns nicht durchsetzen konnten. Erst dann (hinterher!) fällt uns ein, was wir alles hätten sagen können. In der Situation selbst war uns dies nämlich nicht eingefallen – oder wir haben uns nicht getraut. Manchmal ereifern wir uns auch im Voraus über das, was wir beim nächsten Mal alles sagen wollen. So ergeben sich auch Solidar-Gemeinschaften, wir besprechen diese Dinge mit Menschen, die in einer vergleichbaren Phase sind und ebenfalls an ihrer Emanzipation arbeiten. Dieses „Sich-in-Rage-Reden" hat eine wichtige Funktion: Das gemeinsame Sich-Erhitzen gibt Kraft für diesen Prozess und für die nötigen Entwicklungsschritte. Wenn ein Begleiter mit solchen Menschen arbeitet, so wird er erfahren, dass es äußerst schwierig ist, das Gespräch auf der übergeordneten „Meta"-Ebene zu halten. Denn solche Menschen haben die Neigung, immer wieder auf die Ebene der „Story" abzugleiten, weil sie ein ungeheueres Bedürfnis haben, alle Details zu erzählen, wie andere sich verhalten und wie sie uns das Leben schwer machen. Das Meta-Niveau würde bedeuten, auch über sich selbst und die eigenen Verhaltensweisen nachzudenken und daran etwas zu verändern. Genau das aber geht in dieser Phase noch nicht. Menschen, die sich emanzipieren wollen, fordern zunächst, dass andere sich verändern – und ereifern sich, wenn dies nicht gelingt.

Dieser emanzipatorische Prozess und vor allem die Unmöglichkeit, andere zu verändern, wird irgendwann von uns verlangen, dass wir bei uns selbst nachschauen und *bei uns* etwas verändern. Denn es ist unmöglich, andere zu verändern.

Allerdings ist auch nicht so einfach, eigene alte Verhaltensweisen abzulegen, es ist nicht so einfach, sich anders zu verhalten und nicht länger dem Bild zu entsprechen, das wir selbst oder andere von uns haben. Unser Wunsch nach Freiheit wird uns dann auch unweigerlich in eine Krise bringen, in die Krise der „Emanzipation". In dieser Krise werden wir uns – soweit möglich – von Fremdbestimmung befreien, ob das nun die Eltern sind, der eigene Partner, die gängigen politischen Auffassungen oder ob es die Kirche ist. Alles kommt dran. Anfangs ist dies ein sehr schwerer Prozess. Wir wollen etwas verändern, wollen selbstbestimmt und mündig werden, erleben uns aber stattdessen immer wieder wie gelähmt und sind zum sovielten Male frustriert, weil wir uns nicht durchsetzen konnten. Andere können besser reden, haben die besseren Argumenten, haben die Macht usw. Uns selbst fällt immer erst hinterher ein, was wir alles hätten sagen können. Wir sind im Aufstand und bleiben da auch eine ganze Zeit. Neinsagen und Widersprechen wird zum bestimmenden Lebensthema. Wo wir früher fast zwanghaft zu allem und jedem Ja sagen mussten, so müssen wir jetzt – beinah ebenso zwanghaft – zu fast allem Nein sagen. Eine anstrengende Zeit, in der wir mehr und mehr unsere eigene Persönlichkeit aufbauen und unser Ego. Das Ego wird stärker in dieser Zeit, es lässt sich nicht mehr alles gefallen, es sorgt dafür, dass wir gesehen und wahrgenommen werden, es korrigiert andere und belehrt sie. Das Ego hält den eigenen Standpunkt für richtig und verfügt über einen Haufen Argumente, wo Menschen in der Prae-Ego-Phase um Worte ringen und nach guten Argumenten suchen – falls sie suchen.

Das ausgeformte Ego identifiziert sich mit Standpunkten, die es *selbst* für wichtig und richtig hält. Selbst bestimmen wollen, selbst denken oder glauben wollen, selbst entscheiden wollen, das bestimmt unser Denken und Fühlen, unsere Träume und Handlungen in dieser Zeit. Vor allem am Anfang geht dies alles mit Protest und Widerstand gegen tradierte Werte und Normen einher. Eigene Standpunkte spielen eine wichtige Rolle in dieser Zeit und es wird verkündet, was man/frau selbst für richtig hält.

Hier findet der große Befreiungskampf statt, die Befreiung von psychologischer, geschlechterspezifischer, politischer und religiöser Fremdbestimmung und Unterdrückung. Es ist die Phase der Emanzipation und man/frau hat keine Lust auf „Schuldgefühle". In dieser Phase kann auch Spiritualität eine Rolle spielen, die sich oft genug aber eher aus einer Protesthaltung gegenüber den etablierten Kirchen und Glaubenslehren nährt, als dass es eine wirklich *gelebte* Beziehung zu Gott wäre.

Gegen Ende der Emanzipation haben wir gelernt, Selbstbestimmung zu entwickeln, uns selbst treu zu sein und eine eigene Identität aufzubauen. Haben wir am Beginn der Emanzipationskrise noch zwanghaft Nein sagen müssen, so haben wir jetzt die *Wahl*, Nein zu sagen, wenn wir das wollen und für nötig halten. In dem Maße, in dem wir mehr wir *selbst* werden, authentischer werden, in dem Maße werden wir zufriedener sein. Möglicherweise haben andere Menschen es jetzt schwer mit uns, denn wir sind nicht mehr so „pflegeleicht" wie in der Prae-Ego-Phase. Jetzt müssen andere an uns lernen. Aber auch die Phase der Emanzipation geht vorüber, wie wir in Teil IV „Die spirituelle Dimension von Krise" sehen werden.

Beziehungskrisen

Was wäre das Leben ohne Beziehungskrisen? Es ist fast undenkbar, sich ein Leben vorzustellen, ohne dass Beziehungskrisen darin vorkämen. Beziehungskrisen gibt es in allen möglichen Formen, obwohl dieser Begriff meistens auf Partnerschafts- oder Ehekrisen bezogen wird. Aber auch mit unseren Kindern, mit den eigenen Eltern oder Schwiegereltern sind wir in Beziehung und damit für Krisen anfällig. Genauso geht es mit den Kollegen des Teams, mit unseren Vorgesetzten, mit schwierigen Kunden oder mit unseren nächsten Nachbarn. Auch das Vereinsleben wird durch dieses Phänomen bereichert, von der Politik ganz zu schweigen. Beziehungskrisen gibt es selbst auf internationalem Niveau und im Kontakt der Religionen. In Beziehungskrisen kommen wir mit dem *Anderssein* der Anderen in Berührung, unsere Mentalität unterscheidet sich und demzufolge unterscheiden sich auch unsere Verhaltensweisen. Wir „stören" uns am Fremdsein anderer, wobei eigentlich nicht das Fremd- oder Anderssein das ursächliche Problem ist, sondern die Tatsache, dass wir uns hieran „stören". Unsere Sprache ist in dieser Hinsicht (wie meistens!) sehr ehrlich: *Wir* stören *uns*, *ich* ärgere *mich*… Ich bräuchte also nur aufhören, mich zu stören oder zu ärgern? Als wenn das so einfach wäre!

Menschen gehen auf verschiedene Weise mit Beziehungsschwierigkeiten um: entweder defensiv, das heißt, wir ziehen uns zurück und gehen aus dem Kontakt. Dann schweigen wir, sind stiller als sonst, kurz angebunden und vermeiden den Blickkontakt. Oder wir gehen offensiv damit um, das heißt, wir gehen nach vorn, in den Kontakt und in die Konfrontation hinein und formulieren unsere Störung oder unseren Ärger. Das offensive Vorgehen könnte zu einer Klärung und Bereinigung der Situation führen – wenn es uns gelingen würde, uns mit Vorwürfen und Schuldzuweisungen zurückzuhalten. Allerdings sind die wenigsten Menschen so reflektiert und so trainiert, dass ihnen dies möglich wäre. Deshalb lässt sich sowohl für defensives als auch für offensives Vorgehen sagen, dass genau damit das Elend beginnt. Unsere Reaktion auf den anderen wird den anderen zu einer Reaktion auf uns veranlassen. Und ab da geht es meistens sehr schnell: Gesagtes und Ungesagtes, Ausgesprochenes und Unausgesprochenes, beides wird benutzt, um sich und anderen das Leben schwer zu machen. Unterstellungen und feine Untertöne gießen Öl ins Feuer, Formulierungen wie „immer“ und „nie“ tragen noch zu einer Beschleunigung bei. Es scheint tatsächlich unendlich schwer zu sein, andere in ihrem Anderssein zu *lassen*. Obwohl wir selbst gern hätten, dass andere *uns* so lassen, wie wir sind. Und es scheint so schwer zu sein, direkt zu sagen, was uns wichtig ist, so dass andere uns verstehen können. Stattdessen wählen wir blumige Verschleierungen und halten es für ein Zeichen von Liebe, wenn es dem anderen gelingt zu erraten, was wir meinen. Statt wahrzunehmen, wie ein anderer *seine* Liebe zu uns ausdrückt, starren wir wie fixiert auf die Tatsache, dass wir zum Valentinstag wieder keine Blumen bekommen haben (obwohl die Werbung dies doch verbindlich vorschreibt!). Wir fordern Liebe und Zuwendung, statt Liebe und Zuwendung zu geben. Wir möchten bedient werden, statt anderen zu dienen. Wir halten unsere Art und Weise, zu sein und Dinge zu tun, für die einzig wahre Art und sehen nicht, dass es unendlich viele Möglichkeiten gibt, zu sein und Dinge zu tun. Ganz oft sind es verschiedene Interessenlagen und vor allem unser Beharren auf dem eigenen Interesse, das zu Problemen führt. Und noch viel öfter ist es unser Ego, das gesehen und wahrgenommen werden will, das nach Zuwendung hungert und in seinem *Besonders*sein anerkannt werden will. Noch öfter sind es unsere Erwartungen an andere, die zum Beziehungstief führen, weil sie nämlich nicht erfüllt werden. Warum sind wir in einer Beziehungskrise? Weil wir so sind, wie wir sind. Es gibt noch viel zu tun, packen wir´s an![7]

Midlife-Crisis

In der Mitte des Lebens, am Übergang zur zweiten Lebenshälfte, kann es zu einer heftigen Erschütterung kommen. Obwohl vieles oder alles erreicht wurde, obwohl eigentlich alles in Ordnung ist und nach außen hin den bürgerlichen Normen entspricht, obwohl die Kinder nun groß sind und man wieder Zeit für sich und den Partner hätte … ja, obwohl alles in Ordnung ist, ist doch nicht alles in Ordnung. Nach außen hin ist vielleicht alles in Ordnung, aber innen beginnt Unzufriedenheit zu nagen, Unzufriedenheit mit sich, mit anderen, mit der ganzen Situation. Man versteht sich selbst nicht mehr und wird von anderen nicht mehr richtig verstanden. Alles ist quer. Warum ist das so? Am Übergang zur zweiten Hälfte des Lebens, für jeden liegt dieser Zeitpunkt ein wenig anders, wird eine

---

7 Hinweise und Übungen hierzu gibt es in dem Buch: Plate / Etminan, *Intensiver leben!*, Ganzheitliches Yoga für jeden Tag (Kösel)

große Überprüfung vorgenommen. Anstatt sich zufrieden zurückzulehnen und die Früchte zu genießen, wird regelrecht mit dem alten Leben abgerechnet. Der Focus der Aufmerksamkeit liegt in dieser Zeit nämlich eher auf den Aspekten, die nicht so ganz befriedigend sind. Die alten Ziele sind mehr oder weniger erreicht, vielleicht aber auch nicht. Die Kinder sind groß und brauchen uns viel weniger. Sie gehen eigene Wege. Was jetzt? Wohin jetzt mit uns und mit unserer Energie? Weil diese Energie kein klares Ziel mehr hat, beginnt sie, chaotisch und gereizt, anderen die eigene Unzufriedenheit anzulasten. Jetzt hätten wir wieder Zeit für unsere Beziehung, aber wir stellen fest, dass uns der Partner fremd geworden ist. Bei aller Pflichterfüllung der zurückliegenden Jahre haben wir uns verloren, wissen wir nicht mehr, wer der andere eigentlich ist – und wer wir selbst eigentlich sind. Links und rechts sterben die ersten Bekannten oder Freunde und wir bekommen einen großen Schrecken. Vielleicht stellen sich gleichzeitig die ersten, vielleicht sogar ernsthaften körperlichen Beschwerden ein? Auf der Spitze unseres Lebens angekommen, wird auf einmal der Blick frei … auf die andere Seite, auf den Hang, auf dem es abwärts geht, mit einem tiefen, schwarzen Loch am Ende, unserem Grab. Wir hatten die ganzen Jahre immer nur nach vorn und nach oben geschaut – was auch richtig war – und hatten total vergessen, dass es auf der anderen Seite wieder nach unten geht. Dieses Verdrängen ist völlig normal, man kann nicht am Rad der Welt mitdrehen, wenn man die ganze Zeit dieses schwarze Loch vor Augen hat. Klar, wir haben andere Menschen gesehen, die älter wurden, die hinfällig und gebrechlich wurden, die starben. Wir haben es gesehen, aber nicht wirklich wahrgenommen, nicht *wahr*genommen. Das waren sie, es war *ihr* Problem, wir haben ihre Situation nicht auf uns bezogen. Wir haben die Tatsache, dass diese Phase auch auf uns wartet, schlichtweg ausgeblendet. Jetzt sind wir wachgerüttelt worden und haben einen ziemlichen Schrecken bekommen. Der Weg, den die anderen gehen, ist auch unser Weg. Unausweichlich. Es ist ein ziemlicher Schock und kann eine Zeit lang für viel innere Unruhe sorgen. Bis wir dann akzeptieren, dass es so ist, und entdecken, dass zwischen dem Ende der Familienphase und dem wirklichen Altwerden noch eine eigene Lebensphase auf uns wartet, die Phase des *reifen* Menschen. Diese Phase hat eigene Ziele, die vor allem etwas mit geistiger Entwicklung zu tun haben und mit dem Erbe, das wir der Welt zurücklassen möchten. Es gibt also noch viel zu tun!

Burnout

Obwohl sich ein Burnout in den meisten Fällen bereits lange vorher ankündigt, zum Beispiel durch kleinere Unfälle oder Krankheiten, die aber nicht ernst genommen werden, kommt es zum eigentlichen Crash oft erst dann, wenn die eine oder andere private oder berufliche Krise ihn auslöst. Burnout ist ein energetischer und psychischer Zusammenbruch. Plötzlich fehlt die Kraft, gewohnte Situationen und sich selbst zu managen. Auslösende Ursache hierfür können frühere, nicht gut verarbeitete (aufgeschobene!) Krisen sein, die dann erst in einer späteren Krise zum Zusammenbruch führen. Es kann in oder nach einer akuten Krise geschehen oder wenn mehrere schwierige Situationen zugleich auftreten (eine höhere Belastung auf der Arbeit, bei gleichzeitiger schwerer Erkrankung des Partners usw.) In den allermeisten Fällen sind auch innere Haltungen an der Entstehung des Burnout beteiligt: Hohe Ansprüche an Pflichterfüllung, Leistung oder Ruhm. Ansprüche, die im Laufe des Lebens immer mehr zum erstarrten, festgefahrenen Lebensmuster wurden und uns nun in enorme Schwierigkeiten bringen. Burnout ist ein modernes Syndrom, das vor allem viel beschäftigte Menschen ereilt. Es trifft vor allem Menschen, die sich sehr engagieren. Menschen also, die einen anspruchsvollen Beruf haben, die an vielen Fronten kämpfen und auf vielen Hochzeiten tanzen, die verbissen auf ihre Ziele hinarbeiten. Menschen, die mit ihrer Motivation und ihrer Leistung für andere ein Vorbild sind. Leistungsbewusste Menschen, die ständig über ihre Grenzen gehen, die aber die leise mahnende Stimme im Innern und vielleicht auch im Umfeld überhören … bis nichts mehr geht! Sie sind wie ein Motor, der immer schneller dreht und bei dem der Ölfilm immer dünner wird, bis der Kolbenfresser kommt. Gut, einen Motor kann man zur Not austauschen, aber was ist mit uns? Ein Burnout ist wie eine Bruchlandung im Leben, danach müssen wir in die Werkstatt. Ernsthaft!

Burnout ist vor allem ein energetisches Phänomen, gehört aber trotzdem zu den komplexen Mehrfachkrisen. Denn meistens zieht ein solcher Zusammenbruch noch weitere Dinge und damit Krisen nach sich. Energetisch gesehen, die Sprache verrät es, sind wir „leer gelaufen", „ausgebrannt" oder „ausgepowert": Leer … und aus … Wir hatten die roten Warnlämpchen übersehen, die anzeigten, dass der Ölfilm zu dünn geworden war. Es war unser *Wille*, der uns immer weitergetrieben hat und der uns eingeredet hat, dass es schon irgendwie gehen wird, weil es gehen muss. In Notzeiten, bei Naturkatastrophen, bei schweren Unfällen, aber auch in Prüfungen, ist der Mensch mit diesem Willen zu übermenschlichen Leistungen fähig. Kurzzeitig – und danach kommt die Erschöpfung. Was aber, wenn wir auf Dauer probieren, solche Leistungen zu vollbringen? Wenn wir uns einreden, dass das schon irgendwie gehen wird, weil es gehen muss? Wieso *muss* das gehen? Wo kommt dieses „Muss" her? Es sitzt tief verborgen im Unbewussten und treibt uns von dort her an. In der Psychologie wird dieser Teil darum mit Recht der „Antreiber" genannt. Es sind innere Haltungen oder Einstellungen, die uns darauf programmieren, höchsten Ansprüchen oder Erwartungen gerecht zu werden (eigenen und fremden), die so vom eigenen System permanent Höchstleistung erwarten und es eigentlich auf „Not" setzten. Wir haben gesehen, dass dies kurzzeitig keine Gefahr enthält, sondern ein Mechanismus ist, um mit Gefahr oder besonders anstrengenden Situationen umzugehen. Wenn wir danach wieder auf „normal" schalten, wird weiter nichts geschehen. In Schwierigkeiten kommen wir jedoch, wenn solche Höchstleistungs-Programmierung zum Dauerzustand wird, zur festen inneren Einstellung. Es sind unsere erstarrten Haltungen (Pünktlichkeit, Präzision, Leistung, Effizienz, helfen müssen, immer für andere da sein zu müssen), die uns vor die Wand fahren lassen. Eigentlich alles, was wir *müssen* und nicht einfach *lassen* können. Es gibt Kulturen und Völker, die hier eher gefährdet sind als andere – und die auch noch stolz darauf sind!

Es kann lange dauern und wird uns möglicherweise viel therapeutische Arbeit kosten, bis wir wieder in die Gänge kommen. Wir werden uns energetisch erholen müssen, durch Nichtstun, durch Laubfegen oder Ähnlichem, Dinge also, die wir vorher wahrscheinlich verachtet haben. Wir werden auch unsere Lebenshaltungen und inneren Zwangsjacken unter die Lupe nehmen müssen, obwohl wir dachten, dass nur „Psychopathen" dies nötig hätten. Burnout bedarf unbedingt einer Therapie oder einer guten geistlichen Begleitung. Denn es waren die eigenen unbewussten Haltungen oder Einstellungen, die uns so weit getrieben haben. Daran sollten wir arbeiten. Und dafür sollten wir uns viel Zeit geben, denn die werden wir brauchen.

Sinnkrisen

Manchmal sind es interne Auslöser, die dazu führen, dass uns das Dasein als „sinnlos" erscheint. Natürlich ist nicht alles sinnlos, aber wir selbst können im Moment keinen tieferen Sinn, keine Bedeutung erkennen in dem, was wir tun oder wie wir leben. Manchmal sind es andere, konkrete Krisen, die uns – als Folgeerscheinung – nun auch noch an dem Sinn von allem zweifeln lassen. Sinnkrisen sind Krisen, die wir vor allem innerlich erleben und die da drinnen für eine erhebliche Unruhe sorgen können. Dies können die Menschen um uns herum oft nicht nachvollziehen. Eigentlich ist doch alles wie gewohnt und in Ordnung? „Du grübelst zu viel!" oder „Nimm doch nicht alles so schwer!", bekommen wir dann zu hören. Nichts ist in Ordnung, aber andere verstehen es nicht. Wir selbst verstehen es eigentlich auch nicht... Alles ist so sinnlos! Vor allem nach einschneidenden Veränderungen, die nicht erwünscht waren und die uns mit unserer Ohnmacht konfrontiert haben, stellt sich dieses leere Gefühl ein. Wenn wir doch keinen Einfluss haben, wozu sollen wir uns dann noch anstrengen? Wenn doch jede Bemühung sinnlos und vergebens ist? Wir sind in eine Sackgasse geraten. Aber wie sind wir da hineingekommen? Und wie kommen wir hier wieder heraus? Sinnkrisen sind nicht immer religiöser Art, obwohl sie in unserer christlichen Kultur oft so verstanden oder eingeordnet werden. Eine Sinnkrise zeigt – auch auf sehr weltlichem Niveau – dass es an der Zeit ist, die Richtung zu überprüfen, in die wir lange Zeit gelaufen sind. Wenn uns der „Sinn“ verloren gegangen ist, haben wir uns möglicherweise „verlaufen“ und es ist nötig, neu zu bestimmen, wo wir stehen, wer wir eigentlich sind und wohin wir wollen, was unser eigentliches Ziel ist. Sinnkrisen sind für die Betroffenen äußerst unangenehm und sehr beunruhigend, vor allem, wenn sie damit allein stehen. Trotzdem sind Sinnkrisen eine ausgezeichnete Gelegenheit, alten Trott durch eine neue Klarheit zu ersetzten – Klarheit darüber, wer wir sind und was uns wichtig ist. Welche Ziele haben wir verfolgt – vielleicht mit unserem ganzen Ehrgeiz? Waren diese Ziele realistisch? Waren wir hochmütig und dachten wir, dass wir es allein schaffen könnten? Sobald das Ziel wieder klar ist, können wir weitergehen. Entweder einen neuen Weg oder den alten Weg auf eine neue Weise.[8]

Glaubenskrisen

Glaubenskrisen sind für die Betroffenen immer schwere Krisen, auch dann, wenn Menschen aus dem Umfeld darüber eher mit den Schultern zucken. Manchmal entstehen solche Krisen durch die intensive Beschäftigung mit Glaubensfragen, zum Beispiel durch ein Theologiestudium oder durch eine anderweitige intensive Auseinandersetzung mit diesen Fragen. Auch wenn Glaubenskrisen schwer sind, so sind sie doch ein wichtiger Bestandteil des eigenen Wachstumsprozesses. In dieser Phase entdeckt man Widersprüche, stolpert man über Ungereimtheiten und wird sich bestimmter Aspekte oder Aussagen bewusst, mit denen man selbst nicht übereinstimmt.... Das ehemals geschlossene (kohärente) Bild, unser Glaube, bekommt Risse oder Unebenheiten. Oder andersherum: Die Unebenheiten und

8 In Teil V „Hilfe und Unterstützung in Krisenzeiten“ gibt es einen eigenen Abschnitt „Sinnkrisen im Beruf“. Dort gibt es auch konkrete Anweisungen, wie wir mit beruflichen Sinnkrisen umgehen und sie für uns nutzen können.

kleinen Haarrisse, die immer schon da waren, werden nun bei genauerem Hinsehen erst richtig sichtbar. Das stabile Gebäude beginnt zu wackeln. Wo können wir jetzt Halt und Sicherheit finden? Viele religiöse Menschen gehen im Laufe ihres Lebens durch solche Glaubenskrisen – vielleicht sogar mehrfach – vielleicht sogar permanent. So anstrengend dies ist, daran ist nichts falsch. Es ist in Ordnung! Durch solche Krisen reifen wir in unserem Glauben, lassen wir die religiöse Pubertät (die auch dazu gehört!) hinter uns und werden wir erwachsen – in Glaubenssachen. Erwachsenwerden heißt, die Tradition und die Vergangenheit zu schätzen, die Gegenwart mit ihren Problemen anzunehmen und den Blick dann auf die Zukunft und auf die Lösungen zu richten. Jedes Erwachsenwerden heißt, eine Brücke zu schlagen zwischen der eigenen Vergangenheit, den Problemen von jetzt und den Perspektiven für die Zukunft. Dies geht nicht, ohne ab und zu in eine Krise zu kommen. Je besser wir diese Krisen durch-arbeiten, umso *friedvoller* werden wir – was ein wichtiges Ziel von Religion ist.

Aber es gibt auch Glaubenskrisen, die weitaus heftiger sind! Menschen, die bisher auf eine eher „normale" Weise gläubig waren, kommen in schwerste Zweifel und in Hader mit Gott, wenn sie wegen bestimmter anderer, schwieriger Ereignisse in eine Krise kommen. Sie verstehen die Welt nicht mehr, sie hatten doch alles getan: Gebetet, um das Leben des geliebten Menschen gefleht, gefastet, ein ethisches Leben geführt…. Und jetzt das! Sie sind schwer enttäuscht und verzweifeln an diesem Gott, der doch versprochen hatte, sie zu lieben und sie zu beschützen. Sie fühlen sich verraten, gehen nicht mehr zur Kirche und wollen von diesem verd… Gott nichts mehr wissen! Was ist passiert? Solche Menschen saßen (in Glaubenssachen) auf einem verkehrten Gleis, nur war ihnen dies nicht bewusst. Sie sind dem gängigen, aber zu einfachen Bild gefolgt, dass Gott der große Tröster, die große Mutter (Vater) ist, unter deren Schürze es warm und geborgen ist. All das stimmt, aber auf einer anderen Ebene und in einer anderen Weise, als wir es uns wünschen. Die meisten Menschen beten zu Gott, damit er ihnen ihre Wünsche erfüllt, sie bitten ihn um Gesundheit und sind natürlich bitter enttäuscht, wenn sie krank werden. Natürlich können wir so beten, aber solche Gebete wären wie Magie, wie „Regenzauber": Lieber Gott, gib mir, was ich haben will! Gott hat aber ein Problem, wenn vor einem Fußballspiel beide Mannschaften darum bitten, zu gewinnen. Gott ist kein Joker, den wir ziehen können, um ihn als 12. Mann einzusetzen! Gott hat nicht versprochen, alle Schwierigkeiten von uns fernzuhalten, er hat uns versprochen, als Ziel unseres Lernens zur Verfügung zu stehen. Er hat uns nicht versprochen, uns vor Elend zu bewahren, er hat uns versprochen, dass er uns die nötige Kraft gibt, wenn wir uns an ihn wenden. Er hat gesagt, dass er uns *hört*, wenn wir beten, und nicht, dass er uns immer und allzeit *erhört*. Gott ist nicht berechenbar, wir können ihn nicht unserem kleinen, kalkulierenden Denken unterordnen und wir können Ihn nicht als Faustpfand (Talisman!) in der Tasche haben. Gott ist nämlich weitaus größer als der Gott, den wir Menschen von ihm machen. Gott hat nicht versprochen, *uns* zu retten, ihm ist es wichtig, unsere *Seelen* zu retten, ein kleiner, aber feiner Unterschied. Da unsere Kultur aber vergessen hat, dass es überhaupt eine Seele gibt, reduzieren wir Gott und sein Versprechen auf unsere materielle Wirklichkeit, und werfen ihm auch noch vor, dass es nicht funktioniert. Natürlich funktioniert es so nicht!

Menschen, die wegen schwerer Geschehnisse in eine solche heftige Glaubenskrise geraten, benötigen oft viele Jahre, bis sie wieder in der Lage sind, sich Glaubenssachen anzunähern – auf eine neue Weise. Zwischenzeitlich sind sie allen gläubigen Aussagen gegenüber ziemlich kritisch, vor allem, wenn sie in dem üblichen, oft selbstgefälligen „Kirchenjargon" vorgetragen werden. Außerdem ist es ziemlich schwierig, in dieser Situation einen geeigneten Begleiter zu finden, falls das überhaupt gewünscht wird. Normale, moderne Psychologen sind vielfach Atheisten und oft auch kirchenkritisch bis kirchenfeindlich eingestellt, es besteht also die Gefahr, dass sie den Betroffenen von Gott wegziehen. Priester oder andere kirchliche Begleiter haften meist sehr am traditionellen Gottesbild, genau an dem Bild also, das für die Krise des Betroffenen (mit-)ursächlich war. Helfen und begleiten können eigentlich – wie in anderen Fällen auch! – am besten die Menschen, die selbst eine solche Krise durchlebt und verarbeitet haben.

Älter werden

Auch das Älterwerden kann (muss aber nicht!) mit einer Krise einhergehen. Es ist eine Zeit des Abbaus, stärker noch: Es ist *die* Zeit des Abbaus. Je nachdem, wie es um unsere Gesundheit steht und um unsere geistige Fitness, wird dieser Prozess individuell sehr verschieden erlebt. Was in den folgenden Abschnitten über Krankheit, Behinderung und Sterben und Tod gesagt wird: Es gilt in gleichem Maße für den eigenen Prozess des Älterwerdens. Jeder will alt werden, aber keiner will alt sein. Menschen mit einer materialistischen, ganz auf den Körper bezogenen Einstellung haben es sehr schwer mit diesem Abbruch, mit der Demontage und dem Verlust ihrer Fähigkeiten. Menschen, die auf Grund ihres Glaubens ein Leben nach dem Tod annehmen, haben es in dieser Hinsicht wesentlich leichter. Auch für sie ist dieser Abbruch schwer, aber es gelingt ihnen besser, mit den Einschränkungen zu leben. Durch ein gesundes Leben kann man die Härten des Altwerdens erleichtern. Geistiges Interesse und Teilnahme am gesellschaftlichen Leben tun ein Übriges. Aber es gibt auch ältere Menschen, die sich langsam aus dem gesellschaftlichen Trubel zurückziehen und mehr die Einsamkeit aufsuchen. Der jüngeren, noch voll aktiven Generation unserer Kultur kann dies „fremd“ erscheinen, während es in den östlichen Religionen als äußerst sinnvoll angesehen wird, sich zurückzuziehen und sich mehr der eigenen spirituellen Entwicklung und damit Gott zuzuwenden. Die Tatsache, wie sehr wir durch den langsamen oder plötzlichen Verlust unserer Fähigkeiten in Krise geraten, hängt vor allem davon ab, wie wir uns verhalten. Jedes Sichauflehnen, jedes Kämpfen, jedes Sichsträuben erschwert den Prozess des Altwerdens und macht ihn zu einer Qual. Wir sollten aktiv und positiv mit diesem natürlichen Abbauprozess umgehen – aus einer Haltung von Akzeptanz und Hingabe heraus. Wir hatten das ganze Leben lang und in vielen Krisen Zeit, Akzeptanz und Hingabe zu erlernen. Jetzt hilft uns diese Fähigkeit. Sie macht uns zu schönen, friedvollen Menschen, die mit der eigenen Bereitschaft, alt zu werden und zu sterben, anderen wieder Mut machen[9].

Schwere Krankheit und Behinderung

Schwere Krankheit und eine plötzliche (oder langsam einsetzende) Behinderung gehören zu den Abbaukrisen, denn sie gehen mit dem Verlust der Gesundheit und mit dem Verlust von Fähigkeiten und Möglichkeiten einher. Wir sind nicht mehr der Mensch, der wir einmal waren. Wir können nicht mehr die Dinge tun, die uns früher selbstverständlich waren. Damit verlieren wir unsere vertraute Lebensqualität. Schwierig ist dies vor allem, weil man diese Veränderungen, diesen Verlust nicht *freiwillig* hinnimmt – natürlich nicht!. Wir kämpfen und bemühen uns, die Krankheit oder die Behinderung zu überwinden. Wir haben Hoffung und werden immer wieder enttäuscht. Bei manchen Menschen wird diese Anstrengung mit Erfolg gekrönt, bei anderen nicht. Das ist bitter und die Enttäuschung schlägt zu! Wieso funktioniert es bei mir nicht und bei anderen wohl? Dieser Kampf, die Spannung zwischen immer wieder hoffen und immer wieder Niederlagen einstecken müssen, wird als unglaublich anstrengend erfahren. Durch „braves“ Verhalten probieren wir, die Krankheit umzustimmen, was aber nicht immer gelingt. Hinzu kommt in vielen Fällen die Abhängigkeit von anderen, was vor allem für tatkräftige, selbständige Menschen eine bittere Pille ist. Sich nicht mehr selbst helfen zu können, die eigene Körperpflege nicht mehr selbst vornehmen zu können … das ist schwer! Auch unsere Beziehungen verändern sich, sie sind

9 Dieses Thema ist ausführlich in der Literatur beschrieben. Es darf hier vor allem auf anthroposophische Literatur verwiesen werden und auf die Literatur der Hospiz-Bewegung. Siehe auch: Plate/ Etminan, *Der Tod als Durchgang zu neuem Leben* (Via Nova).

durch diese Situation einer enormen Belastungsprobe ausgesetzt. Möglicherweise halten sie nicht stand und es kommt eine weitere Krise hinzu. Andere Beziehungen werden fester, sie reifen an der Situation. All diese Erfahrungen können für Betroffene zeitweise so hart sein, dass sie nicht mehr leben wollen. So nicht! Das ist kein Leben! Erst allmählich, mit vielen Rückschritten, entwickelt sich dann eine Akzeptanz der Situation gegenüber, akzeptieren wir, dass es so ist, wie es ist, und lernen wir langsam, mit der Begrenzung zu leben. Wir arrangieren uns und lernen, den Spielraum zu nutzen, den wir noch haben. Je klarer die Akzeptanz ist, umso besser gelingt es, mit der Situation zu kooperieren, und auf diese Weise das Beste herauszuholen. Hilfreich ist es, eine innere Haltung zur Krankheit oder zur Behinderung zu entwickeln, die die Situation relativiert: Ich habe zwar diese Krankheit, aber diese Krankheit hat *mich* nicht!

Nicht nur eine eigene Erkrankung, sondern auch die schwere, bleibende Erkrankung eines Angehörigen kann uns in eine Krise stürzen, denn auch wir sind davon betroffen. Die zunehmend praktischen Probleme werden für Schwierigkeiten sorgen und wir werden zunehmend auch durch einen Trauerprozess gehen. Dies ist vor allem dann der Fall, wenn es um bleibende Einschränkungen, Schäden und Behinderungen geht (nach einem Unfall oder bei einem Schlaganfall) oder um stets mehr zunehmenden Verfall (bei Alzheimer, Parkinson, Multiple Sklerose oder auch Rheuma). Trauer fühlen wir nicht nur beim tödlichen Ausgang der Krankheit, sondern auch, wenn es um enorme Einschränkungen und um das damit verbundene Leid geht. Dies gilt ganz besonders dann, wenn diese Erkrankung oder Behinderung mit zunehmender Persönlichkeitsveränderung einhergeht und sich dadurch auch die Beziehung verändert. Auf diese Weise verlieren wir einen Menschen „bei lebendigem Leibe“ und es bleibt immer weniger Kontakt übrig. Dies kann in uns Schuldgefühle erzeugen und wir werden uns – zum Ausgleich – noch mehr anstrengen, den Kontakt zu halten und Liebe aufzubringen. Schwierig ist auch, dass das weitere Umfeld diese Probleme beinahe nicht nachvollziehen kann. Denn der Patient lebt ja noch. Menschen, die sich diesem Prozess stellen und aktiv mit ihm umgehen, lernen unendlich viel aus der Situation und erfahren sie irgendwann als Bereicherung. Dann ist es ihnen möglich, Frieden damit zu schließen. Dankbarkeit ist das Ende einer jeden Krise. Auch bei Krankheit und Behinderung!

Tod und Sterben

Da in unserer Gesellschaft überwiegend die materialistische Sicht das Denken bestimmt, ist das Altwerden und noch schlimmer das Sterben eine einzige Niederlage, ein Versagen der Natur, das manche Menschen zur Verzweiflung treiben kann, das sie aber doch nicht ändern können. Der Mensch hat inzwischen Einfluss auf die Aufschiebung des Todes und auf seine frühzeitige, willentliche Herbeiführung, aber nicht auf den Tod selbst. Jeder Tod ist aus dieser Sicht eine Katastrophe, eigentlich ein Scheitern. Das Ziel des *Ewigen Lebens* erreichen wir aber nun einmal nicht in diesem sterblichen Körper, er ist dafür nicht vorgesehen. Er ist ein Fahrzeug für unser Leben hier auf der Erde, mehr nicht. Er wird alt und kann uns dann keine Dienste mehr leisten. Dem eigenen Sterben zu begegnen ist eine hohe spirituelle Herausforderung, der wir leichter begegnen können, wenn wir akzeptieren, dass der Körper *vergänglicher* Natur ist – und deshalb alt und krank wird und sterben wird. Und wenn wir annehmen (glauben!), dass es einen *unsterblichen* Teil des Menschen gibt, der nach dem Tod weiterlebt. Dieser unsterbliche Teil des Menschen – die Seele – ist der wichtigere Teil, wir sollten uns endlich um ihn kümmern!

Fast genauso schwierig wie die Begegnung mit der eigenen Sterblichkeit ist auch die Konfrontation mit dem Tod eines geliebten Menschen, dem Tod eines Elternteils, des Partners oder eines Kindes. Der Tod eines lieben Menschen ist immer auch eine Konfrontation mit dem eigenen Tod! Eines Tages werden wir selbst da in diesem Sarg liegen – mausetot! Wegen unserer nachlassenden Fähigkeit (Bereitschaft?), dem Tod zu begegnen, verändern sich auch die Rituale rund um den Tod. Es wird verbrannt, statt begraben; es gibt eine Gedenkfeier im Krematorium, statt eine Messe oder einen Gottesdienst in der Kirche, bei der auf das Ewige Leben hingewiesen wird; es wird auf dem Gedenkplatz des Friedhofs Abschied genommen, statt am Grab, nachdem der Sarg in die Erde hinabgelassen wurde. Die Veränderungen dieser Rituale des Todes sagen viel aus über den Zustand unserer Gesellschaft!

Wenn wir den Tod eines lieben Menschen zu beklagen haben, dann lässt sich sagen, dass je wichtiger diese Beziehung war, der Abschied umso schwerer sein wird. Es ist unsere emotionale Bindung an einen anderen Menschen, die es so schwer macht, jemanden loszulassen und ihn gehen zu lassen. Manchmal lässt sich aber auch sagen, je schwieriger die Beziehung war, umso schwieriger wird der Abschied sein, weil er dann mit vielen Schuldgefühlen einhergehen wird. Wenn wir gläubig sind, fällt dieser Abschied oft leichter, denn es wird angenommen, dass der Verstorbenen zu Gott geht. Wenn diese Hoffnung fehlt, ist es eigentlich unerträglich, sich vorzustellen, dass jemand ins Nichts geht – aus und vorbei! Da die eigene Bewusstheit einen großen Einfluss auf das Durchleben einer solchen Krise hat, bedeutet es einen wichtigen Unterschied, ob man dem Sterben dieses lieben Menschen mit offenen Augen begegnet oder ob man versucht, davor die Augen zu verschließen. Sehr quälend ist der Trauerprozess vor allem dann, wenn jemand vermisst wird und die Angehörigen nicht wissen, ob er noch lebt oder auf welche Weise er ums Leben gekommen ist. Oder wenn jemand Selbstmord verübt hat. In diesen Fällen ist dringend eine Begleitung anzuraten, damit der Trauerprozess gut absolviert und die Wunde einigermaßen heilen kann.

Die so genannte „Trauerarbeit“ hat in den letzten Jahren viel Aufmerksamkeit von Seiten der Psychologie und der allgemeinen Lebenshilfe bekommen und es ist viel gute Literatur dazu erschienen. Deswegen sei hier nur ganz kurz auf all die Phänomene hingewiesen, denen wir in dieser schweren Zeit begegnen werden: Phänomene wie Hoffnung, Unsicherheit und Ratlosigkeit, der Versuch, die schlimme Tatsache zu negieren und auszublenden, Widerstand und Hader, die Weigerung, sich damit zu beschäftigen, Aggression gegen andere, Leid und Schmerz, Verzweiflung, Schuld und Trauer. Diese Phänomene wurden vor allem durch Elisabeth Kübler-Ross beschrieben als jeweils eigene Phasen des Prozesses, durch den wir bei der Trauerarbeit hindurch müssen.

Wichtig ist auch die Trauerbegleitung bei Kindern. Wir haben eher die Neigung, ihnen die Begegnung mit Krankheit und Tod ersparen zu wollen, was ihnen aber leider die spätere Verarbeitung sehr erschwert. Genau im Gegenteil dazu ist es gerade wichtig, sie so viel wie möglich einzubeziehen, damit sie mehr und mehr erfassen können, was geschieht. Jedes Kind verarbeitet anders, manche wollen nicht konfrontiert werden, manche wollen gerade viel und genau wissen. Bei ihnen wäre es wichtig, konkrete Informationen zu geben, zum Beispiel über den Tod. Denn Kinder brauchen diese Informationen, um die verwirrende Situation besser verstehen und verarbeiten zu können. Sie haben größere Schwierigkeiten, ihre Gefühle in Worte zu fassen, und möchten auch Erwachsene nicht extra in Verlegenheit bringen. Manchmal fühlen sie sich schuldig für Ereignisse, die andere mitmachen, und in ihrem magisch-symbolhaften Denken legen sie eine direkte Verbindung zwischen sich, ihrem Verhalten und dem Geschehen. Mit dem Ergebnis, dass sie sich schuldig fühlen (Fiddelaers-Jaspers). Manchmal zwingen Kinder uns durch ihre Naivität und Direktheit in eine für uns unangenehme Konfrontation, der wir gern aus dem Weg gehen würden. Dies ist nicht immer einfach. Wir sollten versuchen, so frei und ehrlich wie möglich, zu antworten.

Scheidung und Trennung

Dieser Abschnitt handelt von einem Thema, dass erst durch die moderne Zeit ins Leben gerufen wurde. Noch vor dem Zweiten Weltkrieg gab es kaum Scheidungen und die Trennung unverheirateter Paare kam erst recht nicht vor. Dies ist für uns alle Neuland, wir sind auf diese Art Krisen dann auch weniger gut vorbereitet als auf den Tod eines Partners. Mit dem Tod mussten Menschen schon immer umgehen und hierfür gibt es in allen Kulturen entsprechende Rituale, die den Trauernden helfen, mit diesem unfassbaren Geschehen umzugehen. Nicht nur für die Betroffenen selbst sind Trennung und Scheidung unsicheres und schwieriges Gebiet, auch für die Gesellschaft als Ganzes handelt es sich um absolutes Neuland bezüglich der Frage, wie damit umzugehen ist. Es gibt keine oder kaum Rituale und das macht den Verarbeitungs- und Trauerprozess sehr schwierig. Schon der Versuch, es als Trauerprozess zu sehen, stößt auf Irritation, denn man selbst hat ja vielleicht auch Schuld daran. Und der andere ist schließlich nicht tot, sondern lebt und es geht ihm möglicherweise sogar gut. Obwohl die Betroffenen sich durchaus in einem Trauerprozess befinden, wird ihnen dieser Prozess von der Umgebung nicht als solcher zugestanden: „Das kommt doch heute öfter vor“ oder „Das kann doch jedem passieren“. Sterben muss auch jeder, aber ist darum der Tod des Partners eine Kleinigkeit? Als ob die Tatsache, dass es öfter (und zunehmend öfter) vorkommt, etwas an der individuellen Trauer ändern würde! Weil möglicherweise der eine Partner wegen eines neuen gegangen ist, wird vom zurückgebliebenen Partner erwartet, dass auch er selbst jetzt möglichst schnell diesen Schritt tut und zum nächsten Partner wechselt. Das würde uns nach dem Tod des Partners nicht so schnell zugemutet werden. Da es inzwischen wirklich häufig geschieht, zeichnet sich langsam die ungute Tendenz ab, Scheidung und Trcnnung als „Kavalicrsdclikt“ zu schcn.

Scheidungen und Trennungen verlaufen vor allem dann besonders schmerzhaft und anstrengend, bis hin zu Auseinandersetzungen vor Gericht, wenn die so genannte „Scheidungsmeldung“ nicht ausgesprochen wurde (Hoefnagels) und der zurückbleibende Partner gar nicht fassen kann, was passiert. Mit Scheidungsmeldung ist gemeint: „Ich will und kann mit dir nicht weitergehen!“ Wenn dieser Satz oder ein ähnlicher *nicht* ausgesprochen wird, dann werden Trennung und Scheidung sehr schwierig werden. Dann geschehen diese vielen gegenseitigen Verletzungen, deshalb das Gezerre vor dem Gericht.

Die Folgen von Trennung und Scheidung – auf materieller, sozialer, wie seelischer Ebene – werden unterschätzt und bagatellisiert. Es ist kein Zufall, dass in den zehn Geboten des Christentums Mord, Totschlag und Ehebruch in einem Atemzug erwähnt werden! Es ist nicht einfach nur eine Frage der Moral und damit altmodisch. Wir wollen als Gesellschaft nicht hinschauen, was da angerichtet wird, wie viel Schmerz und Leid hier verursacht wird, vor allem, wenn Kinder davon betroffen sind. Wir wollen nicht wirklich hinschauen. Vielleicht, weil wir nicht mit dieser Schattenseite unserer sogenannten „Freiheit“ konfrontiert werden wollen?

Verlusterfahrungen

Verlusterfahrungen gehören zu den schweren Krisen, wenn sie denn als solche erfahren werden. Oft denken wir dabei sofort an den Tod eines geliebten Menschen, aber Verlusterfahrung kann viel weiter gefasst werden: Es geht um den schmerzhaften und unfreiwilligen, erzwungenen Abschied von etwas, das uns lieb und wertvoll war. Das kann die Gesundheit oder die Jugendlichkeit des eigenen Körpers sein, es kann der Verlust einer bestimmten Fähigkeit sein (z.B. das Sehen oder Sprechen) oder die eigene Schönheit, die nach einem Unfall verloren ist. Es kann der gewohnte Wohlstand sein oder die Sicherheit eines geregelten Einkommens, der Verlust des scheinbar sicheren Arbeitsplatzes. Bei Flüchtlingen ist es der Verlust der Heimat und der vertrauten Kultur.

Verlusterfahrungen sind oft nicht nur der Verlust einer einzigen Sache oder eines einzigen Menschen. Ganz oft kommen zu einem ersten Verlust weitere Verlusterfahrungen hinzu. So kann zum Beispiel der Verlust des Reichtums oder der Gesundheit den Verlust lieber Gewohnheiten, der selbstverständlichen Kontakte und Freunde mit sich bringen sowie den Verlust des Ansehens und des Lebensstandards. Es ist dann so, als ob man plötzlich in einem anderen Universum erwacht: Alles ist anders und das beinahe über Nacht. Menschen, die einen Partner verloren haben, erfahren, nachdem die erste Welle der Zuwendung und der praktischen Hilfe sich gelegt hat, dass sie weniger Unterstützung bekommen, weniger Aufmerksamkeit, dass sie (als Single) kaum noch Einladungen erhalten. Und das, während sie die schwerste Zeit ihres Lebens durchmachen. Das Gleiche gilt nach oder in einer schweren Krankheit, bei oder nach einem Aufenthalt in der Psychiatrie, nach einem schweren Unfall… Freunde und Bekannte bleiben weg, sie können die Geschichten nicht mehr hören, sie wollen dem Elend nicht begegnen! So entstehen aus einem Verlust viele zusätzliche Verlusterfahrungen. Dem eigentlichen Schmerz wird auf diese Weise viel weiterer Schmerz hinzugefügt! Sicher ist dies nicht beabsichtigt, aber so geschieht es.

Identitätskrisen

Identitätskrisen werden durch innere wie durch äußere Faktoren ausgelöst. Sie entstehen oft als Folgekrise, ausgelöst durch alle möglichen Formen der oben genannten anderen Krisen. Sie entstehen aber genauso oft durch Wachstumsimpulse von innen heraus. Identitätskrisen sind Krisen in Bezug auf das eigene Selbstverständnis. Selbst wenn sie durch äußere Veränderungen ausgelöst wurden, so sorgen sie vor allem an der „Innenseite“ für eine enorme Verunsicherung. Sie sind deswegen aber nicht weniger schwer. Ein großes Problem ist, dass sie unterschätzt werden, zunächst durch uns selbst, aber auch durch unser Umfeld. Man sieht es nicht, es ist nicht an-fassbar und deshalb viel schwieriger fassbar als „handfeste" äußere Krisen. Und doch gibt es diese Krisen und es wäre besser, sie nicht zu unterschätzen.

In den esoterischen Strömungen aller Religionen wird davon ausgegangen, dass sich im Menschen, tief in seinem Geist, ein spiritueller Kern befindet: die Seele[10]. Diese Seele ist rein geistiger, *spiritueller* Natur. Aus der Sicht der östlichen Religionen, aber auch der frühchristlichen Gnosis, ist sie göttlichen Ursprungs, aber aus der Einheit mit Gott herausgefallen. Im Christentum benutzt man für die Tatsache des Herausfallens der Seele aus der Einheit mit Gott (oder aus der Nähe zu Gott) den Begriff „Erbsünde", ein Begriff, der von modernen Menschen leider viel zu oft im psychologischen Sinne als „Schuld" verstanden und deshalb abgelehnt wird. Aus hinduistischer Sicht ist die Seele, das Ich, der erste Schritt unserer Absonderung von oder aus Gott. Mit dem ersten Gedanken von Ich entsteht automatisch das Du, wir erfahren uns getrennt von anderen. Dieses (spirituelle) Ich[11], der geistige Wesenskern in unserem Zentrum, hat die Neigung, sich auszudehnen. Es identifiziert sich mit allen möglichen und unmöglichen Dingen und denkt dann, dass es das sei: eine Persönlichkeit, ein Körper, eine Vergangenheit, Pläne für die Zukunft, der eigene Name, eine bestimmte Position, Armut oder Reichtum, Frau- oder Mannsein, bestimmte Fähigkeiten, Erfolg oder Ansehen. Es identifiziert sich ebenso mit bestimmten Rollen, die es ausübt (Hausfrau, Mutter, Lehrer, Polizist, Chef) und mit politischen oder religiösen Standpunkten oder Anschauungen. Das Ergebnis dieser Identifizierungen ist ein psychologisches Ich, unsere Person oder Persönlichkeit.

10 Dieses Verständnis von „Seele" weicht von der traditionellen christlichen Sichtweise ab, die als „Seele" den gesamten fein-stofflichen Körper ansieht, der im Tod den fest-stofflichen Körper verlässt.

11 Ab hier werden wir unterscheiden zwischen dem spirituellen Ich und dem psychologischen Ich. Das eigentliche, spirituelle Ich (auch Selbst genannt) ist der Wesenskern und die geistige Essenz, die im tiefsten Innern aller Menschen zu finden ist und die bei allen Mensen nicht nur gleich, sondern identisch ist. Das spirituelle Ich identifiziert sich in jedem Individuum mit vielen verschiedenen Aspekten. Diese Identifizierung erzeugt das psychologische Ich (oder psychologische Ego), die individuelle Person oder Persönlichkeit. In den tiefen Schichten dieses psychologischen Ichs sind wir alle gleich, in den individuellen Ausprägungen unterscheiden wir uns jedoch voneinander. Wenn wir in der Umgangssprache von Ich oder Ego reden, dann meinen wir dieses psychologische Ich, unsere Persönlichkeit. Bei einer Identitätskrise kommt dieses psychologische Ich in eine Krise. Möglicherweise würde ein Psychologe oder ein Philosoph hierzu eine andere Erklärung geben. Die Sichtweise, von der hier ausgegangen wird, ist eher eine spirituelle (auf yogischem Hintergrund). Sie wird uns später helfen, zu verstehen, was die spirituelle Dimension von Krise ist.

Auf diese Weise erzeugen wir ein Profil, mit dem wir anderen entweder auf eine sympathische Weise nahe oder auf eine unsympathische Weise fremd sind. Ohne ein solches Profil wären wir als Individuum nicht gut erkennbar, nicht einzuordnen und ein wenig blass. Im Zentrum steht immer das „Ich bin …“ und dann kommt die Zufügung dessen, was oder wer ich bin, es ist beliebig austauschbar. Es *wäre* beliebig austauschbar, wenn wir nicht so sehr an das verhaftet wären, was wir sind – besser: was wir denken zu sein. Mutter sein ist eine Rolle, ein Zustand, es ist nicht das, was ich wirklich bin. Reich sein oder arm sein sind Zustände, die sich ändern können, sie sind nicht das, was ich wirklich bin. Nichts davon bin ich wirklich, alles ist vergänglich, sogar das Alt- und Kranksein. Aber wer oder was bin ich dann *wirklich*? Ich bin!

Identität ist also ein Versuch des spirituellen Ich, sich auszudehnen und sich damit zu stärken. Eigentlich ist jede Identifikation ein „künstlicher“ Akt, obwohl wir dieses als sehr natürlich und normal empfinden. Das Ego hat ein hohes Interesse am Aufrechterhalten der Identität, weil es durch eine klare Identität gestärkt wird, wie ein Hauptmann durch seine Truppen. Dass Identität künstlich und nicht *wirkliche* Realität ist, merken wir erst dann, wenn wir das eine nach dem anderen verlieren, von dem wir dachten, dass wir das seien. Alles kann ich verlieren, aber etwas, das ich verlieren kann, das war ja wohl offensichtlich nicht ich, oder? Nur ich bleibe übrig, einfach ich, mehr nicht. So gesehen ist alles, was Menschen üblicherweise als ihr Ich bezeichnen, alles, von dem sie denken, dass sie das seien, eigentlich ein Phantom, sie sind es nicht wirklich. In Krisenzeiten werden uns diese Dinge möglicherweise alle weggenommen. Mein Ichsein kommt dann in große Not, es fühlt sich an wie zu sterben, was es eigentlich ja auch ist. Das Ich hatte sich mit diesen Dingen identifiziert (was sehr natürlich und menschlich ist) und hat sie nun verloren. Denn alles ist vergänglich. Wir werden hier deshalb ausführlich darüber sprechen müssen, weil dies sehr tiefgehende Krisen sind, in denen sich nicht nur unser Leben verändert, sondern wir selbst hinterher ziemlich sicher *anders* sein werden, mehr wir *selbst*. Und gerade wegen dieser tiefgreifenden Veränderung sind Identitätskrisen keine einfachen Krisen, sie rütteln uns ordentlich durch. Das alte Selbstbild trägt nicht mehr, es steht nicht mehr zur Verfügung, um uns Selbstsicherheit zu geben und uns bei Problemen hilfreich zur Seite zu stehen. Abgesehen davon verlieren wir auch die Zuwendung oder Achtung, die uns die alte Rolle so selbstverständlich garantiert hatte. Da aber meistens die neue Identität noch nicht zur Verfügung steht oder wir uns weigern, sie einzunehmen, gehen wir oft erst durch eine schwierige Zeit der Leere, nichts und niemand zu sein. Wir sind nicht mehr der oder die, die wir mal waren, aber wir sind auch noch nichts Neues. Dies erzeugt Gefühle von Auflösung und von

Sterben, was ja auch stimmt. Wir sind uns selbst fremd und gehen durch eine schreckliche Zeit des Nichtwissens. Dies kann entsetzliche Angst hervorrufen, obwohl es die Chance zu einer durchaus positiven Entwicklung enthält. Es ist eine *Transformationszeit*, in der sich etwas Neues heranbilden kann. Aber auch trotz der hier dargestellten positiven Sicht ist das alles schwer auszuhalten und ohne Begleitung auch nicht so einfach zu absolvieren. Viele Menschen kürzen deshalb dieses Leiden ab, indem sie sich möglichst schnell eine neue Identität zulegen. Wenn man sie einige Zeit nach dem Identitäts-Bruch fragt, wie es ihnen geht, dann kommt als Antwort: „Ich bin/mache jetzt ... Mountain-Biker, aktiv im Verein für..., eine Ausbildung angefangen, eine große Reise machen, sich selbständig machen... usw." Sie haben es relativ schnell geschafft, sich eine neue Identität zuzulegen, manchmal verbunden mit einem neuen Outfit, einer anderen Stadt, einem neuen Partner. Es *muss* eine neue Identität her. Sie haben es nicht ausgehalten, so ohne Identität rumzulaufen und einfach nur „Ich bin" zu sein. Sie waren zu ungeduldig, um darauf zu warten, wer sie sein würden, wenn sie nicht am Rad des Schicksals drehen würden.

Egokrisen

Da es in diesem Buch an späterer Stelle auch um die spirituelle Dimension von Krise gehen wird, ist es wichtig, bereits hier über eine besondere Spielart von Krise zu sprechen, nämlich über Krisen, die besonders „gemein" sind. Es gibt Krisen, die das Ego kränken, und es gibt Krisen, die das Ego nicht kränken. Ist das so wichtig? Es ist viel wichtiger, als wir zunächst denken oder annehmen. Denn das Leid einer jeden Krise wird verschärft, sobald Kränkung und Ego-Verletzung mit ins Spiel kommen. Aber warum bedeutet dies automatisch eine Verschärfung? Es wird nicht so ganz einfach sein, dies zu beschreiben.

Über die vielen Aufbaukrisen brauchen wir uns in diesem Zusammenhang keine Gedanken zu machen. Aufbau ist gut für unser Ego, für unser Selbstwertgefühl und unser positives Selbstbild. Die Anerkennung, die wir von außen für diese positiven Veränderungen bekommen, tut ein Übriges. Wir stehen gut da und das sieht man uns auch an! Das Ego bildet sich ein, dass es selbst gemeint ist, während die allgemeine Aufmerksamkeit und Zuwendung eigentlich dem Aufbau gilt. Sie gilt dem Trugbild, dass das Leben positiv ist, wenn man nur *will.* Worüber wir bei Ego-Krisen also reden müssen, sind die Abbaukrisen. Denn es gibt Abbaukrisen, die vor allem deshalb so hart sind, weil sie das Ego direkt angreifen oder es „knacken". Alle Krisen, die uns blamieren, in denen unser Image dran glauben muss, die unser positives Selbstbild zerstören und das Bild, das wir in den Köpfen anderer Menschen gern von uns erzeugen möchten, diese Krisen sind wirklich heftig. Sie gehen an die Substanz, nämlich an das eigene (psychologische) Ich. Und an dem bleibt unter Umständen kein gutes Haar. Auch über die (im vorigen Abschnitt beschriebenen) Veränderungen der Identität kommt das Ich in heftigste Krisen, aber noch steht es einigermaßen gut da. Schlimmer als diese Identitätskrisen sind die wirklichen Ego-Krisen. Das heißt, wenn das Ego *direkt* angegriffen wird. Dies geschieht durch Kränkung und Verletzung, durch öffentliche Bloßstellung, durch Ungerechtigkeiten, die einem widerfahren, ohne dass man es ändern kann, durch Kaltstellen und Schneiden, durch Entzug privater oder öffentlicher Aufmerksamkeit usw. Dies geht dem Ego direkt an die Substanz. Das Ego hat als Ziel, *gut* dazustehen (dann fühlt es sich toll) und die *Aufmerksamkeit* anderer zu gewinnen (davon ernährt es sich sozusagen). Manchmal kommt es vor, dass das Ego zwischen diesen beiden wählen muss. Dann verzichtet es lieber darauf, gut dazustehen, als dass es auf Aufmerksamkeit verzichten würde. Wir sprechen in solchen Fällen auch davon, dass jemand sich *negative* Aufmerksamkeit holt oder erzwingt. Entzug von Aufmerksamkeit bewirkt den Tod des Ego. Deshalb sind Krisen, bei denen das Ego plötzlich und unfreiwillig den Entzug der gewohnten und vertrauten Aufmerksamkeit erleidet, besonders hart. Dies kann im privaten „Geschlechterkampf" genauso geschehen wie bei Sportlern oder Politikern, die von der Presse in stiller Übereinkunft auf *out* gesetzt werden. Die Presse hat in dieser Hinsicht viel Macht, die sie manchmal auch gezielt eingesetzt.

Warum ist es nun wichtig, über diese Ego-Krisen überhaupt zu sprechen? Einmal, weil dies im Kapitel über die spirituelle Dimension ein bedeutsamer Aspekt sein wird, zum zweiten, weil in Krisen, in denen das Ego angetastet und geschwächt wird, weniger Kraft zur Verfügung steht, mit dieser Krise umzugehen. Und zum dritten – und das ist ein unschöner Aspekt – weil in Krisen, bei denen das Ego angetastet wird, mit unkalkulierbaren Reaktionen gerechnet werden muss. Das Ego lässt sich manchmal überraschende und vollkommen überzogene Dinge einfallen, um seine Verletzung und Kränkung wieder auszugleichen, um intakt zu bleiben und die Situation als „Ich" zu überstehen. Es geht um sein *Überleben* (als Ego) und dafür ist ihm vieles recht, wenn nicht sogar alles – auch Rache. Wenn das Ego sich angegriffen fühlt, werden heftige und destruktive Energien freigesetzt, enorme Energien. Es nimmt sogar den eigenen leiblichen Tod in Kauf – um als Ego zu überleben. Menschen, die selbst mit einer Egokrise konfrontiert sind, sind oft entsetzt über die eigene Gewaltbereitschaft, über die Rachelust, die sie bisher nicht an sich kannten. Sie nehmen sich dies übel und werden sich selbst fremd, statt zu erkennen, dass dies Kräfte sind, die schon immer in ihnen waren. Weil diese Energien so stark und so heftig sind, haben eigentlich nur Menschen, die sich einem hohen ethischen Maßstab verpflichtet fühlen, eine Chance, diese destruktive Energie in Wachstum zu verwandeln, darüber hinaus zu wachsen und diesen enormen Ego-Trieb zu veredeln.

Alle Ohnmachtserfahrungen sind mehr oder weniger immer auch Egokrisen. Deshalb sind sie so grauenhaft schwer zu ertragen. Wir sind ent-machtet: Nicht gesund werden können, keine Arbeit finden können, eine Ehe nicht retten können, das gesetzte Ziel nicht erreichen können, einem lieben Menschen nicht helfen können, eine Niederlage nicht verhindern können... Und dabei hatten wir doch alles getan und unser Bestes gegeben? Das Ego wird alles tun, um diesem Abbruch entgegenzuwirken. Nichts tun zu können, es nicht verhindern zu können, ohnmächtig und hilflos zuschauen zu müssen ... Das alles ist für unser Ego unerträglich, es treibt uns in den Wahnsinn. Ohnmacht ist die schlimmste aller Erfahrungen. Nichts, aber auch wirklich nichts tun zu können, das Unerwünschte nicht verhindern zu können. Oft ergreift das Ego dann bei der ersten Gelegenheit die Chance, wieder aktiv zu werden, wieder etwas aufzubauen. Das Ego will endlich wieder etwas „tun" und sich damit besser fühlen. Wenn aber all diese positiven Versuche scheitern, wenn es nicht gelingt, ein neues Leben aufzubauen, wenn es nicht gelingt, dies zu „tun", was dann? Dann versteht das Ego irgendwann, dass es nichts „tun" kann, und es kommt zu einem regelrechten Überlebenskampf des Ego.

Dieser Abschnitt über die Ego-Kränkung ist das härteste Kapitel des ganzen Buches, leider. Aber dieses Thema zu vermeiden, wäre nicht ehrlich gewesen. Und wenn wir die Folgen dieser Ego-Kränkungen betrachten, können wir beinah sagen, dass sie für den Zustand unserer Welt verantwortlich sind. Eigentlich ist dies nicht der Sinn von Ego-Krisen. Der Sinn ist ein ganz anderer, wie wir in Teil IV „Die spirituelle Dimension von Krise" sehen werden. Es gibt nur eine Kraft, die stärker ist und die das Ego überwinden kann, und das ist die Liebe. Aber darüber werden wir später sprechen.

Ohnmacht und Trauma

Nicht alle Krisen sind mit Ohnmachtserfahrungen verbunden, weil manche eben selbst gewählt sind oder zu den natürlichen Aufbau- und Veränderungsprozessen des Lebens gehören. In dem Maße, wie unangenehme Umstände die Krise auslösen, und in dem Maße, wie sehr eine Krise mit Abbau, Demontage oder Verlust zu tun hat, in dem Maße können wir über eine Ohnmachtserfahrung sprechen. Dann wird ein großer Teil unserer Energie mit der Verarbeitung der Geschehnisse und mit der Verarbeitung des Verlustes beschäftigt sein. Diese Energie steht dann nicht zur Verfügung, um sich entsprechend mit den Erfordernissen der Situation oder der neuen Lebensphase auseinanderzusetzen.

Zusammen mit dem Begriff „Ohnmachtserfahrung" wird oft das Wort „Trauma" verwendet. Durch einschneidende Ohnmachtserfahrungen werden wir traumatisiert. Je mehr wir von dieser Erfahrung überrascht wurden, je größer unsere Machtlosigkeit war und je mehr wir diese Erfahrung emotional ablehnen, umso stärker wird das Trauma sein. Traumatisiert sind z.B. Menschen, die in einer Katastrophe irgendwann aus Erschöpfung aufgegeben haben. Während Menschen, denen es gelingt, wach und initiativ zu bleiben, diese Katastrophe psychisch relativ gut überstehen, auch wenn sie hinterher energetisch kollabieren. In Teil II „Selbstmanagement in Krisenzeiten" gibt es Hinweise, wie wir in einer Ohnmachtserfahrung doch einigermaßen handlungsfähig bleiben können. Initiativ bleiben heißt, mit der Ohnmachtserfahrung *umzugehen*, ohne an der eigentlichen Ohnmachtserfahrung etwas ändern zu können. Jede ernste Krise enthält die Chance, traumatisierende Auswirkungen zu haben.

Was ist nun ein Trauma? Wenn wir eine Erfahrung machen, die uns überdeutlich sehen lässt, dass der Traum von der eigenen Stärke und Unverletzlichkeit, von der eigenen Unsterblichkeit, eine Illusion war, dann spricht man von einem Trauma. Die Konfrontation mit der Vergänglichkeit, mit dem eigenen Ende, mit der allgegenwärtigen Nähe von Tod und möglicher Katastrophe – und damit die Begegnung mit der eigenen Machtlosigkeit, das versetzt uns einen heftigen Schock. Obwohl wir eigentlich immer gewusst haben, dass wir und alles andere ein Ende haben werden, und (theoretisch!) gewusst haben, dass jederzeit alles zusammenbrechen kann, ist die *Erfahrung* dessen, die konkrete Begegnung damit ein ziemlicher Unterschied. Es ist der Unterschied zwischen (indirektem) Wissen im Sinne von gelernt haben und dem (direkten) Wissen durch eigene Erfahrung. Dieses direkte Wissen kann einen heftigen Schock auslösen, es kann unser Leben zerrütten oder zumindest ordentlich durchschütteln, es kann das Ende unseres bisherigen Vertrauens ins Leben bedeuten. Wir dachten, wir hätten ein stabiles Haus gebaut, und es hat sich herausgestellt, dass es ein Kartenhaus war. Was für eine Desillusionierung und Ernüchterung! Vor allem, wenn diese Erfahrung zusätzlich mit Erniedrigung oder mit sozialer Isolation verbunden ist.

Ein Trauma ziehen wir uns dann zu, wenn wir eine Erfahrung machen, die uns überwältigt, die unsere Emotionen und das Gefühl von Ohnmacht so stark werden lässt, dass wir diese Erfahrung nicht akzeptieren können und uns deshalb innerlich davon abtrennen. Wir ziehen uns raus, unser Bewusstsein koppelt sich davon ab, wir erfahren dieses schreckliche Ereignis deshalb nicht bei „vollem" Bewusstsein und erfahren auf diese Weise nicht die volle Ladung der Gefühle. Das verschafft uns zunächst einmal Erleichterung und wir sind so in der Lage, weiterzuleben und zu überleben. Immer dann, wenn wir durch eine heftige Erfahrung ziemlich aus der Bahn geworfen werden, hilft uns diese Abtrennung, weiter zu funktionieren und das Nötige zu tun. Das volle Bewusstsein des Geschehens stellt sich erst nach und nach ein. Es ist dann jedes Mal wie ein schreckliches Erwachen, das Erwachen in eine Realität hinein, die aber schon die ganze Zeit Realität war. Traumatisiert sein ist wie hinter einer Milchglas-Scheibe am Leben teilnehmen. Das eigene Bewusstsein hat sich wegen der Heftigkeit der Erfahrung zurückgezogen. Daran ist zunächst nichts Schlimmes, sondern es ist ein notwendiger Schutz. Das Ausblenden und innerliche Abkoppeln war eine Verneinung, die allerdings spontan geschah. Wir hatten nicht die Wahl zwischen Bejahung und Verneinung, es geschah in Sekundenschnelle. Wenn es uns zu *heftig* wird, verneinen wir – automatisch. Verneinen ist ein Schutz vor zu heftigen Gefühlen, die uns überspülen und überwältigen könnten, es ist ein Schutz davor, die Kontrolle zu verlieren und unsere Ohnmacht in vollem Ausmaß zu erfahren. Dies hört sich jetzt so an, als ob Verneinung nur bei schrecklichen Ereignissen vorkäme. Tatsache ist, dass sie genauso bei sehr schönen Erfahrungen geschieht, zum Beispiel bei Erfahrungen von tiefer Liebe oder bei Gotteserfahrungen. Später, wenn es um die spirituelle Dimension von Krise geht, werden wir sehen, dass unser ganzes Leben aus Verneinung von Gott besteht. Spontane Verneinung tritt also immer ein, wenn uns etwas zu heftig wird. Dann schalten wir ab, klinken uns aus und nehmen nicht mehr am Leben in seiner vollen Intensität teil, wir sind nicht mehr *voll* dabei. Ein Trauma überwinden heißt dann, dass langsam diese Milchglas-Scheibe wieder transparenter wird, wir allmählich wieder ins Leben zurückkehren und daran teilnehmen können. Leider müssen wir auf diesem Rückweg aber all den schrecklichen Gefühlen begegnen, von denen wir uns damals – aus Selbstschutz – abgetrennt hatten. Der Rückweg bringt uns also wieder mit dem grauenhaften Geschehen in Kontakt. Aber diesmal erleben wir es bewusst, erfahren wir die dazugehörigen Gefühle. Und durch die allmähliche Akzeptanz und Bejahung dessen *integrieren* wir das, was wir vorher ausgeblendet hatten.

Komplexe Mehrfachkrisen

Sehr schnell kann aus einer ernsten Krise, wenn sie uns denn wirklich erwischt, eine Mehrfach-Krise werden. Die Dinge, die jetzt anschließend beschrieben werden, könnten dem einen oder anderen Leser vielleicht Angst machen. Dies ist natürlich nicht die Absicht. Aber es wäre falsch, die Schwierigkeiten, um die es bei einer komplexen Mehrfachkrise geht, zu verschweigen. Wir hatten uns ja vorgenommen, nicht mehr wegzusehen. Und dass nun Angst auftaucht, ist verständlich, denn jetzt geht es ernsthaft „zur Sache“. Angst könnte für den einen oder anderen Leser auch ein Zeichen dafür sein, dass er oder sie sich schon längst in einer komplexen Krise befindet und sich nun das Wissen um diese Tatsache meldet. Das ist beängstigend, denn nun können wir nicht länger weg-, sondern müssen hinschauen. Waren schon die anderen Krisenformen in ihren Auswirkungen manchmal heftig, so wird es umso heftiger, je mehr krisenhafte Aspekte sich zu einem komplexen Ganzen zusammentun. Wie auch beim Mehrfachverlust häufen sich dann die Probleme und Herausforderungen und die ursprüngliche Krise weitet sich aus – auf unser ganzes Leben. Mehrere der Krisenformen, die bisher besprochen wurden, können dann gleichzeitig auftreten und sich gegenseitig beeinflussen. Zur besseren Verständlichkeit vielleicht ein paar Beispiele, es wird dabei deutlich werden, dass alle ernsthaften Krisen immer Mehrfachkrisen sind.

Der Tod des Partners oder Trennung / Scheidung

Hier verlieren wir möglicherweise nicht nur den lieben Menschen, mit dem wir gewohnt waren zusammenzuleben und mit dem uns schöne und schwierige Erinnerungen verbinden. Zusammen damit verlieren wir viele andere Dinge: Die erträumte Zukunft und all die Pläne, die wir noch hatten. Aber auch die Kollegen, die früher regelmäßig zu Besuch kamen, und andere vertraute Kontakte, die nun wegbleiben, weil ihnen unsere Trauer oder sonstigen Krisensymptome zu heftig sind. Wir verlieren den gewohnten Körperkontakt und die Sexualität. Wir sind also innerhalb kürzester Zeit mit einem Mehrfachverlust konfrontiert. Daneben kommen wir ziemlich bald in eine Identitätskrise: Wer sind wir eigentlich, wenn wir nicht Ehefrau von… sind. Wir werden eine neue Rolle und – verbunden damit – eine neue Identität aufbauen müssen. Wenn der Verlust des lieben Menschen mit Ego-Kränkung verbunden war, dann werden wir durch eine zusätzliche schwere Krise gehen. Und vielleicht waren wir unselbständig und müssen nun selbständig werden? Vielleicht müssen wir wieder berufstätig werden? Wir müssen die finanziellen Dinge regeln, eventuelle Prozesse führen. Daneben die Kinder, mit denen wir plötzlich allein dastehen und die schwieriger sind als je zuvor. Und das alles, ohne einen Gesprächspartner an unserer Seite zu haben, mit dem wir uns austauschen könnten. Und vielleicht passiert das alles auch noch mit den eintretenden Wechseljahren? Oder mit ersten gesundheitlichen Abbau-Erscheinungen?

Verlust des Arbeitsplatzes / Berufs

Aus welchen Gründen auch immer wir unseren Arbeitsplatz oder vielleicht sogar unseren Beruf als Ganzes verlieren, die Wahrscheinlichkeit, dass es uns in eine Mehrfachkrise bringt, ist ziemlich groß. Mit dem Arbeitsplatz verlieren wir nicht einfach nur unsere alltägliche Beschäftigung. Natürlich gibt es Leute, die froh sind, wenn sie ihre Arbeit verlieren, dann haben sie endlich Zeit für sich selbst und für die Dinge, die ihnen mehr am Herzen liegen. Aber wer seinen Arbeitsplatz oder Beruf unfreiwillig hergeben muss, der verliert viel mehr, es ist sehr schnell ein Mehrfachverlust: Die gewohnte Beschäftigung, die gewohnten Kontakte, das Geld, der Firmenwagen, das Ansehen, die berufliche Identität. In dem Maße, wie wir uns mit diesem Arbeitsplatz und der Tätigkeit identifiziert hatten – und das müssen wir, wenn wir erfolgreich sein wollen – in dem Maße werden wir in eine Identitätskrise kommen. Wer sind wir noch, wenn wir nicht mehr Bereichsleiter bei … sind? Wer bin ich noch, wenn ich nicht mehr… sein darf? Je mehr wir das waren, was wir beruflich getan haben, umso mehr wird es uns in eine Krise bringen, wenn wir es nicht mehr sein können. Weil wir dann „niemand" mehr sind. Stimmt, zeitweise werden wir ein „Niemand" sein und das wird sehr schwer sein und vielleicht Angst machen. Aber es ist eine gute Gelegenheit herauszufinden, wer wir *wirklich* sind: jenseits unseres Namens, unseres Gehaltskontos, unseres Titels, unseres Ansehens. Wenn die Krise uns alles nimmt (was wir nicht wirklich waren!) und alles in einem großen Crash untergeht: Wer sind wir nun *wirklich*? Wer bin ich *eigentlich*? Wenn wir das herausbekommen – und das geht! –, dann haben wir in zukünftigen Krisen, die vielleicht noch auf uns warten, eine viel größere Chance, sie heil zu durchstehen. Allerdings *heil* in einem anderen Sinne des Wortes.

Von Mehrfachkrisen bekommt man/frau ein Schleudertrauma. Wenn wir das Gefühl haben, ein Schleudertrauma zu haben, dann wissen wir sicher, dass wir in einer komplexen Krise sind. Sie erfasst unser ganzes Leben und uns selbst mittendrin, einfach alles. Es gibt nichts, das nicht in Krise wäre. Dann brauchen wir gute Begleiter und den absoluten Willen, es zu überleben und da hindurchzugehen. Vielleicht ist dies zu schwarz gemalt? Hoffen wir es. Dieser Abschnitt hatte nicht das Ziel, dem Leser Angst zu machen, sondern hatte die Absicht, realistisch darauf hinzuweisen, dass es noch viel schlimmer kommen kann. Damit es aber *nicht* noch schlimmer kommt, sollten wir probieren zu lernen, was gelernt werden will. Andernfalls wird das Leben uns in noch größere Schwierigkeiten bringen und uns so zwingen zu lernen. Das Leben ist gnadenlos, wenn es darum geht, uns dahin zu bringen, wo es uns haben will. Noch können wir freiwillig lernen, nutzen wir die Chance. Teil II „Selbstmanagement in Krisenzeiten" und Teil III „Krise als Chance für persönliches Wachstum" bieten hierzu die nötige Unterstützung.

1.6 Die Phasen einer Krise

Wir haben gesehen, dass es in Krisen um Weiterentwicklung geht, um die Entwicklung neuer Fähigkeiten, also um Wachstum. Wachstum ist ein Prozess, das heißt, wir wachsen nicht von einem Moment zum nächsten, sondern langsam, mit und mit. Und was in einem späteren Kapitel für die Helfer und Begleiter gilt, das gilt – gerade in Krisenzeiten – auch für uns selbst: *Ein guter Gärtner zieht nicht an seinen Pflanzen.* Um diesen Wachstumsprozess gut absolvieren zu können, sollten wir uns den Aufgaben dieser Krise und auch dem Leiden stellen, das damit verbunden ist. Von den ersten Anzeichen bis zu den letzten Konsequenzen, die wir ziehen, gehen wir im Laufe einer Krise durch mehrere Phasen. Diese sind relativ deutlich zu unterscheiden, auch wenn sie nicht immer eine klare Abgrenzungslinie haben. Manchmal laufen sie auch durcheinander, mal machen wir Fortschritte, dann wieder fallen wir zurück – und das mehrmals. Und doch sind deutliche Phasen erkennbar, mit jeweils eigener Charakteristik und eigenen Aufgaben. Leser, die mit den Schriften von Elisabeth Kübler-Ross vertraut sind, werden einige zentrale Aspekte des Trauerprozesses wieder erkennen. Trauer ist auch eine Krise.

Die Vorphase

Außer wenn es sich wirklich um einen überraschenden Unfall oder um eine Naturkatastrophe handelt, lässt sich für die meisten Krisen sagen, dass sie sich langsam anbahnen und ankündigen. Durch die Entstehung bestimmter und konkreter Schwierigkeiten kündigen sie sich bereits frühzeitig an. Das Problem ist, dass wir nicht wachsam genug sind oder gern weggucken wollen. Wir reden eine Situation gut, in der Hoffnung, dass es wohl nicht so schlimm sein wird. Wir versuchen, positiv zu denken, obwohl schon der Versuch ein Zeichen ist, dass die Situation eigentlich negativ ist – sonst bräuchten wir uns doch nicht anstrengen, positiv zu denken. Wir schauen so lange weg …, bis wir nicht mehr wegschauen können. Irgendetwas wird passieren und dann ist die Krise da. Dann ist sie offensichtlich. Viele Menschen sagen hinterher: „Wenn ich ehrlich bin, muss ich sagen, dass ich es habe kommen sehen. Aber ich wollte es nicht *wahrhaben*." Wir haben die Zeichen übersehen, die bereits da waren, oder wir haben sie zu optimistisch interpretiert. Eine bittere Erkenntnis. Hätten wir wirklich hingeschaut, dann hätten wir vielleicht noch etwas tun können. In Zukunft sollten wir deshalb wacher und ehrlicher sein. Allerdings ohne ständig Angst zu haben, denn das wäre schrecklich.

Die Phase der Verneinung

Da die Vorphase meistens nicht bewusst erlebt wird, ist das konkrete Ereignis, das dann die Krise auslöst oder offensichtlich macht, für uns wie ein Schlag. Wir bekommen einen Schock und verhalten uns zunächst auch unter Schockwirkung. Diese Schockwirkung kennt mehrere verschiedene Aspekte: Für unser Bewusstsein zu heftig wird die Erfahrung zunächst auf „Abstand" gehalten. Auch wenn wir vielleicht auf eine Weise handeln, die der Situation entspricht, so scheint es doch, als würden wir vollkommen emotionslos, beinahe robotermäßig handeln. Und selbst wenn der Verstand klar weiß, was passiert ist, und möglicherweise Versuche unternimmt, zu retten, was zu retten ist, so sind wir doch nicht in der Lage, mit vollem Bewusstsein und den dazugehörigen Gefühlen diese Erfahrung zuzulassen. Dieses Ausblenden kann sich abwechseln mit Phasen, in denen wir mit der Situation hadern und Widerstand leisten. Es kommt zum „Kampf" zwischen uns und der Situation. In uns ist möglicherweise ein einziges großes NEIN. Nein, das will ich nicht! Leider nützt dieses Nein nichts, wir sind trotzdem in der Krise, haben es aber noch nicht voll erfasst.

Niemand ist gern in einer Krise und deswegen versuchen wir zunächst so zu tun, als wäre alles normal, als würde sich alles wieder regeln und einrenken. Als Fortsetzung des Wegschauens aus der Vorphase werden wir wahrscheinlich auch jetzt noch versuchen, nicht die volle Wahrheit zu sehen. Obwohl wir längst in der Krise sind, werden wir so tun, als wären wir nicht in der Krise. Unser Umfeld wird uns möglicherweise darin bestärken und wir lassen uns auch gern beruhigen. Wurden wir an dieser Stelle nicht leugnen, dann würden wir eventuell wertvolle Zeit gewinnen, um größere Schäden vielleicht noch verhindern zu können. Damit kein Missverständnis aufkommt: Dieses Leugnen ist normal! Man nennt es – sehr zutreffend – die „Glaubensunwilligkeit" (Thomas Mann). Diese Glaubensunwilligkeit gab es sogar bei den Juden in Deutschland, als in den Jahren 1943-1944 die ersten Berichte über die Schrecken des Holocaust verbreitet wurden. Man konnte es einfach nicht glauben, es war zu unwahrscheinlich. Auch auf persönliche Krisen übertragen, gilt der Satz: „Was nicht sein darf, das nicht sein kann." Dies ist menschlich und verständlich, niemand ist so masochistisch, dass er oder sie gern in einer Krise wäre. Wenn Außenstehende den Betroffenen trotzdem manchmal Masochismus unterstellen, so ist dies eher ein Zeichen dafür, wie lästig und unerwünscht ihnen die Situation des Betroffenen ist oder wie hilflos sie sich selbst fühlen.

In der Krise, die jetzt einsetzt, verlieren wir zunehmend an Stabilität, innen wie außen. Im Außen geschehen möglicherweise Dinge, die unser Leben durcheinanderwirbeln und die zur Folge haben, dass wir unsere Stabilität verlieren. Einschneidende Ereignisse im Außen haben Einfluss auf unsere innere Stabilität, sie gerät ins Schwanken. Andersherum kann eine innere Destabilisierung, zum Beispiel eine Veränderung der Interessen oder Neigungen, der Vorlieben oder der Liebe dafür sorgen, dass es im Außen turbulent wird. Wir sind labiler als sonst, sind wechselnden Gefühlen und Stimmungen ausgesetzt, reagieren gereizter als sonst und quälen uns mit Fragen. Zweifel, Ängste, Trauer, Hoffnungslosigkeit wechseln sich ab mit dem Hader, dass dies überhaupt passiert ist, dass wir das nicht verdient haben, dass das Leben ungerecht zu uns ist usw. Wir gehen durch eine anstrengende Zeit. Möglicherweise müssen wir Dinge oder liebe Menschen, die uns wichtig waren, loslassen, möglicherweise geht eine Lebensphase auf dramatische Weise zu Ende oder wir verlieren unsere Gesundheit. Wenn wir etwas loslassen müssen, das wir eigentlich festhalten möchten, dann wird uns der Prozess Schmerzen bereiten. Was immer auch passiert, es erschüttert uns und diese Erschütterung geht tief. Möglicherweise kommen wir durch diese Ereignisse zusätzlich in eine Sinn- oder Glaubenskrise.

Die Phase der Verneinung

Vorfall / Ereignis
Erschütterung / Schock
Verneinung / Verleugnung (NEIN!)
kämpfen und etwas dagegen tun
Versuche, noch etwas zu retten
Versuche, die Krise zu stoppen
abnehmende Stabilität

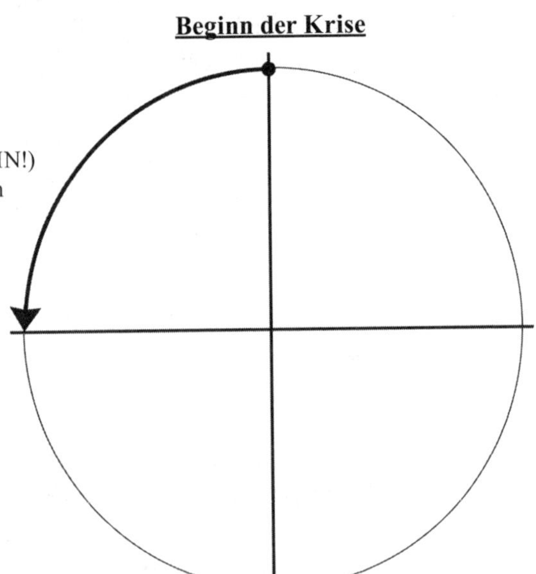

Schema 1: Die Phase der Verneinung

Die allermeisten Menschen werden versuchen, die beginnende Krise, die bereits deutlich ihr Leben beeinflusst, doch noch zu leugnen und sie zu stoppen oder zu umgehen. Das ist zutiefst menschlich, denn wer ist schon gern in einer Krise? Wir versuchen möglichst schnell wieder ein „normales" Leben zu führen: Wir *tun* etwas *gegen* die Krise. Hierin sind zwei wichtige Worte enthalten: *tun* und *gegen*. Beide sind für den Beginn einer Krise normale Versuche, irgendwie dieses Unheil aufzuhalten oder damit umzugehen. Und noch haben wir die Kraft, etwas zu *tun*, noch glauben wir, wir könnten etwas *dagegen* tun. Dies wird sich im Laufe der Krise jedoch ändern, vor allem, wenn sie länger andauern sollte und wenn sie schwerer wird, als wir zuerst angenommen hatten.

Wir tun etwas gegen die sich abzeichnende Krise, wir bekämpfen sie und das ist in dieser Phase normal. Wir wissen es nicht anders und können es nicht besser. Wir tun es automatisch. Und unser Umfeld erwartet dies auch von uns: „Lass′ dich nicht hängen, das geht vorüber, das passiert anderen auch, das schaffst du schon, ein Kerl wie du" …. Das Gegenteil von gut ist gut gemeint! Wir sind wild entschlossen, dass es nicht so schlimm werden wird und dass wir es schaffen werden, „heil" da durchzukommen. Allerdings ist dieses „Heil" ein ganz anderes Heil, als das Heil in religiösem Sinne, über das wir später sprechen werden. An dieser Stelle meint „heil" noch „mit heiler Haut" davonzukommen, möglichst ohne dass wir uns verändern müssen. Möglicherweise sind wir in dieser ersten Phase zeitweise auch voller Optimismus oder sogar offen für das Neue. Wenn das Alte doch nicht zu halten ist, gut, dann richten wir unseren Blick eben auf die Zukunft. Wir sind positiv und werden schon was daraus machen, denn alles hat auch seine Vorteile! So schwanken wir in einem Wechselbad der Gefühle hin und her zwischen verschiedenen Einstellungen der Situation gegenüber. All dies sind mehr oder weniger hilflose Versuche, mit dem Geschehen irgendwie umzugehen. Die Dinge, die in dieser ersten Phase geschehen, gelten auch für Menschen, denen es im weiteren Verlauf nicht gelingt, ihre Krise zu stoppen und die tiefer in die Krise geraten, als es ihnen lieb ist.

Die Krise stoppen

Die meisten Menschen jedoch stoppen ihre Krise, sofern es ihnen irgendwie möglich ist. Sie probieren, so schnell es geht, wieder ein „normales" Leben zu führen. Sie schaffen diese Wende, indem sie etwas dafür „tun", sie werden aktiv, sie treffen bestimmte Entscheidungen, sie lernen positiv zu denken. All diese an sich sinnvollen Verhaltensweisen helfen ihnen, aus dem Loch, aus der Grube wieder herauszukommen. Von der Außenwelt wird dies auch erwartet. Es wird erwartet, dass die Betroffenen endlich wieder das Heft in die Hand nehmen, sich positiv auf die Zukunft richten und ihr Gestalt geben. Das ist alles sehr verständlich, denn Leid ist nun einmal für die Betroffenen und für ihr Umfeld schwer zu ertragen. Man sehnt sich nach Ruhe, man hofft wieder auf die alte Unbeschwertheit und darauf, dass das Leben endlich wieder seinen normalen Gang gehen kann. Die Gefahr bei einer willentlichen, selbst herbeigeführten Wende ist jedoch, dass die Krise nicht richtig ausheilen kann. Ähnlich wie bei einer nicht richtig auskurierten Grippe kann es bei nächster Gelegenheit zu einem schweren Rückfall kommen und dann sind wir wirklich krank. Wenn wir eine Krise im akuten Stadium abbrechen, dann besteht die Gefahr, dass sie latent und chronisch wird. Dann wird sie für lange Zeit – möglicherweise auf unbewusstem Niveau – unser Lebensgefühl beeinträchtigen. Obwohl es uns nach außen hin scheinbar gut geht, haben wir den Lernprozess nicht abgeschlossen und tief innen wissen wir das. Bei allen Tipps, die später zum Selbstmanagement in Krisenzeiten gegeben werden, ist die allererste Sorge, dass wir die Krise *nicht abbrechen*, weil wir sie damit in einen chronischen, latenten Zustand zwingen würden. Krise ist – als Heilungskrise – eher dazu da, um mehr oder weniger chronische Probleme durch ein schmerzhaftes, akutes Stadium zur Genesung zu führen.

Wenn es Menschen – oft zu ihrem eigenen Entsetzen – nicht gelingt, die Krise zu stoppen, oder wenn sie in ihrer Persönlichkeit mit mehr „Tiefgang" ausgestattet sind, dann werden sie auf einem tieferen Niveau von Krise landen. Warum haben Menschen solche Angst davor, tiefer in eine Krise zu geraten? Wir haben Angst, weil in Krisenzeiten alle inneren oder äußeren Sicherheiten verloren gehen, weil wir die Orientierung verlieren, uns selbst nicht mehr kennen, nicht mehr wissen, wer wir sind, weil unsere alten Ziele nicht mehr stimmen, weil unser Körper uns im Stich lässt oder weil wir jetzt allein durchs Leben gehen müssen. Es ist eine Zeit, in der vieles, wenn nicht alles, auf dem Kopf steht. Vieles, das uns vorher Halt gab, das den Rahmen oder den Inhalt unseres Lebens formte, steht jetzt nicht mehr zur Verfügung. Wir haben die Krise nicht eingeladen zu kommen, sie ist nicht erwünscht. Sie bringt uns und unser Leben ziemlich durcheinander.

Viele Menschen werden deshalb versuchen zu vermeiden, dass sie tiefer in die Krise kommen. Eine übliche Form der Vermeidung ist die Flucht nach vorn, in die Ablenkung. Nach vorn ist nicht schlecht, schlecht ist es nur dann, wenn es eine Flucht ist. Aber auch das ist verständlich. Was ist Flucht nach vorn? Wir flüchten vor unangenehmen Erfahrungen und Gefühlen: Schmerz, Einsamkeit, Verlassensein, Enttäuschung, Erniedrigung, Angst und Trauer. Es spielt keine Rolle, welche Form von Krise wir durchmachen: Die Erfahrungen und Gefühle sind umso heftiger, je mehr wir sie zulassen und je zurückgezogener wir leben, wenn es also wenig oder nichts gibt, das uns ablenken könnte. „Flucht nach vorn" ist einer der Versuche, sich von diesen schweren Gefühlen irgendwie abzulenken. Wenn diese Flucht in Aktivität und Ablenkung, in Unterhaltung und Abwechslung uns zeitweise Luft verschafft und uns neue Energie gibt, mit der wir uns dann wieder dem Prozess stellen können, dann wäre nichts dagegen einzuwenden. Schlecht, weil es auf Dauer negative Auswirkungen hat, ist eine solche Flucht nach vorn aber dann, wenn sie zu einer Vermeidungsstrategie wird. Wenn wir Aktivität und Abwechslung dauerhaft benutzen, um uns dem Prozess *nicht* zu stellen.

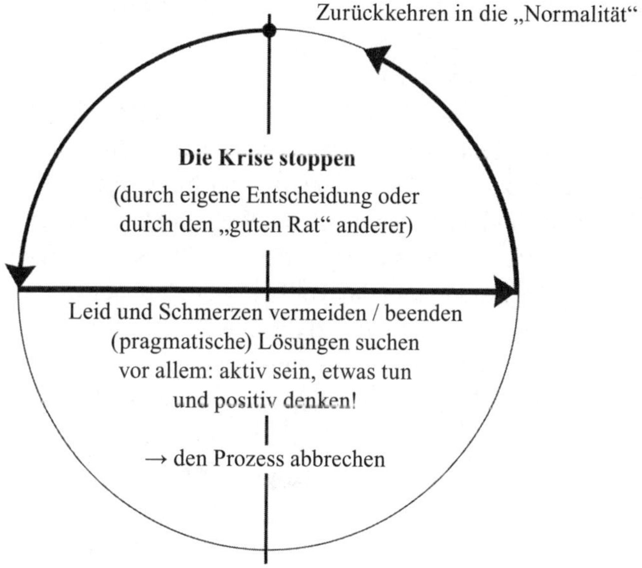

Schema 2: Die Krise stoppen

Wenn die Krise noch zu stoppen ist und wir genug Kraft haben, dann werden wir unsere Energie also möglicherweise gezielt darauf richten, den Prozess der Krise abzubrechen. Der Impuls dazu kann aus uns selbst kommen oder aus dem Zuspruch von außen. Wir werden Wege suchen, die Schmerzen und das Leid zu vermeiden oder zu vermindern, wir werden nach Lösungen suchen und wir werden mit ziemlicher Sicherheit eines tun: aktiv sein und positiv denken! Dies ist vollkommen normal, ist aber zugleich auch das deutlichste Zeichen dafür, dass wir Gefahr laufen, die Krise zu stoppen. Wenn wir aktiv sein können, nur irgendwas tun können, dann geht es uns (unserem Ego!) sofort besser. Der Ausweg aus der Krise besteht an dieser Stelle also darin, etwas zu *tun*. Wir fühlen uns sofort besser und bekommen obendrein noch Anerkennung aus dem Umfeld. Auch dafür, dass wir gut aussehen. Denn ein Mensch, der entschieden hat, zu handeln und nicht länger zu leiden, sieht automatisch besser aus, sein Blick ist offener, er trägt den Kopf wieder oben, hat den Rücken gerade, sein Gang hat wieder Schwung. Auch für dieses bessere Aussehen werden wir Anerkennung bekommen. All das wird als eine Bestätigung empfunden, dass wir auf dem richtigen Weg sind. Dieser Weg ist ein Weg ohne viel Reflektion, ohne viel Tiefgang, er ist vor allem praktisch. Er wird darum gern von pragmatischen Menschen gewählt, die nicht auf „Tiefgang" aus sind, nicht tiefer jedenfalls, als es unbedingt sein muss. Mit etwas Glück gelingt diesen Menschen dann auch relativ leicht die Rückkehr in ein normales Leben. Nach einem halben Jahr ist oft nichts mehr zu merken von einer Krise, sogar wenn es dabei um den Verlust des Partners, eines Kindes oder um eine schwere Operation, um den Verlust eines Körperteiles oder einer Fähigkeit ging. Es ist *ihre* Art, mit Krise umzugehen, ein Weg, der jedoch nur gelingt, wenn die Krise ihnen die Möglichkeit dazu lässt. Die Sache hat allerdings einen entscheidenden Haken: Diese Menschen laufen danach durch die Welt und korrigieren (gut gemeint!) alle Menschen, die tiefer in eine Krise geraten sind. Denn sie denken, sie wüssten, wie „eine Krise" geht. Leider geht das vollkommen daneben!

Wenn es uns aber nicht gelingt, auf diese Weise der Krise zu entkommen, wenn sie sich durchsetzt und wenn es um eine echte Abbau-Krise geht, dann werden wir ab jetzt tiefer in die Krise geraten, als uns lieb ist. Und das ist eigentlich gut so! Denn wenn wir versuchen, die Krise zu vermeiden oder sie abzubrechen (unseren Lernprozess!), dann kommt es möglicherweise Jahre später, ausgelöst durch eine Kleinigkeit, zu einem vollständigen Crash, bei dem uns alle nicht erledigten Hausaufgaben serviert werden. Wenn wir dies nicht wollen, dann ist es besser, jetzt das Nötige zu erlernen, in der Dosierung, die das Leben uns *jetzt* bietet. Was hinter uns liegt, liegt nicht mehr vor uns.

Die (akute) Phase der Veränderung

Wenn es uns nicht gelingt, die Krise zu stoppen, oder wenn wir als Typ veranlagt sind, tiefer in die Krise zu gehen, dann treten wir in die 2. oder akute Phase der Krise ein. Diese akute Phase bringt uns zu einem tieferen Niveau von Krise. Hier ist es zunächst einmal wesentlich schmerzhafter. Möglicherweise fehlt inzwischen die Kraft, um *aktiv* gegen die Krise anzugehen, deshalb fühlen wir uns ohnmächtig und ausgeliefert. Ohnmacht verstärkt das Gefühl, in einer Krise zu sein. Auch wenn wir es nicht mögen, es ist nun nicht mehr zu leugnen, dass wir in einer Krise sind. Oft fällt erst jetzt zum ersten Mal der Begriff „Krise".

Entgegen allen Erwartungen wird der Begriff „Krise“ in Begleitungsgesprächen von den meisten Menschen an dieser Stelle positiv aufgenommen. Nicht weil sie sich bemühen würden, positiv zu denken, sondern weil das Problem nun einen Namen hat. Nun ist die Diagnose gestellt und die Betroffenen fühlen sich von der quälenden Unklarheit befreit, was denn eigentlich mit ihnen los sei. Ach so, ich bin in einer Krise. Sie reagieren, als ob nun alles in Ordnung sei. Und irgendwie ist ja auch alles in Ordnung: Wir sind in einer Krise, na und? Ein weiterer Aspekt, der bei Betroffenen an dieser Stelle wesentlich zur Erleichterung beiträgt, ist das Gefühl, Zeit zu haben. Eine Krise dauert ein wenig, das weiß jeder, also haben wir Zeit. Dieses Gefühl, Zeit zu haben, nimmt anscheinend den Betroffenen den enormen Druck, den sie vorher hatten. Ein Druck, der darin besteht, dass man in dieser Gesellschaft wissen muss, wer man ist und was man will. Aber jetzt sind wir in einer Krise und haben Zeit. Diese Erkenntnis tut Menschen gut. Jetzt brauchen sie eine Zeit lang nichts zu wissen, schon gar nicht, wer sie sind. Auf einmal ist es nicht länger schlimm, dass sie momentan nicht zu einer Entscheidung in der Lage sind. Sie dürfen durcheinander sein, denn es ist normal, in Krisenzeiten chaotische Gefühle zu haben und für andere nicht berechenbar zu sein. Was für eine Erleichterung! Überraschend genug geht diese Erleichterung oft sogar so weit, dass Menschen, die tief in einer Krise sind, positiv reagieren, wenn sie hören, dass dies sogar einige *Jahre* dauern kann. Statt einen Schrecken zu bekommen, reagieren sie mit Erleichterung: Ach so, dann hab´ ich ja Zeit! Mit anderen Worten: Dann kann ich mir Zeit lassen, mich zu einem neuen Menschen zusammenzusetzen. So reagieren vor allem Menschen, die bereits verstanden haben, wie tief sie in der Krise sind. Allerdings: Dies gilt nicht für alle Betroffenen. Wenn es in uns noch Gedanken gibt, wie „So schnell wie möglich hier raus!“, dann reagieren Menschen mit Entsetzen und Unwillen, wenn das Wort „Krise“ fällt. Meistens kommt dann die pragmatische, aber ein wenig panische Frage: „Und wie lange dauert das?“ Gemeint ist jedoch: „Wann ist das wieder vorbei?“ So einfach geht diese Krise nicht wieder vorbei. Dafür sind wir bereits zu tief in der Krise.

Wenn also irgendwann nicht länger zu leugnen ist, wenn nicht länger verdrängt werden kann, dass die momentanen Schwierigkeiten nicht so einfach wieder verschwinden werden, dann lassen wir die Krise zu – und dann wird es zunächst noch heftiger. Dann verstehen wir, dass wir wirklich in der Sch… stecken. „Verdammt, wie konnte das passieren?“ Auch in dieser Phase, wenn die eigentliche Krise sozusagen voll losbricht, wird es Zeiten geben von Verneinung und Leugnung, von Schönmalerei und von Hoffnung. Zur besonderen und keineswegs so positiven Rolle von „Hoffnung“ werden wir später noch kommen, wenn wir im Kapitel 2.3 über die einzelnen Begleiterscheinungen sprechen. Langsam wird immer deutlicher, dass sich echt düstere Wolken über uns und unserem Leben zusammengezogen haben. Irgendwann können wir nicht mehr weggucken und wir erkennen die Katastrophe, wir spüren, dass unser Leben wie ein Kartenhaus zusammenstürzt. Und wir können es nicht aufhalten. Obwohl andere auch jetzt noch von uns verlangen, dass wir diese Entwicklung stoppen. Man erwartet das einfach von uns. Aber wir können es nicht mehr stoppen, selbst wenn wir wollten. Auf diese Weise erfahren wir unsere totale Ohnmacht. Wir haben keine Macht mehr über uns und unser Leben und auch nicht über andere.

Wenn es uns auf diese Weise tiefer zieht, als wir zunächst dachten, dann gibt es vorläufig kein Halten mehr und wir werden – ob wir wollen oder nicht – durch die Krise *hindurch* müssen. Auch in dieser Phase wird es vielleicht noch Versuche geben auszusteigen, aber es wird uns nicht gelingen. Die Krise hat an Fahrt gewonnen und hat jetzt ihre eigene Dynamik und ihre eigenen Gesetze. Wir werden diesem Prozess unterzogen und sind zunächst relativ hilflos seiner Macht und seiner Dynamik ausgeliefert. Und noch sind wir wahrscheinlich nicht gut in der Lage, diesen Prozess als Lernprozess zu sehen. Diese Einsicht kommt erst später. In dieser akuten Phase der Veränderung werden wir einem schmerzhaften Prozess unterzogen, den wir umso schmerzhafter erfahren werden, je weniger wir ihn zulassen können. Diese Schmerz-Erfahrung kann so heftig werden, dass es irgendwann „namenloser“ Schmerz wird, der keinen Grund, keinen Auslöser mehr hat, sondern einfach nur noch Schmerz ist, unendlicher, namenloser Schmerz.

Bei sehr schlimmen Krisen sind wir in dieser akuten Phase vor allem damit beschäftigt, zu überleben. Zu überleben und irgendwie das Weiterleben zu managen. Möglicherweise sind wir noch nicht bereit, psychologische Hilfe oder geistliche Begleitung anzunehmen, höchstens ganz konkrete und ganz praktische Hilfe. Unser Ego denkt noch, dass es da alleine durchkommt, oder hat möglicherweise Schwierigkeiten, Hilfe anzunehmen. Wenn wir aber bereits in der Lage sind, Hilfe anzunehmen, dann werden wir nach Begleitung und Unterstützung Ausschau halten. Egal, welches der Symptome oder Gefühle, die wir später besprechen werden, uns am meisten Schwierigkeiten macht, wichtig ist, zu akzeptieren, dass wir in einer *Krise* sind. Dann hat die Sache einen Namen. Es ist wie mit der Diagnose beim Arzt, nach der Diagnose kann man klarer mit der Situation umgehen. Die akute Phase einer Krise, wenn sie losbricht und vorläufig auch kein Ende abzusehen ist, kann sehr schmerzhaft und mit unendlich viel Leid verbunden sein. Abbaukrisen sind in dieser Hinsicht viel einschneidender als Aufbaukrisen. Es ist wichtig, dieses Leid nicht „wegzumachen“, sondern zu *durchleben* und die Gefühle zu *fühlen*, die damit verbunden sind. Denn wenn wir das Leid verdrängen (was angesichts der Intensität sehr verständlich wäre), dann werden wir später möglicherweise psychisch oder körperlich krank werden und diese Krankheit – oder ein Therapeut – werden uns dabei helfen, doch noch die Erfahrungen von Schmerz und Leid zu durchleben, die wir jetzt gern vermeiden möchten. Wenn wir aber dieses Leid zulassen, werden wir reifen und uns weiterentwickeln.

Die Aufgabe dieser akuten Phase besteht vor allem darin, uns alles erleben zu lassen, von dem wir dachten, dass es nur anderen passiert. Wir erfahren intensive und äußerst negative, bedrohliche Gefühle, die wir bisher nicht an uns kannten. Gläubige Menschen erfahren Verzweiflung und Hoffnungslosigkeit, wo sie vorher Gott als universellen Tröster hatten. Ungläubige Menschen erfahren auf einmal den Wunsch, zu beten und in die Kirche zu gehen. Gute Menschen erfahren ihren Hass und das Bedürfnis, Rache zu nehmen. Menschen mit einem sehr positiven Selbstbild erfahren ihre unschönen Seiten, von denen sie niemals vermutet hatten, dass auch diese in ihnen verborgen sein könnten. Menschen mit starken Minderwertigkeitsgefühlen werden möglicherweise ihren Selbstwert entdecken und ihn nach außen hin deutlich machen – deutlich machen *müssen*, wenn die Krise es von ihnen erwartet. Tatkräftige und eigenwillige Menschen erleben ihre Abhängigkeit von anderen und müssen lernen, sich in Geduld zu üben. Bequeme, nachlässige Menschen, die gern andere für sich arbeiten ließen, werden gezwungen sein, selbst anzupacken und Dreck zu schaufeln. Harte und verurteilende Menschen erfahren auf einmal, was es heißt, ungerecht behandelt zu werden. Ehrliche Menschen erfahren ihre Bereitschaft zu lügen. Menschen mit Macht und Einfluss erfahren ihre Nichtigkeit. Andere, die dachten, dass sie klein und nichtig seien, sehen sich auf einmal gezwungen „große“ Taten zu vollbringen. Nichts bleibt, wie es ist. Neben all den Problemen, die sowieso diese Krise ausmachen, ist dies eine äußerst beunruhigende Erfahrung, es ist die Phase der meist schmerzhaften Veränderung. Das Leben ist voller Überraschungen in dieser intensiven Phase, die oft als sehr, sehr leidvoll erfahren wird. Es kann uns heftig durchschütteln, vor allem in den komplexen Mehrfachkrisen. Möglicherweise werden wir das Gefühl haben, dass von unserem Leben – vielleicht sogar von uns selbst – nichts übrig bleibt. Dann sind wir auf dem besten Wege, ein neuer Mensch zu werden. Es kann nur noch ein wenig dauern. Denn eines ist sicher: Wir werden nach der Krise mehr wir *selbst* sein – und das ist gut so. Dies wird aber nur geschehen, wenn wir den Prozess nicht abbrechen, sondern hindurchgehen und auch die nächste Phase (die Verarbeitungsphase) nicht vermeiden. Es gilt also, Geduld zu haben und nicht zu versuchen, diesen schmerzhaften Prozess abzukürzen oder zu vermeiden. Es lohnt sich zu leiden. Für den Menschen *danach*.

Wichtig ist allerdings, in dieser akuten Phase jede weitere Destabilisierung zu vermeiden. Damit ist auch die Hilfe gemeint, die bestimmte Psycho-Gruppen anbieten. Diese Hilfe ist oft genug nur „scheinbar“ eine Hilfe, nämlich dann, wenn mit destabilisierenden Methoden gearbeitet wird. Diese Methoden haben in normalen Zeiten durchaus ihren Sinn, denn bei Menschen, die in bestimmten Haltungen erstarrt sind, kann es erst nach einer kräftigen Destabilisierung des alten Systems zur positiven Veränderung und zur Genesung kommen. In Krisenzeiten aber brauchen wir keine weitere Destabilisierung, wir sind in einer Krise, das reicht. Zurzeit sind wir auf der Intensivstation des Lebens! Integration des Verlustes, Heilen von alten Verwundungen, Öffnen des Herz-Chakras, was auch immer, all das sind schöne und wichtige Dinge … aber sie kommen später. Jetzt müssen wir überleben und das managen, was von uns und unserm Leben übrig geblieben ist. Wichtig ist eher, Kraft zu schöpfen. In Krisenzeiten sind schnell die roten Reservelampen an, denn Krise geht an die Substanz. Wo aber sind unsere Kraftquellen? Wir sollten sie kennen und auch pflegen. Sie sind Gold wert, noch mehr als in anderen Zeiten. Allerdings sind diese Kraftquellen für jeden anders. Ist es bei dem einen der Rückzug, so kann es bei jemand anderem genau das Bad in der Menge sein.

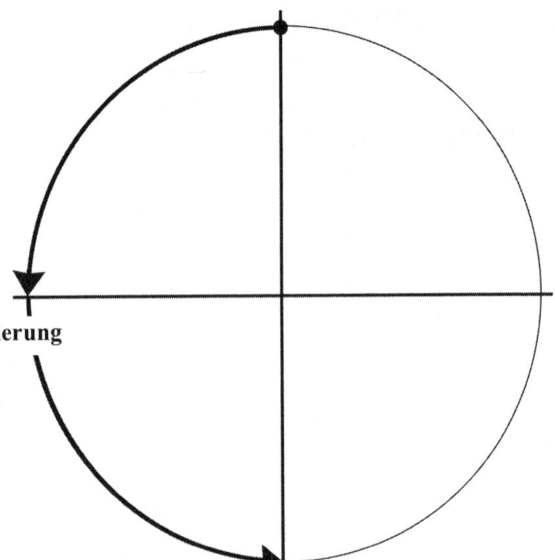

Schema 3: Die (akute) Phase der Veränderung

Irgendwann ist der tiefste Punkt der Krise erreicht. Dies dauert (leider!) umso länger und ist umso quälender, je mehr wir versuchen, nicht noch tiefer abzurutschen. Am Ende dieser akuten Phase werden wir akzeptiert haben, dass wir in einer Krise sind, werden wir anerkennen, dass diese Veränderungen mit uns und in unserem Leben geschehen. Das ist uns sehr schwergefallen. Auch wenn andere immer wieder gesagt haben: „Akzeptier die Situation!“, wir konnten nicht anders, als zu verneinen und die Situation zu bekämpfen. Den tiefsten Punkt erreichen wir erst, wenn wir endlich akzeptieren, vollständig akzeptieren, dass wir in einer Krise sind. Wenn wir Ja sagen zur *Existenz* der Krise und anerkennen, dass sie da ist. Das bedeutet nicht, dass wir gut finden müssen, was mit uns passiert, dass wir glücklich darüber sein müssten. Das wäre nun wirklich übertrieben, da sind wir noch lange nicht. Aber wir akzeptieren, *dass wir in einer Krise sind*, in einer tiefen Krise. Wir akzeptieren, dass wir da hindurch müssen, auch wenn es uns nicht behagt. Diese Akzeptanz, die *Anerkennung der Tatsache*, dass wir in einer Krise sind, bringt den Wendepunkt. Damit sind wir nicht mit einem Schlag vom Leiden befreit, aber ab jetzt geht es nach oben. Unter anderem auch deshalb, weil wir inzwischen wahrscheinlich gelernt haben, um Unterstützung zu fragen. Wir sind nicht glücklich über unser Leiden, aber wir akzeptieren, dass es *jetzt* so ist. Jetzt akzeptieren wir. Die Phase des Abbruchs ist beendet, der Wendepunkt bringt den Beginn des Wiederaufbaus.

Die Phase der Verarbeitung (Integration)

Nachdem wir den tiefsten Punkt der Krise überlebt und durchstanden haben, sind wir in der Lage, besser mit der Krise und mit ihren Begleiterscheinungen umzugehen. Inzwischen sind wir geduldig genug, möglichen Lösungen die Zeit zu geben, die sie benötigen, um sich entwickeln zu können. Wir haben gelernt, passiv zu sein und die Krise machen zu lassen, während wir gleichzeitig aktiv sind und die konkreten Probleme lösen, die angepackt werden müssen. Wir durchleben unser Leiden also auf eine passiv-aktive Weise. Wir sind immer noch nicht glücklich über unser Leid, aber wir stimmen ihm mehr und mehr zu, bis wir irgendwann *einverstanden* sind. Wer hätte das gedacht! Das Leid ist dann nicht länger ein Fremdkörper, den wir weg haben wollen, den wir eliminieren wollen. Jetzt gehört es zu uns. Allerdings holen wir uns mit Sicherheit einen Frust, wenn wir hierfür auf Verständnis von außen hoffen. Andere können und wollen uns in solche Tiefen des Lebens nicht folgen, es macht ihnen offensichtlich Angst. Auch wenn wir diese Menschen schmerzlich vermissen: Es wäre gut, wenn wir ihnen das nicht übel nehmen würden. Sie können nicht anders. Aber dies zu akzeptieren ist nicht leicht, denn wir vermissen sie und ihren Beistand wirklich. Möglicherweise sind wir in zunehmendem Maße einsam. Und kommen dadurch möglicherweise noch tiefer in die Krise. Sei´s drum, diesmal gehen wir hindurch!

Wenn wir die Krise und ihre Existenz in unserem Leben auf diese Weise akzeptiert haben, dann beginnen wir, davon zu profitieren: Wir lernen! Wir lernen mit allen Fasern unseres Seins, wir holen raus, was rauszuholen ist. Wir sind gierig nach Erkenntnissen. Und diese Erkenntnisse stammen jetzt nicht mehr aus Büchern oder von anderen, sie sind anscheinend einfach in uns. Sich entwickeln bedeutet, das Leiden in Lernen umzusetzen. Das bringt Chancen für Erneuerung und Weiterentwicklung mit sich.

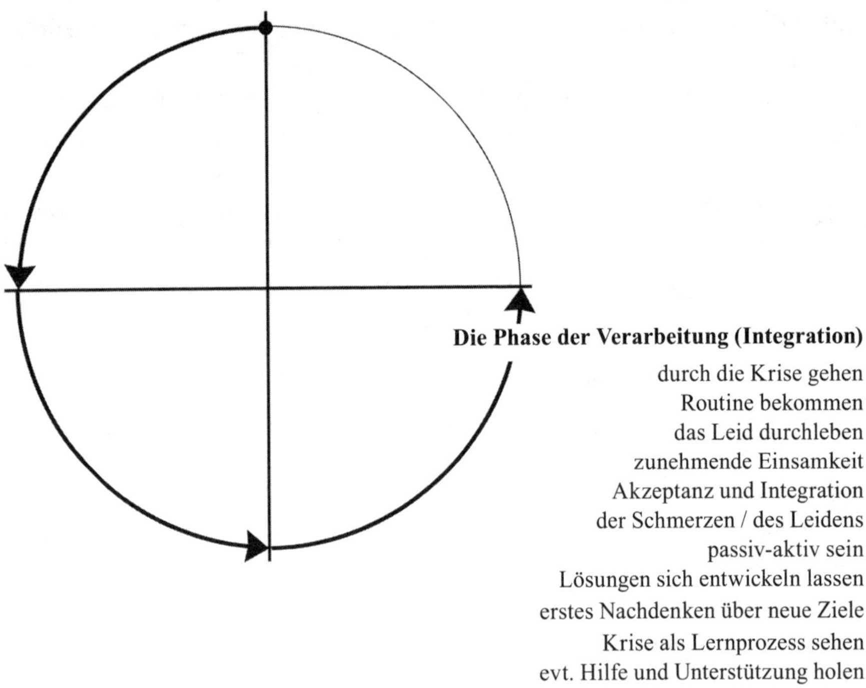

Schema 4: Die Phase der Verarbeitung (Integration)

In dieser Phase angekommen, haben wir längst Routine im Umgang mit der Krise und mit ihren Begleiterscheinungen. Wir sind Profis geworden und in gewisser Hinsicht „Lebens-Künstler“, denn wir leben noch. Wir haben uns daran gewöhnt, durch heftige und heftigste Gefühle zu gehen, durch Trauer, Wut, Neid, Verlassensein und Einsamkeit. Wir sind es gewöhnt, dass es Situationen und Menschen gibt, die uns schrecklich wehtun. Die Zeit, dass wir sie vermeiden mussten, ist vorbei. Dann tut es eben weh, es geht auch wieder vorüber. Die Krise ist okay, sie gehört zu uns, sie ist Teil von uns. Sie ist sogar ein *essentieller* Teil von uns. Das bringt Frieden mit sich, Zufriedenheit. Auf einmal bemerken wir, dass sie uns sogar wichtig ist: Wir haben durch diese Krise so viel gelernt! In dem Maße, wie wir uns zu unserer Krise bekennen können und sie in den Arm nehmen können, in dem Maße wird sie Teil von uns, wir integrieren sie. Die Krise hört auf, ein Fremdkörper zu sein, den wir weg machen wollen, sie ist im Gegenteil so sehr Teil von uns, dass wir sie selbst nicht mehr weg denken *wollen*! Wir sind jetzt in der Verarbeitungs- oder Integrationsphase. Integration? Das hatten wir früher schon einmal gehört, aber wir wussten nicht, was damit gemeint war. Oder hatten es uns nicht vorstellen können. Keiner konnte uns richtig erklären, *wie* das geht und wie man das *macht*. Auch jetzt wissen wir nicht, wie es geht oder wie man das macht. Es *geschieht*!

Hilfreich kann in dieser Phase sein, Menschen oder Gruppen aufzusuchen, die die gleichen Erfahrungen gemacht haben, also Selbsthilfegruppen. Hier können wir Zuhörer finden und sind auch selbst sehr interessiert, wie andere mit diesen Erfahrungen umgehen. Aber auch solche Gruppen werden wir irgendwann wieder hinter uns lassen. Solange der Prozess lebendig ist, immer wieder neue heftige Gefühle bringt, abgewechselt durch ruhigere Zeiten, können wir voll Vertrauen allein oder mit Unterstützung aus dem Umfeld weitergehen. Allerdings wird es auch Zeiten geben, wo wir scheinbar Rückschritte machen, wo wir anscheinend zurückfallen in alte Verhaltensweisen oder Gefühle. Das gehört dazu, es geht auf und ab, vor und zurück. Wenn jedoch die Gefahr besteht, dass wir „steckenbleiben“, dass unser Prozess stagniert, sollten wir professionelle Hilfe holen.

Es wird Zeit für eine Bestandsaufnahme. Was ist übrig geblieben vom alten Leben, wo stehen wir nun? Welche alten Kontakte bestehen noch, welche neuen sind hinzugekommen? Wir beginnen, wieder über Ziele nachzudenken. Zunächst noch vorsichtig, denn wir trauen dem Leben nicht mehr, es kann alle Ziele vernichten. Mit einem Schlag. Trotzdem kommen erste vorsichtige Gedanken auf: Und was will ich jetzt? Was will ich mit dem Rest meines Lebens? Was ist mir eigentlich wichtig? Wenn wir in der Verarbeitungsphase angekommen sind, dann wird deutlich, dass wir die Krise mehr als nur überlebt haben. Es ging um viel mehr. Es ging und geht auch jetzt noch darum, zu lernen und aus der Krise den größtmöglichen „Profit“ zu ziehen. Für unser persönliches Wachstum, eventuell auch für unser spirituelles Wachstum. Was sind unsere Schlussfolgerungen, was haben wir über uns selbst gelernt, über andere oder über das Menschsein allgemein? Was sagt uns dies alles über das Leben insgesamt oder über Gott, sofern wir daran glauben? Welche neuen Verhaltensweisen hat diese Krise uns erlernen lassen? Welche alten Verhaltensweisen stehen uns noch im Wege und machen uns das Leben schwer? Auch diese werden wir wahrscheinlich noch loslassen müssen. Und auch das wird noch einmal wehtun. Welche neuen Menschen sind in unser Leben gekommen? Was teilen wir mit ihnen oder möchten wir mit ihnen teilen? Welche Menschen aus dem früheren Leben gibt es noch? Bei welchen davon möchten wir, dass sie auch zukünftig mit uns gehen? Welche möchten wir zurücklassen? Und was ist mit unserem Beruf? In welcher Weise sollte es hier eine Veränderung geben? Vieles, vieles werden wir zurücklassen müssen und es wird auch jetzt jedes Mal wieder ein wenig schmerzhaft sein. Wer sind wir jetzt? Falls wir diese Frage noch nicht beantworten können, so sollten wir uns hierfür noch Zeit geben. Die Antwort wird kommen. Weder sollten wir uns durch andere drängeln lassen, noch sollten wir uns selbst unter Druck setzen. Es braucht Zeit, wie alles in dieser Krise. Auch in dieser Verarbeitungsphase werden wir zeitweise noch gequält durch heftige Emotionen. Aber Wut und Aggression werden langsam weniger, Trauer und Hoffnungslosigkeit werden möglicherweise noch zunehmen, Trauer über das verflossene Leben, Hoffnungslosigkeit oder Aussichtlosigkeit in Bezug auf das kommende Leben. Wir betrauern all das, was wir verloren haben, auch unsere Zukunft, die so sicher schien. Möglicherweise fühlen wir Beklemmung, wenn wir an die Zukunft denken und von der wir nicht wissen, wie sie sein wird. Wie soll es weitergehen? Es gibt so viele Fragen. Und kaum Antworten.

Wir fassen einen neuen Beschluss zu *leben*, nicht einfach nur zu überleben, sondern am Leben teilzunehmen. Aus der Isolation der Krise kehren wir langsam zurück in die Welt, die uns so wehgetan hat. Unter Umständen sind es sehr schwere Schritte, die wir hier gehen müssen. Und wir wissen dabei nicht, ob uns die Menschen von früher wieder aufnehmen werden. Möglicherweise wenden wir uns auch – noch vorsichtig – neuen Menschen zu. Wir werden mit Sicherheit an neuen Verhaltensweisen arbeiten, eigentlich beginnen wir, einen neuen Menschen auszuprobieren. Noch zaghaft und vorsichtig, aber zunehmend neugierig. Vor allem werden wir verstehen wollen, wofür diese Krise gut sein soll. Unsere Bereitschaft, Hilfe in Form von Therapie oder Begleitung anzunehmen, nimmt zu. Gut geeignet ist vor allem die so genannte Biografiearbeit der Anthroposophen. Sie hilft, den roten Faden im eigenen Leben zu entdecken und die Ziele deutlich zu machen, auf die unser Leben hinausläuft. Eine ähnliche Wirkung hat die Arbeit an den Lebenszielen, wie sie im Holistic Yoga angewendet wird[12]. Nach dieser anstrengenden Zeit der Verwirrung gibt solche Arbeit uns zunehmend eine neue Klarheit. Wir werden nun besser verstehen, warum diese Krise nötig war und was wir aus ihr lernen sollen.

---

12 Siehe: Plate / Etminan, *Intensiver leben!* Ganzheitliches Yoga für jeden Tag (Kösel)

In dieser Phase kann es sich lohnen, an aufbauenden Trainings oder Seminaren teilzunehmen, in denen neue Verhaltensweisen, zum Beispiel im Bereich der Kommunikation, eingeübt werden. Natürlich werden wir noch Angst verspüren. An einer Gruppe teilzunehmen, während wir noch bloß und nackt sind, das macht Angst. Diese Angst können wir überwinden, wenn wir uns von unserem Lebenswillen und von unserem Lernbedürfnis leiten lassen. Dann werden wir unser Misstrauen überwinden und neues Vertrauen fassen. Wir werden auf diese Weise in neuen Schuhen laufen lernen, aber auch ab und zu noch stolpern oder hinfallen. So ist das mit dem Laufenlernen. Wichtig ist, Themen oder Seminarformen zu wählen, die wirklich zu uns passen und uns interessieren. Eine Krise ist eine zu ernsthafte Angelegenheit, als dass wir einfach Modeströmungen folgen sollten. Was ist *für mich* richtig? Eine Gesprächstherapie, in der ich meine Krise ausführlich bereden kann und meine Erkenntnisse reflektieren kann? Oder eine Therapie, die mit dem Körper arbeitet, so dass ich neue Erfahrungen machen und neue Dimensionen entdecken kann? Körpertherapien arbeiten am Kopf vorbei, was gerade für intellektuelle, akademisch gebildete Menschen äußerst sinnvoll sein kann. Denn mit einem starken Intellekt können wir uns selbst und anderen etwas vormachen und uns am Kern der Krise vorbeischummeln. Der Körper dagegen lügt nicht, er ist ehrlicher als der Intellekt.

Wenn wir wollen, dann könnten wir ein eigenes Genesungsprogramm zusammenstellen. Es sollte konkrete Lernschritte enthalten, aber vor allem auch Spaß machen! Denn es wirkt in dem Maße heilend, wie wir Lust darauf haben. Nach all der harten Arbeit und der Pflichterfüllung dürfen wir uns am Ende der Krise belohnen!

Es gibt jedoch eine Gefahr, die wir nicht unterschätzen sollten. Sobald wir in dieser Verarbeitungsphase sind, werden wir spüren, dass es dem Wiederaufbau entgegengeht. Das ist schön und macht Mut. Aber es enthält auch die Gefahr, dass unser altes Ego sofort wieder den Kopf erhebt und neue Macht wittert. Wenn wir an dieser Stelle in den Hochmut verfallen, dass *wir* selbst es sind, die diese Krise so gut bewältigt haben, dann haben wir verloren. Dann wird uns die Krise möglicherweise zu einer neuen Runde einladen.

Die Phase der Genesung

Es geht weiter – nach oben! Langsam wird es wieder ruhiger in unserem Leben. Der Sturm hat sich gelegt. Jetzt geht es darum, aufzuräumen und alles wieder an seinen Platz zu setzen. Manchmal müssen Dinge oder Menschen einen neuen Platz bekommen, manchmal wird es Dinge oder Menschen geben, die es vorher nicht gab. Auch die brauchen ihren Platz. Bestimmte Dinge oder Menschen sind aus unserem Leben verschwunden und die wollen auch jetzt noch betrauert werden. Trauer ist Abschied von etwas, das uns wichtig war. Es ist das langsame Sich-innerlich-Lösen von etwas, das nicht mehr ist. Dies kann ein Mensch sein, ein Beruf, eine Fähigkeit, ein großer Plan, die Gesundheit …. Die Trauer wird uns noch längere Zeit begleiten und kann auch später immer noch zurückkommen – oft ganz unverhofft, wenn wir überhaupt nicht mehr damit gerechnet haben. Ein bestimmter Geruch, eine Musik, ein Foto, ein Gedanke, die Erwähnung eines Namens, es kann vieles sein. Mit der Erinnerung kommt die Trauer zurück. Wenn es um etwas wirkliches Wichtiges ging, dann wird es ein Leben lang wehtun. Aber immer seltener und immer weniger. Und irgendwann wird die Trauer uns nicht mehr unerwünscht sein, sondern sie wird zu etwas Kostbarem: unser letztes Band mit dem Menschen oder mit der Sache, um die es ging. Und genau wegen dieser symbolischen Bedeutung des „letzten Bandes“ ist es so schwer, irgendwann auch diese Trauer loszulassen.

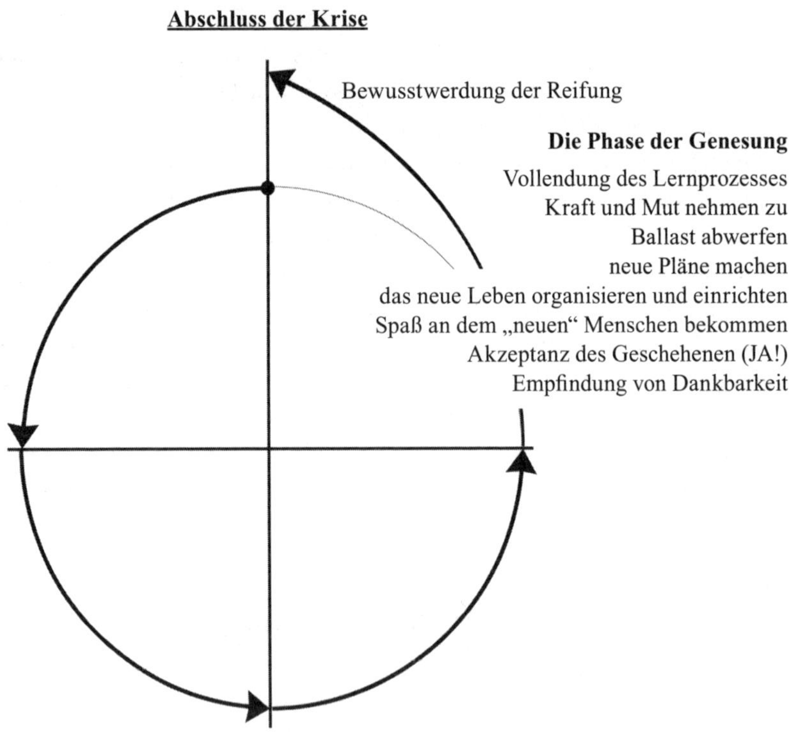

Schema 5: Die Phase der Genesung

Wo uns in den ersten beiden Phasen der Krise schmerzhaft Dinge, Fähigkeiten, Menschen oder unser Glaube weggenommen wurden, jetzt stellt sich eher die Frage, welchen „Ballast“ wir selbst gern zurücklassen möchten und was wir in die Zukunft mitnehmen wollen. Dies kann auch andere Menschen betreffen. Wurden wir möglicherweise von jemandem verlassen, kann es sein, dass wir jetzt andere verlassen. Unsere Wege trennen sich. Was wir und wen wir in die Zukunft hinein mitnehmen möchten, hängt vor allem davon ab, welchen „Sinn“ wir in der Zukunft sehen und welchen „Sinn“ wir uns und unserem Leben selbst geben. Jetzt wird's spannend. Denn jetzt beginnt ein neues Leben! Wer hätte das gedacht! In der Genesungsphase geschehen Dinge, die mit uns als *neuem* Menschen und mit unserem *neuen* Leben zu tun haben. Jetzt dürfen wir wieder Pläne machen und das neue Leben organisieren, in dem wir inzwischen angekommen sind. Wir richten uns wieder ein und beziehen einen neuen Platz, eine neue Rolle oder üben eine alte Rolle auf eine neue Weise aus. Wir leben und er-leben auf eine neue Weise, anders als früher. Die Puzzel-Stücke unseres Lebens, die durch die Krise durcheinander geworfen wurden, ordnen sich neu und ergeben ein neues Bild. Unser Lernprozess ist weitgehend abgeschlossen und erst jetzt können wir sehen, wofür es „gut“ war. Jetzt reagieren wir gelassen, wenn Menschen uns auf unsere eigene Beteiligung an der Entstehung dieser Krise ansprechen und damit Schuld und Verantwortung meinen. Früher sind wir dafür an die Decke gegangen und haben uns ungerecht behandelt gefühlt. Jetzt können wir ruhig zuhören und gelassen reagieren. Auch wenn wir nicht unbedingt derselben Meinung sind, so verstehen wir doch, dass dies eine mögliche Sichtweise ist. Früher, in der akuten Phase der Krise, wollten wir Leuten an die Kehle gehen, wenn sie sich altklug äußerten: „Du wirst eines Tages dankbar sein für diese Krise“, oder „Du wirst an dieser Krise wachsen!“ Diese Schlaumeier! Jetzt wissen wir, dass sie recht hatten. Es war nur leider der falsche Zeitpunkt und deshalb „taktlos“, sie waren damals nicht in Kontakt mit uns und unserem Zustand, sondern mit einer theoretischen Ideen davon, wie es *nach* einer Krise gefälligst zu sein hat. Wir aber waren noch *in* der Krise, das ist ein Unterschied. Deshalb haben wir diese Bemerkungen damals als sehr ungerecht und gegen uns gerichtet gefühlt. Jetzt aber verstehen wir, was gemeint war, und sehen, dass sie recht hatten: Wir sind gestärkt aus dieser Krise hervorgegangen, sind ein gutes Stück weiser geworden und dieser Reifungsprozess ist uns durchaus bewusst! Wir haben mehr Lebenserfahrung und sind dankbar für das, was wir lernen konnten. Schuldzuweisungen und Vorwürfe liegen längst hinter uns. Gefühle von Dankbarkeit und von Demut sind das Ende einer Krise. Sogar wenn es um den eigenen Tod geht!

Die komplette Krise (Zusammenfassung)

Am Beispiel einer schweren Abbruchkrise haben wir gesehen, dass die Krise durch vier Phasen läuft:

1. Zunächst die Phase der Verneinung und Verleugnung, in der Kampf, Hoffnung und Rettungsversuche unsere Gefühle und unser Handeln bestimmen. Es kann sein, dass wir versuchen, den Prozess zu stoppen. Wenn das nicht gelingt, dann gehen wir danach tiefer in die Krise.

2. Heftigste Begleiterscheinungen (Symptome, Gefühle, Phänomene) begleiten uns auf dem Weg in die Tiefe, den wir nun nicht mehr aufhalten können. Wir können den Verlust, den Abbruch des Alten und des Lebens, das wir aufgebaut hatten, nicht aufhalten. Es kommt zur Erfahrung von absoluter Ohnmacht, zu Verzweiflung und Hilflosigkeit, Ängste, Hass und Rachegefühle, Selbstmordgedanken ... die ganze Palette, die im Kapitel 2.3 „Symptome, Gefühle, Begleiterscheinungen" beschrieben ist, wird sich hier zeigen. Nicht jedem wird die ganze Palette zugemutet, jeder bekommt das Seine. Was diese Phase aber für alle Betroffenen gemeinsam hat, ist ihre Heftigkeit, ihre Intensität, die manchmal kaum zu ertragen ist. Erst wenn wir trotz allen Elends irgendwann diese Krise in ihrer Existenz annehmen und nicht länger versuchen, gegen sie zu kämpfen, dann kommt der Wendepunkt. Er kommt ganz einfach deshalb, weil wir von jetzt ab mit der Krise zusammenarbeiten, kooperieren. Solange wir unsere Kooperation verweigern, wird es uns sehr schlecht gehen. Und das wird manchmal lange dauern, so lange, wie in uns dieses „Nein" noch überwiegt. Erst die Erfahrung der totalen Machtlosigkeit lässt uns klein und demütig werden. Na gut, wenn's denn sein muss! So ganz überzeugend klingt das immer noch nicht, aber wir kooperieren wenigstens.

3. In der Phase der Verarbeitung wird gelernt. Es werden Fragen gestellt und es werden Antworten gesucht. Wir wollen verstehen. Wenn wir es schon nicht verhindern konnten, dann wollen wir wenigstens verstehen. Was lehrt uns die Krise, was ist ihr Sinn – für uns? Was werden wir ändern müssen? Was lehrt die Krise über das Leben insgesamt? Je mehr wir verstehen, umso weiser werden wir. Und wir wollen wieder leben. Es rühren sich – noch ganz zaghaft – neue Impulse in uns. Bei Menschen, die alt sind und / oder dem Tod geweiht sind, stellt sich zum ersten Mal Frieden ein. Sie haben akzeptiert und entwickeln ihre eigene Weisheit. Sie sträuben sich nicht länger. Bei ihnen geht es

nicht um den Aufbau eines neuen materiellen Lebens, sondern um den Aufbau des seelisch-geistigen Lebens.

4. In der Phase der Genesung kommt es dann zu ersten Ansätzen in Bezug auf dieses neue Leben. Wichtiger aber ist, dass wir endlich in der Lage sein werden, unsere Zustimmung zum Geschehen und zur zurückliegenden Krise zu geben. Wir sind einverstanden, es ist gut so. In dieser Phase stellt sich Verzeihen ein – wie von selbst. Wir verzeihen anderen und können auch uns selbst verzeihen.

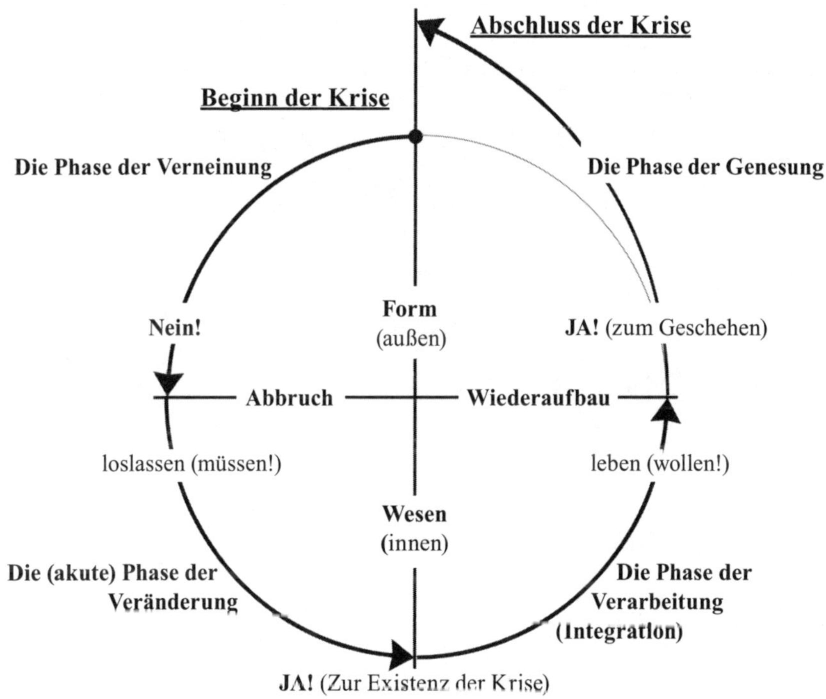

Schema 6: Die komplette Krise

Die ersten beiden Phasen waren durch Abbruch gekennzeichnet, verbunden mit einem Loslassens-*Müssen*, das uns sehr schwergefallen ist. Das große NEIN! ist dann auch kennzeichnend für diese beiden Phasen. Die nächsten beiden Phasen sind vom Wiederaufbau und vom Lernen für das neue Leben bestimmt. Wir haben entschieden, dass wir leben wollen, selbst wenn unser Körper sterben muss. Beobachten lässt sich auch, dass die erste und die vierte Phase etwas mit der äußeren Form (dem konkreten Leben und seiner Gestaltung) zu tun haben, während die Phasen zwei und drei sich hauptsächlich im Inneren abspielen, also in der Tiefe unserer selbst. Wenn der Zirkel rund ist, wenn wir diese Phasen wirklich durchlebt, durchlitten und uns erarbeitet haben, dann können wir davon ausgehen, dass wir in der Entwicklung als Mensch ein großes Stück weitergekommen sind. Wir sind gewachsen, sind gereifter, bewusster und wahrscheinlich toleranter. Bis zum nächsten Mal! Pragmatische Menschen fragen jetzt vielleicht: „Und? Was habe ich davon?“ Die einfache Antwort ist: „Nichts. Aber andere haben was davon!“

II. Selbstmanagement in Krisenzeiten

2.0 Einleitung

Im zurückliegenden Teil I „Verstehen, was Krise ist“ ging es zunächst darum, auf eine grundlegende Weise zu verstehen, wie und warum wir überhaupt in eine Krise kommen, welche verschiedenen Ebenen unseres Seins sie eventuell betreffen kann und welche grundlegenden Arten von Krise es gibt. Weiter haben wir gesehen, dass Menschentypen sehr unterschiedliche, manchmal sogar entgegengesetzte Lernziele in Krisenzeiten haben können.

Allererstes Ziel und damit Ziel des „Selbstmanagements“ in Krisenzeiten ist es vor allem, *gesund* zu bleiben! Leider gelingt das nicht immer, deshalb wird es einige Hinweise geben für Menschen, die zur Gruppe der Risikokandidaten gehören. Ein kleiner mahnender Appell gilt auch den Dingen, die wir besser *nicht* tun sollten: kein destruktives Verhalten, keine Drogen (egal, ob legal oder illegal!) und auch keine Techniken oder Therapien, die uns noch weiter destabilisieren würden. In den jeweiligen Abschnitten wird erklärt, warum es besser wäre, diese Dinge zu unterlassen: Sie machen nämlich alles noch schlimmer!

In Teil II „Selbstmanagement in Krisenzeiten“ wollen wir uns vor allem anschauen, was wir selbst tun können, um mit der Krise einigermaßen „fertig“ zu werden, und wie es uns gelingen kann, mit den Symptomen, den zum Teil heftigen Gefühlen und den übrigen Begleiterscheinungen besser umzugehen. Wir werden eine Reise machen zu den vielen verschiedenen und zum Teil heftigen Gefühlen, entlang schlimmer und hoffnungsloser Zustände. Der Verlust unseres Vertrauens in andere Menschen und ins Leben überhaupt ist dabei einer der schwierigsten Aspekte. Noch schwieriger wird es, wenn Betroffene phasenweise mit Wahnvorstellungen zu tun bekommen.

Dieser Teil ist nicht dazu gedacht, von vorn bis hinten in einem Stück gelesen zu werden. Das würde den Leser möglicherweise erschlagen und Betroffenen auch unnötige Angst machen. Dieser Teil ist eher zur Unterstützung gedacht. Wir werden sehen, dass *alles*, was wir in Krisenzeiten an Phänomenen mitmachen, *normal* ist! Dies zu akzeptieren und sich nicht auch noch übel zu nehmen, dass man diese Schwierigkeiten hat, kann viel Kraft sparen. Indem wir *akzeptieren*, dass es diese Symptome, Gefühle oder Begleiterscheinungen gibt, können wir uns das Leben in diesen schweren Zeiten wesentlich erleichtern. Dieser Teil ist also eher ein kleines Nachschlagewerk, das immer dann zur Hand genommen werden kann, wenn Ratlosigkeit im Umgang mit der eigenen Situation und den anstrengenden Phänomenen vorherrscht. Beim Lesen entsteht neuer Mut, weil nämlich sein *darf*, was sowieso *ist*!

Wenn es in den nachfolgenden Abschnitten darum gehen wird, wie wir mit unserer Krise umgehen können, dann werden wir einer generellen Spannung begegnen. Es ist die Spannung zwischen (einerseits) sich in Gottes Hände zu begeben und die Krise zuzulassen und (andererseits) selbst die Verantwortung für die Krise und für ihre Bewältigung zu übernehmen. Dieser Spannung begegnen wir nicht nur in diesem Buch, sondern vor allem, wenn wir wirklich in der Krise sind.

2.1 Ziele des Selbstmanagements

Zumindest am Beginn der Krise werden wir die Hoffnung haben, dass dies alles vorübergeht. Und wir meinen damit, dass es vorübergeht, ohne uns allzu viel zu tun. Aber alles ist vergänglich, auch eine Krise. Nur wäre es schade, wenn wir die Krise vorübergehen lassen würden, ohne sie für unsere eigene Weiterentwicklung zu nutzen. Ein wichtigstes Ziel des Selbstmanagements ist deshalb, die Krise nicht abzubrechen, sondern sie ihre Arbeit an uns verrichten zu lassen. Bei allen Tipps, die anschließend zum Selbstmanagement in Krisenzeiten gegeben werden, ist unsere allererste Sorge, dass wir (wenn möglich) gesund bleiben und dass wir die Krise nicht frühzeitig abbrechen. Hiermit ist gemeint, sie nicht künstlich oder willentlich zu beenden, bevor sie *von selbst* zu Ende geht. Wenn wir eine Krise abbrechen, zwingen wir sie in einen latenten Zustand, sie wird chronisch werden und so auf Dauer für noch viel größere Probleme sorgen. Eine Krise ist eher dazu da, chronische Probleme durch ein akutes Stadium zur Genesung zu führen. Darum sollten wir uns auch so verhalten, dass wir genesen können. Wichtigste Voraussetzung, um diese hohen Ziele von Krisenbewältigung überhaupt erreichen zu können, ist die unbedingte Ehrlichkeit sich selbst gegenüber und gegenüber den Gesprächspartnern und begleitenden Personen.

Bei allen Empfehlungen, die zum Selbstmanagement in Krisenzeiten gegeben werden, bewegen wir uns in einem gewissen Spannungsfeld. Es wird ständig eine Spannung anwesend und spürbar sein, zwischen einerseits dem *Nicht-Tun*, die Krise also machen zu lassen, und andererseits dem *Tun*, das nötig ist, um die Situation zu managen und für den eigenen Prozess die Verantwortung zu übernehmen. Wenn wir uns dieser Spannung bewusst sind und dafür Sorge tragen, dass beide Seiten zu ihrem Recht kommen, dann wird es uns gelingen, gut mit uns und mit dieser Krise umzugehen.Unsere Genesung wird umso besser gelingen, je mehr wir die Verantwortung dafür übernehmen. Voraussetzung dabei ist vor allem eine ethische Grundhaltung.

Während es vor allem im Kapitel 2.3 „Symptome, Gefühle und Begleiterscheinungen“ darum gehen wird, den direkten Umgang mit konkreten Erfahrungen oder Gefühlen zu besprechen, so geht es an späterer Stelle, in Teil III „Krise als Chance für persönliches Wachstum“, um ein mehr allgemeines, strategisches Vorgehen. Dort geht es um den sorgsamen Umgang mit uns selbst und um unsere Weiterentwicklung insgesamt.

2.2 Risikokandidaten

Risikokandidaten sind vor allem Menschen, die Fluchtverhalten zeigen, die sich also in der einen oder anderen Weise betäuben oder auf andere Weise meinen, vor dem Elend flüchten zu können. Menschen also, die Beruhigungsmittel, Alkohol oder andere Drogen benutzen, um nichts *fühlen* zu müssen, oder die sich durch Aktionismus von ihrem Elend ablenken. Selbst Menschen, die ihren starken Intellekt, ihre Ratio dazu benutzen, nichts fühlen zu müssen, gehören eigentlich in diese Kategorie. Auch wenn all diese Versuche menschlich gesehen absolut verständlich sind, weil es sehr wahrscheinlich um heftige Gefühle geht, so sind es doch Versuche, der Krise und damit dem eigenen Lernprozess zu entkommen. Obwohl sie kurzzeitig Erleichterung bringen, sind diese Versuche doch langfristig – bezogen auf das ganze Leben – zum Scheitern verurteilt. Wir können nicht flüchten, wenn das Leben will, dass wir lernen und dass wir unsere Hausaufgaben machen sollen. Wenn wir uns jetzt nicht den Ereignissen und Gefühlen stellen, werden sie uns einholen – gnadenlos. Gott ist gnädig, das Leben nicht. Obwohl alles aus Liebe geschieht – aus Liebe zu uns. Natürlich können wir uns jetzt der Krise verweigern. Aber vielleicht werden wir dann nach dem ersten Herzinfarkt beim Therapeuten sitzen, der mit uns über Dinge reden will, die zwanzig Jahre oder länger zurückliegen. Wenn wir den Herzinfarkt überlebt haben, ist dies ein Zeichen, dass es noch was zu lernen gibt.

2.3 Symptome, Gefühle und Begleiterscheinungen

Das Ziel dieses Kapitels ist nicht, Betroffene zu bewegen, die Symptome, Gefühle oder unangenehmen Begleiterscheinungen ihrer Krise „wegzumachen“. Ziel ist vielmehr zu lernen mit ihnen umzugehen. Und das gelingt uns besser, wenn wir die Symptome und uns selbst mit diesen Schwierigkeiten annehmen. Es ist, wie es ist, ob wir dies nun akzeptieren oder nicht. Wenn wir nicht akzeptieren, dass es ist, wie es ist, dann lehnen wir uns innerlich dagegen auf, was extra Energie kostet. Und Energie ist kostbar in Krisenzeiten, wir benötigen sie, um zu überleben und die Probleme zu lösen. Wenn wir gegen die Krise ankämpfen, dann kostet das extra Energie. Nicht zu akzeptieren oder zu versuchen, die Lage auszublenden (zu verdrängen), die Situation zu verneinen oder zu vermeiden, all dies sind verständliche Verhaltensweisen, aber sie machen die Sache – zumindest auf Dauer – schwieriger. Wenn wir unseren Widerstand einstellen, dann können wir uns wirklich darauf konzentrieren, die Lage zu meistern. Es wird eine Zeit dauern, bis wir dazu in der Lage sind. Denn es ist normal und menschlich, dass wir uns der Krise zunächst widersetzen, wir haben ja nicht gerade darauf gewartet oder danach gesucht. Ein großes Missverständnis, das immer wieder auch zu Problemen mit helfenden Personen führt, besteht darin, dass wir irrtümlicherweise denken, akzeptieren würde „gutheißen“ bedeuten. Wir sollen die Sache nicht gut finden, das würde gar nicht gehen, wir sollten aber versuchen zu akzeptieren, dass sie *jetzt* in unserem Leben *ist* und dass wir uns – wenn auch widerwillig – darum kümmern müssen. Wenn wir es schaffen, diese Tatsache zu akzeptieren, dann werden wir handlungsfähig. Dann haben wir immer noch ein großes Problem, aber wir werden lernen, damit umzugehen.

Die anschließende Auflistung von Symptomen, Gefühlen und Begleiterscheinungen ist sicher nicht vollständig, denn jeder erlebt diese Dinge anders, und doch gibt es bei allen Betroffenen gemeinsame und wieder erkennbare Aspekte. Diese gemeinsamen Aspekte zu besprechen kann uns helfen, sie besser zu akzeptieren, wenn wir sie selbst erfahren. Mit diesen Phänomenen gut umzugehen, wird uns dabei helfen, gesund zu bleiben oder es wieder zu werden. Wir werden diese Phänomene besprechen und jeweils kurz darauf eingehen, wie wir damit umgehen können. Immer aber gilt, wenn wir sie ablehnen und sie bekämpfen, dass sie dann stärker werden und wirkliche Macht über uns bekommen. Hauptsächlich wird es also darum gehen, uns selbst mit diesen Symptomen, Gefühlen oder Begleiterscheinungen anzunehmen und uns dafür nicht auch noch fertig zu machen. Wenn wir bejahen können, dass diese Dinge da sind, auch wenn sie unangenehm sind, wenn wir sie in ihrer Existenz akzeptieren (akzeptieren meint nicht gutheißen!)

und sie *sein lassen* können, dann werden sie im Laufe der Zeit weniger bedrohlich und uns weniger das Leben erschweren. Akzeptieren ist der erste Schritt zur Integration des Geschehens, integrieren bedeutet genesen.

Körperliche Symptome

Wir wüssten nicht, dass wir in einer Krise sind, wenn wir nicht mit ihren anstrengenden und schwierigen Begleiterscheinungen zu tun hätten. Erst wenn es uns längere Zeit „schlecht" geht, kommen wir auf die Idee, dass wir in einer Krise sind. Wir werden zunächst ganz sicher andere Erklärungen für diese Phänomene suchen, vor allem, wenn sich diese Symptome auf der körperlichen Ebene bemerkbar machen, wie Kopfschmerz, Schlaflosigkeit, Appetitlosigkeit, Unruhe, Impotenz oder keine Freude am Sex usw. Natürlich gehen wir dann als erstes zum Arzt und das sollten wir auch, um frühzeitig eine Erkrankung auszuschließen oder um homöopathische Unterstützung zu bekommen. Eventuell wird im Gespräch mit dem Arzt oder dem Homöopathen – oder irgendwie anders – deutlich werden, dass die körperlichen Symptome etwas mit uns und unserer Situation zu tun haben, mit einem bestimmten Problem oder mit einem ganzen Komplex von Problemen. Schwere Krisen haben immer auch ihre Begleiterscheinungen auf der körperlichen Ebene. Es wäre gut, sich dafür die Unterstützung durch einen Arzt / Homöopathen oder Heilpraktiker zu holen. Es ist wie bei der Feuerwehr, auch sie wacht bei einem Brand darüber, dass das Feuer sich nicht auf andere Häuser ausdehnt, dass der Brand lokal bleibt, er ist dann viel besser zu löschen. Wir sollten diese körperliche Ebene nicht unterschätzen. Das Durchleben einer Krise ist Höchstleistung, wir brauchen dafür alle Kraft und unser System sollte gut „gewartet" werden, um diese Höchstleistung vollbringen zu können. Auch bei einem Auto schauen wir nach dem Öl und dem Reifendruck, bevor wir eine längere Fahrt antreten. Leider gibt es Menschen, die ihr Auto besser behandeln als ihre Gesundheit. In Krisenzeiten sollte sich dies ändern, wir brauchen unser Fahrzeug, und zwar dringend. Nur wenn es durchhält, werden wir zum Ziel kommen. Danach können wir es wieder ein wenig vernachlässigen.

Wir werden in diesem Kapitel aber nicht weiter auf körperliche Symptome eingehen, die Liste wäre einfach zu lang. Es wird vom betroffenen Leser stillschweigend erwartet, diese Dinge selbst im Blick zu haben und sich die nötige Unterstützung zu holen. Wenn die Krise schwer ist, dann wird es mit Sicherheit zeitweise körperliche Auswirkungen geben. Umgekehrt können diffuse oder auch konkrete körperliche Symptome ein Hinweis sein, dass auf anderen Ebenen etwas geschieht, das wir noch nicht wahrgenommen haben. Jetzt können wir diese

Symptome benutzen, um unseren Blick auf uns als ganze Person oder auf unser Leben zu richten. Wo klemmt es? Wo sitzt etwas quer? Wo „fehlt“ uns etwas? Diese Untersuchung kann allein unternommen werden, leichter ist es allerdings im Gespräch. Durch die Einsichten, die wir dabei gewinnen, wird der Therapeut / die Therapeutin in uns aktiviert und wird uns die volle Verantwortung für unser Kranksein, aber auch für unsere Gesundung zurückgegeben[13].

Wir werden also in diesem Kapitel weiter keine körperlichen Symptome besprechen. Stattdessen wird es hauptsächlich um Phänomene gehen, die eher auf der psychisch-geistigen Ebene auftauchen und die mindestens so bedrohlich und beängstigend sein können wie körperliche Symptome.

Abhängigkeit

Ja, wir sind abhängig, gerade in Krisenzeiten. Wir brauchen Unterstützung, brauchen Menschen, die uns zuhören, die mitfühlen, die uns die Daumen drücken oder für uns eine Kerze anzünden, wenn wir es schwer haben. Wir sind von ihnen abhängig, doch wir sollten darauf achten, dass daraus keine Abhängigkeit wird. Obwohl es zeitweise durchaus so sein kann. Es gibt daneben noch andere Dinge, von denen wir abhängig werden können oder vielleicht bereits sind: Alkohol, Zigaretten, Kaffee, andere Drogen, das Telefon, Autofahren, Spielautomaten, Fernsehen.... Dies sind alles Dinge, die gut dazu geeignet sind, uns abzulenken und so unsere Erfahrungen und Gefühle zu betäuben. Es wäre gut und richtig, diese Dinge zu reduzieren. Das wissen wir, dazu haben wir ein solches Buch nicht nötig! Zeitweise werden wir jedoch so sehr mit dem Überleben beschäftigt sein, dass wir keine Kraft haben, noch an einer weiteren Front zu kämpfen. Wir haben die Disziplin nicht, die dazu nötig wäre. Unsere Disziplin benötigen wir gerade, um nicht unterzugehen. Zeitweise darf das alles sein und wird es auch sein, aber wir sollten wachsam sein, und uns bewusst machen, dass wir diese Dinge *jetzt* zwar brauchen, dass es danach aber eine Zeit geben sollte, in der wir wieder ohne diese Dinge auskommen wollen. Wir sollten das im Blick behalten und beizeiten gegensteuern. Dafür brauchen wir einen *inneren Beobachter*, der uns dabei unterstützt. Und zur rechten Zeit, wenn wir die nötige Kraft haben, sollten wir anfangen, diese Dinge wieder zu reduzieren. Langsam, schrittweise,

---

13 Eine hilfreiche Unterstützung hierbei sind vor allem die Bücher von Thorwald Dethlefsen und Rüdiger Dahlke über die psychosomatische Seite von Krankheit: *Krankheit als Weg* und *Krankheit als Sprache der Seele*. Es sind eye-opener, vor allem für Einsteiger in dieses Gebiet. Hilfreich sind auch die Anleitungen zur Selbstheilung vom *Wildwuchs*-Institut (Angelika Koppe).

aber mit einer bewussten Strategie. Manchmal werden wir dabei erleben, dass wir die Abhängigkeit verschieben. Wenn wir zum Beispiel von unserer Alkoholsucht loskommen wollen, dann kann es sein, dass wir zunächst mehr rauchen oder vom Telefon abhängig werden. Wir sollten das gut im Blick haben. Wissend, dass es sich hier um eine Symptomverschiebung handelt, sollten wir unser Ziel fest im Focus haben und Schritte darauf zu machen. Wenn wir hierbei Fortschritte machen und deswegen Erfolgserlebnisse haben, dann wird uns das ungeheuer stärken. Aber das gilt es neu zu entdecken.

Aktionismus

Aktionismus ist Flucht vor den Gefühlen, die es in einer Krise zu durchleben gilt, und ist Flucht vor den Aufgaben, die es eigentlich zu erledigen gibt, auch vor den Aufgaben in unserem Inneren. Aktiv sein ist etwas anderes als Aktionismus. Aktionismus, so verständlich es auch ist, dass wir manchmal darin verfallen, lenkt ab vom Wesentlichen. Wir bügeln dann über unsere tiefen Gefühle von Trauer und Schmerz, von Scham und Verzweiflung hinweg und nehmen sie nicht mehr wahr, was natürlich als Erleichterung erfahren wird. Erleichterung ist der erwünschte Effekt von Aktionismus, aber nicht unbedingt das Ziel einer Krise. Krise will nicht, dass wir vor dem Prozess weglaufen, sie will, dass wir diesen Prozess durchleben. Das ist nicht immer einfach, Aktionismus ist einfacher. Wir brauchen hier wahrscheinlich keine Beispiele zu besprechen, was mit Aktionismus gemeint ist. Jegliche übertriebene Ablenkung: vom übertriebenen Hausputz, über das ständige Einkaufen, permanent Leute besuchen, übertrieben viel arbeiten, ständig rausgehen, jeden Abend Programm haben, sehr viel Sport machen usw.... Diese Dinge tun tatsächlich gut und sollten ab und zu auch ihren Platz bekommen. Sie tun gut, weil sie unsere Energie zeitweise auf etwas anderes konzentrieren, denn wir können nicht immer nur in einer Krise sein. Als ein kleiner Urlaub ist eine solche ablenkende Aktivität also durchaus sinnvoll, sie ist Erholung. Sinnvoll ist allerdings nicht, wenn es dabei bleibt, wenn wir die Neigung haben, uns dauernd abzulenken. Dann wäre es besser, schon mal innezuhalten, still zu werden, nichts zu tun und zu schauen, was dann passiert. Wir werden dann wieder besser in Kontakt damit kommen, wie die Situation, wie unser Leben wirklich ist. Es kann schwer sein, sich dem bewusst zu stellen. Niemand hat gesagt, dass es einfach ist. Aber es ist ehrlicher, es entspricht mehr der Wahrheit, mehr der Wirklichkeit, wie sie *wirklich* ist. Wenn wir immer wegschauen, wird es uns irgendwann noch heftiger einholen.

Akzeptieren oder kämpfen?

Als ob wir das entscheiden könnten! Wir können es nur so tun, wie es in uns *von selbst* geschieht. Wenn wir wirklich akzeptieren könnten, wären wir überhaupt nicht in einer Krise, dann hätten wir höchstens ein Problem, das wir regeln müssen. Menschen, die in dieser Hinsicht an uns appellieren, haben ein hohes Ideal vor Augen und konzentrieren sich auf den Zustand am Ende einer Krise. Aber da sind wir noch lange nicht. Wenn sie uns auffordern zu akzeptieren, dann überfordern sie uns und tun uns ziemlich weh. Akzeptieren von etwas, mit dem ich es so schwer habe? Sehen sie denn nicht, was das für mich bedeutet? Was es mit mir gemacht hat? Und das soll ich einfach „akzeptieren"? Wenn sie zusätzlich noch das Wort „einfach" benutzen („Das musst du einfach akzeptieren, das ist nun einmal so!"), dann wird es noch schwieriger. Denn von „einfach" kann hier wirklich keine Rede sein, damit tun sie uns unrecht. Akzeptieren ist nicht einfach, sondern schwer, sogar sehr schwer. Warum nur ist Akzeptieren sooo schwer? Weil es eine Sache oder Entwicklung betrifft, die wir absolut nicht wollen, die wir ablehnen und der gegenüber wir deshalb in Widerstand gehen. Wir kämpfen – um unser Recht, um unser Ansehen, um das Geld, das uns zusteht, um die Krankheit in den Griff zu bekommen, um das Leben unseres Kindes – wie auch immer, *es* kämpft. Wir haben nicht drüber nachgedacht und dann entschieden zu kämpfen. Wir haben den Kampf aufgenommen, wir konnten nicht anders. Weil es uns sinnvoll erschien, weil es uns das wert ist, weil wir Gerechtigkeit wollen, weil wir leben wollen… Die meisten von uns sind *willentliche* Menschen, sind handlungsorientiert. Solche Menschen kämpfen, sie können nicht anders. Menschen des Orients oder sehr gläubige Menschen neigen eher dazu, ihr Los anzunehmen und nicht zu kämpfen, was ihnen dann als Fatalismus vorgeworfen wird. Sie tun nichts dagegen und das macht uns wild.

Oft wird der Begriff „akzeptieren" mit „gutheißen" verwechselt. Deswegen sollten wir, wenn jemand von uns Akzeptanz verlangt, fragen wie es gemeint ist, bevor wir unter die Decke gehen. Akzeptieren im eigentlichen Sinne des Wortes meint nicht mehr, als zu akzeptieren, dass diese Tatsache jetzt in unserem Leben anwesend ist, und sie nicht länger auszublenden oder zu verdrängen. Akzeptieren meint nicht „hinnehmen". Ich kann meinen größten Gegner akzeptieren und ihn sogar ehren, aber das heißt noch lange nicht, dass ich ihn gut finden oder mich ihm kampflos überlassen muss.

Andererseits gibt es Menschen, die immer alles hinnehmen, die zu allem Ja sagen (obwohl sie innerlich Nein meinen, falls sie innerlich was meinen), die sich immer an die Wand drücken lassen und dies auch noch mit christlichem Emblem verzieren. Für solche Menschen könnte diese Krise bedeuten, dass sie lernen, aufzustehen und endlich einmal Nein zu sagen, und zwar so laut, dass man es hört. Das aber könnte Konflikt bedeuten, Ärger mit dem Umfeld. Es wäre das Ende des *scheinheiligen* Friedens, mit dem sich sowieso keiner wohlgefühlt hat. Dieser Konflikt läge näher an der Wahrheit als die scheinbare Harmonie, die es vorher gab. Außerdem ist es ein Unterschied, ob es der Friede vor oder nach dem Sturm ist. Für diese Menschen ist es nicht leicht, sondern ist es im Gegenteil eine große Tat, wenn sie das Risiko eingehen, das ein solcher Konflikt bedeutet. Ihnen wird schlecht sein vor Angst und möglicherweise werden sie sogar erst krank, bevor sie das Unmögliche tun. Die Krankheit wird sie zwingen. Ist dies das Gegenteil von akzeptieren? Nein, sie akzeptieren endlich sich selbst.

Angst

Mit Sicherheit wird uns in dieser Krise „Angst“ begegnen, falls sie nicht latent sowieso immer anwesend ist. An dieser Stelle sollten wir deshalb unterscheiden zwischen Furcht und Angst. Natürlich gibt es Dinge, die wir befürchten müssen. Wenn ich kein Einkommen habe, dann muss ich befürchten, innerhalb kürzester Zeit die Miete nicht mehr bezahlen zu können. Wenn ich vom Balkon springe, muss ich befürchten, mich zu verletzen. Diese Dinge sind sehr konkret, realistisch, sie werden eintreten und für neue, größere Schwierigkeiten sorgen. Mit der Furcht besitzen wir einen natürlichen Selbsterhaltungstrieb, der uns hilft, uns selbst zu schützen. Mit Angst ist es anders. Verglichen mit konkreter Furcht ist Angst eher unkonkret, diffus, schleichend und hat viel mehr mit früheren Erfahrungen oder mit unserer lebhaften Phantasie zu tun. Möglicherweise habe ich Angst, in den dunklen Keller zu gehen. Dann ist meine Angst sehr wohl real, der böse Mann im Keller ist es nicht, wir fantasieren ihn. Eigentlich könnte man sagen: „Warte mit der Angst, bis du den Mann siehst!“ Aber genau so funktioniert es nicht. Dies ist keine Kritik an Menschen, die Angst haben! Angst ist als Erfahrung sehr real und kann unsere Lebensqualität erheblich vermindern. Aber was ist Angst und warum haben wir Angst? Und wie können wir damit umgehen? Die erste Frage ist leichter zu beantworten, die zweite etwas schwieriger. Wobei es nicht schwierig ist zu *sagen*, wie wir mit Angst umgehen *sollten*, schwierig ist, mit ihr *tatsächlich umzugehen*. Aber der Reihe nach.

Nicht nur schwere Krankheiten oder schwere Schicksalsschläge sind mit Angst verbunden, sondern vor allem auch das Abbrechen erstarrter Persönlichkeitsstrukturen, der Verlust einer Identität oder das Aufbrechen des Ego. Sogar normale Wachstumskrisen, die zu den angesehenen Aufbau-Krisen gehören, sind mit

Angst und Unsicherheit verbunden. Die alte, vertraute Rolle ist weg, die neue Rolle ist noch vage und muss erst noch erobert werden. Hier werden Grenzen überschritten und wird der Fuß ins noch unbekannte Neuland gesetzt. Die Aufforderung „Hab doch Vertrauen!“ ist in diesem Fall nicht ganz passend. Wenn wir Vertrauen hätten, hätten wir doch keine Angst, oder? Wer Angst hat, braucht stattdessen Mut, um diese Angst zu überwinden und *trotzdem* zu gehen. Statt „Hab doch Vertrauen“ sollten wir eher sagen „Trau dich!“. Erst die wiederholte Erfahrung, doch die Schritte zu tun, die uns eigentlich Angst machen, lässt mit der Zeit das Vertrauen wachsen. Die Schritte, die wir dann machen müssen, werden leichter fallen. Bis größere Schritte von uns verlangt werden – oder sogar Sprünge. Dann wird die Angst wieder da sein und wir gehen… trotzdem! Alles, was im bisher bekannten Terrain liegt, mit dem wir einigermaßen vertraut sind und für das unsere bisherigen Fähigkeiten ausreichen, wird uns keine Angst machen. Warum sollte es auch? Angst spüren wir erst, wenn wir die entsprechende Grenze wahrnehmen. Angst macht deutlich, dass wir unsere eigene bisherige Grenze erreicht haben.

Der Begriff „Angst“ ist mit „Enge“ verwandt und bezeichnet Gefühle von Eingeengtsein, keinen Raum haben, nicht sein dürfen, wie wir sind, keine Luft haben. Es schnürt uns dann auch tatsächlich die Kehle zu, das Herz schlägt bis zum Halse, möglicherweise haben wir keinen klaren Gedanken mehr, stattdessen aber schreckliche Phantasien oder ein Blackout …. Angst ist die Reaktion auf eine bedrohliche Situation. Auf eine Situation, der wir uns nicht gewachsen fühlen, die wir so noch nie erlebt haben oder mit der wir – vielleicht schon mehrfach – die Erfahrung gemacht haben, dass es zu unseren Ungunsten ausgeht. Angst ist schrecklich, es ist die Hölle. Aber warum haben wir Angst? Wir haben sie vor allem dann, wenn wir gefordert sind auf einem Gebiet, das wir noch nicht kennen, über das wir keine Kontrolle haben, oder wenn wir eine Verhaltensweise oder Fähigkeit entwickeln müssen, von der wir (unbewusst!) denken: „Das schaffe ich nicht!“ oder „Das geht nicht!“. Meistens weichen wir aus, wenn wir Angst haben, und gehen so dem Problem aus dem Wege. Wir ziehen um, wechseln die Arbeitsstelle, wechseln den Lebenspartner, sagen einen wichtigen Termin ab oder lassen uns durch jemanden vertreten, reden nicht mehr mit bestimmten Menschen …. Wir weichen aus. Wir treffen die Entscheidung, lieber nicht die Konfrontation anzugehen oder diese Leistung jetzt (noch) nicht zu vollbringen. Okay, aber wir sollten uns gut merken, wo wir ausgestiegen sind. Denn dieser Punkt wird zurückkommen und sich wieder als Problem oder als Herausforderung bei uns melden. Wenn Probleme und Schwierigkeiten tatsächlich Lernaufgaben sind, dann werden sie wiederkommen und penetrant darauf warten, dass wir sie diesmal lösen. Irgendwann erkennen wir diesen Mechanismus und weichen nicht mehr aus. Schweren Herzens, mit einem Kloß im Hals, mit weichen Knien und trockenem Mund oder mit einem Herzen, das so laut schlägt, dass andere es beinah hören können, gehen wir diesmal geradeaus. Wir weichen nicht mehr zur Seite (was einfacher wäre!), wir gehen nicht mehr zurück. Diesmal halten wir stand und gehen den Schritt auf die Angst zu und machen Schritte durch die Angst hindurch. Es wird ätzend sein, fast als ob wir sterben – und eigentlich sterben wir dabei auch ein wenig – und dann gehen wir durch. Wir tun die Schritte, sagen die Worte, tun, was schon lange getan werden musste – und die Angst ist weg. Wahnsinn, diese Erfahrung! Danach kommt die Erleichterung, die Erlösung, manchmal kommen auch erst dann die Schwäche oder die weichen Knie..., aber es ist *danach*! Wir sind gegangen, *trotz* der Angst! Und jetzt fühlen wir uns schlapp, erschöpft, aber glücklich und befreit. Helden sind immer müde – nach getaner Arbeit. Wir sind Helden, wenn wir solche großen Taten vollbringen. Und wir sollten uns loben, wir sollten feiern und eben Pause machen, um zu genießen und um die inneren Bilder wieder zur Ruhe kommen zu lassen. Nicht direkt weitermachen mit dem Alltagsstress, das würde unsere Leistung entwerten. Vielleicht ist eine Flasche Sekt fällig? Vielleicht müssen wir unter die Dusche und einen ganzen Tag im Bademantel rumhängen? Es hat uns eine ungeheure Disziplin gekostet, dies zu tun, diese Disziplin war nötig, weil alles in uns sich weigern wollte, diesen Schritt zu tun. Wir sind trotzdem gegangen und sind damit über uns selbst hinausgewachsen. Jetzt sackt die Disziplin weg? Kein Wunder. Lassen wir sie sacken, *danach*.

Angst ist also an sich kein Problem, sie fühlt sich wohl eklig an, uns wird schlecht davon, aber sie ist normal. Ein Problem entsteht erst dann, wenn Leute sich auf Dauer weigern, die entscheidenden Schritte zu tun. Manche Menschen wollen warten, bis die Angst sich gelegt hat, und es dann tun. Möglich, dass das ab und zu funktioniert. Wir sollten manchmal wirklich besser warten, bis wir einen guten Tag haben, und es dann tun. Aber meistens geht die Angst erst weg, indem wir es *endlich tun*! Angsttherapie und Traumatherapie arbeiten genau so: Wir werden aufgefordert, genau das zu tun, wovor wir Angst haben. Gut so, da geht´s lang! Wenn wir diese Erfahrung der Angst-Überwindung einige Male gemacht haben, es ist jedes Mal wirklich eine Heldentat (wenn es nicht wirklich schwer wäre, bräuchten wir keine Angst haben, oder?), wenn wir diese Erfahrung also einige Male gemacht haben, dann verändert sich langsam unsere Beziehung zur Angst. Sie wird zu einer vertrauten Begleiterin auf unserem Wachstumsweg. Wie eine alte Bekannte wird sie wieder am Wegesrand stehen, die Hand warnend heben und uns sagen: „Vorsicht, aufgepasst jetzt! Hier beginnt Neuland. Taumel hier nicht blindlings weiter, sondern sei aufmerksam! Achte gut auf dich und hab dein Ziel gut im Blick. Sei hellwach!" Angst sagt nicht zu uns: „Geh zurück!" oder „Stopp, hier geht es nicht weiter!". Angst ist die Wächterin unserer Grenzen, sie warnt uns und unterstützt uns. Es kommt darauf an, sie bei der Hand zu nehmen und *mit* ihr über die Grenze zu gehen. Hatten wir gehofft, dass wir jemals ohne Angst sein würden? Irrtum, sie wird immer wieder da sein, wenn die nächste Grenze oder Hürde im Leben erreicht wird. Solange wir nicht wirklich diese kneifende Angst fühlen, so lange liegt die Latte nicht wirklich höher.

Das Ende der Angst erreichen wir erst, wenn wir Gott erreichen. Gott ist die Freiheit von jeglicher Enge, ist *Angst*-Freiheit. Die früh-christlichen Gnostiker gingen davon aus, dass unsere Seele ein göttlicher Lichtfunken ist, der sich eigenwillig von Gott abgesondert hat und zur Strafe dafür in die materielle Existenz fiel, in die *Enge*. Erst die Sehnsucht nach Freiheit lässt uns diese Enge überhaupt fühlen. So wie auch ein Vogel sein Eingesperrtsein erst wahrnimmt, wenn er den Käfig verlassen möchte. Auf dem Weg zurück in die Freiheit werden wir allen Gitterstäben begegnen, die uns einengen, und wir werden jedes Mal der Angst begegnen. Und jedes Mal werden wir wieder vor der Wahl stehen, ob wir zurück in den Käfig wollen oder nach vorn in die Freiheit. Keiner hat gesagt, dass dies leicht wäre. Aber es ist der einzige Weg, um Angst *wirklich* aufzulösen, es gibt keinen anderen.

Depressionen

Mit diesem schweren Wort wird viel Unfug getrieben, allerdings nicht aus bösem Willen, sondern aus Unkenntnis. Depression, wenn sie uns denn wirklich erwischt, ist eine schwere Krankheit, die dringend einer Behandlung bedarf. Die meisten Menschen, die denken, dass sie depressiv wären, sind gar nicht depressiv, sie sind niedergeschlagen, traurig, bedrückt, verzweifelt und hoffnungslos. Depression ist ein Modewort geworden, ein Containerbegriff, in den man alle negativen Gefühle und Stimmungen hineinpackt. Zu Unrecht! Die allgemeine Fixierung aufs Positive, auf den Optimismus als verpflichtende Lebenshaltung, hat hier viel Schaden angerichtet und tut vielen leidenden Menschen großes Unrecht an. Negative Gefühle sind normal, nichts ist daran krank oder falsch, sie gehören zu einer Krise und zur Krisenbewältigung absolut dazu. Sie wollen gefühlt, erlebt und durchlebt werden. Sie werden vorübergehen. Und wieder zurückkommen. Sie gehören in schweren Zeiten einfach dazu. Unsere psychologisierte Gesellschaft benutzt den Begriff „Depression" dann auch gern dazu, ein Gespräch zu beenden, so, als ob mit der „Diagnose" alles gesagt wäre. Sie lässt auf diese Weise keinen Raum mehr für die Leidensgeschichte eines Betroffenen, für das wiederholte und wiederholte Klagen. Eine Gesellschaft, die Leid und Krise auf diese Weise zum Tabu erklärt, wird… depressiv!

Betroffenen ist zu wünschen, dass sie selbstbewusst genug sind, um mit ihren Gefühlen offensiv umzugehen und sich nicht durch Killerphrasen dazu verleiten zu lassen, sich nun auch noch „depressiv“ zu fühlen. Natürlich wird es in schweren Zeiten Phasen von tiefer Niedergeschlagenheit geben und Phasen von absoluter Aussichtslosigkeit, aber sie werden vorübergehen. Wie alle Gefühle. Solange wir noch Gefühle haben, auch wenn sie „negativ“ sind, sind wir äußerst gesund!

Dramatisieren

Das Wort „dramatisieren“ meint in der Umgangssprache so viel wie „Du übertreibst, stell dich nicht so an!“ Wir finden also die Geschichte, die uns da erzählt wird, oder die Gefühle, die uns da präsentiert werden, nicht so ganz echt oder nicht überzeugend. Warum aber überzeugen sie nicht, was ist daran nicht richtig?

Wir dramatisieren auf viele verschiedene Weisen, jeder anders, immer aber geht es um einen zentralen Aspekt. Dieser Aspekt besteht darin, dass wir nicht einfach *natürlich* sind, so wie wir eben *sind*, sondern dass wir uns *verhalten*. Damit ist die Geschichte nicht ganz echt und andere fühlen das, sie haben ein feines Gespür dafür. Was geschieht, wenn wir uns auf eine bestimmte Weise verhalten? Wir sind dann (im Erzählen oder in den Gefühlen) nicht, wie wir eigentlich wirklich sind, wir „drehen“ dran und zeigen uns damit auf eine ein wenig „künstliche“ Art. Es kann sein, dass wir ein bestimmtes Gefühl überbetonen oder – im Gegenteil – besonders cool tun. Oder dass wir versuchen, uns besonders locker zu geben, obwohl unser Körper etwas anderes ausstrahlt. Es kann sein, dass wir Verständnis signalisieren, obwohl in unserer Stimme Wut mitschwingt. Wir spielen Theater! Es ist ein „Act“! Manchmal spielen wir sogar Wut, obwohl wir die eigentliche Wut tief in uns festhalten. Im Erzählen betonen wir unsere eigene Leistung an einer bestimmten Stelle besonders oder geben dem eigenen Leiden einen Klecks mehr Farbe. Vielleicht um Zuwendung zu bekommen? Genau das Gegenteil geschieht, andere sind gelangweilt und wenden sich ab. Welch ein Frust! Ein anderer „Act“ besteht darin, sich besonders cool und abgeklärt zu geben und zu warten, bis andere die Spannung im Raum oder in der Beziehung lösen. Die eigentliche Botschaft ist dann möglicherweise, anderen zu zeigen, wie stark ich mich im Griff habe oder wie wenig mich diese Dinge interessieren. Wenn wir einen „Act“ aufführen oder wenn wir mit unserem Verhalten doppeldeutige Botschaften senden, dann wird andere dies irritieren, sie werden auf Abstand gehen und sich reserviert zurückhalten. Dabei hat dieses ganze Theater doch vor allem ein Ziel: die Aufmerksamkeit und die Anerkennung anderer zu gewinnen. Natürlich ist uns dies alles nicht bewusst, sonst wäre es ja noch schlimmer. Aber es wird

Zeit, dass uns dies endlich bewusst wird. Das ganze Leben ist auf diese Weise ein großes Theater und wir alle leiden unter der Unechtheit unserer Kontakte. In Krisenzeiten, wenn unsere Wahrnehmung sowieso geschärft ist, haben wir die Chance, damit aufzuhören und endlich *authentisch* zu werden, endlich wir *selbst* zu werden. Das Leben wird dadurch *einfacher*, was für eine Erleichterung! Die Energie, die wir damit einsparen, können wir ausgezeichnet in die Bewältigung unserer Situation und in unsere eigene Entwicklung investieren.

Eifersucht und Neid

Grauenhaft, wenn wir eifersüchtig sind. Wir machen damit uns selbst und den Menschen um uns herum das Leben schwer und können es doch nicht abstellen. Wir sind eifersüchtig und fühlen beißenden Neid, wenn andere Menschen das haben, was wir nicht erreichen konnten oder widerwillig hergeben mussten. Egal, ob es um Gesundheit oder Jugendlichkeit geht, ob es um Geld oder Ansehen oder um berufliche Qualifikation geht … Sie haben etwas, das wir nicht haben, aber gern hätten. Wenn andere etwas haben, das wir gar nicht haben wollen, dann werden wir logischerweise auch nicht eifersüchtig darauf sein. Wie viele Menschen haben einen Schrebergarten…bin ich etwa eifersüchtig darauf? Aber jemand, der in einer kleinen Dreizimmer-Wohnung ohne Balkon sitzt, wird sich vielleicht eingesperrt fühlen und möglicherweise sehr wohl neidisch sein, neidisch auf diesen Luxus und diese Freiheit – *falls* er einen Schrebergarten möchte. Eifersucht und Neid sind Gefühle, die tief in uns liegen und die gesellschaftlich nicht akzeptabel sind. Gerade in unserer christlichen Kultur (in dem, was davon noch übrig ist), in der aber zum Teil noch die alten, hohen Ideale eine Bedeutung haben, ist es absolut verpönt, neidisch und eifersüchtig zu sein. Obwohl uns gleichzeitig die ganze Werbung und auch das Karriere-Ideal hier packen. Wie auch immer, diese Gefühle sind in uns und machen sich manchmal beißend bemerkbar. Wir sind dann möglicherweise nicht nur eifersüchtig, wir leiden auch noch unter der Tatsache, dass wir eifersüchtig sind und schämen uns dafür. Die Eifersucht können wir nicht einfach wegmachen, sie wird uns noch eine Zeit begleiten, aber wir können aufhören, uns dafür fertig zu machen. Eifersucht ist ein Zeichen, dass wir das nicht haben, wonach wir uns sehnen, vor allem, wenn es Dinge betrifft, die wir verloren haben oder die uns unerreichbar erscheinen. Es wäre gut, die Energie der Eifersucht in unsere eigenen Ziele zu stecken. Dafür zu sorgen, dass wir eine neue Zufriedenheit finden. Gut, ich bin unzufrieden, weil ich dieses oder jenes verloren habe oder nicht bekommen kann. Was kann ich jetzt tun, wie müsste ich jetzt leben, um *zufrieden* sein zu können? In dem Maße, wie es uns gelingt, mit unserem jetzigen Leben zufriedener zu sein, in dem Maße werden wir weniger eifersüchtig sein. Aus yogischer Sicht ist Zufriedenheit eine Entscheidung! Möglicherweise wissen wir noch nicht, wie wir leben oder sein müssten, um zufrieden sein zu können. Das gilt es zu entdecken. Jede kleine Veränderung, die wir vornehmen und die uns mehr in Übereinstimmung damit bringt, wie wir wirklich sein oder leben wollen, wird uns sofort zufriedener machen. Dies wirkt auch, wenn die Veränderung intuitiv ist und wir nicht den großen Plan haben. Wir müssen und können nicht immer das große Ziel hinter allem sehen. Unsere Intuition wird den Weg finden, Zufriedenheit ist ihr Kompass. Sobald wir zufriedener sind, stimmt die Richtung. Bei Eifersucht oder Unzufriedenheit zeigt uns die Nadel, dass wir abgewichen sind und unseren Blick nicht auf dem Ziel hatten. Gelingt es uns noch nicht, herauszufinden, wie wir zufriedener leben könnten? Nun, dann müssen wir noch eine kleine Weile eifersüchtig sein. Das ist nicht angenehm, aber wir sollten aufhören, andere damit zu quälen und uns selbst dafür fertig zu machen, und uns stattdessen auf den Lernprozess der Krise konzentrieren.

Einsamkeit und Verlassenheit

Es macht kaum einen Unterschied, ob wir allein oder in Gesellschaft sind: Manchmal werden wir uns schrecklich einsam fühlen, von allen verlassen, selbst von den Menschen, auf die wir bisher immer rechnen konnten. Das ist hart. Einsamkeit ist eine harte Erfahrung. Und sie ist etwas ganz anderes als allein zu sein, das wird oft miteinander verwechselt. Wenn wir allein sind, kann es sein, dass wir sehr zufrieden mit uns selbst sind und gar nicht auf die Idee kommen, wir könnten einsam sein. Andererseits kann es sein, dass wir mitten unter Leuten sind und uns doch entsetzlich einsam und unverstanden fühlen. Wir erleben uns als Außenseiter, mitten im vollen Leben. Das ist ebenfalls hart. Hart ist auch, wenn wir diese Einsamkeit formulieren und von anderen zu hören bekommen: „Aber du bist doch gar nicht einsam, schau dich um!" Dieser Mensch hat Einsamkeit mit Alleinsein verwechselt. Wir sind tatsächlich nicht allein, aber wir sind einsam. Besonders hart ist die Erfahrung von Einsamkeit, wenn sie mit Alleinsein zusammenfällt. Wenn wir tatsächlich allein sind <u>und</u> einsam sind. Und wenn wir erst einmal einsam sind, dann scheint es, als ob Einsamkeit wie ein Bazillus ist. Andere meiden uns, obwohl wir sie doch noch nötiger brauchen als sonst. Es ist, als ob sie Angst hätten vor einer ansteckenden Krankheit. Auf diese Weise nimmt die Einsamkeit mehr und mehr zu und statt mehr Kontakt haben wir immer weniger Kontakt. Es ist sehr schwer, aus dieser Situation heraus den Rückweg in ein „normales" Leben anzutreten. Es gibt viele einsame Menschen, sogar immer mehr, aber sie vertuschen dies vor sich und auch vor anderen. Mit Aktionismus, mit Fernsehen oder ähnlichem helfen sie sich darüber hinweg – *scheinbar*. Denn tief drinnen wissen sie um die Wahrheit, tief drinnen leiden sie. Einsamkeit ist die Konfrontation mit der vollen Bedürftigkeit als Mensch. Sie ist eine Erfahrung, die uns dazu treiben kann, mit den Fingernägeln die Wände hoch zu gehen, sie mordet unser Ego. Und natürlich werden wir diese Erfahrung nicht immer aushalten und zu unseren Abhängigkeiten greifen: Telefon, Alkohol, Spielautomaten … okay, aber irgendwann müssen wir doch durch diese Erfahrung hindurch. Und wir werden es schaffen, immer ein wenig besser.

Empfindlichkeit und Reizbarkeit

Natürlich sind wir empfindlich und reizbar in dieser Zeit! Wer wäre es nicht an unserer Stelle? Wir sind dünnhäutig, schnell gereizt, reagieren auf Zwischentöne oder auf Dinge, die überhaupt nicht gesagt wurden, von denen wir aber annehmen, dass sie so gemeint waren. Andere wissen irgendwann nicht mehr mit uns umzugehen und schweigen dann, was wir ihnen aber auch übel nehmen. Reden sie zu viel, so fühlen wir uns erschlagen, reden sie nicht, so fühlen wir uns ignoriert. Die ganze Palette von „überempfindlich“ kommt an die Reihe, wir sind schlichtweg eine Zumutung. Und selbst teilen wir auch gut aus. Zum Beispiel mit Formulierungen, bei denen es um „immer“ und „nie“ geht: „Du hast mich immer links liegen gelassen“ oder „Du hast noch nie getan, was ich wollte“. Wie Archäologen sind wir damit beschäftigt, alte Sachen auszugraben, die noch nicht der Auflösung anheim gefallen sind. Schmutzige Wäsche wird gewaschen, manchmal sehr alte und sehr schmutzige Wäsche. Alles, was jemals gesagt oder nicht gesagt wurde, kommt jetzt ans Tageslicht und muss raus. Okay, das muss so sein, es ist wie eine große Reinigung. Auch bei einem Hausputz ist das erste, was man sieht, der alte Dreck. Und den gilt es zu beseitigen, wenn wir das Haus schön haben wollen. Der alte Dreck sollte wirklich entfernt werden, die Frage ist nur wie. Beim Hausputz entfernen wir auch alten Staub und Spinnengewebe, aber wir schmeißen sie anderen nicht ins Gesicht. Deshalb gibt es in Krisenzeiten eine *Goldene Regel*: Egal, was passiert, wir sollten versuchen, *andere gut zu behandeln*. Das heißt, andere nicht zu belügen, sie nicht zu verletzen oder zu kränken, sie nicht abzuwerten oder zu benutzen. Wir sollten bei der Wahrheit bleiben, so wie wir sie als wahr erfahren, aber wir sollten es als *unsere* Wahrheit kommunizieren. Es ist ein riesengroßer Unterschied, ob ich sage: „Du lügst!“ oder ob ich sage: „Ich habe das Gefühl, dass du nicht die Wahrheit sagst“. Der erste Satz ist das Ende des Gesprächs und der Anfang eines Streits, der zweite Satz ist die Einladung an den andern zu bekennen, wenn es etwas zu bekennen gibt. Wir sollten lernen, in der *Ich-Form* zu sprechen, von uns, von unserem Gefühl und von unserer Wahrnehmung. Dann sind wir ehrlich, ohne zu verletzen.

Entscheidungsprobleme

Eine der zusätzlichen Schwierigkeiten, die in Krisenzeiten auftauchen, sind Entscheidungsprobleme. Sind wir anfangs mit dieser Krise noch wie mit einem normalen Problem umgegangen, in zunehmendem Maße erwartet sie jetzt möglicherweise weitreichende Entscheidungen von uns. Aber wie sollen wir entscheiden? Vielleicht ist diese Krise sogar entstanden, weil wir „falsche“ Entscheidungen getroffen haben? Und jetzt sollen oder müssen wir wieder Entscheidungen treffen. Woher sollen wir wissen, was „richtig“ oder „falsch“ ist? Wir wissen es nicht, und wenn wir ehrlich sind, haben wir es noch nie gewusst. Wir haben getan, was wir instinktiv oder intuitiv für richtig hielten, wo es uns einfach hingezogen hat. Jetzt trauen wir dieser inneren Führung nicht mehr und auch nicht mehr unserem Wahrnehmungsvermögen. Denn beide haben uns doch offensichtlich im Stich gelassen und uns in diese Probleme gebracht? Sie haben uns zumindest nicht gewarnt. Auch unsere Menschenkenntnis ist verunsichert und jetzt sollen wir möglicherweise etwas entscheiden, bei dem es wieder darum geht, anderen zu vertrauen? Vieles ist verschwunden, was uns früher selbstverständlich als Basis zur Verfügung stand, auf der wir unsere Entscheidungen treffen konnten. Diese Basis ist jetzt weg oder doch stark verunsichert. Was ist jetzt unser Halt? Was könnte jetzt unser Maßstab sein? Was jetzt richtig ist, könnte sich in 5 Jahren als falsch herausstellen, und was wir jetzt für falsch halten, könnte genau der richtige Weg gewesen sein. Und in 10 Jahren würde sich alles wieder anders darstellen. Immer, wenn unser zukünftiger Weg uns durch dicke Probleme führt, werden wir sagen, dass wir uns damals falsch entschieden haben. Aber was, wenn Probleme Lernaufgaben sind? Dann haben wir wohl doch richtig entschieden? Verkehrte Welt. Wir werden nie herausbekommen, was richtig oder falsch ist, es ist zum Wahnsinnigwerden. Vielleicht gibt es überhaupt kein Richtig und Falsch? Wie aber sollen wir dann entscheiden? Wir brauchen einen anderen Maßstab, der nicht so relativ und so veränderlich ist. Im Yoga sagt man: „Triff die Entscheidung, die dich anderen, der Wahrheit oder Gott näher bringt.“ Aber selbst das ist nicht immer leicht zu unterscheiden.

Enttäuschung und Frustration

Krisen, vor allem Abbau-Krisen, sind oft mit Niederlagen und mit Rückschlägen verbunden. Auf allen Ebenen bleibt uns möglicherweise der Erfolg versagt. Dann sind wir enttäuscht und frustriert. Wir haben uns so angestrengt, haben unser Bestes gegeben… und jetzt das! Wir haben andere gut behandelt und sie haben uns doch enttäuscht. Wir haben gesund gelebt und doch hat unsere Krankheit sich zum Schlechten entwickelt. Wer wäre da nicht enttäuscht? Je mehr wir investieren, je mehr wir uns anstrengen, umso größer wird der Frust sein, wenn wir nicht bekommen, was wir wollen. Aber was ist die Alternative? Hätten wir uns lieber nicht anstrengen sollen, um diese ätzenden Gefühle zu vermeiden? Nein, das ist die Lösung nicht. Dann wären wir später über uns selbst enttäuscht, weil wir nicht unser Bestes gegeben haben. Also lieber über andere oder über das Leben enttäuscht sein. Enttäuschung und Frustration gehen vorbei, wie alle Gefühle, sie sind nicht beständig. Und je mehr wir sie zulassen, umso schneller lösen sie sich auf. Das Geheimnis der Gefühle besteht darin, dass sie wechselhaft und launisch sind. Aber das ist auch unsere Chance. Schlecht ist nur, wenn sich Gefühle von Enttäuschung und Frustration festsetzen und zu einer chronischen Resignation werden. Dann gehören sie zu der Gruppe Hoffnungslosigkeit und Sinnlosigkeit. Wenn wir Enttäuschung fühlen, dann ist das nicht schön, aber es ist auch nicht schlimm. Es ist ein Zeichen, wie engagiert wir waren, wie sehr wir uns eingesetzt haben, wie idealistisch wir waren. Und wir haben unser Ziel nicht erreicht, wir haben nicht bekommen, was wir wollten. Das kommt vor. Aber es ist besser, ab und zu enttäuscht zu sein oder frustriert zu werden, als ohne Ziele und ohne Ideale durchs Leben zu gehen und sich nicht zu engagieren.

Erschöpfung, Müdigkeit und Schwäche

Es wird vielleicht Zeiten geben, in denen wir kaum mehr die Kraft haben werden, aufzustehen. Nun gut, dann bleiben wir noch ein wenig liegen. Aber wir sollten nicht zu nachgiebig sein, sonst übernimmt der innere „Schweinehund“ das Kommando auf unserem Schiff. Wir sollten eine Zeit festsetzen, in der wir uns erlauben, der Schwäche nachzugeben, und dann aufstehen und unsere Arbeit tun. Andererseits sollten wir die Signale von Schwäche auch nicht immer ignorieren und zur Seite schieben. Denn auf diese Weise kann es irgendwann zum Zusammenbruch kommen. Unser Körper und unsere Seele werden sich dann holen, was sie brauchen: Ruhe. Aber immer ruhen geht auch nicht. Es kommt darauf an, ein gesundes Mittelmaß zu finden und eine gute Wahrnehmung zu entwickeln. Was wir brauchen, ist ein *innerer Beobachter*, der aufpasst, welche Signale der Körper sendet, und der mit ihm verhandelt, ob es dringend ist oder noch ein wenig warten kann. Wenn wir aus einem bestimmten, konkreten Grund den Körper mit seinem Ruhebedürfnis vertrösten, dann sollte der Beobachter auf unseren Tatendrang achten, der diese Verabredung vielleicht gegen die Wand spielt. Wir brauchen jemanden, der darauf achtet, ob alles im Gleichgewicht ist. Es sollte kein statisches Gleichgewicht sein, das geht sowieso nicht, so ist das Leben nicht. Es kann und sollte ein dynamisches Gleichgewicht sein. Es darf mal zur einen, mal zur anderen Seite ausschlagen, sollte aber immer zur Mitte zurückkehren.

Gut wäre es, regelmäßige Pausen in den Tagesablauf einzubauen, um dem Körper seine Ruhe zu gönnen. Wie gesagt, Krise ist Höchstleistung. Es wird auch Tage geben, an denen wir vor lauter „Pause" nicht dazu kommen, unsere Dinge zu regeln. Aber wenn dies ein Dauerzustand ist oder wird, dann kann es nützlich sein, sich Zeiten zu setzen und die Pausen zu begrenzen. Weil wir möglicherweise also völlig aus der Bahn geworfen sind, brauchen wir einen Rest von Disziplin, um uns und unser Leben doch noch zu managen. Wir können auch mit und in der Schwäche etwas tun, wir brauchen die Schwäche dafür nicht wegzumachen und brauchen auch nicht zu warten, bis sie vorüber ist. Wenn die großen Dinge nicht gehen, es gibt immer auch kleine Dinge, die getan werden können. Wichtig ist, dass wir mit dem Tun nicht unsere Gefühle wegmachen, sie dürfen und können einfach weiter da sein, während wir uns beschäftigen. Wenn wir etwas getan haben, haben wir ein Erfolgserlebnis und dieses wird uns neue Energie geben. Manchmal ist nur der Anlauf das Problem und im Tun kommt die Kraft. Ausprobieren.

Fassungslosigkeit und Schock

Wir sind geschockt. Wir sind tief geschockt! Wir sind total unter dem Eindruck des Geschehens, der unerwarteten Ereignisse und der katastrophalen Auswirkungen, die diese vielleicht haben. Das wirft uns aus der Bahn, und zwar vollständig. Wir können an nichts anderes mehr denken und über nichts anderes mehr reden. Es gibt nichts anderes mehr zu bereden. Gott, wie nichtig sind doch all die Probleme, über die wir uns vorher den Kopf zerbrochen haben. Das Leben steht still und die Welt geht unter. Unsere Welt geht unter! Und das nicht nur heute, nein, morgen und übermorgen und nächste Woche auch noch. Es scheint kein Ende zu nehmen. Wenn uns jemand vorher sagen würde, wie lange dieser Zustand anhalten kann, wir würden von der Brücke springen. So aber leben wir weiter, von Tag zu Tag, und wechseln möglicherweise zwischen Hoffnung und Fassungslosigkeit, oder – falls es nichts mehr zu hoffen gibt – zwischen Resignation und Fassungslosigkeit.

Wir können es nicht fassen und es hört nicht auf. Wir werden zwanghaft nach Erklärungen und Ursachen suchen, um es fassen zu können. Wir kennen irgendwann den Verlauf des Geschehens, die einzelnen Stationen der Krise auswendig, aber wir verstehen immer noch nicht, *warum* das passiert ist. Fassungslosigkeit ist die nackte Begegnung mit dem Geschehen, ist die absolute Konfrontation mit der Katastrophe, die Welt geht vor unseren Augen unter und wir können es nicht verhindern. Wir haben die Macht nicht, die Kraft nicht, wir können nichts tun – außer zusehen. Das macht uns fassungslos, es ist die Ohnmachtserfahrung schlechthin und das Ende unseres stabilen Welt- und Gottesbildes. Fassungslosigkeit und Schock stehen am Beginn, wenn die Krise voll losbricht. Dieser Moment wird als eine Überwältigung, als eine Vergewaltigung erfahren und wir werden – weil wir durch diese Erfahrung sehr wahrscheinlich traumatisiert sind – diese Bilder immer wieder erleben und innerlich anschauen müssen. Bis sie irgendwann langsam ruhiger werden und verblassen. Traumatherapie arbeitet deshalb mit der wiederholten Konfrontation, mit dem wieder und wieder Beschreiben dessen, was passiert ist, in allen Details. Bis die emotionale Ladung langsam aus diesen Bildern schwindet und wir ruhiger und neutraler darüber reden können. Heilung ist nicht das Verdrängen des Geschehens, Heilung kommt zustande, wenn wir auf das schreckliche Geschehen zugehen und unsere Gefühle zulassen. So lange, bis wir das Geschehen lassen können, es erst *sein* lassen können und dann irgendwann *los*lassen können. Möglicherweise ist das ein weiter Weg, aber er lohnt sich. Es lohnt sich, den Menschen kennen zu lernen, der wir *danach* sind.

Glaubenszweifel

Vielleicht dachten wir, dass Gott dazu da wäre, zu tun, was wir gern hätten? Jetzt zeigt sich möglicherweise, dass dies ein Irrtum war. Für gläubige Menschen ist es eine erschütternde Erfahrung zu erleben, dass dieser Gott, von dem immer gesagt wird, dass er gütig sei, dass er Liebe sei, dass er gnädig sei, dass dieser Gott sich als hart, unbeugsam und konsequent zeigt und überhaupt nicht tut, was wir im Gebet von ihm erfragen. Im Alten Testament wird uns der strafende Gott gezeigt, im Neuen Testament der liebende Vater. Gott ist beides und noch viel mehr als das. Er passt nicht in die kleine Konservendose der Vorstellungen, die wir uns von ihm machen. Er ist auch nicht auf unserer Seite, er ist auf keiner Seite. Deshalb ist es ein Irrsinn, wenn vor einem Krieg beide Parteien zu ihrem Gott beten und den Sieg erflehen oder wenn sie ihre Waffen segnen lassen. Der Krieg ist unser Krieg, nicht Gottes Krieg, obwohl beide Seiten diese Höchste Macht gern vor ihren Karren spannen würden, wenn es denn ginge. In einer Krise erfahren wir möglicherweise, dass der Gott, der uns im Glauben so vertraut war, auf einmal fremd wird. Wir kennen ihn nicht, er ist nicht länger berechenbar. Vielleicht entdecken wir, dass wir bisher den Glauben an Gott benutzt haben, um uns zu beruhigen und uns in Sicherheit zu wiegen? Das funktioniert jetzt nicht mehr. Diesen Gott gibt es nicht, es gab ihn noch nie. Wir waren mit einem Bild in Kontakt, mit der Vorstellung, die wir uns von ihm gemacht hatten. Zuverlässig, liebend, aufmerksam und zugewendet, gnädig, auf uns wartend, verzeihend.... Von diesem Gott hatte man uns berichtet und jetzt erfahren wir vielleicht das genaue Gegenteil. Unsere Gewissheit, unser Glauben ist erschüttert. Für Menschen, denen der Glaube viel bedeutet hat, weil er ihnen innere Sicherheit und Vertrauen gab, kann sich dies zu einer heftigen Krise entwickeln. Stimmte das denn alles nicht? Doch, es stimmte, diesen Gott gibt es. Aber auf dem Weg dahin müssen wir am Leben vorbei und das beutelt uns manchmal ziemlich heftig. Und das Leben ist manchmal genau das Gegenteil von dem, was Gott ist: Es ist unzuverlässig, verletzend, ignorant, distanziert, überhaupt nicht gnädig, es wartet nicht auf uns, es verzeiht keine Fehler.... Es kann lange dauern, bis nach einer solchen Erfahrung ein Glaube an Gott wieder möglich wird. Es wird ein anderer Gott sein (auch wenn´s eigentlich derselbe ist), er wird weniger beruhigend und tröstend sein und wir werden mehr Respekt vor ihm (oder ihr) haben. Wir haben ihn nicht länger als Teddybär im Arm, sondern er sitzt oben auf einer hohen Leiter, die es zu ersteigen gilt. Gott ist eigentlich ein Tätigkeitswort, es geht nicht um *glauben*, es geht darum, ihn zu *verwirklichen*, ihn zu *erreichen*. Im Christentum wurde der Nachdruck (aus dogmatischen Gründen) immer mehr auf den „richtigen" Glauben gelegt, auf das richtige Denken, während andere Religionen in dieser Hinsicht viel mehr Spielraum lassen. Bei ihnen geht es eher um das richtige Tun und Handeln, um die religiöse Lebensweise und weniger darum, das „Richtige" zu glauben[14].

Hader und Bitterkeit

Natürlich hadern wir mit unserem Schicksal. Wir hadern mit uns selbst, mit anderen, mit dem Leben, mit dem ungerechten Schicksal und wir hadern mit Gott. Hader ist Anklage, laute und offene Anklage. Manchmal aber auch stilles, innerliches Hadern, das nicht den Weg nach draußen findet und deshalb leicht zu Verbitterung führen kann. Wenn wir laut hadern, lassen wir die Verbitterung raus, schimpfen

14 Alle Religionen, außer dem Christentum, kennen – und benennen – den Unterschied zwischen *gläubig* und *praktizierend*! Dies ist (aus meiner Sicht) einer der Gründe für das Erstarken des Islam gegenüber einem „schwächelnden" Christentum, das sich viel zu sehr auf den dogmatisch „richtigen" Glauben konzentriert hat!

wir uns unsere Wut vom Leibe, spucken wir das Gift der Galle aus, weinen wir uns unsere Enttäuschung von der Seele und die Verletzung aus dem Herzen. „Das habe ich nicht verdient!“ oder „Wieso ich?“, „Wieso hilfst du nicht, wenn du Gott bist?“, „Sag mir verdammt, was ich falsch gemacht habe“. Gläubige Menschen haben es meistens etwas schwerer damit, ihren Hader gegen Gott zu richten, obwohl unser Hader vor allem Gott gilt. Sie haben Hemmungen und verurteilen sich dafür, wenn es doch passiert. Es fühlt sich an, als hätten sie damit Gott verraten, obwohl sie sich gerade in ihrem Hader Gott zugewandt haben. Hadern ist normal und ist Teil des Prozesses. Wenn wir das nicht mehr nötig hätten, wären wir Heilige. Aber Vorsicht: Nun bitte nicht direkt denken, dass wir heilig seien, nur weil wir nicht hadern. Menschen, die in einer Krise nicht hadern, haben das große Hadern vielleicht noch vor sich. Hadern ist normal, es ist der große Protest der menschlichen Seele gegen Ungerechtigkeit, Verletzung und Kränkung, Ignoranz und Isolation. Es ist die große Klage des Menschen gegenüber diesem willkürlichen Schicksal oder diesem übermächtigen Gott, die beide einfach tun, was sie wollen, und auf uns keine Rücksicht nehmen. Die ihren Willen durchdrücken und uns damit an die Wand drücken. Beim Hadern bringen wir die Bitterkeit der Galle nach draußen. Es ändert nichts, aber es tut gut. Wir dürfen und sollten klagen, jammern, protestieren, schimpfen, aufbrausen…je direkter, umso besser. Wir sollten nichts davon zurückhalten. Es ist gut für unsere Galle, für unsere Leber, für unseren Magen, für unsere Seele, es wird uns befreien und erleichtern. Wir erkennen danach, dass das Hadern natürlich überhaupt nichts an der Situation geändert hat, aber es tat gut. Wenn wir dieses Hadern, diese Bitterkeit rauslassen, dann hat sie keine Macht mehr, uns zu Handlungen oder Äußerungen zu veranlassen, die unethisch sind und die wir eigentlich ablehnen. Wir brauchen dann keine Reifen durchzustechen, keine Drohbriefe zu schreiben, nicht zu spionieren und nicht schlecht über andere zu reden. Wenn der Dreck draußen ist, hat er keine Macht mehr über uns. Wenn wir uns wirklich in diesem Hader, in dieser Bitterkeit gehen lassen, dann kommt es zur so genannten *direkten* Kommunikation, mit der wir Gott erreichen. Es ist vielleicht unser erstes echtes Gebet im Leben, nicht auswendig gelernt oder aus einem Buch abgelesen, sondern von uns – sehr persönlich – direkt an Gott selbst gerichtet. Das kommt an. Und dann erfahren wir Erleichterung. Wir sollten hier keine halben Sachen machen. Gott liebt es, wenn wir direkt mit ihm reden und – wenn es sein muss und nötig ist – auch schimpfen. Es wird der Beziehung gut tun!

Hass und Rachegefühle

Wenn wir wirklich schwer gebeutelt werden, wenn uns großes Unrecht widerfährt oder wenn wir in die totale Machtlosigkeit gedrängt werden, oder dies zumindest so erfahren, dann kann es geschehen, dass wir in uns Hass und Rachegefühle entdecken. Wenn wir dies bemerken, so ist das weiter nicht schlimm. Schlimm wäre es, wenn wir es nicht bemerken würden, denn dann hätten diese schweren Gefühle Macht über uns und könnten uns zu entsprechenden Verhaltensweisen oder Handlungen bringen. Wir nennen dies dann unkontrollierte Handlungen, obwohl sie eigentlich sehr kontrolliert sind, sie sind nämlich sehr zielgerichtet. Unkontrolliert sind allein die Gefühle, die diese Handlungen auslösen. Solange wir diese Gefühle also *bewusst* bei uns wahrnehmen, haben wir die Chance, sie zwar zu fühlen, sie aber nicht in Handlungen umzusetzen. Darum geht es: Gefühle wollen gefühlt werden, auch die ganz schweren. Sie enthalten nicht den Auftrag, uns zu Handlungen zu „verleiten"!

Hass ist ein schlimmes, ein sehr schweres Gefühl. Vor allem deshalb, weil er oft vermischt ist mit Rachegefühlen und mit Verbitterung, es fühlt sich einfach grauenhaft an. Hass macht „hässlich" und verzehrt uns von innen heraus. Je länger wir diesem Hang zum Hass nachgeben, umso schwerer und länger wird der Rückweg! Schlimm und schwer ist dies auch deshalb, weil wir tief drinnen wissen, dass es besser wäre, wir würden diesen Hass nicht fühlen. In allen Religionen wird Hass als unrein, als sündig angesehen. Wir wissen das, aber wir können es im Moment nicht ändern. Und das ist eigentlich auch richtig so, denn Gefühle sind dazu da, gefühlt zu werden. Wir dachten, dass wir Heilige wären? Nichts da! Wir sind Menschen und Hass sitzt in uns, in jedem von uns. Zumindest als Möglichkeit. Das Problem ist, dass wir ihm nie die Chance gegeben haben, an die Oberfläche unseres Bewusstseins zu kommen (auch er will gesehen und wahrgenommen werden!), sondern ihn zu einer schlummernden Existenz im Unterbewusstsein verdonnert haben, von wo aus er viel mehr (unbewusste!) Macht über uns hat, als wenn wir ihn an die Oberfläche kommen lassen würden. Dann könnte er wahrgenommen werden, könnten wir mit ihm umgehen und würde er sich auflösen. So aber ist er in eine Konservendose gesperrt, die im tiefsten Keller bewahrt wird und eigentlich eher einer Zeitbombe gleicht. Wir sollten unseren Keller endlich mal aufräumen!

Und natürlich werden wir Rachegefühle haben, sie sind hässlich, aber normal. Wir sind noch nicht heilig, oder? Übel ist allerdings, wenn wir diese hässlichen Gefühle in die Tat umsetzen. Dann unterliegen wir einem fatalen Irrtum: Gefühle wollen nicht ausgelebt, sondern *gefühlt* werden. Manchmal wird das Ego schrecklich gebeutelt durch die Tat eines anderen, es spielt dabei keine Rolle, ob dies als Ego-

Knacker beabsichtigt war oder nicht. Selbst das verlorene Fußballspiel „meiner" Mannschaft kann als Ego-Kränkung erfahren werden und dazu anleiten, Rache zu nehmen. Zum Beispiel an den Autos der gegnerischen Fans oder an den Geschäften der Innenstadt – was von den Geschädigten als vollkommen sinnlos erfahren wird. Sie kommen deshalb möglicherweise in eine Krise. Rache kann sich auch zeitverzögert äußern, wenn erst beim nächsten eigenen Sieg die dann unterlegenen Fans es zu spüren bekommen. Dieser Rache-Mechanismus ist der „Hammer", den das verletzte Ego in Reserve hat und den es manchmal kalt und geplant, manchmal hitzig und spontan einsetzt. Die Wirkung ist immer dieselbe: Wir haben es ihnen „gezeigt". Was haben wir ihnen gezeigt? Dass wir da sind, dass es uns gibt und dass man mit uns rechnen muss. Rache kann hart und brutal sein, sie kann aber auch subtil und im Rahmen der geltenden Normen ausgeübt werden. Rache gibt es im alltäglichen Kampf am Arbeitsplatz, es gibt sie im Geschlechterkampf, in der betrieblichen Sabotage, in der Kollaboration mit dem Feind. Mit Rache können wir unser eigenes Leiden ausgleichen. Aber geht das wirklich? Kann Rache unseren Verlust oder unsere Kränkung ausgleichen? Sie kann uns nicht zurückgeben, was wir tatsächlich verloren haben. Sie verändert nur die Ohnmachtserfahrung wieder in eine Erfahrung von Macht. Scheinbar wird die Ego-Kränkung schlimmer erfahren als der tatsächliche Verlust. Sonst würde Rache doch überhaupt nicht funktionieren. So aber hat unsere Rache einen mehrfachen Effekt: Sie kränkt den vorherigen Täter und damit *sein* Ego. Die bisherigen Opfer werden zu Tätern, sie verwandeln ihre Ohnmacht in Macht. Dies trägt zum Wiederaufbau des Eigenwertes (des Ego) bei und wir sind quitt. Wenn man sich von moralischen Bedenken löst, wäre Rache also durchaus „heilsam" (Zondag). Rache befriedigt die Sucht meines Ego, zu sein und stark zu sein. In der Rache gehen wir manchmal so weit, dass wir unsere eigene Weiterentwicklung stoppen, nur um einen anderen zu bestrafen. Oder wir springen von einer Brücke, um anderen zu verdeutlichen, was sie uns angetan haben. Im ersten Fall erfährt unsere Persönlichkeit eine Deformation, im zweiten Fall nehmen wir den Tod oder die Behinderung unseres Körpers in Kauf. Und alles nur, damit unser Ego überlebt und sich im Recht fühlt.

Nicht durch *Gefühle* von Rache, sondern durch die *Tat* der Rache (und eigentlich auch durch schlecht Reden über andere!) nehmen wir uns selbst die Würde. Nicht andere entwürdigen oder beschmutzen uns, dass müssen wir schon selbst tun. Ein beliebter Spruch ist: „Das ist unter meiner Würde!". Richtig, es ist unter unserer Würde. Im Kapitel 4.3 „Spiritualität und das menschliche Ego" werden wir sehen, welche ungeheuren Chancen sich für uns auftun, wenn wir keine Rache nehmen und nicht schlecht über andere reden, sondern wenn wir den Abbruch des Ego und die Kränkungen zulassen. Es werden sich Welten auftun – aber andere!

Heulen und Schreien

Wir werden möglicherweise heulen, viel heulen, und das ist das Beste, was wir tun können. Heulen reinigt, erleichtert, entspannt, drückt Gefühle aus (wie Trauer, Verzweiflung, Stress, Fassungslosigkeit, Angst, Scham …). Es ist nichts falsch am Heulen oder Weinen, nur ist es gesellschaftlich nicht hoch angesehen. „Lass′ dich nicht so gehen!“ oder „Jetzt ist es aber genug!“. Solche Bemerkungen haben die Absicht, uns zu stoppen. Andere wollen uns stoppen, weil es ihnen zu viel wird. Und manchmal möchten wir uns selbst gern stoppen, weil es auch uns zu viel wird. Obwohl wir doch noch gar nicht fertig sind. Aber nichts ist schöner, als wenn das Heulen und Jammern von selbst aufhören und wir kurz darauf wieder lachen können. Es hört *von selbst* auf, wenn wir *fertig* sind. Und das Lachen stellt sich ebenfalls von selbst wieder ein. Da brauchen wir nicht dran zu „drehen“. Wenn wir das Heulen aber stoppen und wegdrücken, dann wird uns nicht nach Lachen zumute sein.

Frauen dürfen heulen, Männer nicht! Es ist leider immer noch so. Wir alle haben diese Muster so tief in uns sitzen, dass sie noch immer ihre Wirkung tun. Es ändert sich langsam, aber leider nur sehr langsam. Aber es gibt auch Frauen, die nicht weinen können. Sie wissen das, es fällt ihnen auf. Vielleicht denken sie, dass das nicht richtig ist. Wie auch immer, wir können uns nicht zwingen. Manchmal reicht dann eine Kleinigkeit, ein Stuhl, an dem wir uns heftig stoßen. Dann kommt′s und das sollten wir begrüßen. Wir sollten wirklich alles stehen und liegen und die Tränen laufen lassen. Nicht wieder wegdrücken – selbst wenn das Heulen drei Tage dauert. Oder noch länger. Es ist der Regen nach der Trockenheit. Wir werden danach wie aus einem Jungbrunnen hervorgehen. Möglicherweise sehen wir dann schrecklich aus, aber wir sind neue Menschen. Noch schöner ist, dass unsere Fähigkeit, das eigene Heulen zulassen zu können, uns auch befähigt, andere nicht mehr trösten zu müssen, wenn sie heulen – wir können sie einfach heulen lassen. Menschen, die ihre eigenen Tränen und ihr eigenes Schluchzen wegdrücken, haben die Neigung, andere zu beschwichtigen und zu beruhigen, wenn sie weinen. Denn heftiges Heulen rührt den eigenen See von Tränen an, den sie in sich tragen, aber nicht wahrhaben wollen. Deshalb greifen sie sofort zum Taschentuch, wenn jemand feuchte Augen hat. Tränen sind Ausdruck einer Emotion und / oder Zeichen von Gerührtsein. Manchmal aber kommt es dazu (siehe den Abschnitt „Dramatisieren“), dass wir versucht sein werden, Heulen als Methode einzusetzen, um andere zu manipulieren, um etwas zu erzwingen, um unseren Willen zu bekommen. Das gilt nicht! Und andere merken das intuitiv, sie werden dann sehr ärgerlich und fühlen sich erpresst. Erpressung ist keine gute

Basis und wir können uns an ihren Früchten auch nicht so richtig erfreuen. Suchen wir lieber das offene Gespräch und lernen wir damit zu leben, dass es nicht immer nach unserem Willen geht und auch nicht gehen muss. So ist das Leben doch viel spannender!

Schreien ist dagegen ein Problem. Schreien, tja, manchmal würden wir gern schreien. Nicht andere anschreien, nein, sondern unser Elend herausschreien. Das sollten wir tun, wenn uns danach zumute ist. Es ist ausgesprochen gesund. Der Druck, den wir da ablassen, wird uns keine Magengeschwüre verschaffen und den brauchen wir auch nicht (als Rache) gegen andere zu richten. Schreien kann heftig werden und Angst machen, uns und anderen. Wir selbst bekommen Angst, dass wir die Kontrolle verlieren. Andere bekommen Angst, weil sie sich um uns sorgen und es ihre eigenen Emotionen in heftigste Schwingungen versetzt. Wichtig ist deshalb, es in einem sicheren Rahmen zu tun, in Begleitung von jemandem, der damit Erfahrung hat und nicht zurückschreckt, wenn's heftig wird, und der uns mit seiner inneren Sicherheit Vertrauen gibt. Der Rahmen ist wichtig, damit wir und andere eine Verabredung haben, dass es sein darf und damit auch klar ist, was passiert. Mit Rahmen ist eine therapeutische Sitzung gemeint. Es kann wirklich heftig werden. Nur Menschen mit ausreichender eigener therapeutischer Erfahrung können dies im Alleingang tun. Menschen mit weniger Erfahrung werden meistens von sich aus rechtzeitig stoppen und dann Hilfe holen – zum Reden. Wenn es uns trotzdem übermannt, mitten in der Nacht, dann sollten wir darauf achten, dass es nicht zu laut wird. Also mehrere Kissen her und in einem Zimmer, das weit weg von den Nachbarn liegt. Wenn wir den Eindruck oder die Befürchtung haben, dass die Nachbarn etwas mitbekommen haben, dann sollten wir hinterher hingehen, uns blicken lassen und deutlich machen, dass wir okay sind. Schreien ist ein Problem, nicht weil Schreien ein Problem ist, sondern weil es kaum Plätze gibt, wo wir es zulassen können. Dabei ist es so heilsam. Vielleicht ist es aus diesem Grunde sinnvoll, sich für eine Therapiegruppe anzumelden, wo mit Schreien gearbeitet wird. Damit wir es endlich rauslassen können. Wenn wir hier schon über Jungbrunnen reden, das ist einer und nicht der schlechteste!

Hoffnung

Es ist normal, Hoffnung zu haben. Wir hoffen, dass die Krise an uns vorbeigehen wird. Später hoffen wir, dass es nicht so schlimm sein wird und dass es wieder besser wird. Es wird schon gut gehen! Hoffnung gibt Trost und gibt vor allem eins: Kraft. Neben den eigenen Zielen ist Hoffnung eine enorme Quelle von Energie. Sie lässt uns Berge versetzen und – wie die Niederländer sagen – „Hoffnung lässt leben". Hoffnung ist also eine wichtige Kraft. Wir wissen das, deshalb klammern wir uns an bestimmte Aussichten. Solange etwas noch nicht definitiv verloren oder entschieden ist, klammern wir uns an die Chance, die es noch gibt. Das ist verständlich. Hoffnung lässt uns weitermachen und durchhalten, motiviert uns, alles Menschenmögliche zu tun, um es doch noch zu schaffen. Wenn dann das Ergebnis nach unserem Wunsch ist, sagen wir: „Ich hatte die Hoffnung nie aufgegeben!". Oder wenn das Geschehen wider Erwarten doch noch einen positiven Ausgang genommen hat: „Ich hatte die Hoffnung längst aufgegeben!". Hoffnung und Ziel liegen hier dicht beieinander oder sind sogar identisch. Beide geben uns Kraft. Die Sache hat allerdings einen Haken, vielleicht sogar zwei. Es kann problematisch werden, wenn wir meinen, mit unserer Hoffnung den Ausgang oder das Ergebnis beeinflussen zu können. Das Ergebnis und der Ausgang eines Geschehens liegen nicht in unserer Hand, auch dann nicht, wenn wir viel Hoffnung haben. Wir laufen Gefahr, dies zu verwechseln, und meinen dann, dass wir (bei einem positiven Ausgang) das Ergebnis mit unserer Hoffnung beeinflusst hätten. Dann laufen wir rum und empfehlen anderen, die Hoffnung nicht aufzugeben. Was aber, wenn alles Hoffen, alle Stoßgebete zum Himmel doch nicht den gewünschten Erfolg hatten, haben wir dann etwas falsch gemacht? Machen Leute etwas falsch, wenn trotz allen Betens und Hoffens ihr lieber Angehöriger stirbt? Nein, sie machen nichts falsch. Es ist einfach so, dass das Ergebnis nicht in unserer Hand liegt. Wir haben die Macht nicht, die Macht liegt… tja, wo liegt sie eigentlich? In Teil IV „Die spirituelle Dimension von Krise" werden wir diese Macht *Gott* nennen. Wie immer wir sie nennen, wo immer sie auch liegen mag, sie liegt nicht bei uns. Und das ist hart. Wir haben nicht wirklich Einfluss auf das Ergebnis und auf den Lauf des Lebens, obwohl Hoffen und Beten oft genug das Einzige ist, was wir noch tun können. Es gibt etwas, das größer ist als wir und das uns manchmal spüren lässt, dass unserer eigenen kleinen Macht Grenzen gesetzt sind. Eine sehr schmerzhafte Erfahrung, eine Erfahrung von Ohnmacht. Sogar sehr gläubige Mensche, für die Beten eine wichtige Gewohnheit und Selbstverständlichkeit ist, können hierüber in eine weitere Krise kommen. Sie machen die Erfahrung, dass Gott nicht das tut, was sie wollen oder gerne hätten. Solche Menschen können in eine Glaubenskrise geraten, in eine Phase absoluter Verunsicherung, in der ihr Gottesbild einer schmerzhaften Prüfung unterzogen wird.

Im Zusammenhang mit Hoffnung gibt es noch einen zweiten Haken: Wenn Hoffnung unsere Hauptquelle von Kraft war und es vor allem die Hoffnung war, die uns geholfen hat zu überleben, dann wird das definitive Ende der Hoffnung (der eingetretene Tod, die schreckliche Gewissheit, das endgültige Aus…) möglicherweise zum Zusammenbruch führen. Das ist die gefährliche Seite der Hoffnung: Sie hilft uns die ganze Zeit, eine Illusion aufrecht zu erhalten. Wenn diese Illusion zerplatzt und wir sehen müssen, wie die Realität, die Wirklichkeit *echt* ist, dann kann es zum „Crash" kommen. Hätten wir diesen Zusammenbruch verhindern können? Vielleicht, indem wir keine Hoffnung gehabt hätten? Nein, wir hätten es nicht verhindern können. Wir können nicht – aus taktischen Gründen – keine Hoffnung haben, wenn wir eigentlich voll Hoffnung sind. Hoffnung hat keinen Schalter, mit dem wir sie an- und ausschalten könnten. Wohl können wir den Unterschied erkennen, dass es sich bei Hoffnung nicht um ein garantiertes Ergebnis handelt, sondern um einen intensiven Wunsch. Wenn wir mit unserer Hoffnung nicht ein bestimmtes Ergebnis herbeiführen können, gibt es dann nichts mehr zu hoffen? Doch. Was wir in Krisenzeiten immer erhoffen dürfen, ist, dass bestimmte Freunde oder Angehörige zu uns stehen und mit uns da durchgehen. Aber auch das kann trügerisch sein. Manchmal wenden sich genau die Menschen ab, auf die wir fest gebaut hatten. Und oft sind es ganz andere Menschen, die uns durch die Krise begleiten. So schwer die Frustration im ersten Falle ist, so schön ist die Entdeckung im letzteren Falle.

Worauf wir aber sicher hoffen können – und vielleicht ist dies das einzig „Sichere" in dieser Krise – ist Gott oder das, was man Gott nennt, diese Höhere Macht, von der wir nicht recht wissen, wie oder was das ist. Das heißt nicht, dass diese Macht nun unbedingt tut, was wir wollen, aber sie wird uns in jedem Falle Kraft zukommen lassen und auf uns warten. Es scheint, dass hinter allem eine *Weisheit* existiert, die in dem Elend unserer Krise noch so etwas wie einen „Sinn" darstellt. Eine Macht, die weiß, wofür dies alles gut ist. Wir werden in Teil IV „Die spirituelle Dimension von Krise" näher hierauf eingehen, auch wenn dies möglicherweise schwerer Stoff für „Ungläubige" ist.

Macht und Ohnmacht

Ein wichtiger Aspekt von Anerkennung ist Macht. Eine schwere Krise bahnt sich dann an, wenn machtgewohnte Menschen auf einmal allen Einfluss und jegliche Macht verlieren, wenn sie alle Funktionen (an die diese Macht gebunden war) verlieren und sie über Nacht „ent-machtet" werden. Oft ist eine solche Entmachtung so total, dass man ihnen noch nicht einmal die Chance zur „Gegendarstellung" geben wird. Die Rehabilitation kommt vielleicht Jahre später – wenn sie überhaupt kommt. Wenn jemand mit seiner Funktion und mit der damit verbundenen Macht ganz und gar identifiziert war (z.B., wenn er nicht nur die *Rolle* des Bundeskanzlers hatte, sondern der Bundeskanzler *war*), dann wird es wahrscheinlich zu einer erheblichen Identitäts- und Egokrise kommen. Aber es gibt auch Menschen, die sogar dagegen resistent sind. Reife und integere Personen, Menschen mit einer hohen persönlichen und fachlichen Autorität werden nach dem Machtverlust, den es immer irgendwann geben wird, ihren *Einfluss* behalten, vielleicht sogar – aber dann aus zweiter Linie – an Einfluss gewinnen. Beraterverträge haben nicht immer nur finanzielle Motive!

Die Ebene Anerkennung und Macht hat aber auch eine ganz andere Seite. Je nachdem, wer oder wie jemand vor der Krise war, kann es auch darum gehen, genau diese öffentliche Anerkennung zu erreichen und sich mit einer gewissen Idee oder Theorie durchzusetzen. Dies heißt, sich zu präsentieren, sich und die Idee gut zu verkaufen, Kritik und Gegenwind auszuhalten, die Argumente der Widersacher gut zu kennen und sich damit vertraut zu machen. Das kann heißen, nicht zurückzuschrecken, wenn man in eine bestimmte Funktion gewählt oder man eingeladen wird, sich auf eine höhere Position zu bewerben. Ein nicht einfacher Aspekt ist die Macht, die dann damit verbunden sein kann. Vielleicht haben wir die Machtausübung anderer früher heftig kritisiert? Jetzt sind wir selbst dran! Wie gehen wir mit der eigenen Macht um? Benutzen wir sie, um mit unseren alten Gegnern abzurechnen und sie kaltzustellen? Benutzen wir sie, um gnadenlos unsere Standpunkte und Entscheidungen durchzudrücken? Vielleicht werden wir dann irgendwann nur noch Macht besitzen, aber keine Anerkennung mehr bekommen. Vielleicht entdecken wir dann, dass es besser ist, mehr Anerkennung und weniger Macht zu haben. Diese Ebene kann Menschen jedoch auch – im Angesicht ihrer Macht – dazu bringen, ernsthaft über ihre ethischen Maßstäbe nachzudenken. Führungskräfte können über diese Fragen in ernsthafte Krisen kommen, in Sinnkrisen, aber auch in Identitätskrisen. Und es kann sein, dass sie diesen Druck irgendwann nicht mehr aushalten und lieber weniger Macht haben wollen.

Wir reden die ganze Zeit über Menschen, bei denen es offensichtlich ist, dass sie Macht haben. Aber was ist mit den „kleinen" Leuten, haben die keine Macht? Auch sie haben Macht, aber auf eine verdeckte, indirekte Weise. Ihre Macht ist nicht so offensichtlich. Sie haben die Macht, langsamer zu arbeiten, Dienst nach Vorschrift zu machen, ihre Kreativität und ihr Engagement (obwohl sie dafür bezahlt werden) nicht in ihre Arbeit zu stecken, sondern in ihre Freizeit. Wenn es Ärger gab oder sie sich ungerecht behandelt fühlen, haben sie die Macht, sich krank zu melden, Sie haben auch die Macht, Verantwortung für Fehler abzuschieben, und sie fühlen sich dabei im Recht, denn für Verantwortung werden sie nicht bezahlt. Wirklich nicht? Es gibt auch Macht im Privatleben. Wir versuchen Macht auf andere auszuüben, indem wir sie für ihre Fehler oder ihr Verhalten kritisieren und ihnen unsere Zuwendung und Anerkennung versagen. Oder indem wir unsere Zuwendung und Anerkennung an Bedingungen koppeln. Manchmal üben wir

Macht aus durch Krankheit, dann gibt's möglicherweise einen Machtkampf darum, wer nun kränker ist und wer deshalb eher Recht auf Bedienung und Zuwendung hat. Wenn's hart wird, versagen wir anderen in diesem Machtkampf komplett unseren Kontakt, dann wird nicht geredet und es gibt keinen Blickkontakt. Und natürlich versagen wir ihnen auch Körperkontakt und unseren Sex. Wir sind nun einmal sehr menschlich und für das Spiel um die Macht ziehen wir alle Register.

Daneben hat das Spiel um die Macht noch eine völlig andere Seite. Abgesehen davon, inwieweit die oben beschriebenen Aspekte rund um Anerkennung und Macht im Einzelfall eine Rolle spielen, in einer Hinsicht spielt der Aspekt „Macht" bei Krisen immer eine Rolle: Ernsthafte Krisen sind nämlich kein freiwilliges Geschehen, wir haben das nicht gewählt und schon gar nicht bei vollem, klaren Verstand. Unabhängig davon, wo man die Ursachen von Krisen sieht (Zufall, Schicksal, astrologische Konstellationen, Schuld und Versagen anderer, eigene Fehler und Mängel, die eigene Psyche, Karma aus vergangenen Leben oder die Entscheidung Gottes..), es geht bei schweren Krisen immer um das Eindringen von etwas Fremdem und Unerwünschtem in unser Leben. Es wird Macht ausgeübt, aber eben nicht unsere Macht. Wir würden gern alles in unserer Macht Stehende tun, um diese fremde Macht aufzuhalten, aber es gelingt uns nicht. Dann erfahren wir Ohnmacht, wir sind *ohne* Macht. Je mehr für uns davon abhängt, diese andere Macht zu stoppen, je mehr Kraft und Engagement wir darin investieren, je mehr wir nicht wollen, das dies passiert, um so heftiger wird das Gefühl von Ohnmacht sein. Wir fühlen uns vergewaltigt, überrumpelt, missbraucht, vollkommen überfahren, erniedrigt, ohnmächtig, man hat uns keine Chance gegeben, man hat uns nicht einbezogen und nicht gefragt, ob es uns recht ist… in unserer Ohnmacht werden wir uns als klein und nichtig erfahren. Auch wenn andere sagen, es sei nicht so, Tatsache ist, dass wir es so erfahren. Das ist möglicherweise nicht die objektive Wahrheit, aber es ist ganz sicher unsere *subjektive* Wahrheit.

Die meisten Krisen sind mit einer Ohnmachtserfahrung verbunden. Je mehr wir etwas wollen oder nicht wollen, je stärker also unser eigener Wille oder Wunsch ist, umso schlimmer werden wir es erfahren, wenn wir das Gewollte nicht bekommen und das Ungewollte eintritt. Wir setzen unseren eigenen Willen dann dem Willen des Lebens, des Schicksals oder dem Willen Gottes entgegen. Diesen Kampf werden wir höchstwahrscheinlich verlieren. Wenn wir ihn gewinnen sollten, besteht die Gefahr, dass wir hochmütig werden. Die Frage ist, was besser ist. Hilflosigkeit und Ohnmacht sind starke Erfahrungen, die unser ganzes bisheriges Welt- und Selbstbild zerstören können. Nicht nur, wenn es um uns selbst geht, manchmal mehr noch, wenn es um andere geht, denen wir gern helfen möchten, die wir gern vor ihrem Schicksal bewahren möchten. Stattdessen müssen wir zusehen und können nicht verhindern, dass das Schicksal seinen Lauf nimmt. Wir stehen mit leeren Händen da, hilflos und ohnmächtig. So schrecklich diese Erfahrung ist, die oft traumatisierende Auswirkungen hat, sie bringt uns der Wahrheit des Lebens näher und sie bringt uns Gott näher. Diese Erfahrung traumatisiert uns, weil sie die Illusion von der Machbarkeit des Lebens zerstört, weil sie uns sehen lässt, dass wir keine Kontrolle haben und auch noch nie hatten. Sie gönnt uns einen Blick auf die Wahrheit alles Irdischen: die Vergänglichkeit. Das ist hart, desillusionierend und zerschmetternd, vernichtend. Diese Erfahrung ist das Ende unserer Naivität und unserer Unschuld, ab jetzt *wissen* wir. Ob wir später danach leben werden, ist eine andere Sache.

Minderwertigkeit

Die meisten Krisen kratzen erheblich an unserem Selbstbild. Wir verlieren wichtige Dinge, Fähigkeiten oder Menschen und damit möglicherweise auch einen wichtigen Aspekt unserer Identität. Wenn wir uns wirklich mit diesem Menschen, mit dieser Beziehung, mit diesem Job oder mit dem Geld, mit unserer Schönheit identifiziert hatten, dann werden wir in ernsthafte Probleme mit unserem Selbstbild kommen, wenn wir das verlieren. Wer sind wir dann noch? Ein Nichts, ein Niemand. Und das sind wir wirklich! Das gute Zureden anderer macht es nur noch schlimmer, sie wollen uns scheinbar über diese Tatsache hinwegtrösten. An der vernichtenden Tatsache selbst ändert dieser Zuspruch aber nichts. Wir sind nichts, wir können nichts, wir können nicht mitreden, wir sind nicht interessant genug, andere sind interessanter und erfolgreicher, wir haben versagt, schlimmer noch: Wir *sind* Versager! Das Urteil steht fest, unabänderlich. Wir trauen uns in diesem Zustand kaum noch unter die Leute und trauen uns kaum noch, den Mund aufzumachen. Was wir sagen, ist sowieso langweilig. Und wenn wir was sagen, hören andere nicht zu, sondern wenden sich mitten im Satz einem interessanteren, lebendigeren Menschen zu. Andere haben es leicht, ich habe es schwer. Andere sind schön und interessant, ich bin zu dick, nicht attraktiv und zu erzählen habe ich auch nichts. Was sollte ich auch erzählen, bei mir gibt's doch nur noch Krise. Kein Wunder, dass andere mit mir nicht reden wollen, es ist ihnen zu anstrengend. Es ist wirklich anstrengend, wenn wir in einer Krise sind. Genau wie Scham „beißt" auch die Minderwertigkeit unser Ego und das hat durchaus seinen Sinn, wie wir später sehen werden. Minderwertigkeit ist allerdings keine *Tatsache*, sondern ein *Gefühl*, aber als solches durchaus *real*. Aus spiritueller Sicht heraus betrachtet, gleicht es unseren Stolz aus, den wir heimlich anderen Menschen gegenüber fühlen oder gefühlt haben. Es gibt in dieser Hinsicht eine Art innerer, ausgleichender

Gerechtigkeit. Wir sollten in dieser Hinsicht einmal genauer auf unsere Gedanken achten. Stolz und Minderwertigkeit sind zwei Seiten einer Medaille! Wenn wir lernen, den Stolz wegzulassen, löst sich das Minderwertigkeitsgefühl *von selbst* auf. Es ist ein Mysterium, aber so funktioniert es. Wenn wir dies üben, dann werden wir eines Tages Freude empfinden, ohne stolz zu sein, und wir werden bescheiden und demütig sein können, ohne uns minderwertig zu fühlen. Wir brauchen nicht krampfhaft zu versuchen, gegen unser Gefühl von Minderwertigkeit anzugehen. Wenn wir dem Prozess der Krise folgen und wenn wir ein wenig üben, dann wird es sich auflösen.

Reden

Wenn wir in einer Krise sind, sollten wir reden, auch wenn wir vielleicht nicht gern wollen oder nicht gut reden können. Vielleicht fällt es uns am Anfang schwer, darüber zu reden. Vielleicht ist es unangenehm, so viel Aufmerksamkeit zu bekommen, vielleicht finden wir es selbst nicht so wichtig. Wie auch immer, reden hilft. Im Reden wenden wir uns dem, was geschehen ist, zu – deswegen ist es ja so schwer zu reden, wir würden uns lieber abwenden. Beim Reden wenden wir uns den Dingen zu, geben ihnen Zeit und Aufmerksamkeit, wir geben ihnen Raum, wir lassen sie zu. Wenn wir reden, geben wir den Dingen einen Platz, ihren Platz, bis wir immer mehr verstehen oder merken, dass wir immer weniger verstehen. Natürlich kommen dabei Gefühle hoch, das ist der Sinn der Sache. Wir haben vom Schicksal eine dicke Ladung bekommen und wollen das einfach verschweigen? Diese Sache „bleibt nicht in den Kleidern hängen", wie die Niederländer sagen, sondern sie geht uns „unter die Haut". Und da muss sie wieder raus, wenn wir gesund bleiben wollen. Es ist nicht einfach, darüber zu reden, denn wir werden alles noch einmal anschauen und fühlen müssen. Es kann zeitweise ziemlich hart sein. Aber es ist – für die meisten Menschen – der einzige Weg, sich von diesen Dingen zu befreien und sie zu verarbeiten. Wie auch immer, wir müssen sie ausspucken. Erst, wenn sie draußen sind, können wir sie sortieren und aufräumen. Keine schöne Arbeit, nein, wirklich nicht. Aber wenn wir gesund bleiben wollen, ist dies der einzige Weg. Künstler haben auch andere Ausdrucksformen, in der Musik, im Malen, im Schreiben, beim Tanzen … Für „normale" Menschen aber ist Reden das Mittel, um eine Erfahrung zu verarbeiten, um die Dinge, die geschehen sind, besser verstehen und einordnen zu können.

Zum Reden brauchen wir Zuhörer und die sind rar. Die meisten Menschen können nicht gut zuhören, weil sie selbst voll mit ihren eigenen unerledigten Geschichten sind und einfach nicht die Kapazität haben für noch eine Geschichte.

Deshalb haben sie oft die Neigung, unsere Geschichte sofort mit ihrer eigenen zu verbinden oder das Thema zu wechseln. Vielleicht sind sie unserer auch müde, vielleicht meinen sie, dass wir getröstet werden möchten. Nichts davon, wir möchten reden und sie können nicht zuhören. Natürlich nehmen wir ihnen das übel, auch die schlauen Ratschläge, die sie manchmal verteilen. Aber sie können nicht anders, sonst würden sie es besser machen. Wir sollten uns allerdings durch solche Dinge auch nicht vom Reden abhalten lassen. Momentan ja, es hat wahrscheinlich keinen Zweck weiterzureden. Aber wir sollten schauen, wo wir einen besseren Zuhörer finden. Leider sind die rar.

Andererseits gibt es Menschen, die zu viel reden. Und die haben oft – ähnlich wie die Schweiger – die Neigung, gerade nicht über ihre Krise zu reden. Viel reden gehört in die Kategorie „Aktionismus“, es ist eine Flucht vor den Gefühlen, die wir möglicherweise spüren würden, wenn wir einmal schweigen würden. Solche Menschen finden Stille und Schweigen schrecklich, absolut stressig, sie halten das beinah nicht aus. Andere hören ihnen darum auch nicht so gern zu, es ist zu oberflächlich und es geht nicht um das Eigentliche und Wesentliche. Das spüren Zuhörer und hören lieber weg. Auch Viel-Redner sind dann frustriert, weil keiner richtig zuhört. Andere Menschen hören erst zu, wenn wir *authentisch* sind, das heißt, wenn wir unsere Gefühle zulassen und sie in die Geschichte einfließen lassen, wenn wir unsere Geschichte nicht vom Kopf her erzählen, sondern von innen heraus. Wenn wir dahinter stehen.

Rückzug und Schweigen

Manchmal werden wir Rückzug nötig haben, um alles zu verdauen und wieder zu uns selbst zu kommen. Das geht mitten im turbulenten Alltag nicht so gut. Vielleicht sollten wir tatsächlich einmal den richtigen Rückzug suchen, in dem wir einige Zeit mit uns selbst allein sind. Also in ein Kloster gehen oder allein in Urlaub fahren. Wenn das angesagt ist und wir uns aber nicht trauen (um niemanden vor den Kopf zu stoßen oder weil wir einfach Schiss haben?), dann werden wir möglicherweise beginnen, uns mitten in der Welt, mitten unter den Menschen, die uns umgeben, zurückzuziehen. Das werden sie sehr merkwürdig finden oder auch bedrohlich. Sie verstehen nicht, was mit uns los ist. Und wir selbst verstehen es eigentlich auch nicht. Aber wir brauchen jetzt auch noch nicht unbedingt zu *verstehen*, was los ist. Wir sollten verstehen, was wir *brauchen*. Wenn wir Rückzug brauchen, dann ist das in Ordnung. Im Rückzug kommen wir wieder mehr mit uns selbst und unserer inneren Welt in Berührung. Vielleicht muss da mal aufgeräumt und für Klarheit gesorgt werden? Das geht im Rückzug besser.

An der Welt ist nicht prinzipiell etwas falsch, aber sie ist in den meisten Fällen zu laut. Wir können dann nicht so gut in uns hineinhorchen. Manchmal fühlen wir dieses Rückzugsbedürfnis, das Bedürfnis zu schlafen, zu schlafen... nicht reden zu müssen, nichts regeln zu müssen ... und überhaupt: nichts zu *müssen*. Damit ist nicht das normale Urlaubsbedürfnis gemeint, das uns in den meisten Fällen noch mehr ins Tun und Regelnmüssen bringt. Urlaub und Rückzug sind zwei ganz verschiedene Dinge, auch wenn wir meinen, wir könnten das kombinieren. Urlaub ist meistens kein Rückzug und Rückzug ist kein Urlaub, auch wenn wir es vielleicht machen, weil wir urlaubsreif sind. Rückzug kann unter Umständen harte innere Arbeit bedeuten. Wichtig ist dabei, dass wir uns erlauben zu schweigen. Im Alltag wird so viel unnützes Zeug geredet, so viel belangloser Kram ausgetauscht, so viel Konversation und Unterhaltung betrieben. Nett, aber es hält uns davon ab, nach innen zu lauschen, zu horchen, was sich in uns melden will. Dafür muss es still sein, dafür müssen auch wir selbst schweigen. Zumindest nach außen hin schweigen. Denn wenn es still wird um uns herum, wird es im Inneren meistens erst einmal recht laut. Innere Diskussionen werden uns die Ruhe rauben, nach der wir uns so gesehnt haben. Es dauert eine Weile, bis wir den „inneren Dialog" abstellen können, aber eigentlich machen nicht wir das (als ein aktives Tun). Wenn er keine neue Nahrung bekommt, verlöscht der innere Dialog irgendwann. Dann haben wir Urlaub und können uns ausruhen. Auch wenn es unsere Logik vielleicht irritiert: Es ist kein Widerspruch, ein Bedürfnis nach Rückzug zu haben und sich dabei gleichzeitig entsetzlich einsam zu fühlen. Gefühle sind nicht *logisch*. Und vielleicht kann die Einsamkeit erst jetzt dic Chance bekommen, sich bemerkbar zu machen. Wie auch immer, wir werden gestärkt und *selbst*bewusster in die Welt zurückkehren.

Anders sieht es aus, wenn Menschen ständig innerlich zurückgezogen sind und das Schweigen dem Reden vorziehen. Es kann sein, dass sie als Typ so sind, das ist in Ordnung. Es kann aber auch sein, dass sie damit versuchen, den Problemen und ihrer Bearbeitung aus dem Weg zu gehen. Dann wäre es nicht in Ordnung, denn so werden sich diese Probleme nicht lösen. Probleme haben – meistens – nicht die Neigung, sich in Luft aufzulösen. Da das Problem also bestehen bleibt, werden solche Menschen sich hinter immer dickere (innere!) Mauern zurückziehen, bis sie selbst fast ganz verschwunden sind. Sie haben eine Burg gebaut, in der sie sehr alleine sind. Sie lassen keinen rein und kommen auch nicht raus. Die Krise kann dann möglicherweise eine ordentliche Bresche in diese Mauer schlagen und diese Menschen zu Kontakt und Kommunikation *zwingen*. Die Krise kann von außen kommen, kann aber auch von innen her kommen, weil so jemand irgendwann merkt, dass er Gefahr läuft zu ersticken. Die Burg gab Sicherheit, jetzt werden wir die totale Unsicherheit erfahren. Für einen Menschen, der sich entschieden hatte, auf diese Weise Probleme zu ignorieren, kann es sehr beängstigend sein, wenn er gezwungen wird, sich diesen Problemen jetzt zu stellen.

Scham und Reue

Scham ist eines der schwersten Gefühle, von denen eine Krise möglicherweise erwartet, dass wir es erleben und durchleben müssen. Scham ist ätzend, genau wie Schuld. Es sind Gefühle, die uns im tiefsten Kern berühren und auch von daher kommen. Unsere Seele leidet, wenn wir Schuld und Scham fühlen. Es geht an unser Ego, es ist vernichtend für unser Ego. Wir fühlen Scham, wenn wir eigene Schuld, eigenes Versagen eingestehen müssen. Wenn offensichtlich wird, was wir getan haben und wenn wir nicht mehr – im Versuch uns zu rechtfertigen – die Verantwortung dafür anderen in die Schuhe schieben können. Wir selbst sind es gewesen und jetzt fühlen wir Schuld. Wenn diese Schuld bewusst erfahren wird, nicht nur als ein Lippenbekenntnis oder weil wir nicht mehr darum herum kommen, nein, sondern als echtes Sich-schuldig-*Fühlen*, weil wir schuldig *sind*, dann kommen danach Gefühle von Reue und Scham. Wir bereuen, was wir getan haben, wir bereuen, dass wir nur uns und unser eigenes Interesse gesehen haben, wir wollten gut dastehen und haben andere dafür vielleicht missbraucht. Das beschämt uns. Scham fühlen wir, weil wir gegen die Gleichheit und die Wertigkeit anderer Menschen verstoßen haben. Weil wir es leicht haben wollten, haben wir es ihnen schwer gemacht. Dafür schämen wir uns jetzt. Scham erniedrigt unser Ego und das ist gut so. Es ist sozusagen der Sinn der Sache. Mit der Erniedrigung des eigenen Ego wird die Gleichwertigkeit wieder hergestellt, es bringt die Verhältnisse zwischen uns und anderen, zwischen uns und Gott, wieder in Ordnung. Scham reinigt uns von unserer Schuld. Danach fühlen wir uns besser.

Allerdings geht es in diesem Zusammenhang um *spirituelle* Schuld und Scham, nicht um *psychologische*. Psychologische Scham lässt uns bedrückt durchs Leben laufen, weil wir vielleicht durch unsere Eltern oder andere wichtige Personen ständig abgewertet wurden. Spirituelle Scham reinigt uns von unserem Verstoß gegen Gott und andere Menschen. In Krisenzeiten kann auch alte psychologische Scham eine Rolle spielen, die dann allerdings eher in die Kategorie „Minderwertigkeitsgefühle" gehört. Viele Menschen, die vergewaltigt oder sexuell missbraucht wurden, leiden ebenfalls unter dieser unsäglichen Scham, sie fühlen sich beschmutzt und entwürdigt. Ebenso ist dies von Folteropfern bekannt. Gerade der Irak-Krieg hat gezeigt, dass Folter nicht immer aus körperlichen Qualen besteht. Menschen wurden unter Gewalt gezwungen, die sexuellen Tabus ihrer Kultur zu brechen, zum Gaudi der Zuschauer. Danach kann man vor Scham kaum noch weiterleben. Diese psychologische Scham ist nur sehr schwer zu heilen. Was wir brauchen, ist die spirituelle Scham, sie reinigt uns von unserer spirituellen Schuld und bringt uns näher zu Gott. Reue ist dann der Umkehrpunkt.

Schuldgefühle

Vor allem in der Phase der Emanzipation achten wir sehr darauf, dass unsere Schuldgefühle nie zu stark werden. Das tun wir, indem wir unsere Handlungen rechtfertigen, falls sie von unseren eigenen inneren Maßstäben abweichen. Wir sagen dann: „Er hat verdient, dass ich ihn geschlagen habe!“ oder „Wenn ich es nicht getan hätte, dann hätte es sicher ein anderer getan!“. Gemeinsam ist diesen Rechtfertigungen, dass wir selbst gut dastehen, während andere schlechter erscheinen, als sie in Wirklichkeit sind. Wenn andere schlecht sind, dann ist mein Handeln ja wohl in Ordnung, oder? Auf diese Weise reduzieren wir andere – und (scheinbar) auch unsere Schuldgefühle. Allerdings nur scheinbar, denn wir bräuchten ja keine Rechtfertigung, wenn wir keine Schuld fühlen würden. Auf psychologischem Niveau sind Schuldgefühle von Mensch zu Mensch verschieden. Eine bestimmte Handlung oder Unterlassung kann für den einen Menschen falsch sein und ihn bedrücken, während sie für einen anderen völlig in Ordnung ist. Das geschieht, weil Schuldgefühle (auf diesem Niveau!) eng mit den Strukturen der individuellen Persönlichkeit verknüpft sind. Menschen, die weniger genau sind, haben es in dieser Hinsicht also wesentlich leichter. Es gibt jedoch unter diesem *psychologischen* Niveau noch ein *spirituelles* Niveau von Schuld. Um diese Schuld sollten wir uns kümmern, denn sie behindert unser weiteres Wachstum und unsere spirituelle Entwicklung.

In Krisenzeiten werden wir möglicherweise ziemliche Schuldgefühle haben. Vor allem, wenn wir jemanden verloren haben, ob durch Tod oder durch Trennung, dann werden sich phasenweise starke Schuldgefühle einstellen. Wir gehen unser ganzes Leben mit diesem Menschen noch einmal durch und überall finden wir etwas, das wir verkehrt gemacht haben. Manchmal war es eine Handlung, manchmal eine Unterlassung, manchmal ein Wort, manchmal nur ein Gedanke, manchmal unsere mangelnde Aufmerksamkeit dem anderen gegenüber, manchmal die Aufmerksamkeit, die wir ihm abgezwungen haben. Alles, alles kommt dran. Und das, obwohl wir uns in der Zeit damals überhaupt nicht schuldig gefühlt haben. Solche Schuldgefühle können auch auftauchen, wenn wir zu jemandem ein sehr schlechtes Verhältnis hatten. Dann ist die Verarbeitung wesentlich schwieriger und kann unter Umständen die Unterstützung durch einen Therapeuten nötig machen.

Hätten wir damals unsere Schuld gefühlt, dann bräuchten wir uns heute nicht schuldig zu fühlen! So aber arbeiten wir alles noch einmal durch, fühlen Scham und Reue und reinigen uns so von der Schuld, die wir uns aufgeladen haben. Jetzt tut es uns *wirklich* leid, wir bereuen es! Damit ist zwar der Schaden nicht wieder gut gemacht, den wir dem anderen vielleicht zugefügt haben, aber unsere Seele ist wieder gereinigt. Im Zusammenhang mit unserem spirituellen Wachstum ist dies ein wichtiger Aspekt. Schuld hindert uns nämlich daran, weiter zu wachsen. Wenn wir unsere Fähigkeiten gegen andere einsetzen, dann werden wir selbst es nicht zulassen, dass wir uns weiterentwickeln. Denn wir würden dann noch mehr gegen die Gleichheit anderer und damit gegen Gott verstoßen. Wir selbst setzen deshalb eine Bremse darauf. Von dieser Bremse – der *karmischen* Bremse, wie man im Osten sagt – können wir uns nur befreien, wenn wir die Schuld eingestehen und sie fühlen. Ätzend! Unser Ego mag solche Beichten überhaupt nicht und wird deshalb demnächst aufpassen und andere besser behandeln. Gut so!

Hier haben wir über Schuldgefühle gesprochen, die uns vorher nicht bewusst waren und die im Nachhinein auftauchen. Es gibt aber auch Schuld, die uns bereits im Moment des Tuns bewusst wird. Hier ist dann die Frage, warum wir es trotzdem tun. Aus welchen egoistischen Motiven heraus? In welcher Weise rechtfertigen wir diese Tat vor uns selbst und nach außen hin? Werten wir den anderen Menschen ab, nur um unsere Schuld nicht fühlen zu müssen? Auf diese Weise fügen wir der ersten Schuld immer weitere Schuld hinzu. Dies wird unser Leben nachhaltig beeinflussen, auch wenn wir nach außen hin scheinbar glücklich und erfolgreich sind. Wir sind vielleicht glücklich, aber wir sind nicht *zufrieden*. Zufrieden sind wir nur, wenn wir mit uns und unseren inneren Maßstäben im Reinen sind. Der Weg zu dieser Zufriedenheit liegt darin, die Schuld zu bekennen, also zu beichten! Die Lösung besteht darin, die Schuld und die Reue wirklich zuzulassen und zu *fühlen* und nach dieser Reinigung ein besserer Mensch zu werden.

Was in diesem Zusammenhang zählt, ist die Schuld, die wir *selbst* als Schuld fühlen, und zwar dann, wenn wir die Rechtfertigung einmal weglassen. Diese Schuld ist eine spirituelle Schuld, sie trennt uns von uns selbst ab, von anderen, vom Leben und von Gott. Es geht hier nicht um Moral, denn Moral ist in jeder Kultur anders – allerdings nicht komplett anders. Es gibt einen universellen Maßstab, der tief in unserem Gewissen verborgen ist, welches allerdings in seiner konkreten Ausformung kulturell und psychologisch geformt ist. Schuld, die wir uns – diesem feinen inneren Maßstab entsprechend – selbst aufladen, sondert uns ab, sie ist „Sünde“. Wir selbst sondern uns ab, wir werden uns zurückziehen und haben es vielleicht längst getan. Gehen wir darum so bedrückt durchs Leben? Haben wir darum so wenig Freude? Haben wir darum verlernt zu lachen und zu singen?

Wir sollten diese *spirituelle* Schuld allerdings nicht mit *psychologischer* Schuld verwechseln. Psychologische Schuld kommt von außen, sie wird uns aufgelegt, angeredet, aufgezwungen. Wir sollen uns schuldig fühlen, weil wir als Kinder gern an unseren Genitalien gespielt haben? Was für ein großer Irrtum! Mit dem Ergebnis, dass Menschen sich psychisch schlecht und unmoralisch fühlen bei Dingen, die natürlich sind. So werden Menschen unterdrückt, durch ihre Eltern, durch die Kultur, durch Kirche und Religion, obwohl das nicht der ursprüngliche Sinn von Religion ist. Von dieser psychologischen Schuld können und sollten wir uns in einem emanzipatorischen Prozess befreien, möglicherweise mit Unterstützung eines Therapeuten. Um uns von *spiritueller* Schuld zu befreien, brauchen wir einen geistlichen Begleiter (oder Priester) oder einen spirituellen Therapeuten, es geht um Beichte und um Absolution. Diese Dinge sind zwar manchmal vermischt, aber wir sollten lernen, sie zu unterscheiden.

Selbstmordgedanken

Es wäre ein Wunder, wenn uns in dieser Krisenzeit nicht ab und zu Selbstmordgedanken plagen würden. Wenn wir ehrlich sind und es nicht aus falscher Scham verbergen, dann müssen wir zugeben, dass solche Gedanken ab und zu da sind. Und das ist normal. Wenn eine Situation wirklich sehr schlimm ist und intensiv als Krise erfahren wird, wenn wir vollkommen überfordert sind mit dem, was wir hier leisten sollen, dann denken wir manchmal daran, ein Ende zu machen. Es wird Zeiten geben, in denen es leichter wäre, es zu tun, als es nicht zu tun. Alles in uns sehnt sich nach Ruhe, nach aus und vorbei. Es ist verführerisch, so zu denken und es kann uns – genau wie Drogen – kurzzeitig die Illusion von Erleichterung verschaffen. Menschen, die einen Selbstmord planen, denken meistens jedoch nicht über die Folgen nach, sie sehnen sich nur noch nach Ruhe und Erleichterung. Das ist sehr verständlich. Deshalb werden wir hier kurz über eventuelle Folgen nachdenken. Es gibt drei Gründe, um keinen Selbstmord zu begehen:

1. Der erste Grund liegt in den Menschen, die uns lieben (auch wenn wir sie vielleicht nicht lieben und sie uns egal sind). Mit unserem Selbstmord würden wir ihnen unwiderruflich ein Trauma verpassen. Sie ständen für den Rest ihres Lebens unter dem Einfluss vielleicht nicht des Verlustes, aber des Schocks, den wir ihnen zumuten. Das Gleiche gilt für die Menschen, die uns finden werden: Der eigene Partner, eines unserer Kinder, der Zugführer, der aussteigen und unsere Einzelteile anschauen muss, der Rettungssanitäter, der uns von der Autobahnbrücke abkratzen muss…. Wir sind zum sovielten Male eine Zumutung

für andere und in der schockierenden Auswirkung auf ihre Psyche bleiben wir das auch. Gut, wir wollen Ruhe, das ist sehr verständlich, aber was ist mit der Ruhe der anderen? Ist unsere Ruhe, ist unsere Befreiung von Leid und Elend so viel Leid und Elend bei anderen wert?

2. Der zweite Grund: Was ist, wenn es ein Leben *nach* dem Tod gibt? Und es ist auch nicht ganz ausgeschlossen, dass die Menschen Recht haben, die behaupten, dass es mehrere Leben gibt. In beiden Fällen ist Selbstmord kein Ausweg, sondern eine Sackgasse. Wenn es ein Leben nach dem Tod gibt, wie alle Religionen sagen, dann werden wir für diesen Selbstmord in der Hölle schmoren und uns dort nicht mehr durch Selbstmord verdrücken können – denn wir sind bereits tot. Wenn es mehrere Leben geben sollte, ist es noch schlimmer: Dann müssen wir wiederkommen und eine Ehrenrunde drehen. Dann werden wir nachsitzen und die Hausaufgaben machen müssen, die wir jetzt nicht bereit waren zu machen. „Lass mich in Ruhe", denkt ein solcher Kandidat jetzt vielleicht. „Ich will endlich meine Ruhe, nur das!". Ja, das ist verständlich. Aber wenn es ein Leben nach dem Tod gibt, dann wird es keine Ruhe geben. Nicht im „Jenseits" der Christen, bei denen Selbstmord zu den schwersten Sünden zählt. Und auch nicht im „Bardo", dem Nach-Tod der tibetischen Buddhisten. Also keine Ruhe! Ruhe wird es auch nicht geben, wenn wir noch einmal auf diese Erde zurückkommen müssen. Denn dann werden wir unsere Schuld ausgleichen und wiedergutmachen müssen. Wir werden leiden müssen für das Leid, das wir anderen angetan haben. Also wieder keine Ruhe! Es gibt (leider!) nur einen Weg zur Ruhe: durch die Krise hindurch und nach vorn zu gehen, die Probleme anzupacken, zu lernen, was gelernt werden muss, um irgendwann der echten, ewigen Ruhe in Gott entgegenzuwachsen. Nur da ist die wirkliche Ruhe zu finden. Und eigentlich sind wir schon gut unterwegs. Wenn wir also diese schweren Probleme doch irgendwann lösen müssen, warum nicht gleich jetzt?

3. Der dritte Grund? Wenn wir jetzt Selbstmord verüben, dann verpassen wir den Menschen, der wir *nach* dieser schweren Krise sein werden!

Weitere Hinweise für mögliche Selbstmord-Kandidaten: Es macht einen Unterschied, ob wir Selbstmord-*Phantasien* (Gedanken) haben oder ob wir den *Impuls* verspüren, es zu tun. Selbstmord-Gedanken sind normal, sie gehören zu den typischen Begleiterscheinungen, zumindest wenn wir durch eine wirklich tiefe Krise gehen. Es ist logisch, dass es uns manchmal zu viel wird und wir uns nur noch nach Ruhe sehnen. Wenn es denn die Ruhe gäbe. Das Gute ist, dass wir von Selbstmord-Phantasien nicht sterben. Gedanken können uns nicht umbringen, das müssen wir schon selbst tun. Von Gedanken allein stirbt man nicht, deswegen sind sie auch weiter nicht gefährlich, sie sind wohl ein Zeichen, wie schlecht es uns eigentlich geht. Wenn wir über Selbstmord nachdenken und uns danach sehen, dann geht es uns wirklich sehr schlecht. Wir sind meistens auch sehr emotional und traurig, wenn wir diese Gedanken haben. Das sollten wir ernst nehmen und etwas tun, damit es uns besser geht. Aber die Gedanken allein bringen uns nicht um. Gefährlich wird es jedoch, wenn wir den *Impuls* verspüren, es zu *tun*. Meistens haben wir uns in unseren Gedanken auch damit beschäftigt, *wie* wir es tun wollen. Jetzt kommt der Impuls, es zu tun. Das sollten wir wirklich ernst nehmen. Ab hier wird es konkret. Der Impuls ist eine starke Kraft, er kommt nicht mehr aus dem Kopf (wie die Gedanken), er kommt von tief innen. Er verbreitet eine tiefe Ruhe in uns. Die Gedanken, die wir jetzt haben, drehen sich nicht mehr um die Krise, sondern nur noch um die technische Ausführung, sie sind ruhig, und kalkulierend, beinah kalt. Wir haben keine Gefühle mehr, es geht nur noch darum, es zu tun, und um das Wie. Da ist auch keine Angst mehr, keine Angst vor Schmerz, höchstens die Sorge, gefunden zu werden oder als Krüppel zu überleben. Dieser Impuls ist ernst gemeint und wir sollten ihn verdammt ernst nehmen. Am besten gehen wir zu Menschen in unserer Nähe (auch wenn wir sie vielleicht nicht gut kennen) und sagen ihnen, was wir vorhaben, wie konkret die Gefahr ist, und bitten sie, uns vor uns selbst zu schützen. Wenn wir vorher oft genug drüber nachgedacht haben, was unsere Methode sein wird, uns umzubringen, dann wissen wir jetzt genau, ob es darum geht, bis morgen früh den Autoschlüssel beim Nachbarn abzugeben, oder ob wir die Tablettenpackung zur Apotheke bringen müssen. Um eine neue Methode auszudenken, haben wir wahrscheinlich die Kraft nicht! Wir sind hellwach in dieser Zeit und wissen genau, was wir tun. Das ist unsere Chance. Um den Impuls zu entkräften und ihm seine Macht über uns zu nehmen, ist es gut, bereits frühzeitig mit einem vertrauten Menschen die konkreten Aspekte des „Wenn ja – wie?" durchzusprechen. Das nimmt dem Thema das Tabu, das normalerweise darüber liegt, und erleichtert es, im Ernstfall auch mit Fremden darüber zu sprechen. Die Hürde, darüber zu sprechen, sollten wir nehmen, solange wir noch die Kraft dazu haben und es noch nicht gefährlich ist. Eine wichtige Frage, die unser Helfer uns dann vielleicht stellt, ist die Frage: „Willst du nicht mehr *leben* oder willst du *so* nicht mehr leben?" Und je nach dem, wie wir antworten, wird der Helfer dann sagen: „Okay, wenn du *so* nicht mehr leben willst, das kann ich verstehen. Aber da können wir was dran tun!"

Selbstzerstörung und Autoaggression

Dies ist die Fortsetzung der Selbstmordgedanken mit anderen Mitteln. Selbstzerstörung ist subtil, sie greift nicht zu den dramatischen Methoden des Selbstmords. Sie tut's sanfter und auf Raten, aber sie ist genauso wirkungsvoll. Selbstverletzung, Trinken, Kettenrauchen, nur noch von Kaffee zu leben, sich mit destruktiven Menschen zu umgeben, sich selbst, seine Kleidung und seine Wohnung zu vernachlässigen, es gibt unendlich viele Formen der Selbstzerstörung. Zu viel Arbeiten gehört eigentlich auch in diese Kategorie. Wir reden hier nicht über die zeitweise Benutzung dieser Mittel, denn es tut manchmal gut, diesem selbstquälerischen Trieb nachzugeben, damit das Leiden richtig intensiv wird. Vielleicht müssen wir eine solche Phase mitmachen. Aber wir sollten diesem Trieb nicht die Führung, nicht die Macht über unser Leben geben. Okay, wenn wir das eine Zeit brauchen, gut. Aber wir sollten es im Blick behalten. Das Schöne ist, wenn wir etwas selbst gewählt haben, dann können wir zu gegebener Zeit auch wieder eine andere Wahl treffen.

Sinnfragen

Auch wenn es besondere Krisen gibt, die man Sinnkrisen nennt und in denen vor allem unser Tun, unsere Lebensweise und das Leben überhaupt in Frage gestellt werden, so kommen doch die so genannten „Sinnfragen“ in jeder ernsteren Krise vor. Warum habe ich diese Probleme, warum ist mir das passiert, ausgerechnet mir, was soll mir das sagen? Warum, warum, warum! Warum konnte das nicht verhindert werden, es wurde doch rechtzeitig erkannt? Warum hilft mir dieses Medikament nicht? Warum ausgerechnet mir nicht? Warum haben andere mich so verraten und im Stich gelassen? Warum muss ich durch diese grauenhafte Erfahrung gehen? Mit diesen Sinnfragen, die immer auch Fragen nach den Ursachen und dem Ziel des Geschehens sind, können wir auf drei Gebieten fündig werden:

Wenn wir geneigt sind, in der *Vergangenheit* zu suchen, dann werden wir mit psychologischen Methoden unsere Kindheit erforschen und es wird sicher genug zu finden sein. Wahrscheinlich werden unsere Eltern versagt haben und schuld sein. Das ist normal. Wir können auch zu einem Rebirthing-Seminar gehen und werden im (Wieder-)Erfahren unserer Geburt Dinge entdecken, die mit unserer heutigen Situation zu tun haben. Ähnliches wird der Besuch beim Astrologen ergeben, der im Geburtshoroskop und in aktuellen Transiten erkennt, warum es jetzt an dieser Stelle so schwierig für uns ist und was wir jetzt lernen sollten. Das ist sehr informativ und kann sehr unterstützend sein, wir sollten es nicht unterschätzen. Möglicherweise suchen wir die Ursachen auch in altem Karma und gehen zu einem spirituellen Therapeuten, der uns in andere Leben zurückführt oder der unsere vergangenen Leben schauen kann. Dies alles sind Versuche, in der Vergangenheit die Ursache für unser heutiges Problem zu finden. Wo wir auch suchen werden, wir werden etwas finden.

Wenn wir unser Suchen auf die *Gegenwart* richten, auf die Zeit, in der sich die Katastrophe anbahnte, dann werden wir wahrscheinlich beim „Zufall" landen. Aber was ist Zufall? Welche Macht, welchen Einfluss sprechen wir hier einer Größe zu, die wir nicht kennen, die wir aber „Zufall" nennen? Wir könnten den oder dasjenige, das hier auf eine magische Weise die roten Fäden des Lebens in Händen hält, auch Gott oder Schicksal nennen. Die östlichen Religionen sprechen von Karma, das sich erfüllt. Aber vielleicht gibt es keine roten Fäden, vielleicht ist es *echt* Zufall und wirklich ohne weitere Bedeutung? Diese absolute Willkür ist für den Menschen kaum auszuhalten, dann wären wir Spielbälle…ja, aber von wem? Vielleicht doch von einer höheren Macht? Von irgendwelchen Göttern, die am „Zwergenwerfen" ihren hässlichen Spaß haben? Sogar in „Willkür" ist noch das Wort „Wille" enthalten.

Es gibt auch psychologische Methoden, die sich so gut wie ausschließlich auf die Gegenwart richten. Gemeint sind hier Coaching und Supervision. Sie arbeiten an den Problemen und Konflikten, an den Fragestellungen und Strukturen der jetzigen Situation. Und sie haben damit überzeugenden Erfolg, ohne in die Tiefen der frühen Kindheit abzutauchen. Nur manchmal werden bei der Arbeit Grenzen erreicht, bei denen dann deutlich wird, dass ab hier Therapie angesagt ist.

Manche Menschen suchen die Gründe, die Ursachen für das, was ihnen passiert ist, nicht in der Vergangenheit, auch nicht in der Gegenwart, sondern in der *Zukunft*. Sie glauben (auch die anderen Sichtweisen sind *Sicht*-Weisen und damit „Glaubenssache"!), dass es für die Zukunft einen Sinn ergibt, dass ihnen dies passiert ist. Dass sie noch etwas zu lernen haben, dass sie in ihrem bisherigen Leben einen bestimmten Aspekt unterbelichtet hatten, der jetzt gelebt und entwickelt werden will. Oder dass sie auf eine bestimmte Aufgabe vorbereitet werden sollen. Dass sie durch diese Krise weiser und weicher werden sollen, dass sie dem Leben und Gott näher kommen sollen. Wie dem aufmerksamen Leser wahrscheinlich längst aufgefallen ist, ist dies die Sichtweise, aus der heraus dieses Buch geschrieben ist. Sie ist – als Sichtweise – nicht wahrer als die anderen Sichtweisen, sie hat aber einen entscheidenden Vorteil. Dann nämlich, wenn es darum geht, wie wir mit unserem Leid und mit der Krise umgehen und damit fertig werden. Wenn wir auf eine psychologische Weise in der Vergangenheit suchen, werden wir Schuldige finden und dies wird uns möglicherweise von unserer Verantwortung für das

Jetzt und für die Zukunft ablenken. Wie soll es mir jemals besser gehen, wenn doch andere an meinem Elend schuld sind – und bleiben werden? Der Schritt in die eigene Verantwortung ist hier viel schwerer. Ebenso bei den Methoden, die in der Gegenwart suchen, denn dann bin ich Opfer eines Zufalls. Die Sichtweise, dass die Ursache für ein Geschehen in der Zukunft liegt (was unsere Logik kaum denken kann!), hat als einzige den Vorteil, dass dann die Schwierigkeiten für etwas gut sind. Es ist so jedenfalls wesentlich schwerer, anderen Schuld zuzuschieben. Auch wenn wir das gern tun würden, wir würden damit nur auf der Stelle treten und uns selbst am Wachstum hindern. Es ist eine vom ersten Moment an positive Annäherung an die Problematik. Diese Sichtweise ändert nichts an der eigentlichen Ohnmachtserfahrung, an der Tatsache, dass ich in eine Situation gezwungen werde, aber sie unterstellt, dass es einen bestimmten Sinn macht, dass mir dieses passiert. Sie unterstellt eine gewisse Weisheit im Geschehen und macht – bei aller Schwere – eine positive Öffnung in Richtung Zukunft und in Richtung Selbstverantwortung möglich. Damit wissen wir zwar immer noch nicht, wer hinter den Kulissen für diese scheinbare Logik verantwortlich ist, wer hier Regie führt und die roten Fäden in der Hand hält. Religiöse Menschen haben es etwas leichter mit diesen Fragen. Auch sie werden hadern und verzweifelt sein, es wäre komisch, wenn es anders wäre. Aber sie werden – möglicherweise nach einer heftigen Glaubenskrise – eine alte oder neue Antwort darauf finden, wer hier die Regie führt.

Trauer

Das Phänomen „Trauer“ ist ein eigenes Buch wert und tatsächlich sind damit auch viele Bücher gefüllt. Allerdings handeln sie meistens von der Trauer nach einem Sterbefall, weniger von der Trauer nach anderen Verlusten. Wenn der betroffene Leser sehr mit Trauer zu tun hat, dann könnte es sinnvoll sein, zusätzlich ein Buch über „Trauerarbeit“ zu lesen oder an einem Seminar zur „Trauerbewältigung“ teilzunehmen. Im Rahmen dieses Buches hier werden wir – wie bei den anderen Phänomenen – nur so weit darauf eingehen, dass deutlich wird, dass die Trauer sein darf, und wie wichtig es ist, diesen Trauerprozess zu absolvieren. Trauer ist Verabschiedung, ist der Prozess des Loslassens von etwas, das uns lieb und teuer war. Der Trauerprozess erfährt eine zusätzliche Schwierigkeit, wenn wir einen Vermissten betrauern, von dem wir nicht definitiv wissen, ob er nun tot ist oder noch lebt. Wir schwanken zwischen Hoffnung und Trauer und das kann sehr, sehr lange anhalten. Ein nagender Prozess, der nicht zur Ruhe kommen kann. Es gibt auch andere Begleitumstände, die den Prozess sehr erschweren werden.

Zum Beispiel, wenn Selbstmord verübt wurde. Die Fassungslosigkeit, das Nichtverstehen, die eigene Schuld mischen sich mit der Trauer, in einigen Fällen im Wechsel mit Gefühlen der Erleichterung. Oft kommt es in der Trauer zu deutlichen Wut-Gefühlen, für die wir uns aber schämen: Man darf doch auf Verstorbene nicht wütend sein? Doch, wir dürfen. Wut ist ein ganz normales Gefühl, das in jedem Trauerprozess vorkommt und für das wir uns nicht zu schämen brauchen. Wir sind wütend, weil wir verlassen wurden, weil der andere uns einen Haufen Probleme hinterlassen hat, weil der andere uns das angetan hat. Wut und Trauer gehören zusammen. Unter der Wut sitzt die Liebe. Und die kann erst nach oben kommen, wenn die anderen Schichten erledigt sind.

Noch wenig vertraut sind Menschen damit, dass es auch im Zusammenhang mit einer Trennung oder Scheidung zu Trauer kommt und auch kommen sollte. Als schwierig erweist sich dabei, dass es noch kaum gesellschaftliche Rituale gibt, die diesen Übergang erleichtern, dass es kein Grab gibt, das man pflegen kann, und dass es keine Beileidsbekundungen gibt. Der Trauerprozess ist meist schwierig zu absolvieren: Denn diese Trauer ist einerseits normale Trauer über einen „Verblichenen", während es andererseits den anderen noch gibt und es ihm vielleicht sehr gut geht. Das macht diese Trauer so schizophren. Und auch sie ist phasenweise mit heftiger Wut gemischt. Es ist nicht schön, aber manchmal kommt es zwischen verwitweten und geschiedenen Menschen zu einer Art „Konkurrenz" darüber, welcher Trauerprozess nun schwieriger ist. Das hängt vom Einzelfall ab. Witwer oder Witwe zu sein, ist ein gesellschaftlich anerkannter Status, den manche sogar mit Stolz erwähnen. Geschieden zu sein wird daneben wie ein Betriebsunfall behandelt, den man möglichst schnell beheben sollte. Trauern wird deshalb kaum zugestanden. Und das Umfeld erwartet, dass man möglichst schnell wieder auf Partnersuche geht. Sich zu trennen und sich scheiden zu lassen, das passiert heute doch so vielen – das kann doch nicht sehr wehtun! Sterben müssen wir doch auch alle, dann dürfte das doch eigentlich überhaupt nicht wehtun? Im Umgang mit Trennung und Scheidung hat unsere Gesellschaft noch viel nachzuholen. Zurzeit ist sie den Folgen der modernen Freiheit noch in keiner Weise gewachsen! Daneben gibt es noch andere Verluste, die keine gesellschaftliche Aufmerksamkeit und Anerkennung finden. Der Tod eines zu früh geborenen Kindes gehört mit Sicherheit dazu. Aber auch bei allen Veränderungen, die wir selbst gewählt haben, sollten wir besser versuchen, nicht über Trauer zu reden. Denn wir werden keine Zuhörer finden. Bei den Veränderungen und Verlusten, die sowieso zum Lebenslauf dazu gehören (Geburt, Heirat, Kinder, die aus dem Haus gehen, Ende des Berufslebens, Wechsel des Wohnortes...) wird von uns erwartet, dass wir dies tatkräftig bewältigen. Trauer? Doch, wir werden Trauer empfinden. Je besser und wichtiger das Zurückliegende für uns war, umso heftiger wird uns die Trauer erwischen, wenn es vorbei ist. Wenn es ein einschneidender Verlust war – diese Dinge sind subjektiv! – dann werden wir eine Phase mitmachen, in der wir möglicherweise jeder Begegnung mit der Vergangenheit aus dem Weg gehen. Dann wiederum wird es eine Phase geben, in der wir begierig alles in uns aufsaugen, das uns an die Vergangenheit erinnert: Photos, Geschichten, Musik, Plätze, Personen… Schwierig wird es, wenn es mehrere Betroffene gibt, die einen bestimmten Verlust unterschiedlich schmerzhaft erleben oder die unterschiedlich durch diese Phasen gehen. Das kann eine große Belastung für die Beziehung werden. Es erfordert viel Wissen um den Ablauf dieser Prozesse und um seine natürlichen Begleiterscheinungen, viel Toleranz und Geduld, viel Weisheit und Liebe, um sich gegenseitig *lassen* zu können. Beziehungen, die das miteinander bewältigen, gehen gestärkt daraus hervor.

Unsicherheit

Natürlich sind wir unsicher. Wer wäre es nicht in dieser Situation? Krise ist immer mit Unsicherheit verbunden. Das Alte ist weg oder droht wegzugehen, das Neue kennen wir nicht und können es uns auch beim besten Willen noch nicht vorstellen. Wir sind in dem Loch, in der Grauzone dazwischen. Das ist sehr beunruhigend. Vor allem auf den Verlust von vertrauten Dingen, Menschen oder Fähigkeiten, Identitäten oder Rollen reagieren wir mit Unsicherheit. Ganz abgesehen davon, dass die Situation außerdem noch mit *konkreter* materieller und finanzieller Unsicherheit verbunden sein kann. Wir sind unsicher, wenn eine wichtige Entscheidung von anderen abhängt und wir nichts weiter tun können. Wir sind verunsichert, wenn uns ein schlimmer Fehler unterlaufen ist. Wir sind unsicher, wie es weitergeht und wo wir hin wollen. Das alles ist normal in Krisenzeiten. In Krisenzeiten sind wir destabilisiert und also verunsichert. Unsere gewohnte Sicherheit ist weg, die äußere, aber auch die innere. Das ist schwer auszuhalten, aber wir können es im Moment nicht ändern. Auch und gerade, wenn wir vorher eine stabile Person waren, die wusste, wo es lang ging, und die bekannt war für ihre ruhige, innere Sicherheit. Jetzt ist alles weg. Auch bei Entscheidungs- und Kontakt-Schwierigkeiten ist es vor allem unsere innere Unsicherheit, die uns zu schaffen macht. Entweder hat unsere innere Unsicherheit Dinge im Außen unsicher werden lassen oder einschneidende Veränderungen im Außen haben uns innerlich total verunsichert. Wir wissen nicht mehr, was wir tun sollen, wie wir es tun sollen …und überhaupt. Alles, was einst sicher erschien, ist jetzt unsicher. Wir reagieren möglicherweise anders, empfindlicher, schätzen Dinge anders ein, haben an Vertrauen verloren… wir kennen uns selbst nicht mehr. Unsicherheit ist schwer zu ertragen. Wir verlangen nach stabilen Verhältnissen, im Innen wie im Außen. Auch andere erwarten das von uns, wir können es ihnen im Moment aber nicht geben. Oder, falls wir selbst dies von anderen erwarten, so können sie uns diese Sicherheit jetzt vielleicht nicht geben. Unsicherheit heißt: auf dem Glatteis des Lebens laufen. Wenn wir unsicher sind, funktionieren unsere alten Verhaltensmuster nicht mehr, wir werden vorsichtiger und stiller (manche werden lauter) und fragen nach, wo wir früher behauptet haben (manche behaupten noch lauter und fragen noch weniger). In Zeiten von Unsicherheit sind wir jedoch mehr mit der Wahrheit des Lebens verbunden als in den Zeiten von Sicherheit. Wir haben auch mehr Respekt vor dem Leben und *seinem* Willen. Vielleicht ist Unsicherheit dafür nötig? Sie ist auf jeden Fall eine normale Begleiterscheinung von einer Krise, da ist nichts falsch oder schlecht dran. In diesen unsicheren Zeiten kann sich etwas Neues in uns entwickeln.

Verlust des Selbstbildes

Eine Krise kann zeitweise zu einer dermaßen hohen Herausforderung für uns werden, dass wir beginnen, uns anders zu verhalten, als wir es bisher von uns kennen. Aus Unsicherheit, Ratlosigkeit oder Überforderung, weil wir nicht wissen, wie wir eine Situation handhaben sollen, weil wir andere nicht mit der Wahrheit verletzen wollen, wie auch immer, wir beginnen Verhaltensweisen zu zeigen, die wir bisher nicht kannten. Möglicherweise beginnen wir, andere anzuschreien, ihnen nachzuspionieren, andere zu belügen, zu bedrohen oder unter Druck zu setzen – oder sogar körperliche und psychische Gewalt auszuüben. Wir beginnen Informationen zu manipulieren und verharmlosen dies, wir helfen doch nur „der Wahrheit ein wenig nach“. Möglicherweise beginnen wir zu trinken oder an Spielautomaten Geld einzusetzen. Wir verhalten uns „fremd“ und diese Fremdheit fühlen nicht nur wir selbst, auch andere erfahren uns als fremd. Sie kennen uns nicht wieder, das passt doch nicht zu uns. Nein, zu dem alten Menschen, der wir waren, passt das ganz und gar nicht. Die Krise hat es geschafft, unsere anderen, weniger guten Seiten zu aktivieren und ans Licht zu holen. Seiten, von denen wir nie vermutet hätten, dass sie in uns sind. „Das bin ich nicht, so kenne ich mich nicht. Ich weiß auch nicht, was das ist“, und andere sagen: „Das ist nicht der Mensch, den ich kannte. Habe ich mich so getäuscht?“ Das Bild, das andere von uns hatten, ist zerstört, und auch das Bild, das wir selbst von uns hatten. Ein Bild, das vielleicht einen ehrlichen, aufrechten, hilfsbreiten, aufgeschlossenen, fleißigen, ordentlichen, disziplinierten und pünktlichen Menschen gezeigt hat. Es zeigte einen sozialen Menschen, der sich sehen lassen konnte. Wir dachten, dass wir das wirklich waren? Ja, aber das war anscheinend nicht alles, was wir waren. Jetzt werden die anderen Seiten gelebt, die Seiten, die vielleicht weniger vorzeigbar und weniger akzeptabel sind. Natürlich leiden wir unter unseren „schlechten" Seiten, das ist normal. Aber es ist keine Lösung, es deswegen *noch toller* zu treiben. Oft wird nach dem Motto gehandelt: „Ist der Ruf erst ruiniert, lebt es sich recht ungeniert." Stimmt. Aber je weiter wir absacken und zulassen, dass wir in asoziale Verhaltensweisen abrutschen, umso schwieriger und weiter wird der Rückweg, der Wieder-Aufstieg sein. Manchmal versuchen wir mit solchen Verhaltensweisen auch andere zu bestrafen. Was für ein Irrtum! Wen wir hauptsächlich damit bestrafen, sind wir selbst. Und auch für die Zeiten, in denen wir abrutschen, gilt, dass wir – wenn schon nicht uns selbst – so doch andere gut behandeln sollten.

Verlust des Vertrauens

Dies ist eine der schmerzlichsten Begleiterscheinungen von intensiven Krisen. Möglicherweise wurden wir von anderen verraten? Oder im Stich gelassen? Haben andere ihr Wort nicht gehalten? Wenn wir uns wirklich auf andere eingelassen hatten, wenn wir darauf gebaut hatten, was sie gesagt oder versprochen hatten, dann wird es uns in eine tiefe Krise bringen, wenn sie gehen, wenn sie uns betrügen oder ihr Versprechen nicht halten. Es ist unfassbar, ist das noch dieser Mensch, dem ich geglaubt und vertraut habe? Wie habe ich mich so täuschen können! Was für ein Riesen-Irrtum, mich diesem Menschen anzuvertrauen. Wo war meine Menschenkenntnis? Hatte ich Zeichen oder Signale übersehen? Wir verlieren das Vertrauen in die Ehrlichkeit und in die guten Absichten anderer Menschen, wir glauben ihnen nicht mehr. Wenn wir Pech haben, verlieren wir nicht nur unser Vertrauen in andere Menschen, wir verlieren obendrein auch noch das Vertrauen in unsere eigene Wahrnehmung, die uns so offensichtlich getäuscht hat. Es ist sehr schwer, auf dieser Basis *entspannt* weiter zu leben. Wir sind nicht mehr entspannt, sondern immer „auf der Hut", immer wachsam und misstrauisch. Das ist kein Leben! Aber was sollen wir machen? Das Schlimmste ist, dass alle Vorsicht nicht verhindern wird, dass wir eventuell wieder betrogen oder verraten werden. Es gibt keinerlei Sicherheit, es gibt keinen Grund, Menschen zu vertrauen. Sie haben die freie Wahl und können diese Wahl jederzeit *gegen uns* benutzen. Herzlich willkommen, wir sind in der Hölle angekommen!

Es gibt jedoch eine Möglichkeit, hier wieder herauszukommen: Da wir bei allem Misstrauen und aller Vorsicht doch nicht verhindern können, dass wir wieder enttäuscht werden, können wir auch gleich wieder beginnen, spontan und naiv zu werden und zu unserer Unbefangenheit und Unschuld zurückzukehren. Wer will schon gern auf ewig wachsam und angespannt durchs Leben laufen? Das ist kein Leben, das ist die Hölle. Dann lieber ab und zu verletzt und betrogen werden.

Verzweiflung, Aussichtlosigkeit, Hoffnungslosigkeit, Sinnlosigkeit, Resignation

Verzweiflung, Aussichtslosigkeit und Hoffnungslosigkeit, Resignation gehören zusammen mit Angst zu einer bestimmten Familie von Gefühlen. Es sind Gefühle, die es uns beinah unmöglich machen, weiterzuleben und weiterzugehen. Es ist schwer, mit diesen Gefühlen umzugehen, sie da sein zu lassen, ohne ihnen aber die totale Macht über uns zuzugestehen. Denn das geschieht schnell. Diese Gefühle haben die Neigung sich als lebensbestimmendes Grundgefühl festzusetzen. Kein Wunder. Denn die Situation ist möglicherweise wirklich aussichtslos, diese Gefühle sind keine Erfindung. Es geht nicht weiter, wir sehen keine Möglichkeit, die Probleme zu lösen. Jede sichtbare Lösung würde zu neuen Problemen führen. Es ist nur noch schwarz und kein Lichtschimmer am Horizont zu sehen, der Hoffnung bedeuten könnte. Es ist sehr schwer, an dieser Stelle weiterzugehen. Wie gern möchten wir aufgeben, verlöschen, aus diesem Leben verschwinden. Aber es gibt kein Entkommen und Selbstmord ist auch keine Lösung. Es ist sehr schwer, dann trotzdem weiterzumachen, wieder aufzustehen, auf die Beine zu kommen und den einen Fuß vor den anderen zu setzen. Erst den linken Fuß, dann den rechten Fuß. Es geht, wir gehen wieder. Wir gehen weiter. Wir wissen zwar überhaupt nicht wohin, aber wir gehen weiter. Das ist eine enorme Leistung und es gibt genug Menschen, die das nicht schaffen, die doch den Selbstmord wählen. Es ist verständlich, es ist wirklich zu verstehen, es ist so menschlich, aber es ist keine Lösung. Weitergehen ist die Lösung. Unseren Füßen zu erlauben, weiterzugehen, auch wenn wir selbst meinen, keine Kraft mehr zu haben, und wenn wir keinen Schimmer haben, in welche Richtung es gehen soll. Unsere Füße wissen, wie man geht, überlassen wir es im Moment ihnen, eine Richtung zu finden.

Wahnvorstellungen

Dies ist ein schwieriges Kapitel. Hier einen Rat zu geben ist beinah unmöglich. Jeder Betroffene wird sowieso tun, was er tun muss und was zu ihm, zu seiner Situation und seinem Schicksal passt. Manchmal kommt es in schweren Krisen zu Wahnvorstellungen. Grauenhafte Phantasien, verzerrte Fratzen, blutüberströmte Szenen, Monster, die uns bedrohen, Menschen, die uns verfolgen, immer und immer wieder. Wir werden versucht sein, diese Bilder wegzudrücken, denn sie sind Furcht erregend und werden als absolut bedrohlich erfahren. Sie überwältigen uns und eine tiefe Angst kommt nach oben. Angst davor, dass wir die Kontrolle verlieren und dass wir wahnsinnig werden könnten. Wie damit umgehen? Von diesen Wahnideen stirbt man nicht, aber sie können uns zu abartigem Verhalten veranlassen. Sobald wir merken, dass wir uns selbst oder anderen Schaden zufügen könnten, sollten wir sofort professionelle Hilfe holen, also zum Psychologen oder zum Psychiater gehen. Psychologen werden mit uns diese Bilder betrachten und die Bedeutung erforschen, die sie für unser Leben haben. Daraus können wir viel lernen, auch wenn dies sicher eine schwere Arbeit sein wird. Psychiater haben die Neigung, uns Medikamente zu geben, um diese Phänomene „wegzumachen". Meistens sind dies Medikamente, die uns in Watte packen und unser Gefühlsleben auf Eis legen, so dass wir nichts mehr spüren, sondern eher wie ein Roboter funktionieren. Wenn die Erfahrungen wirklich zu heftig sind, dann kann dies kurzzeitig eine Lösung sein – vorübergehend. Auf Dauer sollten wir versuchen, die Verantwortung für unseren Prozess wieder selbst zu übernehmen und doch durch diese Erfahrungen hindurchzugehen.

Wer ausreichend therapeutische Erfahrung hat und es sich zutraut, kann sich diesen Wahnvorstellungen stellen. Aber auch dann ist es besser, eine gute Begleitung zu haben, die zusätzlich mit aufpasst und für Sicherheit sorgt. Wir „stellen" uns den Bildern. Das meint, wir lassen sie zu, halten sie aus und schauen sie an. Manchmal kann es eine Hilfe sein, mit diesen Bildern aktiv etwas zu tun, um sie in Bann zu halten und sich nicht von ihrer Bedrohlichkeit übermannen zu lassen. Es gibt hilfreiche Tricks für solche Fälle: So kann man zum Beispiel die Bilder größer oder kleiner werden lassen, sie wegschicken oder nah herankommen lassen. Die ganz bedrohlichen kann man in einen Phantasie-Luftballon packen und sie zum Himmel schicken. Es gibt viele Möglichkeiten, sie haben alle eines gemeinsam: Wenn wir aktiv sind, fühlen wir uns als „Macher" und sind nicht so ohnmächtig den Bildern ausgeliefert. Diese Tricks verändern zwar nicht die Bilder, aber sie werden so weniger bedrohlich. Mitten in der Ohnmacht bleiben wir aktiv und initiativ, das macht alles erträglicher. Mit der Zeit werden diese Bilder sich verändern, wir können mit ihnen spielen, sie werden freundlichere Züge bekommen und mit der Zeit wegbleiben. Vielleicht werden sie später noch einmal zurückkommen, wenn wir durch andere Umstände entkräftet oder überanstrengt sind. Aber dann sind es bereits alte Bekannte.

Wut und Aggression

Tja, wenn's denn erlaubt wäre. In einer nordeuropäischen, christlich geprägten Kultur ist das nicht so einfach. Wir müssen alle sanft, heilig, verständnisvoll, zugewandt und offen sein. Was aber, wenn wir das nicht sind? Einer der wichtigsten Schritte im Verarbeitungsprozess einer Krise ist das Zulassen der eigenen Wut und Aggression. Wir reden hier über eine bestimmte Schicht von unangenehmen Gefühlen, die meistens vermieden wird. Wir wollen keinen Streit, wir wollen lieber Harmonie, wir wollen geliebt werden, wir wollen nicht alles noch schlimmer machen und kein Risiko eingehen.... Es dauert lange, bevor wir in der Lage sind, wütend zu werden – *wirklich* wütend! Auf andere. Und das auch zeigen. Andere haben dann ein Problem mit uns, wir haben dafür eines weniger. Andere werden uns endlich ernst nehmen, weil wir uns endlich selbst ernst nehmen. Hinterher erscheint es immer ganz einfach, obwohl tatsächlich neue Probleme durch unseren Wutanfall entstehen können. Gut, dann ist das so. Unsere Wut zu fühlen, die Aggression auszudrücken, statt sie zu unterdrücken, das bringt uns im Prozess weiter. Nicht, dass es die konkreten Probleme lösen würde, aber wir verändern uns dabei. Wir sind danach *mehr* wir selbst und das bringt uns weiter. Es gibt uns Kraft und stärkt unser Selbstvertrauen. Es gibt dabei allerdings eine *Goldene Regel* zu beachten, dieselbe Regel wie auch zu normalen Zeiten: Wir sollten andere gut behandeln. Die Kunst besteht deshalb darin, mitten im Wutausbruch, mitten in dem aggressiven Gefühl andere immer noch gut zu behandeln. Andere nicht zu verletzen, nicht abzuwerten, nicht zu belügen, nicht bloßzustellen...Wie soll das gehen? Es geht! Vielleicht nicht direkt am Anfang, sicher nicht am Anfang! Wenn wir uns sofort wieder die Latte zu hoch legen, wird aus der Wut nichts, dann ist es eine kontrollierte Schau. Erst muss diese ewige Kontrolle losgelassen werden, um sie danach langsam wieder zu gewinnen. Kontrollierte Wut, voll der Ausbruch, aber immer noch die Zügel in der Hand. Mich befreien und andere dabei nicht verletzen! Danach lässt es sich viel leichter reden, vielleicht zum ersten Mal richtig. Unter der Wut sitzt die Liebe.

Manchmal heulen Menschen vor Wut, aber Heulen hat nicht viel mit Aggression zu tun. Wut ist eine aggressive Energie, die sich normalerweise gegen andere richtet. Wenn wir heulen, dann lassen wir unsere Wut nicht raus, heulen ist ein Not-Ventil, mit dem wir Druck ablassen und Adrenalin abbauen, um der eigentlichen Aggression zu entkommen. Es ist eher die Verzweiflung über die Situation oder ein Gefühl von Ohnmacht, das uns heulen lässt. So gesehen ist es also nicht ganz ehrlich, zu sagen, wir hätten aus Wut geheult. Besser wäre es (aber nur in diesem Fall!), wir würden das Heulen aufsparen und die Energie nach vorn und nach außen entladen. Andere werden sich wundern! Aggression ist gesellschaftlich gesehen ein Problem, wie wir oben gesehen haben. Wir haben Angst vor der Aggression anderer, aber wir haben noch viel mehr Angst vor unserer eigenen Aggression. Diese Dampfkessel-Mentalität, gemischt mit ein wenig christlichem Opferdenken, ergibt ein *scheinheiliges* Menü. Heilig (heil!) sind wir *nach* der Wut und nicht stattdessen. Manche Menschen versuchen, das Stadium der Wut zu überspringen, diese Drecksarbeit nicht zu leisten, und stattdessen direkt in den Stand der Heiligkeit einzukehren. Geht aber nicht!

Ziemlich schwierig wird es, wenn wir Wut gegenüber Gott fühlen. Da haben wir Hemmungen, auch Menschen, die nicht sehr gläubig sind. Was nun? Wenn wir die Wut wirklich *fühlen*, dann haben wir sowieso keine Wahl, dann *sind wir wütend*. Dieser Gott, der versprochen hatte, uns zu schützen, hat uns in die Falle rennen lassen. Er hat zugelassen, dass ein lieber Mensch elendig und unter so vielen Qualen sterben musste – oder gerade nicht sterben kann. Warum nur? Warum? Irgendwann werden wir dieses Warum so laut und intensiv herausschreien, dass es nur noch schreit. Wir klagen an, wir jammern, wir schimpfen, wir hauen ihm unser ganzes Elend um die Ohren. Immerhin ist *Er* schuld. Wer sonst, wenn nicht er? Er hätte es verhindern können, warum hat er es nicht getan? Wir sind nicht mehr brav, endlich sagen wir ihm, was wir von ihm halten, was er uns angetan hat, was das für uns bedeutet, wie viel Elend er uns eingebrockt hat. Es werden keine schönen Worte sein und es wird nicht sehr fromm klingen. Sei's drum, wir sind ehrlich, mit allem, was wir sind und haben, diesmal sind wir ehrlich. Ehrlich gegenüber Gott und verdammt wütend. Wir haben unser ganzes zivilisiertes und gebildetes Getue hinter uns gelassen und lassen wirklich los. Er wird schon sehen, was er davon hat. Nie, nie wieder werden wir in diese verdammte Kirche gehen, in der sowieso nur gelogen wird. Mitten im Toben und Schimpfen haben wir uns ihm zugewendet – wir haben es nicht bemerkt – und auf eine sehr *direkte* Weise angefangen zu reden oder zu schreien, wir haben kein Blatt mehr vor den Mund genommen und nichts mehr zurückgehalten, auch uns selbst nicht. Wir sollten uns dies nicht übel nehmen, im Gegenteil. Gott hat auf diesen Moment gewartet, dass wir uns endlich so öffnen – für ihn. Unter der Wut sitzt die Liebe!

III. Krise als Chance für persönliches Wachstum

3.0 Einleitung

Der vorige Teil II galt dem „Selbstmanagement in Krisenzeiten". Er enthielt Tipps und Empfehlungen, wie wir mit den vielen schwierigen Symptomen, Gefühlen und sonstigen Phänomenen einer Krise umgehen können, immer mit dem Ziel, die Krise nicht abzubrechen und gesund zu bleiben. Menschen, die diesen Empfehlungen folgen, werden ihre Krise relativ gut überstehen und einiges dabei lernen.

Krisen zu überleben und sie zu managen, ist bereits eine hohe Kunst, aber wir können sie darüber hinaus auch nutzen, um für die eigene Entwicklung davon zu profitieren. Es ist nämlich möglich, aus Krisen noch mehr herauszuholen, als sie einfach nur „gut zu überstehen". Krisen sind Zeiten, die hervorragend geeignet sind, um sich persönlich und spirituell weiterzuentwickeln. In diesem Teil III werden wir diese Chancen ausführlich besprechen und auch die Bedingungen, unter denen eine Krise zu einer solchen Chance werden kann. Sehr unterstützend ist, wenn es uns gelingt, die Krise als ein persönliches Projekt anzusehen. Krisen sind nicht einfach nur ein Problem und damit lästig. Wenn es uns gelingt, aus diesem Problem ein Projekt zu machen, dann werden wir die Krise in einen enormen Lernprozess verwandeln und sie so für unsere eigene Entwicklung nutzen können. Krisen sind äußerst intensive Zeiten, in denen wir zur Schule des Lebens gehen. Unser Lernen kann auf vielen verschiedenen Ebenen stattfinden, wir können selbst bestimmen, wie konsequent und nachhaltig wir an den jeweiligen Lernzielen arbeiten wollen. Jedoch wird Lernen hier nicht in einem kognitiven Sinne verstanden, es geht nicht darum, hinterher mehr zu „wissen". Lernen in Krisenzeiten zielt auf die *ganze* Person, es wird umfassend gelernt, auf allen Ebenen unseres Menschseins.

Eigentlich ist dieses Kapitel eine Art Arbeitsprogramm, ein Programm für die Arbeit an uns selbst, mit dem wir gezielt an unserer weiteren Entwicklung arbeiten können. Es ist nicht schlimm, dass wir in einer Krise sind. Schlimm wäre, wenn wir nichts daraus lernen würden! Für ein erfolgreiches Lernen wäre es sinnvoll zunächst Kapitel 3.2 „Krise als persönliches Projekt" zu bearbeiten.

Im weiteren Verlauf sollte der Leser dann selbst wählen, wie er oder sie mit diesem Arbeitsprogramm umgehen will. Es gibt mehrere Möglichkeiten:

1. Eine Ebene (Gefühle, Haltungen…) auswählen und einige Wochen gezielt an *dieser Ebene* arbeiten. Danach kommen die anderen Ebenen dran.

2. Aus jeder Ebene *einen* Aspekt wählen und mehrere Wochen lang parallel an diesen Aspekten arbeiten.

3. *Frei wählen*, je nach Bedarf!

Zu jedem der beschriebenen Aspekte gibt es Fragen, die zum Nachdenken über sich selbst anregen können. Diese Fragen können und sollen durch *eigene* Fragen ergänzt werden. Danach folgen jeweils konkrete Aufgaben, und auch hier wäre es wünschenswert, wenn der Leser mit diesen Aufgaben kreativ umgehen und für sich selbst eigene Aufgaben entwickeln und eigene Ziele setzen würde. Die Empfehlungen zu den verschiedenen Ebenen tragen jedoch ein Geheimnis in sich, sie wirken nicht von selbst, sie wirken nur, wenn wir sie umsetzen, wenn wir es *tun*!

Die Arbeit an und mit den verschiedenen Ebenen gilt dem *persönlichen* Wachstum. Erst in Teil IV „Die spirituelle Dimension von Krise" werden wir uns anschauen, inwieweit wir in Krisenzeiten gezielt auch für unser *spirituelles* Wachstum Verantwortung übernehmen können.

3.1 Dinge, die wir nicht tun sollten!

Kein destruktives Verhalten!

Möglicherweise werden wir versucht sein, uns destruktiv zu verhalten, anderen gegenüber, aber auch uns selbst gegenüber. Die Bandbreite geht von Aggression (Gewalt gegen Sachen und Menschen, körperlich oder verbal) bis zur Auto-Aggression (Selbstmord, Unfälle, passives Sich-hängen-Lassen, Missbrauch von Alkohol oder Ähnlichem). Wenn wir eine starke Neigung zur Aggression oder Autoaggression verspüren und uns die moralische Kraft fehlt, um der destruktiven Energie eine positive Wende oder ein positives Ziel zu geben, wenn wir also Zweifel haben, ob wir der Sache noch gewachsen sind, dann ist es eine Möglichkeit (die gut funktioniert!), sich gegenüber einer vertrauenswürdigen Person zu verpflichten, bestimmte Dinge nicht oder nicht mehr zu tun. Wir können durch dieses Versprechen Grenzen festlegen, die in schlimmen Momenten eine Hilfe für uns sein werden. Die Tatsache, dass jemand anders hiervon weiß und wir uns durch ein Versprechen gebunden fühlen, gibt uns mehr Kraft in den Momenten, in denen unsere eigene Kraft nicht reicht. Im Yoga nennt man dies „Monitoring“: Jemand anders stellt uns sein Interesse und seinen Glauben an unsere Gutheit zur Verfügung, um uns zu unterstützen. Das gibt Kraft. Und ein Versprechen bindet uns stärker, als wenn wir uns im Stillen etwas vornehmen.

Fragen zum Nachdenken

- Welche meiner Gedanken und Verhaltensweisen lassen auf Aggression oder Destruktivität schließen?
- Wie könnte ich diese Energie anderweitig entladen, so dass sie niemandem schadet?
- Wie könnte ich diese aggressive Energie fruchtbringend und konstruktiv einsetzen?
- Welche meiner Verhaltensweisen haben auto-aggressive Züge, mit denen ich mir selbst schade?
- Auf welche Weise könnte ich diese Energie nach draußen entladen, so dass sie mir und anderen nicht schadet?
- Wie könnte ich diese auto-aggressive Energie fruchtbringend und konstruktiv einsetzen?

Aufgaben

- Körperlich aktiv werden, so dass diese Energien entladen werden.
- Mit einer Person meines Vertrauens darüber reden, mit dem Ziel, mich selbst zu verstehen und mich auszudrücken. Und ihr ein Versprechen geben, dass ich mir und anderen zukünftig nicht mehr schaden werde.

Keine Drogen!

Alles hat Grenzen, auch unsere Fähigkeit, Schmerz und Einsamkeit zu ertragen oder Erniedrigung hinzunehmen. Natürlich werden wir versucht sein, diese Erfahrungen abzumildern und sie nicht mehr fühlen zu müssen. Drogen gehören, genau wie Aktionismus, in die Kategorie „Fluchtverhalten“. Für den Umgang mit Betäubungsmitteln ist es wichtig zu wissen, dass es verstärkende Stoffe gibt, die den momentanen Zustand eher noch intensivieren und damit auch die Schwelle für Emotionen herabsetzen. Alkohol zum Beispiel intensiviert (verstärkt) den Zustand, so dass lustige Leute außer Rand und Band geraten, während bei frustrierten und aggressiven Menschen die Neigung zum zerstörerischen Ausbruch verstärkt wird. Alkohol setzt also die Hemmschwelle herunter, wir verlieren unser normales, angepasstes und zivilisiertes Verhalten. Daneben gibt es die beruhigenden, eher hemmenden Stoffe, die den momentanen Zustand abmildern und betäuben. Tabak ist beruhigend, aber auch Essen. Solche Dinge werden deshalb gern benutzt, um die eigene Unausgeglichenheit nicht fühlen zu müssen. Ganz extrem sind in dieser Hinsicht die gebräuchlichen Psychopharmaka, sie lassen uns fast scheintot erscheinen und wie Roboter rumlaufen, alle Gefühle sind abgeblockt und wir sind nicht länger fähig zu normalem *lebendigem* Kontakt.

Schwere Krisen sind beinah automatisch mit einem Griff zu Betäubungsmitteln verbunden, zeitweise werden wir es ohne nicht aushalten können. Dieser Aspekt von Krise ist schwierig. Schwierig schon deshalb, weil manche Mittel legal sind und manche illegal. Alkohol, Tabak und Koffein sind legale Drogen, Marihuana und alle starken Betäubungsmittel sind illegal. Es gibt sicher Gründe für diesen Unterschied, aber er macht den Umgang mit diesen Stoffen schwierig. Legale Drogen sind gesellschaftlich akzeptiert und werden ständig auch öffentlich konsumiert, zum Beispiel im Fernsehen. Sie sind Teil der kleineren oder größeren Rituale des Lebens und werden deshalb verniedlicht und verharmlost. Das macht es für Betroffene schwer, die Grenze zu erkennen, wo normaler Genuss in Abhängigkeit übergeht. Denn die Grenze dessen, was für „normal" gehalten wird, liegt – eben wegen der Legalität – weitaus höher, als wenn diese Mittel illegal wären. Ebenso schwierig ist das Thema Medikamenten-Missbrauch. Wann ist ein Medikament wirklich nötig und wann dient es dazu, unangenehme Stimmungen und Gefühle „weg" zu machen? Der Übergang zur körperlichen und / oder psychischen Abhängigkeit ist hier sehr schnell erreicht. Um den starken Gefühlen und dem gnadenlosen Bewusstsein unserer Situation zu entgehen, greifen wir zu solchen Stoffen. Sie können manchmal – kurzzeitig – sogar lebensrettend sein. Ihre eigentliche Gefahr besteht in der Tatsache, dass sie abhängig machen und wir sie immer öfter und in immer höheren Dosierungen nehmen. Auf viele verschiedene Weisen versuchen wir, alles zu tun, um unsere Gefühle nicht fühlen zu müssen und werden so abhängig. Es gibt allerdings auch Menschen, die Drogen nehmen, um ihre Gefühle endlich auszuleben. Gefühle sind aber nur dazu da, um *gefühlt* zu werden, nicht um sie auszuleben! Dies ist eines der großen Missverständnisse in unserer Kultur.

Mit Abhängigkeit sind hier auch alle anderen Dinge gemeint, denen wir zeitweise verfallen, wie das Telefon, der Kontakt zu bestimmten Personen, mit dem Auto zu rasen oder viel Geld ausgeben zu müssen. Immer, wenn wir etwas haben oder tun *müssen*, also nicht darauf verzichten können, wissen wir, dass wir abhängig sind. Für Menschen mit einer Abhängigkeitsproblematik gilt gleichermaßen: Sie haben Schwierigkeiten, mit der Situation umzugehen und sie zu akzeptieren. Sie weichen aus und benutzen Stoffe, aber auch andere Dinge wie Arbeit, Sex, Autos, Telefon oder auch andere Menschen, um sich über diese Situation „hinwegzuhelfen". Dies verschafft momentane Erleichterung, es ist aber keine wirkliche Hilfe. Sie werden das Ziel, nämlich die Situation irgendwann zu akzeptieren oder sie zu verändern auf diese Weise nie erreichen. Nicht umsonst heißt es in einem Lied von Herbert Grönemeyer: „Alkohol ist das Rettungsboot, mit dem ich untergeh". Menschen, die mit einer Abhängigkeit zu tun haben, sind meistens nicht in der Lage, auf eine Befriedigung zu verzichten oder sie aufzuschieben. Sie wollen es *jetzt*, und wenn das Gewünschte jetzt nicht vorhanden oder jetzt nicht möglich ist, dann greifen sie zu einem Ersatz. Glücklich wird man auf diese Weise nicht, wohl aber immer unglücklicher. Ziel des Selbstmanagements in Krisenzeiten ist aber, durchzuhalten, zu lernen, zu wachsen und später zu ernten. Das dauert abhängigen Menschen zu lange. Aufschub der Befriedigung – wozu soll das gut sein? Ich will jetzt ein bisschen Glück. Genau das ist das Problem: *Jetzt*, aber eben nur ein *bisschen* Glück, denn mehr als ein bisschen gibt es nicht. Für das große Glück oder sogar für die Glückseligkeit wäre es nötig, die Befriedigung ein wenig aufzuschieben. Das ist frustrierend, aber es lohnt sich. Allerdings ist dafür ein wenig Disziplin nötig und die können wir langsam aufbauen.

Wenn wir es aus eigener Kraft schaffen, dann können wir uns innerlich verpflichten, die Menge an Alkohol oder anderen Drogen zu begrenzen und diese Grenze langsam runterzusetzen. Inwieweit dies möglich ist, hängt von der persönlichen Kraft ab, die jemand hat, von der Schwere der Krise und von dem Ausmaß der Abhängigkeit, die entstanden ist. Auch die Tatsache, wie sehr wir gewöhnt sind, uns einer gewissen Disziplin zu unterziehen, wird eine Rolle spielen. Im Kampf gegen diese Abhängigkeit kann es aber zeitweise geschehen, dass wir die eine Abhängigkeit gegen eine andere eintauschen. Zum Beispiel, wenn wir den Alkohol reduzieren wollen, werden wir zunächst vielleicht mehr telefonieren müssen. Diese Verschiebung ist bekannt und kommt sehr häufig vor. Wir sollten uns dies nicht übel nehmen, sondern es einfach gut im Blick behalten und wissen, dass wir noch nicht fertig sind. Wir sollten probieren, Herr oder Frau der Lage zu bleiben. Solange wir wachsam sind, die Initiative und die Verantwortung nicht aus der Hand geben, haben wir gute Chancen. Allerdings ist es eine bekannte Tendenz, dass abhängige Menschen ihre Abhängigkeit runterspielen und verniedlichen. Wie beim Anerkennen der Krise würde der erste Schritt zur Genesung auch hier darin bestehen, die Sache beim Namen zu benennen.

Wenn wir eines Tages in den Entzug müssen, was eine sehr harte Erfahrung ist, dann werden wir alles, aber auch wirklich alles *fühlen* müssen, was wir durch den Gebrauch dieser Stoffe oder Dinge vermeiden wollten. Wir werden durch alle Schmerzen gehen müssen, die wir damals nicht erfahren wollten. Natürlich nur, wenn wir uns dafür entscheiden, ein Leben in Freiheit führen zu wollen.

Fragen zum Nachdenken

- Welche meiner Verhaltensweisen lassen darauf schließen, dass ich abhängig bin und wovon?
- Welche Gefühle verdränge ich auf diese Weise?

Aufgaben

- Akzeptieren, dass ich dies zurzeit nötig habe!
- Mich nicht fertig machen dafür, dass ich dies scheinbar nötig habe.
- Die „Dosierung" halbieren und durch die Schwierigkeiten hindurchgehen, die dann auftauchen werden.

Keine destabilisierenden Techniken oder Therapien!

Therapie ist in gewisser Weise eine Mode geworden, obwohl es immer noch viele Menschen gibt, die Angst davor haben. Therapie ist nötig, wenn wir an festgefahrenen Situationen und an Verhaltensweisen arbeiten wollen, die uns Schwierigkeiten bereiten. Wichtig ist aber, dass wir in Zeiten von Destabilisierung durch eine Krise nicht auch noch mit bestimmten Techniken für eine weitere Destabilisierung sorgen. Gemeint sind hier therapeutische Techniken, die beim Körper oder bei den Emotionen ansetzen und die probieren, erstarrte alte Muster aufzulösen. Diese Techniken sind ausgezeichnet und auch ausgesprochen wirkungsvoll, wenn es darum geht, chronische Probleme, problematische Verhaltensweisen und neurotische Muster in der Persönlichkeitsstruktur zu verändern. Dies ist immer mit Verunsicherung verbunden, was Sinn der Sache ist, aber Menschen in einer Krise sind bereits verunsichert genug. Eigentlich brauchen wir in einer Krise nicht zum Therapeuten zu gehen, die Krise selbst ist zurzeit unser Therapeut und wahrscheinlich auch destabilisierend genug. Bei noch größerer Destabilisierung besteht möglicherweise die Gefahr, dass wir zu labil werden, wir in Alkohol oder Drogensucht landen oder in die Psychiatrie aufgenommen werden müssen. Es ist deshalb ein wichtiges Ziel in Krisenzeiten, mit der noch vorhandenen Restdisziplin oder Reststabilität die Krise zu managen. Wenn wir in eine Therapie gehen, um uns *dabei* helfen zu lassen, so ist das voll in Ordnung.

Wenn also Interesse an solchen Techniken oder Therapien besteht, dann ist vor allem die Verarbeitungsphase gut geeignet, um diese Dinge auszuprobieren. In der Verarbeitungs- oder Integrationsphase wird gelernt, dann ist der tiefste Punkt der Krise bereits überwunden, wir haben überlebt und eine neue Stabilität beginnt sich abzuzeichnen. Wir sind jetzt bereit zu lernen, aber wir sollten auch aufpassen, ob es möglicherweise nicht noch zu früh ist. Vielleicht müssen wir noch etwas warten. Wichtig ist in jedem Fall unsere Lernbereitschaft.

Fragen zum Nachdenken

- Untersuchen, ob eine der Techniken oder Therapien, die ich eventuelle anwende, eine destabilisierende Auswirkung hat.
- Überlegen, wobei oder worin mich eine Therapie unterstützen könnte.

Aufgaben

- Beides mit einem kompetenten Gesprächspartner besprechen und dann nach einer Therapie suchen, die eine unterstützende und stabilisierende Wirkung hat.

3.2 Krise als persönliches Projekt

Anerkennen der Krise

Wenn es uns gelingt, unseren Zustand als Krise zu erkennen und anzuerkennen, dann ist bereits viel gewonnen. Anerkennen meint, sich selbst – und anderen gegenüber – zuzugestehen, dass wir in einer Krise sind, und dies auch beim Namen zu nennen: Wir *sind* in einer Krise. Krisen sind Ausnahmezeiten des Lebens, sind Zeiten, in denen wir zur Schule des Lebens gehen. Wenn wir aufhören, es uns selbst übel zu nehmen, dass wir in diese Krise geraten sind, dann wird es leichter. Ab jetzt brauchen wir unsere Energie nicht mehr damit zu verschwenden, diese Krise zu vertuschen oder sie zu verleugnen. Wir können unsere kostbare Energie ab jetzt dafür verwenden, mit der Krise *umzugehen*. Alle Menschen kommen irgendwann in eine Krise, manche öfter, andere weniger oft, manche heftiger und tiefer, manche kurz, andere länger. Krisen sind normal, sie sind Zeiten der Reifung und Entwicklung. Nicht normal ist, dass in unserer „Kultur" diese Dinge verschwiegen werden, man redet nicht darüber – es ist „out". In dem Maße, wie wir selbst diese Dinge benennen können, wird es auch für andere Menschen leichter, darüber zu reden.

Fragen zum Nachdenken

- In welchen Schwierigkeiten stecke ich zurzeit?
- Inwieweit lassen diese Schwierigkeiten Anzeichen einer Krise erkennen?
- Inwieweit lasse ich mich im Denken und Reden (oder Nichtreden) über Krise von anderen beeinflussen?

Aufgaben

- Ein paar Mal das Wort „Krise" aussprechen – versuchsweise – und schauen, was passiert.

Krise als Projekt betrachten

Probleme sind Herausforderungen und Krisen sind eigene, aparte Projekte in unserem Lebenslauf. Wenn wir uns diese Einstellung zu Eigen machen können, dann ist bereits viel gewonnen. Eine Krise ist eine gute Gelegenheit, um uns herum eine neue Ordnung und ein neues Leben zu schaffen. Und dabei nicht nur außen, sondern auch in uns aufzuräumen und zu schauen, was für ein Mensch wir jetzt sind oder was für ein Mensch in uns entstehen will. Das alte Leben und der alte Mensch ist weg, aber der neue Mensch und unser neues Leben sind noch kaum zu erahnen. Wie soll dieser neue Mensch werden? Was und wie wird unser Leben sein? Es gibt viel zu bedenken. Es ist nicht so, dass wir krampfhaft nachdenken, Konzepte abwägen sollten, um dann eine Entscheidung zu treffen und den neuen Menschen auf diese Weise regelrecht zu planen. Das funktioniert nicht. Der neue Mensch entsteht in uns, er entwickelt sich und wächst. Wir können ihn unterstützen, indem wir uns ihm liebevoll zuwenden und auf eine eher meditative Weise mit diesen Fragen und möglichen Antworten umgehen. Krise ist der rechte Moment, einen Schritt zur Seite zu tun und nach innen zu schauen, um über uns selbst nachzudenken. Wichtig ist, sich für diese Art Fragen Zeit und Ruhe zu nehmen, damit die Antworten überhaupt eine Chance bekommen, sich bemerkbar zu machen. Es gilt auch aufzupassen, ob es *ehrliche* Antworten sind. Denn es besteht immer die Gefahr, dass wir probieren, vor Problemen wegzulaufen, statt sie anzugehen. Es ist nicht Sinn der Sache, am Zeichenbrett mit Zirkel und Lineal ein neues Leben, einen neuen Menschen zu entwerfen und sich dann mit eiligen Schritten an die Realisation zu machen. Tätertypen neigen manchmal dazu! Wichtig ist, dem Neuen, das da in uns entstehen und wachsen will, liebevolle Aufmerksamkeit zu geben. Dies wird nicht immer einfach sein, weil wir hierbei nicht nur mit unseren höchsten Träumen, sondern möglicherweise auch voll mit unserer eigenen Widersprüchlichkeit und unseren Harmonie- und Sicherheitsbedürfnissen konfrontiert werden. Wir werden also möglicherweise eine innere Zerrissenheit erleben, die nicht immer leicht auszuhalten ist. Irgendwann, wenn wir es schon nicht mehr für möglich gehalten haben, werden unsere Schritte (wie von *selbst*) in die eine oder andere Richtung gehen. Vielleicht auch in eine Richtung, die sich völlig überraschend auftut. Denn das Leben ist lebendig und voller Überraschungen. Dann wird sich die Frage stellen, ob wir uns trauen zu gehen.

Fragen zum Nachdenken

- Wer bin ich jetzt und was tue ich eigentlich hier in diesem Leben?
- Wie möchte ich weiterleben und wohin möchte ich weitergehen?
- Was ist für mich wirklich wichtig?
- Was passt jetzt am besten zu mir?
- Wie kann ich mehr Zufriedenheit erreichen?
- Was in mir oder welche Seite von mir will jetzt gelebt werden?
- Wer oder wie möchte ich am Ende der Krise sein?

Aufgaben

- Akzeptieren, dass ich in einer Krise bin!
- Das Ziel dieser Krise herausfinden! Eventuell ein Gespräch mit einem Begleiter darüber führen.
- Einen Ordner / eine Mappe anlegen für all diese Aufgaben, für die Krise als *mein* Projekt!

Abbaukrisen in Entwicklungskrisen verwandeln

Ein wichtiger Schritt in der Krisenbewältigung besteht darin, Abbaukrisen in Aufbaukrisen zu verwandeln. Dies kann sich auf den Aufbau eines neuen Lebens richten, aber auch auf den Wieder-Aufbau von uns selbst – als einem *neuen* Menschen. Um diesen neuen Menschen wird es vor allem dann gehen, wenn es um eine schwere Abbruchkrise geht, beispielsweise bei einer unheilbaren Krankheit, beim Verlust eines wichtigen Menschen, beim langsamen Älterwerden...Wer sind wir, wenn wir diese wichtigen Dinge verlieren? Der Körper und alles Äußere werden wegbrechen, sie sind definitiv vergänglich. Jetzt ist es an der Zeit, den inneren Menschen zu entwickeln, den *geistigen* Menschen. Wenn die Kurve des materiellen Lebens nach unten weist, ist dies eine ausgezeichnete Gelegenheit, die Kurve des seelisch-geistigen Lebens nach oben hin zu entwickeln. Wenn wir bereit sind zu lernen, dann können wir die schlimmsten Abbruchkrisen des Lebens in Aufbaukrisen verwandeln – für den neuen, *inneren* Menschen.

Fragen zum Nachdenken

- Die Krise untersuchen: Um welche Art Krise handelt es sich?
- Untersuchen, wo / auf welcher Ebene es bei dieser Krise um Abbau geht und wo / auf welcher Ebene es um Aufbau gehen sollte oder könnte.
- Wenn es um seelisch-geistigen Aufbau geht, was könnte ich dafür tun, um mich selbst darin zu unterstützen?

Aufgaben

- Das Gespräch suchen mit jemandem, der eine solche Krise hinter sich hat und dadurch gereift ist.
- Neugier entwickeln! Neugierig sein auf den (geistigen) Aufbau und auf den Menschen, der ich hinterher sein werde.

Ziele entwickeln

Wenn wir in einer Krise sind, haben wir ein großes Problem, möglicherweise sogar ein sehr großes. Vielleicht sind wir in einer Mehrfach-Krise und haben damit ein komplexes Problem, ein Problem, das aus vielen verschiedenen Facetten und Teilaspekten besteht, die alle irgendwie untereinander zusammenhängen. Dann wird es möglicherweise ziemlich schwarz um uns herum sein, nirgendwo Licht und kein Grund zu hoffen. Trotzdem können wir etwas tun: Wir können uns ein Ziel setzen. Ein Ziel zu haben, gibt uns Kraft, selbst in Zeiten von totaler Aussichtslosigkeit. Wir haben wieder etwas, für das es sich lohnt, weiterzumachen. Ein Ziel verändert ein akutes oder chronisches Problem in ein *Projekt*. Die Krise kommt damit in eine neue Phase, denn jetzt passiert etwas. Ohne dass im Außen bereits eine Veränderung sichtbar wäre, verbindet sich die Anziehungskraft des Zieles mit unserer eigenen Motivation, aus dieser Krise herauszukommen. Unsere Kraft wird sich auf diese Weise also mindestens verdoppeln, meistens ist der Effekt sogar noch wesentlich höher. Wir werden etwas Kraft investieren müssen, um unser Ziel zu erreichen, und dieses Ziel wird uns diese Kraft um ein Vielfaches zurückgeben. Mit Ziel ist hier nicht gemeint, dass wir versuchen, die Krise „wegzumachen", es geht vielmehr darum, durch die Krise zu gehen und ein Ziel zu haben. Unser Ziel wird uns Kraft geben und automatisch für eine gewisse Orientierung und Struktur sorgen. Dieses Ziel kann innerhalb der Krise sein, es kann aber auch außerhalb liegen und mit der eigentlichen Krise nichts zu tun haben, beides hilft.

Hier ein paar Beispiele: Ziele innerhalb der Krise könnten sein, zu überleben, gesund zu bleiben, andere gut zu behandeln, der Kinder wegen am Leben zu bleiben, die eigene Alkoholabhängigkeit zu überwinden usw. Ziele außerhalb der Krise könnten sein, einen Englisch-Kursus zu besuchen, sich einer Wandergruppe anzuschließen, eine Massage-Ausbildung zu machen, das Abitur nachzuholen oder eine Nachbarschafts-Gruppe zu gründen. Es gibt so unendlich viele Möglichkeiten, was wir alles tun können. Eins ist wichtig: Ziele geben uns Power. Sie geben uns noch mehr Power, wenn sie ethisch sind, wenn sie also einem guten Zweck dienen. Und sie geben ein Vielfaches an Power, wenn sie sich auf das *Wohlergehen anderer* richten.

Fragen zum Nachdenken

- Welche Ziele habe ich selbst?
- Welche Ziele hat diese Krise mit mir?
- Inwieweit stimmen diese Ziele überein oder nicht?
- Wie gehe ich mit der Spannung um, die sich hieraus eventuell ergibt?

Aufgaben

- Ein Ziel *akzeptieren*, dass die Krise offensichtlich mit mir hat.
- Mir selbst ein Ziel setzen, das innerhalb der Krise liegt.
- Mir selbst ein Ziel setzen, das außerhalb der Krise liegt.
- Schritte notieren, die nötig sind, um diese Ziele zu erreichen.
- Jede Woche einen dieser Schritte in die Tat umsetzen.

Beobachten lernen

In den vorigen Abschnitten ging es darum, den Genuss von Alkohol oder anderen Drogen einzugrenzen und sich nicht dem Wunsch nach (Auto-)Aggression oder destruktivem Verhalten hinzugeben. Oft passieren diese Dinge, ohne dass wir dies bemerken, obwohl wir es eigentlich *wohl* bemerken. Wir nehmen es sehr wohl wahr, nehmen es aber nicht *wahr*. Damit können wir hinterher leicht Ausreden erfinden, aber die Sache ist nicht ganz ehrlich. Denn eigentlich haben wir wohl wahrgenommen, was geschieht, wollten es aber nicht *wahr*-haben. Was können wir tun, um unsere Wahrnehmung bereits im Vorfeld zu trainieren und zu schärfen, so dass wir mögliche Anzeichen früh genug erkennen und dann gegensteuern können?

Um die Krise und uns selbst im Blick zu halten, ist es wichtig, sich selbst und alles, was geschieht, zu beobachten. Damit ist eine innere Instanz gemeint, eine Art höheres Sinneswerkzeug, das bei den meisten Menschen leider noch unterentwickelt ist: *der innere Beobachter*. Zwar kommen die nötigen Informationen durch die normalen Sinnesorgane zu uns (Augen, Ohren…), aber es gibt in uns eine Instanz, die diese Informationen interpretiert, einordnet und bewertet. Wir können dies vergleichen mit der Schaltzentrale in einem großen Forschungsinstitut. Die Kameras, die überall installiert sind, liefern laufend Bilder auf die Monitore der Schaltzentrale. An diesen Monitoren sitzt ein Wachhabender, der diese Bilder beobachtet, die Lage einschätzt und nötigenfalls Dinge veranlasst. All diese Kameras und die Monitore senden ununterbrochen Bilder, auch wenn der Wachhabende schläft oder abgelenkt ist, aber diese Bilder nützen dann nichts. Um die Lage im Blick zu haben, muss der Wachhabende *wach* und *aufmerksam* sein. Um diese Wachheit und Aufmerksamkeit geht es beim inneren Beobachter. Das meint nicht, dass wir nun ständig unter Strom sein und Hektik verbreiten sollen, im Gegenteil, der innere Beobachter hilft uns, ruhig zu bleiben. Mit seiner Aufmerksamkeit und Wachheit wird er rechtzeitig wahrnehmen und wissen, wann wir handeln müssen, etwas verändern müssen und wann wir gerade nicht handeln, sondern abwarten sollten. Er ist eine neutrale Instanz, die uns hilft, all diese verschiedenen Informationen zu interpretieren und zu sortieren: Was ist wichtig und was nicht? Wann wird eine Grenze überschritten und wann ist es gerade noch okay? Wann müssen wir selbst handeln, wann sollten wir es besser anderen überlassen? Wenn wir lernen, diesen Beobachter in uns öfter zu benutzen und ihn dadurch zu trainieren, können wir ihn in kritischen Situationen aktivieren und er wird uns wie ein neutraler, aber wohlwollender Berater durch verwickelte und komplexe Situationen hindurch helfen. Mehr und mehr werden wir lernen, uns seiner Führung anzuvertrauen. Dafür ist es allerdings wichtig, die Aufmerksamkeit insgesamt zu erhöhen und sie zu schulen, um so die Impulse und Informationen dieses Beobachters überhaupt wahrnehmen zu können.

Fragen zum Nachdenken

- Wenn ich mich mit den Augen eines neutralen Außenstehenden betrachte, was nehme ich dann wahr?
- Welche positiven Aspekte meldet dieser Beobachter?
- Welche negativen Aspekte meldet er?

Aufgaben

- Mir selbst gezielte Beobachtungsaufgaben stellen. Jede Woche eine andere.

3.3 Die Ebene des Handelns

Disziplin entwickeln

Eine der wichtigsten Fragen bei der Krisenbewältigung ist die Frage, wie wir in diesen unstabilen Zeiten ein Minimum an Stabilität aufrechterhalten oder wieder bekommen können, wenn sie verloren gegangen war. Struktur und Disziplin sind dabei wie „Rettungsringe", wir sollten rechtzeitig lernen, wie man sie benutzt, damit sie uns in schweren Zeiten tragen und uns helfen können, den Kopf über Wasser zu halten. Ein zentraler Aspekt in diesem Zusammenhang ist die so genannte „Restdisziplin". Denn gerade in Krisenzeiten geht manchmal alle Disziplin verloren. Also genau dann, wenn wir sie eigentlich am nötigsten brauchen. Krise ist der Ausnahmezustand des Lebens und eine enorme Herausforderung auf allen Ebenen. Wir werden geprüft, gebeutelt, erniedrigt, entmutigt, allein gelassen.... Damit wir die Krise und all das Elend gut durchstehen und später wirklich genesen und uns weiterentwickeln können, ist es wichtig, nicht unnötig in noch größere Tiefen abzurutschen. Dafür haben wir genau das nötig, was uns in Krisenzeiten leider zu allererst verloren geht: Disziplin. Disziplin haben bedeutet, die Kraft aufzubringen, weiterzumachen, weiterzuleben, die Probleme anzugehen, Auseinandersetzungen zu führen, um sein Recht zu kämpfen... also zu tun, was auch immer diese Krise uns aufbürdet. Disziplin bedeutet, die Arbeit zu erledigen und die Hausaufgaben zu machen, die uns diese Krise auflastet. Und genau an dieser Disziplin wird es zeitweise sehr mangeln. Wir haben die Kraft nicht mehr, um aufzustehen und unsere Pflichten zu erfüllen. Wir gehen durch heftigste Gefühle. Wir können nicht mehr, sind erschöpft, verstehen den Sinn des ganzen Geschehens nicht oder haben alle Hoffnung verloren. Mit der Kraft geht auch die Disziplin verloren. Oft reicht die Kraft vielleicht gerade noch, um irgendwie zu überleben. Solche Phasen sind normal, aber nicht unkritisch. Denn an dieser Stelle laufen wir Gefahr, noch tiefer abzurutschen. Wir lassen dann möglicherweise jegliche Struktur los, trinken noch mehr Alkohol, rauchen mehr Zigaretten. Es hat etwas Destruktives, wir beginnen auf eine schädigende Art und Weise mit uns selbst umzugehen und schrauben uns tiefer in die Krise, als nötig wäre. Als ob wir nicht bereits genug Probleme hätten! Energetisch gesehen, sind dies Versuche, das eigene Lebenslicht langsam verlöschen zu lassen und so zu sterben. Diese Dinge geschehen manchmal und es hat keinen Zweck, sie sich übel zu nehmen. Damit würden wir nur noch weiter an der negativen Spirale drehen. Besser ist es, die verbleibende Energie dazu zu benutzen, eine Art „Restdisziplin" aufrechtzuerhalten, sich selbst Grenzen zu setzen und mit sich selbst die Wende dieser Talfahrt zu verabreden. Es geht darum, mit Hilfe der Restdisziplin minimal handlungsfähig zu bleiben und zu funktionieren. Auch in schweren Zeiten.

Diese Restdisziplin hilft uns dabei, wichtige Dinge zu tun, wenn sie getan werden müssen. Und das, obwohl wir keine Kraft haben. Genauso gut aber kann und sollte sie uns dabei helfen, Pausen zu machen, wenn wir nicht mehr können. Es gibt Menschen, die viel zu viel arbeiten, die permanent eine Höchstleistung vollbringen, die irgendwann auf Kosten ihrer Gesundheit und auf Kosten der Qualität ihrer Leistung geht. Hier kann die Restdisziplin helfen, vernünftig mit der eigenen Arbeitskraft umzugehen und trotz allen Drucks Pause zu machen oder ein längeres Wochenende freizunehmen. Viele Menschen gehen weit über ihre eigenen Grenzen, aber damit ist letztendlich niemandem gedient. Wir helfen anderen und uns selbst mehr, wenn wir *langfristig* leistungsfähig bleiben. Darum müssen wir Pause machen. Die Restdisziplin, eine vernünftige Struktur und der innere Beobachter können uns dabei helfen.

Diese Restdisziplin hilft uns auch, andere gut zu behandeln, obwohl wir ihnen vielleicht an die Gurgel gehen möchten. Sie hilft uns, die Wahrheit zu sagen, wenn es leichter wäre zu lügen. Sie gibt einem anderen Aufmerksamkeit, obwohl wir selbst nach Zuwendung dürsten. Diese Restdisziplin hilft uns, in diesen schweren Zeiten ein guter Mensch zu bleiben.

Fragen zum Nachdenken

- In welcher Hinsicht fehlt es mir an Disziplin?
- Welche schönen Dinge könnte ich mir vornehmen, so dass es *Spaß* macht, wieder etwas Disziplin zu haben?
- Welche meiner negativen Verhaltensweisen könnte ich mit etwas Disziplin in unterstützende, konstruktive Verhaltensweisen umwandeln?

Aufgaben

- Tun, was dringend getan werden muss!
- Sich für jeden Tag etwas Schönes vornehmen und dies auch tun.
- Eine schlimme negative Verhaltensweise durch eine positive Verhaltensweise ersetzen.

Struktur schaffen

Wir haben gesehen, dass Restdisziplin die Funktion eines Rettungsrings hat, der uns in den schweren Zeiten hilft, den Kopf über Wasser zu halten. Es gibt einen zweiten Rettungsring, der dieselbe Funktion hat. Die beiden hängen eigentlich zusammen und verstärken sich gegenseitig in ihrer positiven Wirkung. Der zweite Rettungsring besteht in der Struktur, die wir uns selbst geben. Wenn die alte, vertraute und selbstverständliche Disziplin verloren geht, mit der wir früher das Leben gemanagt haben, dann wird es wichtig, sich selbst eine zeitliche Struktur zu geben, einen zeitlichen Rahmen, den wir als Stütze benutzen können und der uns hilft, zumindest die Dinge zu tun, die unbedingt getan werden müssen. Okay, da sind Tage, an denen nicht viel geht. Was aber können wir tun, wenn *wirklich* nichts mehr geht? Ohne unsere schlechten Gefühle zu verdrängen und ohne uns willentlich in einen anderen, positiveren Zustand zu versetzen, ist es doch möglich, zum Beispiel mit sich selbst zu verabreden, zwischen neun und elf Uhr diese oder jene Dinge zu tun. Dinge, die dringend erledigt werden müssen. Wenn es schwierig ist, eine Zeit festzusetzen, dann helfen kleine To-do-Listen, in denen wir auflisten, welche Dinge getan werden sollten. Diese Dinge können dann der Reihe nach in die Tat umgesetzt werden. To-do-Listen sind prima, sie sind auf jeden Fall ein erster Schritt, um zu verhindern, dass die Situation uns vollständig entgleitet. Sie enthalten aber leider auch die Gefahr, schwierige Vorhaben immer wieder ans Ende zu setzen und einfachere Dinge vorzuziehen. Und sie enthalten die Gefahr, nach 3 oder 4 Punkten den Rest auf morgen zu verschieben. Es gibt so viele Tricks, sich selbst und seine guten Vorsätze auszuhebeln! Wir sollten dies im Auge behalten.

Eine zeitliche Struktur sollte keine Zwangsjacke werden, das funktioniert weder in normalen Zeiten noch in Krisenzeiten. Sie soll uns dabei helfen, das Chaos des Lebens und unser eigenes inneres Chaos in ein vernünftiges Gleichgewicht zu bringen mit den Pflichten, die wir haben. Deswegen sollte eine solche zeitliche Struktur Phasen vorsehen, in denen wir die nötigen Arbeiten tun, aber auch Phasen enthalten, in denen wir nichts *müssen*, also frei haben. Frei haben ist wichtig, damit die Krise wieder zu ihrem Recht kommt, denn in den Zeiten, in denen wir Pflichten erfüllen, setzen wir die Krise ein wenig auf die Seite, wenn auch nicht vollständig. Möglicherweise wird es manchmal schwierig sein, diese Struktur aufrechtzuerhalten, weil die Chaos-Seite sich durchsetzen will und dies vielleicht auch schafft. Wir sollten jedoch, so gut es geht (mit Hilfe unserer Restdisziplin), auch eine Art Rest-Struktur aufrechterhalten.

Fragen zum Nachdenken

- Welche zeitliche Struktur gibt es bereits in meinem Alltag und wie werde ich dadurch unterstützt?
- Welche Dinge sollten in meinem Leben mehr Struktur bekommen?

Aufgaben

- Einen Tages- und Wochenplan aufstellen, in dem Pausen und Arbeitszeiten festgelegt werden.
- Diesen Plan eine Woche lang einhalten (so gut es geht!)
- Für die nächste Woche: Kleine Veränderungen und Anpassungen vornehmen.
- Nicht aufgeben, sondern weitermachen. Der Erfolg stellt sich manchmal erst nach einigen Wochen ein.

Ordnung schaffen

In Krisenzeiten werden wir, aber auch unser Leben zunächst durcheinander gewürfelt und danach wieder zusammengesetzt. Wir können dabei mithelfen, indem wir innen und außen aufräumen und Ordnung schaffen, vor allem in unserer direkten Umgebung. Endlich ausmisten! Wie viel unnützer Kram hat sich angesammelt? Dinge, die wir aufbewahrt, aber nur selten oder nie benutzt haben. Oder Dinge, die zu einer anderen Lebensphase gehören. Aufräumen könnte dazu dienen, diese Lebensphase endlich abzuschließen. Aufräumen und Ordnung schaffen ist Vergangenheitsbewältigung. Es geht darum, alles Überflüssige zu „entsorgen" (hier hat dieses moderne Wort endlich eine wirkliche Bedeutung!) und den kostbaren Dingen von damals, den Erinnerungen einen liebevollen Platz zu geben. Der Respekt, den wir ihnen erweisen, gilt den Menschen, die damals mit uns verbunden waren. Es ist oft besser, ein kleines Bild bewusst an die Wand zu hängen, als einen riesengroßen Karton mit unsortierten Fotos zu bewahren. Eine Perle ist besser als ein Haufen bunter Modeschmuck. Was ist uns wirklich kostbar? Alles andere ist Ballast! Was haben wir nötig für unsere nächste Lebensphase, was möchten wir gern mitnehmen? Mit kleinem Gepäck ist die Reise leichter.

Aufräumen ist das eine, aber ein schwerer Schritt steht uns noch bevor: uns auch wirklich von den alten Sachen zu trennen. Manchmal müssen wir Dinge wieder und wieder in die Hand nehmen, bevor wir uns trennen können. Manchmal ist es besser, sie zu verschenken, als einfach wegzuwerfen. Manchmal haben wir sie bereits verschenkt und bereuen es dann. Andere Dinge haben wir weggegeben und sie kommen auf einem Umweg oder in anderer Form zu uns zurück. Manchmal dauert es noch, weil wir dies oder jenes jetzt noch nicht weggeben können. Und vielleicht haben wir einen zweiten oder dritten Durchgang nötig? Vom Speicher bis zum Keller, von der Abstellkammer bis zur letzten Ecke. Es wäre gut, wenn alles dran käme.

Mit Ordnung ist hier die Ordnung in der Wohn- oder Arbeitsumgebung gemeint, sie bezieht sich aber auch in einem übergeordneten Sinne auf unser ganzes Leben.

Unsere Arbeits-, Wohn-, Besitzverhältnisse, die Familiensituation, der Bekanntenkreis, selbst die so geliebten Hobbys. Was stimmt noch und was müsste geändert werden? Welche Zyklen unseres Lebens, unserer Beziehungen sind noch offen und sollten geschlossen werden? Die Krise hat wahrscheinlich nicht nur uns, sondern auch unser ganzes Leben gut durchgeschüttelt. Die Puzzel-Stücke liegen jetzt sowieso auf einem großen Haufen vor uns. Bevor wir anfangen, sie wieder zusammenzusetzen, sollten wir genau prüfen, welche Stücke uns so wichtig sind, dass sie in unserem neuen Bild, in unserem neuen Leben vorkommen sollen. Krise ist eine Zeit, in der wir aufräumen sollten, um Ordnung zu schaffen, aber auch um Ballast abzuwerfen und offene Zyklen zu schließen. Welche Stücke wollen wir mitnehmen, welche wollen wir neu erschaffen, welche wollen wir zurücklassen? Eine interessante Arbeit, wir sind immerhin mit unserem neuen Leben und mit uns selbst (als einem neuen Menschen) beschäftigt. Möglicherweise waren wir noch nie so frei wie jetzt – mitten in der Krise.

Fragen zum Nachdenken

- Welche offenen Zyklen warten noch auf einen Abschluss?
- Wo müsste ich dringend Ordnung schaffen? (Wohnung, Arbeit, Beziehungen, finanzielle Verhältnisse, in mir...)

Aufgaben

- Für jeden dieser Bereiche eine Liste mit ungeklärten, unaufgeräumten, unerledigten und unabgeschlossenen Dingen / Zyklen anlegen.
- Für jeden Bereich die Prioritäten festlegen.
- Entscheiden, wo ich beginnen will.
- Jede Woche einen neuen Punkt in Angriff nehmen.

Pflichten erfüllen

Tja, für viele Menschen ein ungeliebter Aspekt. Diese Krise, diese leidvolle Situation konfrontiert uns möglicherweise mit Dingen und Aufgaben, die nicht leicht sind und um die wir nicht gefragt hatten. Je mehr wir uns nun dagegen auflehnen, umso härter wird es sein. Es wird hart werden, denn diese Aufgaben oder Pflichten haben nicht die Neigung, sich in Luft aufzulösen, sonst hätten sie es längst getan. Und wenn sie sich in Luft auflösen würden oder wenn andere Menschen sie für uns erledigen würden, dann würden wir nichts lernen. Dann würden wir auch weiterhin mit unserem inneren Widerstand herumlaufen und ihn für normal halten. Aufgaben und Pflichten sind unseretwegen da, damit wir lernen, Dinge zu tun, *obwohl* wir sie nicht gern tun. Damit wir lernen, sie immer wieder und wieder zu tun, um auf diese Weise irgendwann unseren Widerstand, unsere innere Ablehnung dagegen zu überwinden. Aus buddhistischer Sicht wird gesagt: „Solange es noch etwas gibt, das wir ablehnen oder vermeiden, so lange sind wir noch nicht fertig!" Es gibt also noch viel zu tun! Aber auch bei gutem Willen und bei bester Einsicht gelingt es in Krisenzeiten nicht immer, seinen Pflichten nachzukommen. Die Disziplin reicht nicht, die nötige Kraft ist nicht da ...wie auch immer. Wenn's nicht geht, dann machen wir es eben so gut, wie's geht. Mit einer gewissen Restdisziplin sollten wir heute für das absolut Notwendige sorgen, der Rest kommt morgen.

Fragen zum Nachdenken

- Welche Pflichten warten (eigentlich) auf mich?
- Welche innere Haltung bringt mich dazu, diese Pflichten zu verweigern?
- Was wäre die gegenteilige Haltung dazu? Und was hindert mich eventuell, sie einzunehmen?
- Welche innere Haltung bringt mich dazu, mich eventuell übertrieben pflichtbewusst zu zeigen?
- Was wäre die gegenteilige Haltung dazu? Und was hindert mich eventuell, sie einzunehmen?

Aufgaben

- Tun, was schon lange getan werden muss!
- Eine Liste von Pflichten erstellen, von denen ich denke, dass ich sie erfüllen sollte.
- Diese Pflichten nach Prioritäten ordnen.
- Jede Woche eine dieser Pflichten in Angriff nehmen.
- Eine Liste von Pflichten erstellen, die ich mir aus Ehrgeiz oder Geltungssucht selbst auferlegt oder gewählt habe.
- Jede Woche eine dieser Pflichten im Leben und auf der Liste streichen.

Handlungsfähig und initiativ bleiben

Handeln oder abwarten? Um das entscheiden zu können, müssten wir unsere eigenen Ziele und die Ziele kennen, die die Krise mit uns hat. Und ein gutes Gespür für die momentane Situation haben. Geht es eher darum, eine Situation zu verändern oder zu beeinflussen? Oder geht es darum, unsere Einstellung, unseren Umgang damit zu verändern? Es ist jedenfalls viel leichter, eine Situation zu verändern, wenn wir sie in ihrer Existenz akzeptieren. Wenn wir eine Situation in ihrer Existenz ablehnen, werden wir sie bekämpfen oder darauf warten, dass sie sich von selbst verändert. Unsere Energie, unsere ganze Kreativität geht dann in dieser Ablehnung auf und in der Suche nach immer neuen Vorwürfen und Schuldzuweisungen. Auf diese Weise haben wir nur wenig Einfluss. Dinge ändern sich nicht, nur weil wir wollen, dass sie sich ändern. Wenn wir die Situation aber akzeptieren, ihre Existenz anerkennen und wohlwollend auch ihre positiven Seiten wahrnehmen, dann haben wir mehr Energie, mehr Kreativität und mehr Einfluss, um im Rahmen der Möglichkeiten Dinge doch zu beeinflussen oder zu verändern. An der eigentlichen Krise werden wir sowieso nichts ändern können und sollten wir auch nichts ändern. Sie ist immerhin die Schule des Lebens. Und doch geht es darum, handlungsfähig zu bleiben. Handlungsfähig bleiben heißt, *initiativ* zu bleiben, ohne an der eigentlichen Ohnmachtserfahrung etwas ändern zu können – wohl aber mit ihr umzugehen. Dies heißt, die Aufgaben zu erledigen, die diese Krise uns aufbürdet. Wenn wir nicht bereit sind, *aktiv* mit den Problemen der Krise umzugehen, dann begeben wir uns (passiv) in die Rolle eines Opfers dieser Krise. Sich fatalistisch der Krise zu überlassen, hilft aber nicht wirklich, weil es uns in einen Zustand von Halbschlaf versetzt. Dann werden wir später rumlaufen und verkünden, dass diese Krise uns und unser Leben vernichtet hat. Sie ist schuld und wir sind unschuldig? Nein, wir machen uns schuldig an uns selbst, wenn wir uns der Situation nicht stellen und die Pflichten nicht erfüllen, die sich daraus ergeben.

Der Begriff „aktiv“ ist leider nicht gut geeignet, um zu beschreiben, worum es bei „handlungsfähig bleiben“ eigentlich geht. „Initiativ bleiben“ trifft eher den Kern der Sache. Denn aktiv wird schnell missverstanden und in die Richtung von „Hauptsache aktiv“ gezogen. Hauptsache aktiv aber wäre Aktionismus und tut weder der Krise gut noch uns selbst. Es lenkt von der Krise ab und das ist nicht unser Ziel. Aktiv sein in Krisenzeiten meint nicht, die Krise wegzumachen, sondern meint vielmehr, sich der Krise zu stellen und mit ihr umzugehen. Dazu ist es nötig, dass wir bereit sind, die Initiative zu entwickeln, die die Krise von uns erwartet, also Schritte zu tun oder Veränderungen vorzunehmen, die nötig sind. Es ist nötig, *wach* zu sein, um zu erkennen, wann es Zeit zum Handeln ist und wann wir warten sollten. Es ist nötig, *hellwach* zu sein, um die eigenen Motive des Handelns zu erkennen und dem eigenen Ego auf die Spur zu kommen. Krise ist harte Arbeit, wir müssen dafür alle Sinne einsetzen und unseren Verstand gebrauchen, um die Chancen erkennen zu können, die sie für uns enthält. Der *innere Beobachter* kann uns dabei helfen. Initiativ bleiben ändert zunächst nichts an der ohnmächtigen Position, die wir in Krisenzeiten nun einmal haben. Aber es ist eine bekannte Tatsache, dass Menschen, die initiativ und wach bleiben und mit dieser Situation offensiv umgehen, später weniger unter den traumatischen Folgen einer Ohnmachtserfahrung zu leiden haben.

Fragen zum Nachdenken

- Von welcher inneren Haltung lasse ich mich davon abhalten, Dinge zu tun, die ich eigentlich tun sollte?
- Inwieweit fülle ich mit (Über-)Aktivität die Leere, die entstehen würde, wenn ich abwarten würde?

Aufgaben

- Tun, was getan werden muss!
- Wach bleiben und die Initiative nicht aus der Hand geben (auch wenn ich zurzeit passiv und abwartend bin).
- Falls es schwer sein sollte, zu unterscheiden, was nötig ist zu tun und was nicht, ein Gespräch mit meinem Begleiter dazu führen.
- Beten und um Klarheit bitten!

Entscheidungen treffen

In Krisenzeiten sollten wir nach Möglichkeit keine wichtigen Lebensentscheidungen treffen, denn wir haben im Moment wahrscheinlich einfach keine gute, stabile Basis, auf der wir entscheiden könnten. Alles ist durcheinander und auf den Kopf gestellt, die alte Orientierung ist weg. Das ist keine gute Zeit, um wichtige Entscheidungen zu treffen. Wenn es möglich ist, sollten wir damit also warten. Normalerweise gilt die Regel, lieber zu warten und der Krise eine Chance zu geben. Wir sollten warten, bis deutlich wird, wo die Krise uns hin haben will. Denn allzu oft ist das Treffen von Entscheidungen ein (verdeckter) Versuch, doch die Macht über unser Leben zu behalten (Ich entscheide…). Es kann möglicherweise auch ein Versuch sein, das Leiden zu mildern, was verständlich wäre, aber nicht unbedingt im Sinne der Krise ist. Die Wahrscheinlichkeit, dass wir eine Entscheidung treffen, die uns eine neue Beschäftigung, einen neuen Partner, eine neue Identität gibt oder einfach unserem Ego gut tut, ist sehr groß. Entscheidungen sind ausgezeichnete Fluchtmöglichkeiten und nach außen stehen wir auch noch gut da. Außerdem besteht die Gefahr von Selbstbetrug. Wenn wir selbst entscheiden, wählen wir oft den einfacheren Weg, der uns aber wahrscheinlich nicht zu dem Ziel führt, das die Krise für uns vorgesehen hat.

Es kann aber auch sein, dass die Krise uns geradezu zu Entscheidungen zwingt, dann *müssen* wir natürlich entscheiden. Wenn zum Beispiel von außen ein interessantes Angebot kommt und wir eine Entscheidung dafür oder dagegen treffen müssen, dann stellt sich die Frage, ob es sich um eine Herausforderung handelt, die uns weiteres Wachstum ermöglicht, oder ob es sich um eine Verführung / Verlockung handelt, die uns vom schwereren Weg weglocken will. Dies wird nicht immer leicht zu unterscheiden sein. Ob ein Angebot eine Aufgabe und Herausforderung ist oder eine Verführung, dass werden wir nur beurteilen können, wenn wir unsere Ziele kennen oder die Ziele, die die Krise mit uns hat. Falls wir also durch die Situation mehr oder weniger gezwungen werden, eine Entscheidung zu treffen, so ist es hilfreich, darüber nachzudenken, was eigentlich *sinnvoll* ist für uns und unser Leben. Die Frage, was sinnvoll ist, richtet sich nicht auf ein kurzlebiges Glück, sondern eher auf die langfristigen Lebensziele, die wir in uns fühlen, die aber möglicherweise noch wenig konkrete Gestalt haben. Oft werden wir hierbei entscheiden müssen zwischen der Sicherheit, die zu unserem alten Leben gehört, und dem Neuen, das eventuell eine Zunahme an Freiheit und Zufriedenheit verspricht, aber auch in höchstem Maße Unsicherheit bedeutet. Aber Vorsicht, hier heißt es genau hinzuschauen. Denn wenn wir gern von dem Alten „weg" wollen, dann wird uns das Neue, was immer es auch ist, in den schönsten Farben erscheinen und die Lösung aller Probleme versprechen. Da die meisten Menschen geneigt sind, den leichteren Weg zu wählen, sollten wir uns selbst also sehr genau zuhören, wenn wir von dem verheißenen oder erträumten Neuland schwärmen.

Fragen zum Nachdenken

- Welche Entscheidungen stehen an?
- Muss ich sie wirklich treffen oder *meine* ich nur, sie treffen zu müssen?
- Inwieweit sind diese Entscheidungen eine Flucht vor anstehenden Problemen, die eigentlich bearbeitet und gelöst werden müssten?
- Inwieweit wären diese Entscheidungen ein „Ausstieg" aus der Krise?

Aufgaben

- Einen kompetenten Gesprächspartner suchen, der mich darin unterstützt, ehrlich mir selbst gegenüber zu sein.

3.4 Die Ebene des Verhaltens

Andere gut behandeln!

Krisenzeiten sind schwere Zeiten, sie stellen hohe Anforderungen an uns, und zwar auf allen Ebenen, körperlich, emotional und geistig. Wir werden unter Umständen mit viel „Mist" konfrontiert. Dies kann die Schlechtigkeit anderer sein, es kann aber auch der eigene Mist sein, die Schlechtigkeit der eigenen Gedanken und Gefühle. Es kann sein, dass wir bis an unsere Grenzen gefordert werden und uns nicht immer unter Kontrolle haben. Wir werden es nicht immer schaffen, souverän und abgeklärt zu reagieren. Und nichts ist natürlicher, als sich in schweren Zeiten gehen zu lassen. Das Überleben und das Durchstehen einer Krise erfordert viel Kraft, da bleibt möglicherweise nicht viel Kraft übrig für diszipliniertes Verhalten. Möglicherweise belügen wir andere oder erzählen nur den Teil der Geschichte, der für uns positiv ist. Möglicherweise betrügen wir andere oder stellen eine Situation so dar, dass sie uns Vorteile, anderen aber Nachteile bringt. Unser Ego ist sehr trickreich, wenn es darum geht, alles ins rechte Licht zu rücken und für sich selbst das Bestmögliche herauszuholen. Diese Dinge haben zwar kurzzeitig ihre Vorteile, bringen uns aber langfristig ziemliche Nachteile. Wir verlieren die Achtung vor uns selbst, verlieren bei anderen die Glaubwürdigkeit und sammeln außerdem auf einem tiefen, unbewussten Niveau Schuld an, die uns langfristig am spirituellen Wachstum hindert. Wir hindern uns dann selbst an weiterem Wachstum, weil der gute Kern, der in uns allen anwesend ist, aus der Tatsache, dass wir unsere Fähigkeiten *gegen* andere benutzen, die Konsequenzen zieht. Für gläubige Hindus ist *ahimsa* – andere nicht zu verletzen – das erste und oberste Gebot. Die Seele des Menschen wird als göttlich angesehen, deswegen ist es ein Verstoß gegen Gott, wenn wir andere schlecht behandeln. Wenn wir andere schlecht behandelt haben, dann sollten wir uns entschuldigen oder die Sache irgendwie anders wieder gut machen. Wenn beides nicht möglich ist, dann bleibt immer noch die Möglichkeit, diese Schuld einer vertrauenswürdigen Person gegenüber zu bekennen (zu beichten). Wenn wir bereit sind, unsere Schuld anzunehmen, sie zu fühlen und auch die Reue oder die Scham, die dann auftauchen, dann reinigen wir unsere Seele von der Schuld und wir können weiter wachsen. *Andere gut zu behandeln* ist deshalb die *Goldene Regel* in Krisenzeiten.

Fragen zum Nachdenken

- Mit welchen Verhaltensweisen schade ich anderen?
- Mit welchen Gedanken setze ich andere herab oder ins Unrecht?

Aufgaben

- Freundlich sein!
- Andere gut behandeln!
- Freundlich über andere denken!
- Innere Dialoge in äußere Kommunikation verwandeln.

Ethisch sein

Nichts ist schneller passiert, als in Krisenzeiten die Zügel loszulassen und sich von schweren, hässlichen Gefühlen zu unüberlegten Äußerungen oder Handlungen treiben zu lassen. Nichts gegen diese Gefühle, sie gehören dazu, aber wir sollten uns durch sie nicht zu Handlungen verleiten lassen, die wir hinterher bereuen! Das wichtigste Gebot in Krisenzeiten ist deshalb: Andere nicht zu verletzten, sondern sie *gut zu behandeln* (siehe oben)! Denn unsere Wut, die Enttäuschung, die Frustration und unser Ärger über andere werden irgendwie versuchen, sich Bahn zu brechen und es ihnen zu zeigen. Auch dann, wenn wir auf unseren Vorteil bedacht sind oder auf unser gutes Recht, ist es schnell geschehen, dass wir andere übervorteilen oder herabsetzen, selbst, wenn wir dies nicht beabsichtigen. Schneller, als wir denken können, geschieht es einfach. Damit verstoßen wir gegen die Gleichheit aller Menschen und gegen Gott. Wir sondern uns ab (der Begriff Sünde kommt von ab-*sondern*!). Ethischen Regeln zu folgen und andere gut zu behandeln, hilft immer, vor allem aber in Krisenzeiten. Die Empfehlungen, die hier gegeben werden, betreffen vor allem Menschen, die bereits gelernt haben, ihre Wut oder andere Gefühle zu äußern. Für sie gilt besonders, dass sie darauf achten sollten, andere nicht zu verletzen, zu missbrauchen oder herabzusetzen. Wenn wir für uns selbst den Anspruch haben, auch in schweren Zeiten ein guter Mensch zu sein, dann könnten wir die Gelegenheit nutzen und über folgende Fragen nachdenken:

Fragen zum Nachdenken

- Auf welchem ethischen Niveau sehe ich mich?
- Wo liegen in dieser Hinsicht meine Ziele?
- Welchen moralischen Verpflichtungen möchte ich nachkommen, obwohl ich in einer Krise bin?

Aufgaben

- Andere gut behandeln! Sie nicht verletzten, kränken oder missbrauchen!
- Die Wahrheit sagen (über mich, meine Wahrnehmungen, meine Gefühle und

meine Erfahrungen), aber auf eine Weise, die andere nicht verletzt. Das ist nicht einfach, also üben!

Verhaltensweisen ändern

Vor allem in der ersten Phase der Krise werden wir versucht sein, andere oder die gegebene Situation zu verändern. Wenn dies nicht gelingt, dann werden wir in der Folge wahrscheinlich versuchen, unser eigenes Verhalten, also uns selbst zu verändern. Obwohl die Situation zunächst anscheinend gleich bleibt, ist damit bereits viel gewonnen. Sein eigenes Verhalten zu verändern heißt, innerhalb derselben Situation mit Dingen oder Menschen anders umzugehen, *anders* zu agieren und zu reagieren. Für Menschen, die früher zurückhaltend waren und viel geschluckt haben, kann dies bedeuten, auf einmal zu widersprechen und ihre Sichtweise darzustellen. Für andere, die Gespräche und Diskussionen immer aktiv mitbestimmt haben, kann es bedeuten, nun zurückhaltend zu reagieren, abzuwarten und sich erst zu äußern, wenn sie aufgefordert werden. Erstaunlich ist, dass wir mit neuen Verhaltensweisen mehr Einfluss auf die Situation bekommen, als wir bisher hatten. Denn automatisch wird die Situation sich verändern. Das ist logisch: Wenn wir uns verändern, *ist* die Situation bereits anders. Allerdings ist die Richtung offen, in die sie sich nun entwickeln kann, und das ist gut so. Die alten Verhaltensweisen trugen offensichtlich dazu bei, eine unerwünschte Situation zu festigen und chronisch zu machen. Aber leider hilft auch das ausgezeichnete Mittel der Verhaltensänderung nicht immer. Es hilft vor allem dann nicht, wenn wir diese Verhaltensänderung aus *taktischen* Gründen vornehmen, um auf diese Weise doch noch unseren Willen zu bekommen. Das Leben ist schlauer als wir!

Fragen zum Nachdenken

- Welche meiner Verhaltensweisen entsprechen der Situation und dienen dazu, die Situation gut zu bewältigen?
- Welche meiner Verhaltensweisen passen nicht (mehr) und sind deshalb nicht förderlich?
- Welche neuen Verhaltensweisen müsste ich entwickeln, um kompetent mit der Situation umgehen zu können?

Aufgaben

- Jeweils 5 Verhaltensweisen notieren, die ich
  a) abschaffen möchte
  b) verändern und anpassen möchte

c) neu entwickeln möchte.

- Diese Listen nach Prioritäten ordnen.
- Jede Woche von jeder Liste eine Verhaltensweise in Angriff nehmen.

Beziehungen pflegen

In Krisenzeiten sind wir nicht nur für uns selbst eine Zumutung, sondern oft auch für andere. Gerade die Menschen unserer nächsten Umgebung werden zu leiden haben. Sie leiden, weil sie uns lieben und unser Elend nicht gut ertragen können. Sie leiden, weil sie kaum helfen können und sich ohnmächtig fühlen. Sie leiden zusätzlich, weil wir in Krisenzeiten geneigt sind, unsere Verzweiflung, unsere Spannungen, unsere Wut oder Enttäuschung an anderen abzureagieren. Wir tun dies oft nicht bei den Personen, die ursächlich mit der Krise verbunden sind, sondern eher mit den Personen, die in unserer nächsten Umgebung sind und/oder die wir lieben. Also mit den Personen, denen wir vertrauen, von denen wir wissen, dass wir uns auf diese Beziehung verlassen können. Diese Personen bekommen es zu spüren. Wir sollten uns bei gegebenem Anlass dafür entschuldigen und auch deutlich machen, wie sehr wir es schätzen, dass sie trotz der Krise immer noch bei uns sind und nicht weggelaufen sind. Denn sie hätten genauso gut weglaufen können. Es ist nicht selbstverständlich, dass sie geblieben sind. Tatsache ist, dass sie geblieben sind, trotz aller Schwierigkeiten. Dafür sollten wir dankbar sein. Und wir sollten diese Dankbarkeit auch äußern. Jedoch nicht heute die Dankbarkeit äußern und morgen mit dem alten Verhalten weitermachen. Dann wollen diese Menschen irgendwann nichts mehr von unserer Dankbarkeit hören, sie glauben uns nicht mehr. Wenn wir die Dankbarkeit wirklich fühlen und auch äußern, dann ist dies der beste Moment, um ein besserer Mensch zu werden. Wir sollten beginnen, andere gut zu behandeln! Welche Beziehungen wir auch haben, wir sollten diese Menschen sehr gut behandeln. Sie sind kostbare Helfer in Krisenzeiten, sie sind nicht weggelaufen und haben uns auch nicht weggeschickt, obwohl wir oft eine Zumutung für sie sind. Wir sollten dankbar sein für ihre Anwesenheit und für ihre Unterstützung!

Fragen zum Nachdenken

- Welche Beziehungen sind mir wirklich wichtig?
- Wie verhalte ich mich in diesen Beziehungen?
- Was tue ich für diese Beziehungen oder auch nicht?
- Warum tue ich nichts für diese Beziehungen?
- Was sollte oder möchte ich zukünftig für meine wichtigen Beziehungen tun?

Aufgaben

- Wichtige Beziehungen, die ich vernachlässigt habe, wieder aktivieren, pflegen und meine Dankbarkeit äußern.
- Einen abgebrochenen Kontakt wieder aufnehmen, der mir früher wichtig war.

3.5 Die Ebene der Energie

Kraft sparen und Kraft sammeln

Krisen sind entsetzlich Kraft raubend, sie können uns vollständig erschöpfen, vor allem, wenn sie tief gehen oder lange dauern. Zu Beginn ist nicht recht deutlich, wie lange diese Krise dauern wird, und vielleicht sind wir ja auch noch voller Hoffnung, dass es an uns vorbei und schnell vorübergeht. Anfangs ist auch noch viel Kraft da, wir sind bereit zu kämpfen und uns für unsere Sache einzusetzen. Wenn eines Tages die Hoffnung auf einen guten Ausgang schwindet, dann wird auch unsere Kraft schwinden. Wichtig ist darum, eine Art „energetisches" Krisenmanagement zu entwickeln, das uns hilft, unsere Kraft einzuteilen. Jetzt gelten andere Gesetze als zu normalen Zeiten und die Hauptsache ist, dass wir gesund bleiben. Dafür gibt es einige sinnvolle Prinzipien:

1. Prinzip: Kraft einsparen

- Nicht an mehreren Fronten kämpfen.
- Wenn die Krise aus sich heraus mehrere Fronten hat, dann sollten wir uns zunächst auf einen Hauptschauplatz konzentrieren.
- Keine neuen oder unnötigen Fronten eröffnen.
- Nicht unnötig kämpfen, wo wir mit Geduld weiterkämen.
- Energie raubende Zeitgenossen eine Zeit links liegen lassen.
- Sich aus Konflikten anderer heraushalten.
- Sich immer wieder fragen: Geht's auch leichter, geht's mit weniger Kraftaufwand?

2. Prinzip: Kraft ansammeln

- Die eigenen Kraftquellen erforschen, kennenlernen, pflegen und benutzen.
- Möglichst gesund leben (obwohl genau das schwer ist, wenn wir keine Kraft haben).
- Einen Tagesrhythmus entwickeln (mit Ruhepausen und Phasen von Bewegung und Aktivität).

- Ordnung schaffen und halten.
- Hygiene (Körperhygiene, Kleidung, Wohnung…)
- Neben der Krise einer Beschäftigung nachgehen (evt. als Hobby), die keinerlei Berührungspunkt mit der Krise hat.
- Die seltenen, schönen Momente wirklich genießen.
- Ruhe entwickeln.

Fragen zum Nachdenken
- Welche Dinge oder Menschen kosten mich unnötig oder zu viel Energie?
- Worin bestehen die Kraftquellen, die mich mit neuer Energie versorgen könnten?

Aufgaben
- Zwei der oben genannten Prinzipien in die Tat umsetzen (eins zum Kraftsparen, eins zum Kraftsammeln).
- In der nächsten Woche die nächsten zwei.

Pause machen und ruhen

Krisenzeiten sind Ausnahmezeiten, in denen wir manchmal über alle Maßen gefordert werden. Es gibt möglicherweise eine Menge konkreter Dinge zu regeln, wir sind ständig „unter Strom", permanent mahlen Gedanken in unserem Kopf, Entscheidungsprobleme quälen uns, der Aufbau des Neuen steht vielleicht schon an, während wir den Verlust des Alten noch nicht verarbeitet haben. Unruhe, Anstrengung, starke Gefühle, Erschöpfung, Gereiztheit, Niedergeschlagenheit, Aussichtlosigkeit wechseln sich möglicherweise ab mit Aktionismus. Es wird nicht lange dauern und die roten Warnleuchten gehen an. Da wir aber so stark mit der Krise beschäftigt sind, nehmen wir diese Warnleuchten vielleicht nicht wahr. Oder wenn wir sie wahrnehmen, ignorieren wir sie. Irgendwann ist der Tank leer und wir bleiben stehen, mitten auf der Autobahn. Oder die Bremsen versagen und wir fliegen aus der Kurve. Viele Menschen sorgen sich mehr um ihr Auto als um sich selbst. Besser wäre es, schon frühzeitig darauf zu achten, Energie zu tanken oder die Bremsen zu kontrollieren. Dies können wir zum Beispiel tun, indem wir Ruhe suchen und Pause machen. Echte Pausen! Manche Menschen haben Angst vor diesen Pausen, weil sie dann noch mehr mit ihren Gedanken konfrontiert werden und der Krise noch mehr ins Gesicht schauen müssen. Richtig! Dafür ist diese Krise da. Sie will, dass wir uns mit ihr beschäftigen und sie verstehen lernen. Sie will, dass wir uns selbst kennenlernen. Sie will, dass wir auf die Suche gehen, was für uns richtig ist, was *jetzt* richtig ist. Pause machen kann also harte Arbeit sein. Diese Arbeit ist sinnvoll und muss getan werden. Wir können dies am besten tun, indem wir unserem Körper und unserer Seele Erholung gönnen: Entspannung, Wärme, Bewegung – aber alles in Ruhe.

Fragen zum Nachdenken

- Aus welcher inneren Haltung heraus vermeide ich Pausen, obwohl ich sie eigentlich nötig habe?
- Welche Haltung veranlasst mich eventuell, zu lange Pausen zu machen?
- Habe ich mehr oder weniger Pausen nötig?
- Was ist für mich „Pause“?
- Wie müssten meine Pausen aussehen, so dass ich mich wirklich erholen würde?

Aufgaben

- Einen Tages- und Wochenplan aufstellen, in dem Pausen und Arbeitszeiten festgelegt werden.
- Diesen Plan eine Woche lang einhalten (so gut es geht!).
- Für die nächste Woche: kleine Veränderungen und Anpassungen vornehmen.

Auf Reinheit achten

Die hohen Anforderungen, die eine Krise an uns stellt, bringen es oft mit sich, dass wir uns selbst und unsere Umgebung ein wenig verwahrlosen. Vor allem, weil dies auch ein Ausdruck unserer Stimmung ist. Jedoch fühlen wir uns dann noch weniger wohl, und dies kostet zusätzliche Energie, wo wir doch eigentlich jedes bisschen Energie benötigen, um diese Krise zu bewältigen. In Unordnung oder Schmutz können wir nicht genesen. Deshalb gehört es zum Selbstmanagement einer Krise, dafür zu sorgen, dass wir eine gewisse Hygiene wahren. Dies sowohl bei der Körperpflege, bei der Kleidung als auch in der Umgebung, in der wir leben. Vor allem nach tiefen Tälern, heftigen Gefühlsausbrüchen oder schwierigen Begegnungen ist es äußerst sinnvoll, eine erfrischende Dusche zu nehmen und frische Kleidung anzuziehen. Die schwere Energie, mit der wir uns geplagt haben, sitzt in unserer Aura und natürlich auch in der Kleidung. Sobald wir die Aura reinigen, durch eine Dusche, durch einen Spaziergang in Wind und Regen oder durch Arbeit im Garten, wird es uns spürbar besser gehen und werden wir uns gekräftigt fühlen. Kleidung – als äußere Haut – ist nicht schmutzig von der Gartenerde oder vom Schlamm der Wege, sie ist durchtränkt mit den Energien, denen wir ausgesetzt sind, eigenen Energien, aber auch den Energien der Menschen, denen wir begegnen. Wenn diese Energien in unserer Aura und in unserer Kleidung bleiben, werden sie uns müde machen und erschöpfen. Reinheit ist darum eine wichtige Kraftquelle.

Fragen zum Nachdenken

- Was bedeutet für mich „Reinheit"?
- Inwieweit vernachlässige ich Reinheit zurzeit in meinem Leben?
- Was könnte ich tun, um mehr Reinheit zu entwickeln?

Aufgaben

- Jeweils 5 Punkte in Bezug auf Reinheit notieren, die ich
  a) unterlassen möchte
  b) verändern möchte
  c) neu entwickeln möchte.

- Jede dieser Listen nach Prioritäten ordnen.
- Jede Woche von jeder Liste einen Punkt in die Tat umsetzen.

3.6 Die Ebene der Gefühle

Gefühle zulassen

Eine Krise kann zeitweise für ein heftiges Gefühlsleben sorgen. Es werden Gefühle auftauchen, die wir vielleicht noch nie erfahren haben. Aber wenn wir genau hinschauen, werden wir auch wissen, dass sie immer schon irgendwie in uns drin waren – heimlich und unterdrückt, weitgehend unbemerkt. Jetzt tauchen diese Gefühle an der Oberfläche auf und wollen erfahren werden. Da ist nichts Schlimmes dran, nur sind diese Gefühle oft nicht schön und manchmal auch sehr heftig. Jetzt wollen sie erfahren werden. Aber nicht im Sinne von sie „auszuleben" (sie also anderen Menschen um die Ohren zu schlagen), sondern erfahren werden im Sinne von sie zu *fühlen.* Gefühle wollen gefühlt werden, mehr nicht, aber auch nicht weniger. Viele Menschen haben Angst vor starken Gefühlen, sogar vor starken positiven Gefühlen. Das ist verständlich, denn wir wollen nicht aus dem Gleichgewicht gebracht werden und nicht die Kontrolle über uns verlieren. Deshalb halten wir die Gefühle fest, wir frieren sie ein. Indem wir sie erstarren lassen, erstarren wir selbst aber auch und werden unlebendig. Es gibt Menschen, die zu Lebzeiten schon scheintot sind, weil sie ihre Gefühle nicht *fühlen.* Jetzt sind wir in einer Krise. Krisenzeiten sind eine ausgezeichnete Gelegenheit, um wieder *fühlen* zu lernen. Wenn wir den Mut haben, Gefühle zuzulassen, dann wird uns dies dem Leben, anderen und uns selbst näher bringen. Gefühle machen uns lebendig.

Hierzu gehört es auch, zu heulen oder zu schreien, allerdings nicht: andere anzuschreien! Wut und Aggression sind wichtige Gefühle, wir sollten uns darin üben, sie zu fühlen. Aber es ist nicht nötig, sie auszuleben und in Handlungen umzusetzen. Gefühle zu fühlen und zu durchleben befreit uns auf Dauer von diesen Gefühlen. Zum Beispiel, wenn wir Eifersucht als Gefühl wirklich voll zulassen, immer wieder zulassen, sie voll erfahren, dann wachen wir eines Tages auf und die Eifersucht gehört der Vergangenheit an, sie hat uns verlassen, wir haben sie durch-*lebt*. Wenn wir uns aber von Gefühlen zu Handlungen verleiten lassen – was sehr leicht geschehen kann! – dann werden wir zum Beispiel durch aggressive Raserei andere gefährden, durch eine Verliebtheit unsere Ehe in Gefahr bringen oder durch Gier eine gefundene Geldbörse nicht zurückgeben. Neid wird uns veranlassen, andere schlecht zu machen, Wut wird uns dazu bringen, andere anzuschreien…. Gefühle wollen gefühlt und durchlebt werden, es ist nicht der Sinn der Sache, sie in Handlungen umzusetzen. Gefühle sind so unbeständig wie das Wetter, sie gehen vorüber und unsere unbedachten Handlungen werden uns dann möglicherweise sehr leid tun. Gefühle sind von Natur aus lebendig, sehr lebendig sogar. Wenn wir uns unseren Gefühlen wirklich hingeben würden, wären wir wie Kinder. Lachen und Heulen liegen dann sehr dicht beieinander. Wir wären jede Minute anders – und damit sehr lebendig. Wenn wir in Krisenzeiten Gefühle wirklich zulassen und bereit sind, sie zu fühlen, dann werden sie sich sehr schnell wandeln. Gefühle zu unterdrücken, würde dagegen bedeuten, ihnen Macht über uns zu geben. Verdrängen heißt ja nicht, dass sie wirklich weg wären. Stattdessen werden sie sich aus dem unterbewussten Teil unserer Psyche heraus bemerkbar machen, durch Phantasien, Ängste, Unsicherheit, Hemmungen, Aggression, Kritik und Ablehnung anderen gegenüber usw. Wichtig ist allerdings, dass wir nicht in einem bestimmten Gefühlszustand „hängen bleiben", egal in welchem. Dann stagnieren wir. Es gibt auch Menschen, die in ihren positiven Gefühlen hängen bleiben – und da auch gern hängen bleiben wollen. Allerdings würde man über sie nicht sagen, dass sie in einer Krise sind (obwohl sie es eigentlich ein wenig sind!).

Fragen zum Nachdenken

- Welche Gefühle stören mich an anderen?
- Welche Gefühle decke ich bei mir selbst zu, weil sie unangenehm oder störend sind?

Aufgaben

- Gefühlsäußerungen anderer einfach nur *wahrnehmen* (als neutraler Beobachter), ohne sie zu beurteilen.
- Später meine Gefühle auf dieselbe Weise wahrnehmen.
- Meine Gefühle *fühlen*, sie aber nicht in Handlung umsetzen.
- Danach bei mir und bei anderen diese Gefühle mit *liebevoller Aufmerksamkeit* betrachten.

Schmerz zulassen

Durch den Schmerz hindurchzugehen ist viel, viel schwerer, als ihn mit irgendwelchen Mitteln zu betäuben. Menschlich verständlich ist es eher, den Schmerz „wegmachen" zu wollen. Dies bezieht sich auf körperliche wie auf seelische Schmerzen. Mit dem kleinen Unterschied, dass man für körperliche Schmerzen mehr Aufmerksamkeit und Verständnis von anderen erwarten kann. Seelische Schmerzen sind zu diffus, Menschen haben deswegen eine gewisse Scheu, darüber zu sprechen. Sowohl die Betroffenen als auch eventuelle Zuhörer. Der Bereich der Psyche ist – als feinstofflicher Bereich – für viele nicht konkret und nicht fassbar genug, um ihn zum Thema machen zu können. Man schweigt lieber, was für Betroffene, die wohl reden möchten, zusätzliche Probleme bringt.

Es ist nicht sehr verbreitet, durch den Schmerz hindurchzugehen. Verbreitet sind vielmehr die Versuche, ihn zu mildern, zu stoppen, zu vermeiden, sich davon abzulenken. In akademischen Kreisen ist es darüber hinaus das Intellektualisieren, also den Verstand zu benutzen, um den Schmerz nicht zu fühlen. Sie reden *über* die Geschehnisse auf eine Weise, als ob es mit ihnen nichts zu tun hätte, und halten sich damit die Sache selbst vom Hals. Scheinbar.

In Bezug auf Schmerz besteht andererseits die Gefahr, dass wir uns mit dem Schmerz zurückziehen und uns innerlich einkapseln. Damit kapseln wir auch den Schmerz ein. Wir konservieren ihn sozusagen und nehmen ihn mit in unseren Rückzug hinein – für immer! Der alte Schmerz wird aber nur weggehen, wenn wir uns öffnen, uns ihm stellen und ihn (in einem therapeutischen Prozess) vollständig durchleben. Danach können wir wieder *voll* am Leben teilnehmen. Wir alle sehnen uns nach dieser Öffnung, wollen aber dem alten Schmerz nicht begegnen. Nur wenn wir uns öffnen und den Schmerz durchleben, wird der alte Schmerz hinter uns zurückbleiben und nicht mehr unser Leben beeinflussen. Natürlich laufen wir Gefahr, dass wir als Folge dieser Öffnung neue Schmerzen erleiden werden. So ist das mit dem Leben: Wir können uns vor ihm verschließen (mit dem alten Schmerz) oder uns öffnen (für den neuen Schmerz). Wenn wir wirklich am

Leben teilnehmen wollen, dann bedeutet dies, sich zu öffnen und dem Schmerz entgegenzugehen. Erst dem alten Schmerz zu begegnen, dann dem neuen. Dies ist der Weg zu einem *intensiveren* Leben, zum Leben in seiner Vollheit. Es ist der Weg in die Freiheit!

Fragen zum Nachdenken

- Was ist eigentlich „Schmerz"?
- Warum ist es für mich schwer, mit dem Schmerz anderer umzugehen?
- Warum fällt es mir schwer, meinen eigenen Schmerz zuzulassen oder ihn zu zeigen?
- Woraus besteht mein eigener Schmerz?

Aufgaben

- Als neutraler Beobachter den Schmerz anderer wahrnehmen. Was sehe ich dann?
- Auf die gleiche Weise meinen eigenen Schmerz wahrnehmen. Was nehme ich wahr?
- Den eigenen Schmerz wahrnehmen, ihn zulassen und ihn fühlen.
- Eigenen und fremden Schmerz mit *liebevoller Aufmerksamkeit* betrachten und nichts tun, um ihn „wegzumachen". Was geschieht dann?

3.7 Die Ebene der Haltungen

Einstellungen überprüfen

Es kann sein, dass wir bei unserem Versuch, die Krise gut zu bewältigen, selbst mit Verhaltensänderungen nicht erreicht haben, dass Bewegung in die Sache kam. Dann bleibt uns nur noch ein Weg: unsere *Einstellung* zur Situation zu verändern. Interessant ist, dass viele Menschen, diesen Weg erst als allerletzten beschreiten, wenn alle anderen Dinge versagt haben. Wir versuchen offensichtlich erst alles andere, erst die Veränderung anderer, der Situation und danach unseres eigenen Verhaltens, bevor wir bereit sind, unsere eigenen inneren Einstellungen zu verändern. Unsere Einstellungen sind uns so nahe, sind so sehr Teil von uns, dass sie uns wie „Heilige Kühe" erscheinen, die wir bewahren und schützen wollen. Aus einer anderen Sicht heraus könnte man auch sagen, dass wir mit unseren Einstellungen oder mit unserer Persönlichkeit verwachsen und nicht flexibel genug sind, um sie verschiedenen Situationen anzupassen. Denn manchmal erstarren Einstellungen oder Persönlichkeiten regelrecht, wir klammern uns dann an eine bestimmte Sichtweise oder Einschätzung, die früher einmal durchaus berechtigt oder nützlich war. Wir wollen sie unter keinen Umständen loslassen, obwohl sie inzwischen hinderlich ist. Der Verdacht liegt dann nahe, dass wir auf die eine oder andere Weise von dieser Einstellung doch profitieren, zum Beispiel von der Einstellung, „Opfer" zu sein, genauso gut aber auch von der Einstellung, „Täter" zu sein. Die Einstellung, Opfer zu sein, wird uns in der Illusion verweilen lassen, dass nicht wir, sondern die anderen verantwortlich und damit schuldig sind. Unser eigener Einfluss und unsere eigene Verantwortung bleiben verdeckt und wir werden so – obwohl wir uns als Opfer sehen – auf eine indirekte Weise viel Macht ausüben. Die Einstellung, Täter zu sein, wird uns in der Illusion verweilen lassen, dass wir selbst verursachend sind, sie wird also unser Ego stärken. Kein einfaches Thema, diese Einstellungen. Unsere Einstellungen haben Macht über uns und über unser Leben und sie haben kein Interesse daran, diese Macht aufzugeben. Vielleicht ist dieses Thema deshalb so unpopulär? Dabei ist der Weg, die eigenen Einstellungen zu überprüfen und zu verändern, eigentlich der Weg, der am besten funktioniert. Wenn wir unsere Einstellung einer Sache oder einem Menschen gegenüber verändern, dann wird dies automatisch Einfluss haben auf unsere Verhaltensweise, damit ist automatisch die Situation eine andere geworden. Und andere werden so – auf indirekte Weise – veranlasst, sich anders zu verhalten. Wer hätte das gedacht!

Fragen zum Nachdenken

- Welche Gedanken verbinde ich mit bestimmten Situationen, Handlungen oder Verhaltensweisen?
- Aus welcher Haltung heraus habe ich diese Gedanken?
- Welche innere Haltung bestimmt mein Handeln in dieser Krise?

Aufgaben

- Negative Gedanken / Haltungen aufschreiben.
- Die positiven Gegenteile dazu entwickeln und aufschreiben (ist nicht leicht!)
- Die negativen Aussagen mit Hilfe eines kleinen Rituals „beerdigen" (Bach, Feuer...) oder „opfern" (Mariabild...).
- Je eine Woche lang jeweils eine der positiven Aussagen in der Tasche eines Kleidungsstücks mit mir herumtragen.

Geduld entwickeln

Was wir in Krisenzeiten brauchen, ist Geduld. Geduld mit uns selbst, mit anderen und mit dem Leben. Geduld ist eine große Kunst. Die meisten Menschen sind ungeduldig und wollen alles sofort, vor allem, wenn es um Verbesserung und Erleichterung geht. Sie sehen nicht, dass die Dinge reifen müssen und dass große Dinge sogar viel Zeit zum Reifen brauchen. Die Anonymen Alkoholiker sagen: „Wenn Gott uns nicht gibt, was wir haben wollen, dann hat er etwas Besseres für uns in Vorbereitung!" In Krisenzeiten leiden wir, sind wir durcheinander, kennen wir uns selbst nicht mehr. Natürlich sind wir ungeduldig und hätten gern, dass diese schwere Zeit endlich zu Ende geht. Und dass endlich alles wieder normal wird. Aber so funktioniert eine Krise nicht. Sie hat ihre eigene Dynamik, ihre eigenen Gesetzmäßigkeiten und sie braucht Zeit. Deswegen ist Geduld eine der wichtigsten Eigenschaften, die wir entwickeln sollten. Wir werden Geduld mit uns selbst benötigen, wenn wir unseren eigenen Idealen nicht entsprechen, immer wieder versagen oder auch Rückschritte machen. Wir werden Geduld haben müssen, weil der Prozess länger dauert, als abzusehen war. Aber auch mit anderen, mit den Menschen um uns herum, werden wir Geduld haben müssen. Vor allem, wenn sie einmal die Geduld uns gegenüber verlieren. Auch sie sind mit dieser Situation überfordert. Wir hätten gern, dass sie sich als souverän und als über den Dingen stehend erweisen? Wir kritisieren sie, weil sie den hohen Idealen nicht entsprechen? Sie sollen diesen hohen Idealen entsprechen, damit wir selbst es leichter haben und uns nicht ändern müssen! Es wäre schön, wenn wir Geduld üben würden, Geduld mit uns selbst, aber auch mit andern. Noch mehr Geduld werden wir mit dem Leben, mit dem Schicksal und auch mit Gott haben müssen. Denn sie tun nicht oder zumindest nicht immer, was wir wollen. Und es gibt keine Möglichkeit, sie zu zwingen, wirklich *keine*! Das ist unser Problem. Natürlich probieren wir, sie zu beeinflussen, durch braves Verhalten, durch Zusammenarbeit, durch Beten. Alles das sind Versuche, das Leben, das Schicksal oder Gott dazu zu bewegen, uns doch unseren Willen zu geben. Möglicherweise funktioniert es, möglicherweise aber auch nicht. Dann brauchen wir besonders viel Geduld, um mit dieser Ohnmachtserfahrung umzugehen, die Situation zu akzeptieren und zu versuchen zu verstehen, was diese Krise eigentlich von uns will. Möglicherweise ist dies nicht immer einfach. Aber das Leben, das Schicksal oder Gott haben viel Geduld mit uns. Sie werden uns immer neue Chancen geben zu lernen. Darin sind sie sehr ausdauernd. Aus Liebe!

Fragen zum Nachdenken

- Welche meiner Verhaltensweisen lassen auf Ungeduld schließen?
- Welche innere Haltung veranlasst mich zu dieser Ungeduld?
- Welche Spannungen oder Konflikte sind eventuell (Mit-)Ursache für diese Ungeduld?
- Wenn diese Ungeduld etwas mit Warten auf andere oder mit Erwartungen an andere zu tun hat: Wie kann ich diese Ungeduld in eigene Aktivität umsetzen?

Aufgaben

- Aussprechen, dass ich ungeduldig bin.
- Unterscheiden, ob ich handeln oder abwarten muss.
- Wenn ich abwarten muss, mich *entscheiden*, abzuwarten!

Selbstverantwortung entwickeln

Ein wichtiger Schritt in der eigenen Entwicklung besteht darin, für uns selbst und für unsere Situation die Verantwortung zu übernehmen. Natürlich benötigen wir Hilfe oder Unterstützung, manchmal sogar dringend, aber wir selbst sind es, die durch diese Krise gehen und die die guten Tipps anderer umsetzen müssen, wenn sie denn eine Wirkung haben sollen. Andere können das nicht für uns tun! Sie können bei uns sein, mit uns gehen und uns unterstützen, aber sie können nicht diese Krisenarbeit für uns erledigen. Wir müssen es selbst tun und wir selbst sind verantwortlich dafür, was wir aus dieser Krise machen. Wir können uns zugrunde richten, wir können aber auch daran arbeiten, ein neuer und besserer Mensch zu werden. Wir können uns der Krise entgegenstellen und sie bekämpfen, wir können uns aber auch für Zusammenarbeit entscheiden. In dieser Entscheidung sind wir frei. Es wäre sehr unfair, wenn Helfer und Begleiter sich an uns erschöpfen, während wir selbst vielleicht tief innen die Entscheidung getroffen haben, uns hängen zu lassen. Es ist *unsere* Verantwortung, was mit uns geschieht. Gut, die Krise haben wir nicht gerufen, sie ist einfach gekommen. Aber jetzt sind wir gefragt, zu lernen und das Bestmögliche aus der Situation zu machen. Selbstverantwortung ist kein geliebtes Wort, Menschen sind lieber Opfer und geben anderen damit die Verantwortung über sich und ihr Leben. Eine Krise ist eine ausgezeichnete Gelegenheit, dies zu verändern.

Fragen zum Nachdenken

- Was hält mich davon ab, für mich und meine Situation die Verantwortung zu übernehmen?

- Inwieweit erwarte ich von anderen, dass sie sich für mich verantwortlich fühlen sollen?
- Inwieweit profitiere ich (scheinbar) von dieser Erwartung?
- Inwieweit profitiere ich (scheinbar) von der Tatsache, dass ich selbst keine Verantwortung für mich übernehme?
- Was würde sich ändern, wenn ich Verantwortung für mich übernehmen würde?
- Wer oder was könnte mir dabei helfen, dies zu tun?

Aufgaben

- Einen freundlich gesinnten Gesprächspartner suchen, mit dem ich darüber reden kann.

Zufriedenheit entwickeln

Wenn wir unsere Krise wirklich durchleben und lernen, was gelernt werden will, dann werden wir später ein sehr zufriedener Mensch sein – auch wenn wir uns dies jetzt noch nicht vorstellen können. Innere Zufriedenheit wird eines Tages die Belohnung für all unsere Mühe sein. Zwischenzeitlich aber kann Zufriedenheit uns als eine Art innerer Kompass dienen, den wir benutzen können, wenn wir nicht wissen, wie wir uns verhalten sollen, oder wenn wir Entscheidungen treffen müssen. Was würde uns mehr zufrieden machen, zufrieden mit uns selbst? Was würde uns mehr in Übereinstimmung bringen mit unseren eigenen inneren Maßstäben? Bisher waren wir vielleicht geneigt, uns so zu verhalten, dass wir glücklicher wurden. Aber zwischen Glück und Zufriedenheit gibt es einen gewissen Unterschied, der vielleicht klein ist, aber manchmal doch eine wichtige Rolle spielt. So kann es sein, dass wir durch eine bestimmte Lebensentscheidung zwar glücklich, aber im tiefsten Innern sehr unzufrieden mit uns selbst sind, weil wir unseren eigenen Maßstäben nicht entsprochen haben. Andersherum kann es sein, dass wir zwar total unglücklich sind, weil alles, aber auch alles daneben gegangen ist und wir definitiv auf der Verliererseite stehen, während wir im Innersten doch sehr zufrieden mit uns sind, in Bezug auf unser Verhalten und auf die Art und Weise, wie wir mit der Situation umgegangen sind, weil wir unseren eigenen Maßstäben entsprochen haben. Dies auch dann, wenn wir nicht erfolgreich darin waren, unseren Willen durchzusetzen. Wenn wir unterwegs immer wieder auf unsere Zufriedenheit achten und uns daran orientieren, welche Richtung sie uns weisen will, dann werden wir eines Tages die *große* innere Zufriedenheit ernten können,

Fragen zum Nachdenken

- Womit bin ich zufrieden und warum?
- Womit bin ich unzufrieden und warum?
- In welcher Hinsicht bin ich mit *mir selbst* unzufrieden und warum?
- Was müsste geschehen, so dass ich mit mir selbst zufriedener sein könnte?
- Was könnte / müsste ich dafür tun?
- Warum fällt es mir so schwer, diese Dinge zu tun?
- Inwieweit profitiere ich (scheinbar) davon, dass ich diese Dinge nicht tue?

Aufgaben

- 5 Punkte notieren, bei denen ich mit mir selbst unzufrieden bin.
- In Bezug auf diese Punkte mehrere Ziele notieren, die ich habe.
- Schritte notieren, die zu diesen Zielen hinführen.
- Jede Woche einen dieser Schritte in die Tat umsetzen.

Vorbilder haben und Vorbild sein

Eine Krise verlangt viel von uns, sie stülpt uns um und kehrt das Innerste nach außen, das Unterste nach oben. Sie wird von uns Lernschritte fordern, die Entwicklung neuer Verhaltensweisen, die Beschäftigung mit Dingen, die uns bisher fremd waren oder die wir ablehnten. Wir müssen und werden uns verändern. Wenn es in den unsicheren Zeiten von Krise etwas gibt, das sicher ist, so ist es die Tatsache, dass wir uns verändern werden. Wir werden alte Strukturen und Gewohnheiten – gezwungenermaßen! – ablegen müssen und werden neue Einstellungen und Verhaltensweisen entwickeln. Das geht nicht ohne Schmerzen, das ist anstrengend und konfrontiert uns vor allem mit dem Problem, dass wir nicht wissen, wohin die Reise geht. Uns fehlt möglicherweise jegliche Orientierung, jeder Maßstab. Mehr noch als sonst sollten wir in dieser Zeit gut auf unsere Vorbilder achten. Unsere Ideale sind uns nicht immer bewusst und vielleicht sind sie gerade durch diese Krise auf die Probe gestellt oder verloren gegangen. Bewusst ist uns aber meistens, vor welchen Menschen wir *Respekt* haben und die wir achten. Sie verkörpern etwas, das für uns scheinbar wichtig ist. Was ist das? Wie leben diese Menschen? Was tun sie, wie verhalten sie sich? Was genau ist für uns anziehend und attraktiv daran? Was drücken sie aus? Wenn wir genau hinschauen, können wir auf diese Weise etwas über uns selbst und über unsere Lebensziele erkennen. Diese Menschen verkörpern in irgendeiner Weise das Ziel, auf das wir uns hinentwickeln möchten. Allerdings sind Vorbilder nicht dazu gedacht, an der Wand des Wohnzimmers aufgehängt zu werden, um dann jeden Besucher auf unsere schönen Ziele hinzuweisen. Vor-Bilder sind Bilder, die uns *vorausgehen* und denen wir *folgen* sollten. Sie werden uns den Weg weisen, auf dem wir lernen können, mehr wir *selbst* zu sein.

Auf der anderen Seite wird es uns viel Kraft geben, wenn wir versuchen, in diesen schweren Zeiten für andere, vorzugsweise für die eigenen Kinder oder die Kinder unserer Umgebung, ein Vorbild zu sein. Wir sollten ihnen nicht vorgaukeln, dass das Leben immer glatt geht, dazu sind wir nicht verpflichtet und es wäre auch nicht die Wahrheit. Wohl aber sind wir verpflichtet, ihnen zu zeigen, wie man durch schwere Krisen hindurchgeht und daraus lernt. Wieso wir dazu verpflichtet sind? Weil sie ihre Augen auf uns richten, uns zuschauen und von uns abgucken, wie´s geht. In jedem Falle, egal wie gut oder schlecht wir unsere Sache machen!

Fragen zum Nachdenken

- Welche schlechten Vorbilder habe ich, wenn es darum geht, mit Krisen umzugehen?
- Mit welchen Verhaltensweisen bin ich selbst nicht vorbildhaft?
- Welche guten Vorbilder habe ich, wenn es darum geht, eine Krise zu bewältigen?
- Welche konkreten Eigenschaften, Verhaltensweisen oder Fähigkeiten machen diese Menschen für mich zum Vorbild?
- Mit welchen Eigenschaften, Verhaltensweisen oder Fähigkeiten möchte ich selbst vorbildhaft sein?

Aufgaben

- Jeweils 5 Eigenschaften / Verhaltensweisen notieren, die ich
  a) abschaffen möchte
  b) verändern oder anpassen möchte
  c) neu entwickeln möchte.
- Diese Listen nach Prioritäten ordnen.
- Jede Woche von jeder Liste einen Punkt in Angriff nehmen.
- Das Gespräch mit einem meiner (lebenden) Vorbilder suchen.

3.8 Die Ebene des Verstehens

Verarbeitung des Geschehens

Um mit inneren wie äußeren Problemen umgehen und Lösungen entwickeln zu können, ist es wichtig, die Probleme oder die Krise zu verarbeiten. Gute, echte Lösungen (*Er-lösung*!) kommen nach der Verarbeitung, nicht stattdessen. Die Verarbeitung ist deutlich leichter, wenn wir sie *außerhalb* von uns vornehmen. Was meint das? Wenn wir die Probleme in uns behalten, dann wird zwar auch Verarbeitung stattfinden, aber sie dauert länger, kann eher stagnieren und sich im Kreise drehen. Außerdem wird sie die ganze Zeit unser Denken beschäftigen und sich sehr unangenehm bemerkbar machen. Wir können schlecht einschlafen, werden nachts wach und werden immer mit dieser Mühle im Kopf zu tun haben. Wir haben keine Lust mehr, Pause zu machen, weil dann wieder diese Gedanken kommen. Eine wesentliche Erleichterung für diesen Prozess ist es, die Verarbeitung *außerhalb* von uns vorzunehmen. Sei es in einem Gespräch, sei es im Aufschreiben all dessen, was uns beschäftigt. Es gibt so viele Möglichkeiten, die Dinge *nach draußen* zu bringen: Bewegung, Malen, Schreiben, Reden, Musizieren, Tanzen, Singen…. Allerdings sollten diese aktiven Phasen sich mit ruhigen Phasen abwechseln, damit wir auch in Ruhe nach innen schauen können und die Dinge betrachten können, bevor wir sie nach oben holen und nach außen hin „ausdrücken“.

Schreiben und Reden, aber auch die zeichnerische Darstellung der verschiedenen Aspekte und Strukturen unserer Situation haben gegenüber den anderen Möglichkeiten einen gewissen Vorteil, weil sie den Bewusstwerdungsprozess besser unterstützen. Bewusstwerden ist mehr, als die Sache einfach nur auszudrücken, obwohl auch das eine gute Hilfe sein kann und für Entladung sorgt. Jedoch sind Schreiben und Reden nicht immer *automatisch* gut für den Lernprozess, denn sie können auf dem Niveau von „Story“ hängen bleiben. Dann geschieht nichts weiter, als die Sache zu berichten und dabei Dampf abzulassen. Für das Lernen und für die Bewusstwerdung wäre es besser, wir würden die Meta-Ebene einnehmen, also uns und unsere Krise aus der Vogelperspektive betrachten. Was sehen wir dann? Warum ist uns dies passiert? Was will diese Krise von uns? Welche Strukturen lassen sich erkennen? Das ist ein ganz anderes Vorgehen, als einfach nur über sein Leid zu reden. Obwohl auch das sein muss und sein sollte. Im Gespräch, im Schreiben sollte es Phasen geben von emotionalem Ausdruck, in denen wir die Gefühle voll zulassen und sie durchleben, daneben aber auch Phasen von psychisch-geistiger Verarbeitung. Wenn wir unsere Probleme auf diese Weise ordnen, ihre Struktur untersuchen und ihnen so langsam einen Platz in unserem Leben geben, erschließt sich ihre Bedeutung für uns. Die Gefahr besteht allerdings immer, dass mit dem Reden Versuche verbunden sind, zu intellektualisieren und zu rationalisieren. Kritisch betrachtet gehören Intellektualisieren und Rationalisieren in die Kategorie der Betäubungsmittel, denn beides würde uns von unseren Gefühlen wegbringen und uns von unserem eigenen Erleben abschneiden. Verarbeitung lässt Gefühle zu und erkennt sie in ihrer Berechtigung an. Beim Verarbeiten werden die Gefühle als ein wichtiger und notwendiger Teil des Prozesses einbezogen.

Vielleicht lernen wir, in den verschiedenen Gesprächen jeweils eine andere „Version" unserer Geschichte zu erzählen, wobei der Grundton, die Essenz der Geschichte dieselbe ist, nur jeweils anders eingekleidet und präsentiert. Damit erreichen wir, uns auf die Schwingungsebene des jeweiligen Zuhörers einzustimmen und doch – was nötig ist! – unsere emotionale Ladung zu erleichtern. Ein zusätzlicher Effekt ist, dass dies unsere geistige Flexibilität erhöht. Immer und immer wieder dieselbe Geschichte zu erzählen ist sowieso tödlich (für den Zuhörer, wie für den Sprecher), „es ist immer dieselbe Leier", wie der Volksmund sagt. Verschiedene Versionen zu erzählen, hält uns geistig fit und gibt der *momentanen* Stimmung Raum. Es gibt so viele Varianten, wie es chaotische Gefühle in einer Krise gibt. Diese Technik ist eine ausgezeichnete Übung für uns selbst und gewährt uns außerdem Momente, in denen wir mit unserem Gesprächspartner gleich schwingen. Gleichschwingen (Resonanz) ist das, was wir brauchen, dabei können wir Spannung entladen und das gibt neue Kraft.

Fragen zum Nachdenken

- Was ist normalerweise *meine* Art, schwierige Dinge zu verarbeiten?
- Bin ich in der Lage, über mich und meine Probleme zu reden, oder schweige ich lieber?
- Warum schweige ich?
- Rede ich eventuell zu viel? Wenn ja, warum?

Aufgaben

- Gezielt ein Gespräch suchen, das nicht nur der Entladung von Emotionen, sondern auch der *Verarbeitung* des Geschehens dient.
- Zur Vorbereitung auf dieses Gespräch eine einfache Skizze oder zeichnerische Darstellung der Situation anfertigen (visualisieren!).
- Zusätzlich eine andere, *kreative* Form der Verarbeitung oder des Ausdrucks wählen, die zu mir passt und die mich in der Bewältigung dieser Krise unterstützen könnte (malen, musizieren …).

Verstehen wollen

Verständnis zu bekommen oder Verstehen zu erreichen, das ist ein himmelweiter Unterschied. Die meisten Menschen wollen Verständnis für …, für ihre Art zu sein, für ihre Entscheidungen, für ihre Weise zu handeln oder nicht zu handeln. Verständnis ist ein emotionales Geschehen, denn jemand, der Verständnis für uns hat, ist emotional auf unserer Seite. Er oder sie kann sich in uns hineinversetzen und das tut natürlich gut. Wir sind nicht allein. Verstehen ist dagegen eine eher geistige Weise, mit einer Sache umzugehen und sie sich zu erschließen. Das Verstehen selbst tritt oft durch ein „intuitives" Erfassen der Situation ein[15].

In einer Krise spielen beide Varianten eine Rolle. Einerseits werben wir um Verständnis, andererseits wollen wir verstehen und wollen wir, dass andere uns verstehen. Verständnis tut gut, Verstehen bringt uns weiter. Wenn wir aus der Sache lernen wollen, wenn wir verstehen wollen, was passiert ist und warum, dann ist es nötig, der Sache auf den Grund zu gehen, also zu bohren, zu fragen, zu puzzeln, andere Ansichten dazu zu hören, die Ansicht der Gegenpartei genau unter die Lupe zu nehmen, in die Tiefe zu denken oder die Sache aus der Vogelperspektive zu betrachten – und vieles mehr. Verstehen stellt sich ein, wenn wir die Arbeit geleistet haben, die dazu nötig ist. Wenn wir nur rumlaufen und darüber klagen, dass wir nichts verstehen, dann wird sich daran auch nicht viel ändern. Ein wirksames und unterstützendes Mittel ist die Visualisierung, die bereits im Abschnitt „Verarbeitung des Geschehens" beschrieben wurde. Mit Hilfe der zeichnerischen Darstellung (auch wenn sie noch so einfach ist) werden Strukturen und Ebenen der Situation deutlich, die sich der normalen Wahrnehmung zunächst entziehen. Wenn sich irgendwann *Verstehen* einstellt, dann werden wir ein Aha-Erlebnis haben. War unser Kopf vorher übervoll mit Details und unverdautem Kram, so ist er jetzt leer und ruhig.

Fragen zum Nachdenken

- Inwieweit werbe ich mit meinem Reden und Verhalten um „Verständnis"?
- Welche Teile der Krise verstehe ich und welche Teile nicht?

---

15 Die normale Wahrnehmung ist indirekt, weil sie mit Hilfe der Sinne stattfindet. Intuitives Erfassen meint hier, dass auch Informationen aufgenommen und verarbeitet werden, die sich unseren normalen Sinneswerkzeugen und dem normalen Verstand entziehen. Intuition könnte man bezeichnen als eine *direkte* Wahrnehmung von Informationen, die sich der normalen Wahrnehmung entziehen. So wissen wir manchmal *intuitiv*, dass jemand lügt. Aber auch wenn wir uns diesbezüglich ziemlich sicher sind, so können wir doch voll daneben liegen. Wir sollten intuitive Wahrnehmungen ernst nehmen, sie aber dann – wie alle anderen Informationen auch! – einer Prüfung unterziehen.

- Was könnte ich tun, um mehr zu verstehen?
- Inwieweit will ich „Verstehen“ erzwingen?

Aufgaben

- Gezielt ein Gespräch suchen, das dem Verstehen des Geschehens dient.
- Zur Vorbereitung auf dieses Gespräch eine einfache Skizze oder zeichnerische Darstellung der Situation anfertigen (visualisieren!).

Integration der Geschehnisse

Möglicherweise werden wir immer wieder von anderen ermahnt und darauf hingewiesen, das, was geschehen ist, zu „integrieren“, ihm einen Platz in unserem Leben zu geben. Weder wissen wir, was damit gemeint ist, noch sind die anderen in der Lage, es uns wirklich zu erklären. Sie haben es irgendwo gelesen und wenden es jetzt auf uns an. Wir verstehen es nicht und wissen vor allem auch nicht, wie wir es tun sollten. Das sind zwei Probleme auf einmal. Zu verstehen, was mit Integration gemeint ist, fällt noch relativ leicht. Integration ist das, was jeden Tag mit unserem Stoffwechsel passiert. Wir nehmen Nahrung auf und im Magen-Darm-Trakt wird das Essen in seine Bestandteile zerlegt und anschließend bis in die Zellen hinein aufgenommen. Die essentiellen Bestandteile, vor allem die *Energie* des Essens, werden vom Körper aufgenommen, also „einverleibt“, so dass diese Teile später den Körper ausmachen. Jeden Tag neu. Der überschüssige Rest wird ausgeschieden. Man könnte dies als die „Integration“ der Nahrung bezeichnen. Schwierig wird es, wenn wir etwas Schwerverdauliches gegessen haben, dann tut unser Körper sich mit der Integration so schwer, dass er das Essen wieder ausspuckt oder eine Vergiftung erleidet. Der Stoffwechsel unseres Körpers entzieht sich allerdings unserem willentlichen Zugriff, er geht einfach seinen eigenen Gang.

Krisen sind schwerverdaulich! Uns wird zugemutet, eine „Kröte zu schlucken“. Vielleicht würden wir sie gern ausspucken, aber es geht nicht, sie muss verdaut werden. Das ist nicht einfach und es wird uns viele Bauchschmerzen bereiten. Wir können unterwegs nicht willentlich entscheiden, keine Bauchschmerzen mehr zu haben. Die Verdauung oder Verarbeitung der Krise ist erst abgeschlossen, wenn wir nichts mehr „merken“. Dann ist diese Krise ein Teil von uns geworden, sie gehört zu uns und ist Teil unseres Lebens und unserer Geschichte.

Aber wie geht Integration nun eigentlich? Integration können wir nicht „machen“, nicht aktiv „tun“, in dem Sinne, dass wir entscheiden könnten, dass diese Erfahrung nun integriert ist. Wir können uns der Erfahrung stellen und die Krise durchleben. Das Integrieren der Krisenerfahrung geschieht *von selbst*, es geschieht automatisch in dem Maße, wie wir uns der Krise stellen und sie durchleben.

Fragen zum Nachdenken

- Inwieweit lehne ich das Geschehen ab (emotional / rational)?
- Würde es mir helfen, wenn ich dem Geschehen einen „Sinn" unterstellen würde?
- Welchen „Sinn" hat das Geschehen möglicherweise für <u>mich</u>?

Aufgaben

- Mit einem freundlich gesinnten Gesprächspartner über diesen möglichen Sinn sprechen und auch darüber, wie schwer es mir fällt, das Geschehen zu akzeptieren.

Sinnsuche

Wenn wir nicht aussteigen und uns nicht verweigern, sondern uns der Krise stellen, wenn wir der Krise gehorchen und ihr die Führung überlassen (die sie sowieso hat!), dann werden wir lernen. Wir werden lernen, was es zu lernen gibt, und werden uns weiterentwickeln. Dann ist Krise eine Chance, eine große sogar. Dann wird unsere Krise einen „Sinn" bekommen, dann wird sie für irgendetwas gut sein. Den Sinn, den eine Krise hat, sehen wir am Anfang nicht, er wird sich uns erst mit der Zeit erschließen oder auch erst ganz am Ende. Möglicherweise wird uns sogar erst in der nächsten Krise deutlich werden, wofür die Krise gut war, die wir jetzt durchleben. Vielleicht mussten wir in der letzten schweren Krise lernen, um Hilfe zu fragen? Dann wird uns dies in der jetzigen Krise helfen, zu überleben. Krisen haben eine innere Weisheit. Der jeweilige Sinn einer Krise kann so verschieden sein, wie all die Beispiele, Ebenen und Formen von Krisen, die wir besprochen haben. Sinn ist individuell und damit immer verschieden, obwohl es in unserer christlichen Kultur üblich ist, über Sinn nur in seiner religiösen Bedeutung zu sprechen. Religiöse Menschen haben „Sinnfindung" ein wenig gepachtet, zu Unrecht. Meine Krise hat genau den Sinn, den sie für *mich* hat. Sinn und Ziel (Lernziel) liegen hier dicht beieinander.

Je nachdem, wie tief wir unsere Krise erfahren, wird uns dies möglicherweise zu den „klassischen" Sinnfragen führen: Wofür ist das alles hier gut? Wofür ist mein Leben gut? Was ist Leben überhaupt? Was könnte meinem Leben Sinn und damit eine neue Orientierung geben? Diese Fragen werden kommen und daran ist nichts falsch. Schlecht ist nur, wenn bestimmte Leute meinen, die einzig richtige

Antwort zu kennen – auf *meine* Fragen. Es ist besser, den Sinn selbst herauszufinden, das hat mehr Kraft und eine nachhaltigere Wirkung im Leben *nach* der Krise. Welche Fragen habe ich in diesem Zusammenhang? Was sagen sie aus über mein altes Leben, was sagen sie (noch vorsichtig) aus über mein neues Leben? Was sagen sie mir über meine Ziele? Was müsste ich verändern, wenn ich diese Ziele ernst nehmen würde? Fragen, Fragen und noch mal Fragen. Aber dann sind wir unterwegs, uns den Sinn dieser Krise zu erarbeiten. Irgendwann wird sich dann auch die zentrale Frage bemerkbar machen: Was ist das eigentliche *Ziel* dieser Krise? Was hat die Krise mit mir vor? Wohin will sie mich führen? Obwohl diese Fragen möglicherweise die ganze Zeit (als Warum-Fragen) immer anwesend waren, werden sie nun ernsthafter oder doch anders gestellt. Wir wollen verstehen und mit diesem Verstehenwollen klopfen wir an eine Tür, hinter der der Sinn verborgen ist. Wenn wir ausdauernd genug sind, wird sie aufgehen. Aber wir können es nicht erzwingen.

Menschen, die Hunger leiden oder die vor einer Naturkatastrophe flüchten, um ihr nacktes Leben zu retten, haben keine Zeit für Sinnfragen. Sinnsuche ist deshalb ein Zeichen, dass wir aus der akuten, existentiellen Phase der Krise bereits ein wenig heraus sind. Was das Nachdenken über Sinnfragen oder das Gespräch darüber oft erschwert, ist die Tatsache, dass jedem etwas anderes als sinnvoll erscheint. Die Bedeutung von „Sinn“ oder „Sinn des Lebens“ ist für jeden verschieden. Sinn bekommt dadurch etwas Abstraktes, beinah Ungreifbares und läuft immer Gefahr, entweder in nichtssagenden Phrasen oder in festen Definitionen zu ersticken. Letzteres, wenn Menschen meinen, für andere festlegen zu können, worin der Sinn des Lebens besteht. Krisen sind da wesentlich großzügiger und kreativer. Sinnvoll ist, was jemand für sinnvoll *hält*, auch wenn anderen dies nicht immer passt. Aus meiner Sicht als Autorin ist es äußerst sinnvoll, sich den Wachstumsprozessen einer Krise zu stellen, während es anderen Menschen geradezu sinnlos erscheint, dies zu tun: Wozu soll diese Quälerei gut sein? Sinn ist persönlich und verändert sich, abhängig von den Zielen, die jemand hat, oder von der Situation, in der jemand steht. Wenn wir uns noch einmal die Phasen der Ego-Entwicklung anschauen, dann kann es für den einen Menschen sehr sinnvoll sein, aus dem Jasagen endlich zu einem Neinsagen zu kommen, während es für einen emanzipierten Menschen, der bereits Nein sagen kann und diesbezüglich die Wahl hat, sinnvoll ist, den Widerstand in Akzeptanz zu verwandeln. Jeder Mensch hat eine andere Antwort darauf, was sinnvoll ist. Wichtig ist, dass wir mit uns selbst ehrlich sind.

Fragen zum Nachdenken

- Was ist für mich überhaupt „Sinn"?
- Wann ist etwas meiner Ansicht nach „sinnvoll"?
- Welchen Sinn hat diese Krise für mich?
- Was könnte ich tun, um diesen Sinn zu entdecken?

Aufgaben

- Gut zuhören, wenn andere über „Sinn" sprechen, und versuchen zu verstehen, was sie damit meinen.
- Öfter einmal den Begriff „Sinn" verwenden und ausprobieren, in welcher Bedeutung er sich für mich richtig anfühlt.
- Gut beobachten und versuchen, in oder hinter meinem Handeln / Verhalten den jeweiligen Sinn zu entdecken.
- Mit jemandem über den Sinn meiner Krise sprechen.

IV. Die spirituelle Dimension von Krise

4.0 Einleitung

Das vorige Kapitel diente mit seinen Fragen und Aufgaben dazu, uns dabei zu helfen, die Krise als Chance für unser *persönliches* Wachstum zu nutzen. Wichtig war dabei, die Krise nicht länger als ein großes Problem anzusehen, sondern sie zu einem persönlichen Projekt zu machen. Es ging dabei um viele verschiedene Ebenen, auf denen wir uns weiterentwickeln können.

In Teil IV geht es nun darum, wie wir diese Krise zur *spirituellen* Weiterentwicklung nutzen können. Hier wird deutlich werden, dass es bei dieser spirituellen Entwicklung um einen Lernprozess geht, der bereits eine gewisse Religiosität oder ein Interesse an spirituellen Dingen voraussetzt. Eine konfessionsgebundene Ausrichtung ist dabei aber nicht erforderlich. Es gibt Menschen, die losgelöst von einer Anbindung an eine der traditionellen Religionen und fern jeder kirchlichen Institution doch durch spirituelle Prozesse gehen. Losgelöst von einem feststehenden Gottesbild oder einer bestimmten Glaubenslehre kann also jeder Leser für seine spirituelle Entwicklung profitieren.

In diesem Teil IV wollen wir die spirituelle Dimension insgesamt näher untersuchen. Was verändert sich, wenn wir Leid und Krise nicht länger abweisen, sondern sie in ihrer Funktion und Bedeutung für unsere Entwicklung anerkennen? Gehen wir damit den Religionen auf den „Leim", die die Neigung haben, Leiden zu verherrlichen? Welchen spirituellen Sinn können wir im Leid und damit auch in einer Krise entdecken? Wir werden interessante Dinge entdecken: Leid öffnet uns für Gott, weil es unser Ego demontiert. Und eine Krise hilft, uns zu reinigen und uns weiterzuentwickeln. Es geht dabei um *spirituelle* Wahrheiten und Umformungs-Prozesse, die ab einem gewissen Punkt den *psychologischen* Wahrheiten und Gesetzmäßigkeiten genau entgegengesetzt sind. Dies wird manchmal nicht leicht zu verstehen sein, weil hinter unseren Augen immer auch das eigene Ego mitliest und eventuell seinen Protest anmeldet. Nun gut, es ist trotzdem richtig, wenn wir an dieser Stelle einen Blick auf diese Dimension werfen. In kurzen Zügen werden auch einige Phasen des so genannten Transformationsprozesses erläutert, in dem wir einer Umwandlung oder Umformung unterworfen werden, die uns Gott näher bringt. Diese Erläuterungen können dem Leser dabei helfen, selbst besser einzuschätzen, wo er oder sie in diesem spirituellen Prozess steht. Aber Vorsicht: In diesem *göttlichen Spiel* kann immer alles auch ganz anders sein. Gott hält sich nicht an Regeln und entzieht sich jedem Schema!

Zum guten Schluss werfen wir noch einen kurzen Blick auf die verschiedenen spirituellen Krisen, die in einem solchen Transformationsprozess auf uns warten. Für den Umgang mit diesen Krisen wird es weiter keine Empfehlungen oder Tipps geben. Denn diese Krisen sind so anstrengend und kraftraubend, dass man normalerweise nur mit einer guten geistlichen Begleitung eine Chance hat, sie zu absolvieren. Doch, eine Regel gibt es: Weitermachen! Nicht aufgeben!

Leser, die sich in dem beschriebenen Prozess wiedererkennen, seien auf die „Reiseberichte“ der Mystiker aller Religionen verwiesen. Diese Reiseberichte der *Kinder Gottes* machen Mut und lassen uns vor allem erkennen, dass wir nicht allein sind. Wir sind nicht verrückt! Es ist alles ganz *normal*! Offensichtlich kennen auch andere Leute diese seltsamen Dinge, die mit uns geschehen, wenn Gott uns zu sich zurückholt. Diese Berichte künden von einem Land, nach dem wir uns im tiefsten Inneren sehnen. Was hält uns noch?

4.1 Die spirituelle Sicht auf Leid und Krise

Im Kapitel 1.5 „Formen von Krise“ haben wir gesehen, dass Glaube und Religiosität sowohl eine Hilfe sein können als auch zur Erschwernis der Krise beitragen können. Trotzdem lässt sich sagen, dass die Chancen groß sind, dass wir nach einer schweren Krise gläubiger oder spiritueller sind als vor der Krise. Dies gilt für viele, aber natürlich nicht für alle Betroffenen. Wenn wir in der Krise gläubiger oder spiritueller werden, dann wird dies von uns selbst wahrscheinlich als selbstverständlich und als Bereicherung erfahren, nicht immer jedoch vom Umfeld. Deswegen kommt es vor allem in der vierten Phase einer Krise oft zu Veränderungen, die das Umfeld betreffen. Wir gehen (gläubig oder nicht gläubig) neue Wege und nicht immer passen die alten Menschen dann noch zu uns. Dies haben wir im Kapitel 1.6 „Die Phasen einer Krise“ ausführlich besprochen und dies gilt natürlich insbesondere auch für Glaubenskrisen.

Unsere Einstellung gegenüber Leid und Krise

Um nach einem *persönlichen* Sinn des eigenen Leidens und der eigenen Krise suchen zu können, muss zunächst unterstellt werden, dass Leid und Krise *überhaupt* einen Sinn haben. Was ist hiermit gemeint? Wenn wir uns anschauen, was

Leid und Krise bewirken, dann sehen wir, dass starre Strukturen unserer Persönlichkeit und manchmal auch unser Ego aufgebrochen werden. Das ist so, egal, ob wir dies gut oder schlecht finden, es hängt nicht von unserer Meinung ab. Auf die Tatsache, dass es so und nicht anders geschieht, haben wir zunächst wenig oder keinen Einfluss. Wohl aber haben wir Einfluss auf die Art und Weise, wie wir damit umgehen, denn das hängt von der Haltung ab, die wir gegenüber Leid und Krise einnehmen. Wir können Leid und Krise ablehnen oder wir können sie annehmen, wie alles im Leben. Wir können sie ablehnen, was jedoch nichts daran ändert, dass sie in unserem Leben anwesend sind. Und wir können sie annehmen, was die Sache erheblich erleichtert.

Wenn wir Leid und Krise abweisen oder ablehnen, dann haben wir die Neigung, sie zu bekämpfen. Unsere Ablehnung lässt uns das Leid noch viel schwerer erscheinen, als es ohnehin schon ist, und wir werden versucht sein, es zu verändern und abzustellen. In der Krise wird mit uns etwas gemacht, statt dass wir das Heft in der Hand hätten. Wir haben gesehen, dass es vor allem unser Ego ist, das diese Fremdherrschaft, diese fremde Macht in unserem Leben, nicht gut akzeptieren kann, auch deshalb, weil diese fremde Macht irgendwann das Ende des Ego bedeuten kann. Wir werden also geneigt sein, dagegen zu kämpfen, und das macht die Sache schwerer. Wir haben einen Feind in unserem Leben, der sich als stark erweist und nicht so einfach aufgibt. Wenn wir „Glück" haben, dann gewinnen wir und werden danach stolz in der Welt herumlaufen und laut verkünden, dass wir uns dies vom Leben nicht haben bieten lassen. Unser Ego ist also gestärkt aus dem Kampf hervorgegangen. Das alles ist sehr menschlich und Leben funktioniert nun einmal so. Was aber, wenn wir nicht gewinnen? Wenn wir diesen Kampf nicht für uns entscheiden können? Dann wird unser Ego in eine entsetzliche Krise kommen, es wird sich winden und schreien. Bis am Ende nur noch eine Möglichkeit bleibt: annehmen. Annehmen dessen, was sowieso ist! Dann beugt das Ego seinen Kopf und akzeptiert. Ein schwerer Schritt! Möglicherweise lesen sich diese Zeilen leicht, aber das, was hier beschrieben wird, ist <u>nicht</u> leicht.

Der „Sinn" von Leid und Krise

Im Kapitel 3.8 „Die Ebene des Verstehens" (im Abschnitt „Sinnsuche") wurde deutlich, dass „Sinn" und „Sinn des Lebens" für jeden etwas anderes bedeuten kann. Hier in diesem Abschnitt werden wir darüber sprechen, dass es auf einer tiefen, spirituellen Ebene einen gemeinsamen oder doch ziemlich ähnlichen Sinn gibt, wenn es um Leid und Krise geht.

Kein Mensch leidet gern, jeder möchte sein Leiden gern beenden. Von Ausnahmen abgesehen, ist kein Mensch so „masochistisch“ veranlagt, dass er gern leidet. Und das ist gut so, sonst gäbe es keine Entwicklung. Aber in den Religionen wird auch davon gesprochen, dass das Leiden einen „Sinn“ hat. Dass dem Leiden eine, sagen wir mal, „höhere Dimension“ zu Eigen ist. Ist dies das „Opium des Volkes“ (Marx), das die arbeitende Klasse dazu bringt, sich nicht gegen die herrschende kapitalistische Ordnung aufzulehnen? Lassen wir uns mit religiösen Versprechen auf später (aufs Jenseits) vertrösten, um nicht an den schreienden Ungerechtigkeiten des Diesseits zu rütteln? Vielleicht ist es so, vielleicht aber auch nicht. Vielleicht ist ja doch was dran, an diesem „Leiden für ein Himmelreich“?

Leiden ist ein gesellschaftliches Tabu geworden, nachdem in 2000 langen christlichen Jahren das Leiden überhöht und verherrlicht wurde. Aber das christliche (oft übertriebene) Leiden-*wollen* und *–sollen* der vorigen Generationen ist „out“, das treibt die Menschen aus den Kirchen, anstatt sie anzulocken. Stattdessen wenden Menschen sich den östlichen Religionen zu, dem Buddhismus oder dem Yoga, in der Hoffnung, dass es dort leichter ist. Aber wie immer im Leben, man begegnet genau dem, wovor man flüchten wollte: „Leben ist Leiden“, sagt Buddha. Ob nun mit oder ohne Glauben an Reinkarnation: Die verschiedenen Religionen sehen einen Sinn im Leiden und sehen einen Sinn in Krisen. Wichtig dabei ist, dass gelebt, gefühlt, durchstanden und verarbeitet wird und dass daraus keine innere Haltung wird, wie: Seht her, wie ich leide! Aus einer solchen Haltung heraus würden Leid und Krise zu einer Neurose werden, zu einer neurotischen Suche nach Aufmerksamkeit. Wenn andere Menschen schon einen Bogen um Leute machen, die *echt* leiden, solche *schein-heiligen* Berufs-Leider finden sie … na, ja. Es sei denn, dass sich neurotische Helfer und Leider zusammentun. Die Religionen propagieren nicht diese neurotische Suche nach Aufmerksamkeit (für die Leid ein ausgezeichnetes Hilfsmittel ist), die Religionen sagen, dass es wichtig ist, das Leiden und die Lebenskrisen mit sich und an sich geschehen zu lassen und sie zu durch-*leben*. Dann findet Entwicklung statt, dann kann aus einem alten, ganz auf sich bezogenen Menschen ein neuer Mensch werden, mit höheren und vor allem spirituellen Fähigkeiten. Statt Weiter-Entwicklung könnte man auch Mensch-Werdung sagen. Natürlich sind wir auch jetzt Menschen, aber noch lange nicht die Menschen, die wir entsprechend unserem Potential (vor allem *spirituellen* Potential) sein könnten. Wir sind noch für einige Überraschungen gut. Ab und zu gibt es Menschen, die das vollständige Potential entwickelt haben (realisiert oder verwirklicht haben, würden die Buddhisten sagen). Dies sind hochentwickelte, heiligmäßige Menschen, die kaum oder kein Ego mehr haben. Vielleicht ertappen wir uns schon mal heimlich dabei, dass unser Ego gern heilig werden möchte? Das geht leider nicht, das Ego kann nicht heilig werden. In unseren modernen Zeiten ist es sowieso eher andersherum, weil das Ego nämlich schreit: Ich will nicht heilig werden, ich will *leben*. Das kommt, weil Heiligsein in unserer westlichen, verweltlichten Kultur den Beigeschmack von Lebensfeindlichkeit bekommen hat. In allen Religionen ist heilig sein aber identisch mit sehr *lebendig* sein (was nicht mit extrovertiert verwechselt werden sollte), mit authentisch sein, mit angstfrei sein. Und so war und ist es – im spirituellen Sinne – auch im Christentum gemeint: Näher bei uns selbst und näher bei Gott zu sein, mit uns selbst und mit Gott eins zu sein, am Ewigen Leben teilzuhaben usw. Dies ist die eigentliche Bedeutung von „heil" sein, die aber verloren ging unter den zahllosen Versuchen, den normalen Menschen ihre Lebensäußerungen zu vergällen.

Von Christen wird Leid als Prüfung Gottes angesehen und manchmal sogar als „Strafe" für persönliche Sünden aufgefasst. Bei genauerem Hinsehen ist diese Strafe eher eine *Reinigung* von den Sünden, von denen die Seele gereinigt werden muss, um so heilig werden und in den Himmel (in die ewige Anschauung Gottes) eingehen zu können. Auch das Leiden nach dem Tod, im so genannten „Fegefeuer", dient dieser Reinigung. Das Leid reinigt uns von unserer Ich-Bezogenheit, es bricht die Ego-Burg auf, hinter der wir uns verschanzt haben. Wir werden offener, weicher, milder und für Gott zugänglicher. Erst wenn unsere Ego-Burg aufbricht, hat Gott wirklich eine Chance, uns zu erreichen. Erst dann wird dieser Gott zu einer Erfahrung, zu einer *Realität*, vorher war er nur eine *Idee* oder ein gutes *Konzept*, an das man glauben kann oder auch nicht. Bis zum Moment der Erfahrung gibt es eine Menge Gründe, nicht an Gott zu glauben. Menschen, die nicht an Gott glauben, sind nicht dumm, im Gegenteil. Aber die Menschen, die an Gott glauben, sind auch nicht dumm. Wie also sollen wir dies unterscheiden, solange wir keine eigene Erfahrung haben? Und genau dafür ist Leiden gut! Leid bricht uns auf und bringt uns uns selbst, anderen und Gott näher. Wir werden menschlicher, werden *wahre* Menschen.

Der christliche Glaube besagt, dass ein Leben genug ist, um sich Gott zuzuwenden. In den östlichen Religionen geht man von der Wiedergeburt der Seele aus. Aus ihrer Sicht sind mehrere Leben nötig, um die Seele sich entwickeln zu lassen, um sie von ihrem Egoismus zu reinigen und sie für Gott zu öffnen. Leiden spielt bei dieser Entwicklung eine wichtige Rolle. Es geht darum, die Schuld, die man sich aufgeladen hat, wieder abzubauen. Man spricht in diesem Zusammenhang von *Karma*, von Karma abtragen. Menschen, die in dieses Erdenleben ein gutes Karma mitbringen, haben ein relativ leichtes Leben mit spirituellem Fortschritt. Falls sie doch einmal Probleme haben sollten oder ernsthaft krank sind, so bekommen sie liebevolle Unterstützung und werden sie in diesen Schwierigkeiten gut begleitet. Menschen mit schlechtem Karma haben ein schweres Leben, mit harter Arbeit und vielen Misserfolgen, mit aussichtslosen Situationen. Wenn sie doch Hilfe bekommen, so haben sie dies dem bisschen guten Karma zu verdanken, das jeder irgendwo in Reserve hat. Sie bekommen für ihre Situation „Mitgefühl“, aber kein „Mitleid“[16]. Mitleid ist nicht nötig, denn das Abtragen des schweren Karmas macht im nächsten Leben eine gute Existenz und spirituellen Fortschritt möglich. *Karmische* Beziehungen sind – aus dieser Sicht – Beziehungen, die uns in diesem Leben genau das erfahren lassen, was wir in einem anderen Leben anderen zugefügt haben. Auf diese Weise ziehen wir unsere Kreise von einer Existenz in die nächste und bekommen immer neue Chancen zur Verwirklichung unserer Gutheit, unserer spirituellen Natur, unserer eigenen Göttlichkeit.

Hier im Westen sind diese Ideen bekannt. Es gibt viele neue, östlich gefärbte religiöse Strömungen, die diese Sicht übernommen haben. Allerdings mit zwei wichtigen Unterschieden: Während im Osten das Rad der Wiedergeburten (*samsara*) eher als „Gefängnis der Seele“ erfahren wird und eigentlich nicht erwünscht ist, wird im Westen die Idee von Wiedergeburt dankbar aufgenommen, nach dem Motto: Ach so, dann haben wir ja Zeit! Dann brauch´ ich nicht schon in diesem Leben ernst zu machen mit einem sittsamen Leben! Die eigene Heiligung wird dann aufgeschoben. Ein zweiter Unterschied ist, dass (vor allem aus buddhistischer Sicht) das Leben ganz allgemein als Leiden angesehen wird. Jedes weltliche Glück endet – im Leiden. Die Mühsal und Plackerei des irdischen Lebens wird vor allem dann als leidvoll erfahren, wenn man sie mit den himmlischen Freuden des *Nirwana*, mit der Erlösung aus dem Kreislauf der Wiedergeburten vergleicht. Das bisschen Glück, das wir auf Erden ab und zu erleben dürfen, ist nichts, verglichen mit der ewigen Glückseligkeit. Diese Sicht wird von aufgeklärten Westlern als lebensfeindlich angesehen, worin sie vom Christentum unterstützt werden. Die östlichen Religionen haben eigentlich das Ziel, die Schöpfung zu überwinden, weil sie sowieso nur eine Illusion ist (*maya*). Das ist für uns Westler nur schwer vorstellbar und schwierig zu akzeptieren. Bei aller Unterschiedlichkeit der Religionen (die wir nicht wegwischen sollten!) ist für unser Thema wichtig, dass dem Leiden und damit den Lebenskrisen eine identische Bedeutung beigemessen wird: Leiden öffnet uns für Gott.

Welche Religion wir auch wählen, sie wird uns – sofern wir ernsthaft diesen Weg gehen – immer dahin bringen, dass es unserem Ego an den Kragen geht. Aber

16 Christen schätzen es aus diesem Grunde manchmal so ein, als ob im Hinduismus dem einzelnen Menschen keine Würde zugeschrieben würde. Das Gegenteil ist der Fall, im Hinduismus gelten Menschen (wie die gesamte Schöpfung) als göttlich. Sie brauchen kein Mitleid, weil sie – mit ihrem Leiden – auf dem besten Weg zu Gott sind.

unsere Kultur ist eine beinah gottlose Kultur geworden. Heute wird ein starkes Ego verlangt, was automatisch eine bestimmte Gottesferne zur Folge hat. In Krisenzeiten werden Menschen um uns herum – gut gemeint – versuchen, unser Ego zu stärken. Sie werden versuchen, uns vom Schmerz und von der Bedrücktheit, von der Verzweiflung abzulenken: Tu′ was für dich, geh raus, geh unter Menschen, was du brauchst, ist Abwechslung, fahr in Urlaub usw. So hören wir Menschen sprechen, die möglicherweise ihre eigene Krise auf diese Weise gestoppt haben. Von der normalen Welt wird erwartet, dass wir unser Leid und unsere Krise stoppen. In der spirituellen Welt ist Leiden okay und eigentlich sogar erwünscht (obwohl niemand es mag!), eine Tatsache, die sich für die normale Welt wie Masochismus anhört. In dieser Hinsicht sind die psychologische und die spirituelle Welt wie zwei verschiedene Universen, sie können kaum oder zumindest nicht gut miteinander kommunizieren. Die spirituelle Welt wird der psychologischen Welt den Vorwurf machen, Leiden zu vermeiden und ihm aus dem Weg zu gehen. Und umgekehrt wird die normale (inzwischen psychologisierte!) Welt der spirituellen Welt den Vorwurf machen, das Leid zu suchen und sich darin zu suhlen.

Wovon hängt es nun ab, ob wir in der einen oder in der anderen Welt zu Hause sind? Es hängt davon ab, welche Ziele wir – bewusst oder unbewusst – verfolgen. Richten wir uns auf die Welt und auf das Leben oder richten wir uns auf Gott? Manche Menschen meinen, es wäre möglich, dass eine mit dem anderen zu verbinden, und sagen, dass diese Ziele sich doch nicht ausschließen. Ihr (christliches) Hauptargument besteht darin, dass die Schöpfung und damit das Leben doch von Gott gewollt seien. Allerdings war Gott nach Abschluss der Schöpfung mit dem Ungehorsam von Adam und Eva im Paradies überhaupt nicht einverstanden und bestimmte Aspekte der Schöpfung haben wir dann auch dem Verlust des Paradieses zu verdanken: Das Kinderkriegen, das Arbeiten (damit wir was zu essen haben) und unsere Sterblichkeit. Dies teilen alle Menschen miteinander. Im Christentum bezeichnet man diese Absonderung von Gott oder aus dem Paradies als „Erb-Sünde", weil wir alle durch unsere Geburt (in einem sterblichen Körper) hieran Anteil haben. Verglichen mit den östlichen Religionen hat das Christentum ein deutlich positiveres Verständnis dessen, was Schöpfung ist. Die Welt ist nicht schlecht. Im Gegenteil: Gott ist (in Jesus Christus) Mensch geworden und damit in die Welt und in das Leid gekommen.

Das Besondere an der spirituellen Sicht ist, dass Leid und Krise so betrachtet werden, als ob sie „aus Gottes Hand gegeben" seien. Leid und Krise sind dann nicht länger ein Betriebsunfall auf dem Jahrmarkt des schnellen (aber vergänglichen) Glücks, sondern sind Herausforderungen und Aufgaben auf dem schweren Weg zur (unvergänglichen) Glückseligkeit. Ein kleiner, aber wichtiger Unterschied, der aber heute für viele Menschen nicht mehr die Bedeutung hat, die er eigentlich haben sollte. Viele haben es aufgegeben, nach Glückseligkeit zu streben, weil es ihnen zu lange dauert und weil der Weg zu schwer ist. Eine besondere Schwierigkeit besteht darin, dass man für die Glückseligkeit auf einiges von dem schnellen fast-food-Glück verzichten muss, dass man die sofortige Bedürfnisbefriedigung und damit sein „Glück" aufschieben muss. Es sind scheinbar nur wenige Menschen in der Lage, diese Frustration ihrer direkten und konkret spürbaren Bedürfnisse zu ertragen und die Disziplin aufzubringen, die dafür nötig wäre. Vielleicht ist das hohe Ziel der ewigen Glückseligkeit auch zu vage geworden? So undeutlich und so unwahrscheinlich, dass niemand mehr auf die Reise dahin geht? Vielleicht sind die Verkünder dieses hohen Zieles nicht mehr glaubwürdig genug? Wir spüren es, wenn sie selbst noch nicht in dem Land waren, von dem sie künden, und wenn sie stattdessen nur die Reiseberichte anderer weitererzählen. Und wir sind allergisch dagegen, wenn sie platten moralischen Druck ausüben. Wir spüren all das und sind nicht wirklich gefesselt. Aufschieben meiner Bedürfnisbefriedigung? Für Glückseligkeit? Willst Du mich von meinem Glück abhalten? Ich habe ein Recht auf Glück![17] Wo sind hier die Schuldigen – falls es welche gibt? Die Menschen, die sich nicht mehr fesseln lassen? Oder die Erzähler, die nicht mehr fesseln? Wenn die Berichte über das „Danach" nicht mehr fesseln, dann ist es in Krisenzeiten umso schwerer, Ja zu sagen und durch diese Krise zu gehen. Wem könnte man dies übel nehmen? Nur wenn Gott für uns mehr ist als eine tröstende Idee, nur wenn wir eine *echte* Vorstellung davon haben, dass uns nach dem Leid – nach dem Kreuz – die Glückseligkeit erwartet, nur dann sind wir in der Lage, diese hohe Leistung des Durchhaltens, der Akzeptanz und der Hingabe zu vollbringen. Wieso Leistung? Es ist sehr wohl eine Leistung, weil dafür viel Mut und viel Vertrauen nötig sind. Die Leistung, die erbracht werden muss, ist heute noch viel höher, weil das Umfeld keinerlei Unterstützung mehr bietet, sondern uns zu Idioten erklärt, weil wir nicht endlich etwas gegen das eigene Leid tun. Heute ist es normal, wegzulaufen und wegzumachen, statt standzuhalten und durchzuhalten.

Mit einem „Nein" gegenüber Gott haben wir uns selbst aus dem so genannten Paradies vertrieben, weitere Neins haben dazu geführt, dass wir uns weiter und immer weiter von Gott entfernt haben. Wir haben Gott *verneint.* So gesehen ist unser Emanzipationsprozess (den wir nicht überspringen können!) mit der Entwicklung eines starken „Ichs" die Phase der größten Gottesferne. Eine heftige Ego-Krise kann die Wende bedeuten und uns erst durch Akzeptanz und später

17 Sorry, wir haben leider kein Recht auf Glück, wir haben nur Recht auf unseren Tod – und auf sonst gar nichts!

durch Hingabe Gott wieder näher bringen. Allerdings ist es nur dann die Wende, wenn wir nicht sofort wieder ein neues Ego aufbauen. Akzeptanz und Hingabe verändern das ursprüngliche Nein in ein Ja. So wie wir uns früher mit jedem Nein weiter von Gott entfernt haben, so bringt uns jetzt jedes Ja wieder ein Stück näher. Auch und gerade dann, wenn es ein Ja zu schweren Erfahrungen ist. Ein Ja zum Lotto-Gewinn oder zur großen Liebe ist kein Kunststück und ist hier auch nicht gemeint. Gemeint ist ein Ja, wo alles in uns Nein schreien möchte. Gemeint ist „Dein Wille geschehe", wo alles in uns den eigenen Willen durchsetzen möchte. Vielleicht ist unser Ego versucht, dieses Ja aus taktischen Gründen auszusprechen? Um Gott davon zu überzeugen, wie brav wir sind? Damit er doch tut, was wir wollen und das Leid beendet? Das Ego ist bis an sein Ende unendlich erfinderisch, es geht immerhin um sein Überleben! Ein Ja zu Leid und Krise lässt diese jedoch nicht einfach verschwinden, es lässt sie aber wesentlich erträglicher werden, weil jetzt das Kämpfen entfällt. Das Kämpfen hat so viel Energie gekostet, die uns nun zur Verfügung steht, um mit der Situation umzugehen. Allerdings sollte hier auch darauf hingewiesen werden, dass zwischen Akzeptanz und Hingabe ein wesentlicher Unterschied besteht. Aus weiter Ferne sieht es so aus, als wäre beides das Gleiche, aber bei näherem Hinsehen wird deutlich, dass Akzeptanz die *Anerkennung* der Existenz dieser fremden Macht in meinem Leben ist. Ich habe versucht, sie zu bekämpfen und zu beseitigen. Es ist mir nicht gelungen und jetzt muss ich akzeptieren, dass sie da ist. Sie ist da, sie existiert, obwohl ich es eigentlich *nicht* will. Hingabe geht viel weiter. Hingabe ist die *Zustimmung* zu dem, was hier geschieht, ist das Einverständnis, das volle „Ja". Ja, es ist *gut* so, wie es ist. Hingabe ist die Einwilligung in mein Schicksal und ist damit viel mehr, als zu akzeptieren. Hingabe ist das Sichanvertrauen an diese fremde Macht, sich ihr zu überlassen. Hingabe ist das aus vollem Herzen gesprochene und ernst gemeinte „*Dein Wille geschehe*!" Für die meisten von uns ist es ein langer Weg, bevor wir an diesem Punkt sind.

4.2 Krise als Chance für spirituelles Wachstum

Die Beschäftigung mit religiösen Fragen

Im Kapitel 1.6 „ Die Phasen einer Krise" haben wir so getan, als ob Religiosität und Glaube bei der Bewältigung einer Krise keine Rolle spielen würden. Viele Menschen – egal, ob sie Kirchgänger sind oder nicht – setzen sich aber in Krisen zumindest zeitweise mit religiösen Themen auseinander, vor allem dann, wenn die Krise schwer und einschneidend ist und tiefe Veränderungen mit sich bringt. Es gibt jedoch keine Regel und keine Garantie, was den Glauben in Krisenzeiten betrifft. Denn die Art und Weise, wie Menschen mit diesen religiösen Fragen umgehen, ist sehr unterschiedlich und sie kommen zu sehr verschiedenen Schlussfolgerungen. Im Kapitel 1.5 „Konkrete Formen von Krise" wurde bereits einleitend über Glaubenskrisen gesprochen. Dabei wurde deutlich, dass Glaubenskrisen sowohl als einzelne, losgelöste Krisen auftauchen können, noch öfter aber eine Folge oder Begleiterscheinung von anderen schweren Krisen sind. Ob gläubig oder ungläubig, wir werden in Krisenzeiten möglicherweise mit religiösen Fragen in Berührung kommen und uns mit ihnen auseinandersetzen müssen.

Ist Glaube nun förderlich oder hinderlich in Krisenzeiten? Keins von beiden, denn oft genug werden Krisen auch bewältigt, ohne dass die Betroffenen sich mit religiösen Fragen beschäftigen. Eher ist es so, dass Glaubensfragen genauso an die Reihe kommen wie alle anderen Fragen. Krise ist Großreinemachen, da wird nun einmal aufgeräumt – auch in Glaubenssachen. Glaube oder kein Glaube – es gibt keine Garantie dafür, dass wir nicht morgen in die nächste Krise kommen![18] Es kann sein, dass es genau der Glaube ist, der alles noch viel schwerer macht. Vor allem, wenn es neben aller Verzweiflung gerade der Zweifel an Gott ist, der uns die letzte Kraft und Hoffnung raubt. Aber es gibt auch Menschen, denen der Glaube so viel Kraft gibt, dass sie in schweren Zeiten davon getragen werden und deshalb nicht wirklich in die schwarzen Tiefen einer Krise abstürzen. Ihr Glaube erleidet keinen Schaden, er übersteht diese Zeit oder geht sogar gestärkt daraus hervor. Er erweist sich dann als eine enorme Kraftquelle. Bei anderen Menschen ist es gerade der Glaube, der sie so tief abstürzen lässt. Sie lassen die Krise in weit höherem Maße zu, eben weil sie sich getragen wissen. Auch ihr Glaube geht unbeschadet aus dieser Krise hervor…

Viele Menschen erfahren Krise als eine besondere Zeit in Bezug auf ihre Gottesbeziehung oder auf ihre spirituelle Entwicklung, denn oft verändert sich ihre Spiritualität. Menschen, die vor der Krise nur vage und unbestimmt „religiös" wa-

---

18 Eine sprachliche Schwierigkeit stellt in diesem Kapitel die Unterscheidung der Begriffe *Glauben* und *Spiritualität* dar. Glaube ist heute für viele Menschen *out*, weil er die Bindung an eine tradierte Glaubenslehre unterstellt. Moderne Menschen sprechen lieber von Religiosität oder Spiritualität. Während der Begriff „Religiosität" einen deutlicheren Bezug zu einem (transzendenten) Höheren oder Absoluten (Macht, Kraft, Wesen, Gott) unterstellt (religare = zurückverbinden), bietet der Begriff „Spiritualität" in seiner heutigen, umgangssprachlichen Verwendung viel mehr Spielraum. Er deutet oft eher ein Interesse oder eine Entwicklung an und zielt damit auf eine Kraft (immanenter Gott), die von innen her wirkt. Wir werden mit dieser Unklarheit der Begriffe leben müssen, der Leser möge die Verwendung der Begriffe in seinem Sinne anpassen.

ren, fühlen sich nun von einer bestimmten Konfession oder von einem bestimmten Orden angezogen. Ihre Spiritualität bekommt eine festere Form, einen konkreteren Ausdruck. Andere erfahren genau das Gegenteil. Waren sie vorher eindeutig auf eine Konfession festgelegt, so erfahren sie nun, dass ihre Spiritualität sich öffnet und freier, formloser wird. Beide Möglichkeiten können zu Verunsicherung und Fremdheit führen, zu der Erfahrung, sich selbst nicht mehr zu kennen. Immerhin werden hier Standpunkte und Sichtweisen zurückgelassen, die früher wesentlich und bestimmend für die eigene Identität waren. Jetzt verändert sich alles. Nach außen hin sind Veränderungen auf solch tiefem Niveau oft nur schwer zu kommunizieren. Möglicherweise verlieren wir mit der alten Sicht oder Glaubenspraxis auch die Menschen, die dazu gehören. Denn wir sind nicht mehr dieselben und passen nicht mehr in die alten Kreise.

Bei den „Phasen einer Krise" wurde bereits darauf hingewiesen, dass diese Phasen auch durcheinanderlaufen können, vor und zurück, sie können stagnieren und dann plötzlich mit einem großen Sprung nach vorn Fortschritte machen. Um wie viel mehr gilt dies, wenn wir über die spirituelle Dimension einer Krise sprechen. Alles kann geschehen – alles! Ein gläubiger Mensch mit jahrzehntelanger spiritueller Praxis kann total „vom Glauben abfallen". Ein Atheist kann mitten in der Krise eine Gotteserfahrung machen und ein tiefgläubiger Mensch werden. Und alles, was dazwischen liegt, kann ebenfalls geschehen. Alles kann geschehen in solch einer Krise, alles! Wer sind wir, dass wir meinen, wir könnten hierüber urteilen? Es ist die Sache eines jeden Einzelnen, sich diesem Prozess genauso zu stellen, wie er sich für ihn darstellt. Das Leben ist vielfältig, die Beziehungen zwischen Gott und den Menschen sind es auch. Aber vielleicht ist es doch an der Zeit, über einige Fragen nachzudenken?

Fragen zum Nachdenken über die eigene Religiosität

- Glaube ich an eine Macht, die größer ist als wir Menschen (Macht, Kraft, Transzendenz, das Absolute, Göttliches Wesen…)? Woran glaube ich genau?
- Inwieweit hilft mir dieser Glaube, mit meiner Situation / meinem Leid besser umzugehen?
- In welcher Weise hat diese Krise mich (wieder) religiösen Themen näher gebracht?
- Auf welche Weise möchte ich meiner eigenen Spiritualität Form und Ausdruck geben (sie praktizieren)?
- Wenn es mir schwer fällt, diese Dinge auszudrücken / aufzuschreiben, woran liegt das?
- Was hat mich eventuell zu religiösen Themen auf Abstand gebracht?

- Welche Kritik habe ich an den traditionellen Kirchen (als Institutionen)?
- In welcher Weise beeinflusst dies möglicherweise meine Beschäftigung mit religiösen Themen?
- Wenn ich durch die Kirche schwer enttäuscht wurde, wie könnte ich ihr dies deutlich machen?
- Welche Kritik habe ich an der traditionellen christlichen Lehre / dem christlichen Gottesverständnis?
- In welcher Weise beeinflusst dies ganz allgemein meine Beschäftigung mit religiösen Themen?
- Welche Aspekte in den Lehren anderer Religionen ziehen mich an und warum?
- Wenn ich die Religionen (Ideal mit Ideal und Realität mit Realität!) miteinander vergleiche, was nehme ich dann wahr?
- Wenn ich durch Gott schwer enttäuscht wurde, wie könnte ich ihm dies deutlich machen?
- Wenn es mir durch diese Krise unmöglich wurde, an Gott zu glauben, was ist dann für mich das Höchste auf Erden (...Liebe, Kunst, Philosophie...das Spiel der Kinder...die Natur...)?
- Was könnte ich tun, um diesem Höchsten mehr Raum in meinem Leben zu geben?
- Wonach suche ich im Leben?

Nachdenken über diese (oder ähnliche) Fragen wird uns helfen, uns selbst besser zu verstehen, einen klaren Standpunkt in Bezug auf religiöse Fragen zu entwickeln und unsere Beziehung mit Gott zu klären – oder eben auch nicht. Auch wenn letztendlich jeder mit diesem Thema alleine steht, so können wir uns doch kompetente Gesprächspartner suchen. Es müssen keine akademisch geschulten Theologen oder sonstige ...logen sein, es sollte auch nicht unbedingt jemand sein, der uns nur nach dem Mund redet. Wenn jemand immer unserer Meinung ist, erfahren wir nur Bestätigung. Das Ego mag Bestätigung, aber irgendwann wird dies ziemlich langweilig, denn wir lernen nichts dazu. Ein Gespräch wird erst richtig interessant, wenn es verschiedene Ansichten gibt. Der Vorteil ist, dass andere uns auf diese Weise herausfordern, besser zu werden, besser zu argumentieren, die Schwachstellen ihrer Argumentation zu entdecken...Es gibt so viele Ansichten, wie es Menschen gibt, aber es gibt nur eine Wahrheit (*absolute* Wahrheit). Vielleicht gelingt es uns, diese eine, absolute Wahrheit durch die vielen relativen Wahrheiten hindurchschimmern zu sehen? Wir werden *hellwach* sein müssen, wenn uns dies gelingen soll!

Spiritualität entwickeln

Spiritualität entwickeln, geht das überhaupt? Ja und nein! Bevor wir aber darüber nachdenken, was wir eventuell verbessern könnten, sollten wir uns erst einmal anschauen, was „Spiritualität" eigentlich ist. In theologischen Kreisen wird dieser Begriff benutzt, um das Beziehungsgeschehen zwischen Gott und Mensch anzudeuten (Waaijman). Spiritualität ist inzwischen aber ein moderner und vor allem dehnbarer Begriff geworden, in den jeder hineinpackt, was ihm gefällt. Für viele Menschen ist Spiritualität zum Ersatz geworden für die alte Bezeichnung „fromm" – spirituell klingt einfach besser, gebildeter! Inzwischen wird auf eine beinah inflationäre Art mit diesem Begriff umgegangen. Er deckt heute auch die Beschäftigung mit esoterischen Dingen ab und die rein unverbindliche Beschäftigung mit spirituellen Inhalten. Mit „spirituell" drücken Menschen der heutigen Zeit vielfach aus, dass sie allgemein oder auch konkret an Religion interessiert sind. Im gleichen Maße aber, wie der Begriff begann, interessant zu klingen, hat der eigentlich und fast verpflichtende Charakter von Spiritualität abgenommen. Hatte Spiritualität früher die Ausrichtung auf das „Dein Wille geschehe", so hat sie in unserer post-modernen Zeit eher den Beigeschmack bekommen von einem „Mein Wille geschehe" – gern mit Unterstützung von oben natürlich. Spiritualität ist jedoch umso mehr *Spiritualität*, als sie praktiziert und gelebt wird. Wenn nämlich der Einzelne bereit ist, Konsequenzen für seine Lebensführung daraus zu ziehen und dem Göttlichen im eigenen Leben Raum zu geben.

Verglichen mit den normalen zwischenmenschlichen Beziehungen und den Beziehungen zu Helfern (Therapeuten, geistlichen Begleitern oder spirituellen Lehrern) ist die dritte Art von Beziehung, die wir haben können, die Beziehung zu Gott. Manche Menschen müssen diese Beziehung noch entdecken, andere müssen sie weiterentwickeln. Obwohl wir uns hier in einem Bereich bewegen, in dem von *müssen* keine Rede sein sollte. Denn vielen Menschen erscheint es zunächst schwer, mit etwas oder jemandem zu sprechen (sprich: zu beten), den man nicht sieht oder hört und von dem man nicht weiß, ob es ihn überhaupt gibt. Das kann unsere Ratio kaum akzeptieren, obwohl unser Herz sich danach sehnt. In Krisenzeiten weiß das Herz manchmal besser, was zu tun ist oder wie's geht, vor allem in Phasen, wo der Verstand überhaupt nichts mehr versteht. Lassen wir das Herz tun, was es tun möchte. Auch wenn es möglicherweise noch lange dauern wird, bis wir eine kleine Ahnung davon bekommen, wer oder was dieser Gott ist, zunächst funktioniert es, wie in allen anderen Beziehungen: Wenn wir uns darum kümmern, kümmert er sich um uns. Wir können mit Gott reden und werden manchmal auch (direkt oder indirekt) Antwort bekommen. Wir bekommen nicht immer das, worum wir konkret gefragt haben, wir bekommen aber immer das, was *gut für uns* ist. Auch wenn es manchmal lange dauert, bis wir dies verstehen. Denn dies kann eventuell das genaue Gegenteil sein von dem, was wir erbeten haben. Je länger wir diese Beziehung pflegen, umso selbstverständlicher wird es irgendwann, sich mehr und mehr der Führung Gottes anzuvertrauen. Er ist weiser als wir und legt ein Ziel für uns fest, wo wir noch nicht einmal die Ahnung eines Weges haben. Unsere Seele sehnt sich danach, sich der Beziehung mit Gott hinzugeben. Für unsere Ratio ist dies schlichtweg eine Zumutung, denn sie wird dabei entthront, nicht abgeschafft, aber entmachtet.

Unsere Spiritualität kann sich in Krisenzeiten verändern. Menschen, die einer bestimmten spirituellen Richtung (mit festen Formen) angehörten, können möglicherweise erfahren, dass sie das Interesse an dieser Form verlieren, oder sie kehren nach einer Phase von Zweifel und Kritik doch zur selben Form zurück. Andere Menschen, die früher eher wenig Interesse an Religion oder Spiritualität hatten, fühlen sich auf einmal angezogen und besuchen Gottesdienste oder Gesprächskreise mit spirituellen Themen. Manche Menschen wechseln die Konfession oder überhaupt die Religion. Christen werden Buddhisten, Atheisten werden Christen usw. Wir sollten diesen Dingen ihren Lauf lassen, diese Entwicklung wird ihre Gründe haben. Wohl aber sollten wir darauf achten, dem eigenen Ego in diesem Zusammenhang ein wenig die Zügel anzulegen. Das Ego hat manchmal die Neigung, die neuen Errungenschaften über alle Maßen, als das ultimative Nonplusultra zu preisen, und das Alte, was man zurückgelassen hat, herunterzumachen und abzuwerten. Religion kann vom Ego ausgezeichnet zur Selbsterhöhung benutzt werden, obwohl diese Selbsterhöhung nicht im Sinne der Religionen ist. Also aufpassen! Wenn wir wirklich Interesse an religiösen Dingen verspüren, dann ist es hilfreich, beten zu lernen. Ein Gebet zu sprechen ist Kommunikation mit Gott, auch wenn er uns nicht oder nicht immer antwortet.

Fragen zum Nachdenken

- Was ist für mich „Spiritualität“?
- Was ist für mich „Spiritualität“ *nicht*?
- Warum habe ich eventuell Schwierigkeiten mit spirituellen Aspekten?
- Was könnte ich tun, um in meinem Leben mehr Raum für Spiritualität zu schaffen?

Aufgaben

- Die spezielle Eigenheit der Spiritualität anderer Menschen entdecken.
- Meiner eigenen Spiritualität im täglichen Leben einen Platz geben.

- Mit eigenen Worten zu Gott beten. Auch wenn's zunächst schwerfällt, wir sollten es trotzdem einmal versuchen. Sich einfach trauen, danach geht es *von selbst.*

Lernen für die Ewigkeit

Krise ist eine Zeit des Lernens. Was aber will diese Krise von uns? Was will sie, das wir lernen? Welche Veränderung erwartet sie von uns? Welche Neuorientierung steht an? Welche neuen Fähigkeiten sollen entwickelt werden, welche alten Verhaltensweisen sollen wir zurücklassen? Schlimm ist, dass wir dies alles lernen sollen, noch bevor wir den Sinn dieser Krise überhaupt verstanden haben. Das fühlt sich an, wie im Dunkeln zu tasten und blind auszuprobieren. Mit etwas Nachdenken und Beobachten gelingt es aber meist, herauszufinden, was von uns gefragt wird. Eine einfache Regel ist, dass wir natürlich das lernen müssen, was wir noch nicht können. Und dies ist meistens genau das, wozu uns die Krise sowieso zwingt: selbständiger zu werden oder Hilfe anzunehmen, uns durchzusetzen oder nachzugeben, uns zu bewegen oder zur Ruhe zu kommen ... Wir brauchen eigentlich nur richtig hinzuschauen, um zu sehen und zu verstehen, was diese Krise von uns will. Viel schwieriger ist es dann, diese Dinge zu tun und zu akzeptieren! Was wir in jedem Falle lernen sollten, ist, weiterzumachen, weiter da durchzugehen. Alles ist vergänglich, auch die Krise. Es wäre schade, wenn wir das Ende verpassen würden und damit den Menschen, der wir dann sein werden.

Wenn es uns möglich ist, unsere Krise oder unser Leid als Aufgaben in der Schule des Lebens oder Gottes zu sehen, dann verändern sich erstaunlicherweise die Rollen aller Beteiligten. Aus Widersachern, aus Gegenpolen, aus Stolpersteinen, aus Vergewaltigern oder Folterern werden Werkzeuge, werden Instrumente, die zu unserem Lernprozess beitragen. Die Schwierigkeiten, die andere uns bereiten, sind dann die Aufgaben, an denen wir wachsen können. Für Menschen, die wirklich – im konkreten wie im übertragenen Sinne – vergewaltigt oder gefoltert wurden, ist es sehr schwer, eine Sichtweise zu teilen, die besagt: Liebet eure Feinde! Das ist wirklich viel verlangt! Dies gelingt erst, wenn wir sehen und verstehen, dass unsere Feinde Instrumente in der Hand Gottes und damit Objekte unseres Lernens sind. Wenn es sie nicht gäbe, würden wir nicht lernen, sondern hätten wir ein ruhiges Leben. Vielleicht ärgert es uns, dass sie ein ruhiges Leben haben, während wir die Hölle auf Erden haben? Ja, es kann sein, dass es so ist. Aber wenn wir uns darüber ärgern, wird es schlimmer, und wenn wir uns darüber ärgern, dass wir uns ärgern...nun, dann wird's noch schlimmer. Sie haben ein ruhiges Leben und wir haben die Hölle auf Erden. Wenn sie uns nicht die Hölle bereiten würden, würden wir nichts lernen. Wenn sie sich ändern würden, bräuchten wir uns nicht zu verändern. Das wäre natürlich viel einfacher, aber wir würden nichts lernen. Dann würden sie lernen und nicht wir. Dann wollen wir doch lieber selbst lernen, oder? Wir lernen fürs Leben und für die Ewigkeit. Diese Widersacher sind unseretwegen hier, damit wir lernen können. Wir sollten es ihnen danken und sie ehren. Sie sind Werkzeuge in Gottes Hand. Das heißt nicht, dass wir es ihnen leicht machen sollten. Je nach dem, was es zu lernen gibt, sollten wir es ihnen sogar sehr schwer machen. Aber wir sollten sie ehren. Sie sind Werkzeuge Gottes und Objekte unseres Lernens. Sie sind unseretwegen hier!

Fragen zum Nachdenken

- Was will die Krise, dass ich lernen soll?
- Welche Rolle spielen meine „Widersacher" in diesem Zusammenhang?

Aufgaben

- 5 Verhaltensweisen notieren, von denen ich denke, dass ich sie lernen / entwickeln soll.
- Jede Woche eine dieser Verhaltensweisen in Angriff nehmen.

Öffnung für das Leid anderer

Das Leid, das wir selbst erfahren, die Krise, die wir selbst durchleben, hat normalerweise zur Folge, dass wir weicher werden, weicher und mitfühlender. Dafür sind Leid und Krisen gut und nötig. Leid schlägt eine Bresche in unsere permanente Ich-Bezogenheit. Vielleicht dachten wir bis dahin, dass das Unglück nur zu anderen kommt, dass es deren Schuld, deren eigenes Versagen sei… jetzt wissen wir es besser. Das macht uns milder, nachsichtiger und mitfühlender. Bisher haben wir es vielleicht als eine Zumutung erfahren, wenn in unserer (christlichen) Kultur verlangt wird, sich für das Leid anderer Völker zu öffnen, ihren Hunger anzuschauen. Warum sollten wir das tun, wenn unser eigener Bauch doch satt und rund ist? Es verdirbt den Genuss, also schaut man lieber weg. Helfen kann man sowieso nicht, also, warum sollte man sich dies anschauen? Dies ändert sich jedoch, sobald man selbst Leid erfährt. Die eigene Seele sieht plötzlich die Not anderer Seelen! Sieht, dass es wirklich *Menschen* sind, die diese oder jene Katastrophe mitmachen. Sieht, dass es fühlende, lebende und liebende Wesen sind, die hier quälende Erfahrungen machen müssen. Und auf einmal ist es nicht mehr „deren" Not, es ist „meine" Not. Dann ist es der Seele gelungen, aus der angeschlagenen und aufgerissenen Ego-Burg herauszuschlüpfen und sich in andere Wesen zu versetzen. Ihre Not ist dann unsere Not, ist *meine* Not. Auf einmal *fühlen* und *wissen* wir, wie es sich anfühlt, wenn ein Kind entführt ist, wenn der Mann oder Sohn in den Krieg muss, wenn jemand sterbenskrank ist und ein quälendes Ende haben wird, wenn Menschen ohne Hab und Gut flüchten müssen und ab da ein Nichts sind.... Wo wir früher möglicherweise versucht haben, das Leid anderer zu verstehen, mitzufühlen oder uns berühren zu lassen, jetzt ist das Leid anderer *unser* Leid. Möglicherweise waren wir selbst früher Helfer, die vom sicheren Ufer aus gute Ratschläge verteilt haben, jetzt werden wir eher schweigen, wir brauchen nichts mehr zu sagen. Wir sind einfach bei und mit den anderen. Und *teilen* ihr Leid. Das hilft mehr als tausend gute Ratschläge. Wenn unser Leid oder unsere Krise bisher nicht diesen Effekt der Öffnung hatten, dann sollten wir uns darauf einstellen, dass das Leben uns noch ganz anders beuteln kann. Wenn nicht diesmal, dann später. Das Leben wird es früher oder später schaffen, unsere Ego-Burg aufzubrechen, so dass wir mit anderen *eins* werden. Möglicherweise ist dies die Erfahrung, die Jesus gemacht hat, wenn gesagt wird, dass er das Leid der ganzen Welt auf sich nahm?

Fragen zum Nachdenken

- Warum will ich mit dem Leid anderer nichts zu tun haben?
- Aus welchem Grunde macht mich das Leid anderer ungeduldig?
- Inwieweit denke ich, dass das Leid anderer unberechtigt, mein Leid aber berechtigt ist?
- Benutze ich möglicherweise das Leid anderer, um mich selbst hervorzutun?
- Was hat das Leid anderer mit meinem Leid gemeinsam?

Aufgaben

- Das Leid anderer als neutraler Beobachter anschauen oder anhören. Was nehme ich wahr?
- Dasselbe mit meinem eigenen Leid tun. Was nehme ich wahr?
- Das Leid anderer und mein eigenes Leid mit *liebevoller Aufmerksamkeit* betrachten.

Opfern lernen

Opfern lernen? Wofür soll das gut sein? Und überhaupt, „opfern" ist ja wohl aus der Mode! Ja, es ist aus der Mode, leider. Etwas zu opfern, damit wir uns vor anderen damit hervortun können, ist hier nicht gemeint. Mit „opfern" ist gemeint, etwas freiwillig wegzugeben, das mir eigentlich wichtig ist und das ich viel lieber selbst behalten möchte. Aber wenn ich es doch selbst behalten möchte, warum soll ich es dann weggeben? Mit „opfern lernen“ ist gemeint, sich frühzeitig darauf vorzubereiten und sich darin zu üben, dass wir eines Tages sowieso alles, wirklich *alles* loslassen und zurücklassen müssen. Je mehr wir an Dingen, Menschen oder am Leben hängen, umso mehr wird es schmerzen, wenn wir sie eines Tages hergeben müssen. „Opfern lernen“ heißt, sich darin zu schulen, etwas wegzugeben, das ich sowieso eines Tages verlieren werde. „Opfern“ heißt, etwas wegzugeben oder loszulassen (Zeit, Geld, Besitz, Menschen), und heißt, Abstand zu nehmen (von Ideen, Standpunkten, Selbstbildern, von der eigenen Wichtigkeit oder dem Bedürfnis, alles zu kontrollieren). Es kann aber auch bedeuten, bestimmte Dinge einzuschränken, wie zum Beispiel Macht, Alkohol, Drogen, feudales Essen oder Sex. In dem Maße, wie es uns leichter fällt, Dinge wegzugeben, einzuschränken oder Abstand davon zu nehmen, in dem Maße verlieren sie ihre Macht über uns und werden wir frei. Opfern ist Verzicht, ist *freiwilliger* Verzicht, damit wir später, wenn wir alles hergeben müssen, mit dem Schmerz umgehen können und er geringer sein wird. Opfern ist eine ausgezeichnete Übung, um schweren Krisen vorzubeugen. Wir sollten klein anfangen und dann allmählich besser werden.

Fragen zum Nachdenken

- Von welchen Dingen, Menschen, Fähigkeiten oder Eigenschaften will diese Krise, dass ich sie loslasse?
- Was könnte ich weggeben, um „opfern“ zu lernen? (Zeit, Geld, Aufmerksamkeit, mein Auto…mich selbst…)

Aufgaben

- Opfern lernen!

Loslassen lernen

Leicht gesagt, schwer getan! Wir sehen wahrscheinlich ein, dass wir loslassen müssen, aber wie geht das? Wie geht loslassen, wenn ich doch gleichzeitig dasjenige haben und besitzen will, das ich jetzt loslassen soll? Loslassen bringt die Dinge jedenfalls in Gang. Solange wir festhalten, halten wir auch die Situation in dem für uns schmerzhaften Zustand. Natürlich ist es nicht einfach, Dinge oder Menschen, Fähigkeiten oder die eigene Gesundheit, kurz das ganze alte Leben loszulassen, wenn es schön und wichtig war. Dinge oder Menschen, die wir nicht mögen, können wir leichter loslassen – denken wir. Aber gerade, wenn ich eine Situation abgewiesen und abgelehnt habe, dann bleibt diese Ablehnung in mir, auch wenn das oder derjenige längst nicht mehr in meinem Leben ist. Das Leben wird uns dann zu einer späteren Zeit die Gelegenheit geben, diese Ablehnung oder Abweisung zu überwinden. Besser ist, wenn wir gleich damit anfangen. Loslassen bringt die Dinge in Gang. Wenn wir andere Menschen oder die Situation verändern und sie in einen Zustand zwingen wollen, in dem sie nun einmal nicht sind, dann wird das Leben uns beweisen, dass wir nichts und niemanden zwingen können. Wenn wir loslassen, wenn wir akzeptieren, dass die Verhältnisse so sind, wie sie sind, dann geschieht auf eine beinah magische Weise – ohne unser aktives Zutun! – eine Veränderung: Wir schauen freundlicher und das Leben schaut freundlicher zurück.

Es ist jedoch ein Irrtum, wenn wir denken, wir könnten in einem aktiven Sinne „loslassen". Wir können nicht loslassen, indem wir intellektuell die Entscheidung treffen, dass wir nun loslassen werden. So einfach ist es nicht. Wir können dies zwar probieren, werden aber die Erfahrung machen, dass es immer wieder zu uns zurückkommt. Es scheint dann, als ob es uns nicht loslässt. Wirkliches Loslassen ist ein Geschehen, das außerhalb unserer willentlichen Macht liegt. Loslassen geschieht, wenn es so weit ist. Bevor wir wirklich loslassen können, werden wir vielleicht noch viel Schmerz ertragen müssen. Wir lassen erst los, wenn der Schmerz unerträglich ist. Besonders schwierig ist es, Menschen loszulassen, die wir lieben und die in enormen Schwierigkeiten sind. Menschen, die vielleicht Alkoholiker sind oder die drogenabhängig sind, Kinder, die schwer erziehbar oder kriminell sind, Menschen, die sterben müssen. Solche Menschen loslassen zu sollen, fühlt sich an, als würden wir sie auf eine asoziale Weise dem Untergang preisgeben. Wir brauchen jedoch nicht aufzuhören, sie zu lieben, wir brauchen nur aufzuhören, ihr Schicksal bestimmen zu wollen. Das ist ein Unterschied! Gläubigen Menschen fällt dies wesentlich leichter, sie geben im Loslassen den anderen in die Hand Gottes, verbunden mit der Hoffnung, dass Gott das Beste für ihn will, auch wenn dieses Beste nicht immer unseren eigenen Vorstellungen entspricht. Für nicht religiöse Menschen ist dieser Schritt wesentlich schwerer. Wenn ich den anderen loslasse, was dann? Dann riskiere ich seinen Untergang, dann riskiere ich, dass er sein Leben nicht meistert...Nicht einfach. Allerdings ist die Vorstellung, dass ich den anderen retten könnte, in den meisten Fällen sowieso eine Illusion. Eher ist das Gegenteil der Fall, nämlich dass einer, der untergeht, noch andere mit in den Untergang reißt. Wir werden doch lernen müssen, loszulassen, spätestens wenn wir selbst sterben. Besser, wir üben es früh genug. Loslassen üben wird uns weicher machen.

Fragen zum Nachdenken

- An welchen Dingen, Ideen oder Menschen halte ich fest?
- In welcher Weise versuche ich mit meinem Festhalten, andere oder das Leben zu zwingen?
- In welcher Weise profitiere ich von meinem Festhalten?
- Inwieweit füge ich mir selbst oder anderen damit Schmerzen zu?
- Behindere ich damit eventuell mein eigenes Wachstum?

Aufgaben

- Mit einem freundlich gesinnten Gesprächspartner über meine Neigung zum Festhalten sprechen.
- Loslassen üben (mit innerer Visualisierung) und diese Übung immer und immer wieder wiederholen.

Schuld bekennen

Es ist wichtig, die eigene Schuld zu erkennen, sie zu fühlen, sie auszugleichen oder sie eventuell zu bekennen. Bekennen meint, sie einem anderen gegenüber auszusprechen. Für unser Ego ist dies keine leichte Übung. Das Ego hasst die Beichte, und da wir im Zeitalter des Ego leben, ist die Beichte logischerweise aus der Mode. Menschen, die regelmäßig beichten, wissen um den erleichternden und reinigenden Effekt, den dieses Bekennen hat. Mit christlichen Worten ausgedrückt, begehen wir immer dann eine Sünde, wenn wir uns selbst gegenüber einem anderen Menschen oder Gott vorziehen. Dies tun wir mit kleinen oder größeren Lügen und auch, wenn wir andere verletzen, missbrauchen oder betrügen. Dies tun wir sogar, wenn wir schlecht über andere denken, denn wir erzeugen damit die Illusion, dass wir selbst besser wären als sie. Durch solche, oft nur kleine Handlungen oder Unterlassungen kommt unser Verhältnis zu anderen aus dem Gleichgewicht, wir stellen uns über sie. Und wenn sich möglicherweise von innen die leise Stimme des eigenen Gewissens meldet, rechtfertigen wir sofort unser Verhalten mit guten Argumenten – und übertönen damit diese innere Stimme. Wir übertönen sie so lange, bis sie sich irgendwann nicht mehr meldet. Wenn wir aber ein Empfinden oder Bewusstsein dafür haben, dass wir da etwas falsch gemacht haben, dann ist es ausgesprochen sinnvoll, diese Schuld als Gefühl zuzulassen und sie einem anderen gegenüber zu bekennen. Entweder gegenüber dem Betroffenen selbst oder gegenüber einer anderen, vertrauenswürdigen Person. Dieses Bekennen ist für das Ego ätzend, es wird diesen Schritt als Erniedrigung erfahren, was der Sinn der Sache ist. Hatte das Ego sich zunächst über andere erhoben, jetzt wird das Gleichgewicht wieder hergestellt. Wir sind nun wieder da, wo wir eigentlich hingehören: auf dem Niveau von Gleichheit mit anderen (im Gleichgewicht). Dafür ist es nötig, Schuld als Gefühl zuzulassen und sie eben nicht mehr mit einer Rechtfertigung „wegzumachen".

Fragen zum Nachdenken

- Was bedeutet für mich Schuld und was ist keine Schuld?
- Inwieweit wehre ich mich gegen die Schuldzuweisungen durch andere?
- Was würde geschehen, wenn ich mich nicht dagegen wehren würde?
- Inwieweit erkläre ich andere für schuldig und warum?
- Wenn ich nicht auf andere, sondern auf die „Stimme" meines Gewissens höre: Inwieweit habe ich selbst mich dann schuldig gemacht?

Aufgaben

- 10 Punkte notieren, bei denen ich mich nach eigenem Ermessen schuldig gemacht habe: Handlungen oder Unterlassungen, Worte oder Gedanken.
- Überlegen und jeweils notieren, ob ich mich für diese Dinge entschuldigen möchte, wie ich sie wieder gutmachen oder anderweitig ausgleichen möchte.
- Wenn es nötig ist, sich dafür zu entschuldigen: Dies tun und sich nicht vor der Entschuldigung drücken!
- Punkte, die nicht wieder gutzumachen oder auszugleichen sind, einer dritten Person gegenüber bekennen (beichten).

Vergeben und verzeihen

Wenn wir wirklich vergeben könnten, wären wir nicht mehr in der Krise. Nichts ist schwerer, als anderen Menschen oder auch sich selbst Fehler, schlechte Handlungen oder fahrlässige Unterlassungen zu vergeben. Wenn Menschen ihrer Verantwortung nicht nachkommen, machen sie sich schuldig. Das wissen oder spüren wir und entsprechend hart treten wir als Richter auf. Strenge und Kritik gegenüber anderen sind aber immer auch ein Zeichen dafür, dass es bei uns selbst noch etwas zu entdecken gilt. Vielleicht nicht genau dasselbe, aber in jedem Falle etwas Vergleichbares. Es wird nicht immer leicht sein, bei sich selbst diesen Kritik-Mechanismus zu entdecken. Aber es lohnt sich, danach zu suchen. Wenn wir fündig werden – und wir werden fündig werden! – dann wird uns dies entspannen und wesentlich milder stimmen.

Anderen zu vergeben ist aber nur der halbe Weg. Für die meisten Menschen ist es viel, viel schwieriger, sich selbst zu vergeben. Wenn von Gott gesagt werden darf, dass er gnädig ist, wir selbst sind es sicher nicht. Wir gehen mit uns zu Gericht, wir verurteilen und quälen uns. Sich selbst zu verzeihen, fällt uns leichter, wenn wir die Schuld wieder ausgleichen (eine gute Tat als Buße?) oder die Schuld aufrecht und in aller Ausführlichkeit einem anderen Menschen gegenüber bekennen. Die *volle* Schuld, so wie wir sie *fühlen*. Nicht nur mit zwei kurzen, verlegenen Sätzen und dann auch noch verharmlosen. Das eigene Ego mag dieses ätzende schlechte Gewissen nicht. Wegen dieser Not ist es bereit, zu beichten. Okay, aber bitte schön nur das Nötigste, damit wir seine Schuldigkeit getan haben? Vergebung wird sich jedoch erst einstellen, wenn wir das ganze Ausmaß der Schuld gebeichtet und echte Reue gefühlt haben.

Wenn wir eine Krise vollständig durchleben, werden wir am Ende Dankbarkeit fühlen und in der Lage sein, zu verzeihen. Dankbarkeit fühlen wir, wenn wir erkennen, was diese Krise uns alles an wertvollen Dingen beschert hat. Wenn wir dankbar sind, dann ist es nicht schwer, zu verzeihen. Verzeihen stellt sich dann von selbst ein. Wem sollten wir noch böse sein, wenn wir doch eigentlich dankbar sind? Wir werden dann auch in der Lage sein, uns selbst zu verzeihen, dass wir es nicht besser konnten, als wir es gemacht haben, oder dass wir so lange brauchten, wie wir eben gebraucht haben. Wenn wir an diesem Punkt sind, ist alles ganz einfach und schön, trotz oder gerade wegen der Krise. Wer hätte das gedacht! Es gibt nichts mehr zu tun, es hat sich *von selbst* verziehen.

Die meisten Menschen aber quälen sich unterwegs mit Selbstvorwürfen, weil sie (noch) nicht in der Lage sind zu verzeihen, oder andere Menschen machen ihnen deswegen Vorhaltungen. Dies sagt etwas aus über unseren eigenen Hintergrund und über den Hintergrund der anderen. Es sagt vor allem etwas aus über die hohen Maßstäbe, die angelegt werden. Als wenn es so einfach wäre, zu verzeihen. Verzeihen ist kein willentlicher Akt, ist nichts, das wir eben mal so entscheiden könnten. Wir können es uns wünschen, aber wir können es nicht *tun*. Wir sollten also nicht zu streng sein mit uns. Was wir aber wohl tun können, ist Verzeihen *zu üben*, als Haltung anzutrainieren. Wenn wir (mit Hilfe des *inneren Beobachters*) unsere eigenen Fehler ein wenig unter die Lupe nehmen, dann wird es leichter möglich sein, anderen zu verzeihen, wenn sie Fehler machen. Wir können mit Kleinigkeiten beginnen und üben, sie zu verzeihen oder Verständnis aufzubringen. So werden wir nach und nach eine Haltung einnehmen, die uns hilft, uns selbst eigene kleine Fehler zu vergeben und so auch milder auf andere zu reagieren. Auf diese Weise sparen wir viel Energie, die wir dringend für die wirklichen Probleme des Lebens oder für die Krise benötigen. Auf diese Weise werden wir weicher und milder, aber das bringt auch eine bestimmte Gefahr mit sich. Andere können dies leicht ausnutzen, um über unsere Grenzen zu kommen, uns zu verplanen, uns zu dominieren und uns ihren Willen oder ihren Stil aufzudrücken. So ist das nicht gemeint. Wir können und sollten ihnen verzeihen, dass sie dies tun, vor allem, weil sie dies sicher nicht in böser Absicht tun, sondern weil es einfach ihre Art ist. Aber wir sollten ihnen auch deutlich machen, wer wir selbst sind und dass wir unsere Grenzen aufmerksam im Blick haben. Dann können die Spielregeln verhandelt werden – zwischen erwachsenen Personen.

Falls wir bemerken sollten, dass es uns – nach langer Zeit – immer noch nicht gelingen mag, zu verzeihen, dann sollten wir dies untersuchen. Vielleicht gibt es einen Grund dafür? Wir werden den Grund sicher sofort darin finden, wie unsagbar schlimm die Tat oder das Verhalten des anderen war. Das war tatsächlich so, sonst hätten wir schon viel früher verzeihen können. Aber warum gelingt es uns immer noch nicht zu vergeben, nach so langer Zeit? Wir sollten einmal nachschauen, ob wir möglicherweise nicht verzeihen *wollen*, und wenn das so ist, warum ist das so? Was bringt es uns, welchen (psychologischen) Vorteil haben wir eventuell davon, indem wir nicht verzeihen? Wenn wir hier fündig werden, dann wird uns dies dem anderen gegenüber sehr milde stimmen.

Fragen zum Nachdenken

- Bei welchen Menschen ist es mir bis jetzt nicht gelungen, ihnen zu verzeihen, und warum nicht?
- Inwieweit profitiere ich (scheinbar) davon, dass ich ihnen noch nicht verziehen habe?
- Was müsste sich verändern, so dass ich verzeihen könnte?
- Inwieweit kann ich mir selbst nicht verzeihen und warum nicht?
- Welcher Teil in mir profitiert eventuell hiervon?
- Inwieweit behindert dies meinen Kontakt zu anderen oder zu Gott?

Aufgaben

- Mit einem kompetenten Gesprächspartner ein Gespräch führen über meine Schwierigkeiten, mir selbst und anderen zu vergeben oder zu verzeihen.

Versöhnung mit anderen

Versöhnung scheint für die meisten Menschen einfacher zu sein als Vergebung. „Schwamm drüber“ ist die beliebteste Methode, ein klärendes Gespräch die schwierigste, denn das ist harte Arbeit. Also doch lieber „Schwamm drüber“? Echte Versöhnung wird es erst geben, wenn – genau wie bei Vergebung – die notwendige Arbeit geleistet wurde. Ein klärendes Gespräch sollte jedoch nicht mit dem Ziel geführt werden, selbst Recht zu behalten oder dem anderen endlich alles um die Ohren zu schlagen, was wir ihm immer schon sagen wollten. Es sollte mit Sorgfalt und Liebe geführt werden, mit der *Absicht* von Versöhnung. Allerdings kann auch geschehen, dass es zwischen den beiden Gesprächspartnern *nicht* zu einer *gegenseitigen* Versöhnung kommt. Nun gut, wichtig ist, dass wir selbst uns mit der Situation und mit dem anderen innerlich aussöhnen und Frieden schließen.

Fragen zum Nachdenken

- Mit welchen Menschen ist es mir bis jetzt nicht gelungen, mich zu versöhnen und warum nicht?
- Was könnte ich für diese Versöhnung tun?

Aufgaben

- Das Gespräch suchen, um mich mit anderen zu versöhnen.

Versöhnung mit Gott

Gott wartet auf uns, er ist die Liebe, die hinter allem auf uns wartet. Das Leben aber serviert uns in der Zwischenzeit die Herausforderungen, die uns dazu bringen, zu lernen und uns weiterzuentwickeln. Wie und ob wir lernen, dafür sind wir selbst verantwortlich. Wenn wir Gott und das Leben miteinander verwechseln, dann werden wir in die verwirrende Situation kommen, Gott für unsere Schwierigkeiten verantwortlich zu machen und ihm dies sehr übel nehmen. Erst wenn wir diese Aspekte getrennt betrachten, wird es möglich, Gott als das zu sehen, was er immer schon war: die reine, bedingungslose Liebe. Und das Leben zu sehen als das, was es auch schon immer war: die Schule, die uns auf Gott vorbereitet. Es liegt an uns, wie lange wir uns noch widersetzen wollen. Widerstand oder Lernen, Rückschritt, Stagnation oder Entwicklung, es liegt in unserer Verantwortung. Erst später werden wir in den Schwierigkeiten des Lebens *direkt* die Liebe Gottes erkennen können. Wenn dies (von uns selbst oder von anderen) bereits am Anfang der Krise erwartet wird, ist es eine Zumutung und möglicherweise ein Versuch, diesen „lästigen" Prozess abzukürzen.

Fragen zum Nachdenken

- Wer ist für meine Krise verantwortlich und warum?
- Wenn Gott die reine und bedingungslose Liebe ist (wie die Religionen sagen!), was würde das für meine Krise bedeuten?

Aufgaben

- Eine Woche lang die Haltung einnehmen, dass Gott an meiner Krise schuld ist.
- Eine Woche lang die Haltung einnehmen, dass das Leben eine Schule ist und dass Gott hinter der Krise auf mich wartet.
- Wenn nötig, diese Übung wiederholen.

4.3 Spiritualität und das menschliche Ego

Wir haben gesehen, dass Glaube oder Spiritualität in allen vier Phasen der Krise eine wichtige Rolle spielen können, aber nicht müssen. Meistens werden sie einen Beitrag dazu leisten, *dass* wir in die Welt zurückkehren und *wie* wir zurückkehren. Es kann aber auch ganz anders kommen! Es kann sein, dass gerade die Spiritualität dazu führt, dass wir nicht mehr in die Welt zurückkehren oder eines Tages – nach langer Zeit – mit erheblicher Verzögerung und als vollständig erneuerter Mensch. Die Bücher über Heilige und andere große Menschen aus *allen* Religionen sind voll von solchen Berichten. Was ist, wenn es uns erwischt? Gibt es eine *universelle* Gesetzmäßigkeit, die quer durch die verschiedenen Religionen hindurch manchmal mit Menschen solche Sachen macht? Was passiert hier und wie kommen wir hier wieder heraus? Wir hatten nicht geplant, dass es eine solche Wendung nimmt? Nein, aber wir hatten auch nicht geplant, in eine Krise zu kommen. Diese Dinge werden nicht durch uns geplant, in diesen Fällen werden die Fäden höheren Ortes gezogen. Also doch eine Höhere Macht, der wir ausgeliefert sind? Wir werden noch einmal an den Anfang von Krisen zurückgehen müssen, wenn wir verstehen wollen, was hier eigentlich geschieht. Wir müssen zurück zur Geschichte unseres Ego, denn unser Ego ist das Problem, das hier für unerwarteten Ärger sorgt.

Die Trickkiste des Ego

Selbsterkenntnis, Selbsterfahrung und Selbstverwirklichung spielen sich oft auf psychologischem Niveau ab. Dann werden alle Erfahrungen (auch in Krisenzeiten) ausschließlich auf diesem psychologischen Niveau eingeordnet und interpretiert. Dieses Niveau ist zeitweise nötig und auch in Ordnung, es kann und wird aber irgendwann überwunden werden. Krisen sind eine ausgezeichnete Gelegenheit dazu. Wenn wir uns auf psychologischem Niveau bewegen und dort bleiben, dann werden wir in Krisenzeiten die Neigung haben, alles zu versuchen, um unser Ego wieder herzustellen und / oder möglichst schnell eine neue Identität zu entwickeln.

Wahrscheinlich gehen wir zu einem Psychotherapeuten, der uns dabei hilft, uns wieder zu stärken. Das ist nur allzu verständlich und natürlich, aber es sagt auch etwas über uns selbst aus: Nämlich, dass wir uns auf dem psychologischen Niveau befinden. Psychologische Unterstützung hat das Ziel, uns von unserem Leiden zu befreien, sie hilft uns dabei, die Ursachen für dieses Leiden herauszufinden und dieses Leiden zu überwinden. Ob beabsichtigt oder nicht, es ist ein erwünschter Nebeneffekt von Therapie, dass wir mit einem gestärkten Selbstbewusstsein und einem gestärkten Ego herauskommen. Doch auch ohne Psychologen hat unser Ego eine ziemlich umfangreiche Trickkiste parat, die ausschließlich einem Ziel dient: der Stärkung und dem Erhalt des Ego. Das ist eine Behauptung, die natürlich einen Beweis nötig hat. Dieser Beweis ist nicht einfach, denn bei allen Beispielen, die jetzt folgen, wird das Ego (möglicherweise auch das Ego des Lesers) aufschreien und Unrecht wittern. Schauen wir uns trotzdem diese Beispiele an:

Alle Krisen bedeuten Verunsicherung und enthalten deshalb die potenzielle Möglichkeit, dass sie das Ego schwächen oder anknacken. Bei den Krisen, die wir besprochen haben, gibt es aber einige, die „ehrenwert" sind und die deshalb die Chance enthalten, sich als „Streicheleinheiten" für unser Ego zu erweisen. An erster Stelle gehören alle Aufbaukrisen dazu, einfach deshalb, weil sie gesellschaftlich angesehen sind. Den Stress, den die höhere Position mit sich bringt, kann man gut bei einem Essen mit Bekannten benutzen, um die eigene Wichtigkeit herauszustellen. Auch für den Stress, den eine junge Familie mit dem Bau ihres neuen Hauses hat, wird man interessierte Zuhörer finden. Schwieriger wird es, wenn jemand den Tod seines Partners in Profit für sein Ego verwandelt. Witwe oder Witwer zu sein, ist ein gesellschaftlich akzeptierter Status und man bekommt – zumindest im Beginn – mehr Aufmerksamkeit als gewohnt. Das tut gut – dem Ego! Es ist ein absolutes Tabu, so über trauernde Menschen zu reden, und diese relativ harten Worte gelten dann auch ganz sicher nicht für alle…Gott sei Dank! Aber sie gelten wohl für manche. Wir haben ein feines Gespür dafür, ob Trauernde oder auch schwerkranke Menschen diese Dinge vermischen, wenn ihr Leid und die Zuwendung, die sie dafür bekommen, vom Ego dazu benutzt werden, sich „besser" zu fühlen. Zu ihrer Entschuldigung sollte allerdings darauf hingewiesen werden, dass es ihnen weder bewusst ist noch dass sie dies absichtlich tun. Im Gegenteil, falls wir selbst eines Tages entdecken, dass wir eine leidvolle Situation missbraucht haben, um uns in der Aufmerksamkeit anderer zu „sonnen", dann werden wir eine schreckliche Scham fühlen.

Es gibt noch andere Tricks, mit denen das Ego seinen Fortbestand sichert, vor allem, wenn es sich bedroht oder gefährdet fühlt: Schlecht über andere zu reden, ist der am weitesten verbreitete Trick, Rache auszuüben ist der übelste. Warum reden wir schlecht über andere? Wir *alle* tun es ab und zu. Haben wir jemals darüber nachgedacht, warum wir es tun und wofür wir dies vielleicht nötig haben? Wenn wir uns unterlegen fühlen, wenn wir unter anderen zu leiden haben, wenn andere uns unterdrücken usw., dann fühlt unser Ego sich klein und mies – und das mag es überhaupt nicht gern. Also sucht es nach Wegen, um diesen „Höhenunterschied“ zwischen uns und anderen auszugleichen oder zu unseren Gunsten umzukehren. Was ist da einfacher, als sich selbst ins rechte und andere in ein ungünstiges Licht zu setzen? Nicht schön, aber nahe liegend. Und es funktioniert hervorragend. Bis wir eines Tages – oft erst durch eine Krise – die Wahrheit dessen, was wir getan haben, erkennen und der Scham ins Gesicht schauen müssen. Rache nehmen gehört auch in diese Kategorie, ist nur noch viel schlimmer. Es ist die Reaktion eines Ego, dem die Daumenschrauben angesetzt wurden. Durch Rache versucht das Ego seine Niederlage wieder auszugleichen. Viele Selbstmorddrohungen und auch Selbstmordversuche gehören ebenfalls in diese Kategorie: „Ihr werdet schon sehen, was ihr davon habt!“ Zur Trickkiste des Ego gehört es auch, stolz zu sein. Stolz tut dem Ego gut, es „fühlt“ sich dann gut. Wir sind stolz auf die eigenen Leistungen, auf die Leistungen unserer Kinder oder unseres Partners (obwohl es nicht unsere Leistungen sind), sind stolz darauf, gesund oder schön zu sein. Wir sind stolz… ja, leider. In allen Religionen wird Stolz als Sünde angesehen, weil wir uns damit über andere Menschen erheben. Sogar Spiritualität kann von Menschen dazu benutzt werden, stolz zu sein. Stolz darauf, dass sie frommer oder gläubiger sind als andere, dass sie besser den Lehren folgen oder dass sie fortschrittlicher, freier sind als andere. Solche Menschen sind sich ihres Glaubens und ihres Engagements sehr bewusst, sammeln Wissen an, können mitreden und sind sehr selbstsicher. Spiritualität hat auf diese Weise dazu beigetragen, ihr Ego zu stärken. Was nicht der eigentliche Sinn von Spiritualität ist.

Eine sprachliche *und* inhaltliche Schwierigkeit kann an dieser Stelle entstehen, weil es zwei verschiedene Sichtweisen gibt, was nun eigentlich das Ego ist. Die christliche Sichtweise kennt zwei Egos, ein unreines, unedles und ein reines, edles Ego. Das erstere muss gereinigt werden, um rein und edel (heilig) zu werden. Beide Egos sind Teil der Persönlichkeit des Menschen. Darin stimmt die christliche Sichtweise mit der psychologischen Sichtweise überein, die das Ego als einen bestimmenden Teil der Persönlichkeit ansieht. Die hinduistisch-yogische Sichtweise bezeichnet den geistig-spirituellen (aber von Gott abgesonderten) Kern des Menschen als Ego. Dieses Ego ist weder gut noch schlecht (wenn wir mal von seiner Absonderung aus Gott absehen), es ist „Ich bin“, mehr nicht. Es hat aber von Beginn an die Neigung, gut dastehen zu wollen (Recht zu haben) und zu überleben (Zuwendung zu bekommen). Auch wenn das Ego selbst nicht schlecht ist, so ist doch von Anfang an die Neigung zum Egoismus mit im Spiel. Vor allem seine Identifikationen mit allen möglichen anderen Dingen lassen das Ego wachsen und zu einem dicken Ego werden (siehe hierzu auch das Kapitel 1.5 „Konkrete Formen von Krisen", dort die Abschnitte „Identitätskrisen" und „Egokrisen").

Das Problem von Stolz und Schuld

Aus der Sicht der hinduistischen Schöpfungsmythen ist das „Ich" unser erster Schritt zur Absonderung von oder aus Gott. Mit dem ersten Gedanken von Ich entsteht automatisch das Du und wir erfahren uns als getrennt von allen anderen. Sobald das Ich ins Leben getreten ist, sind – aus hinduistischer wie buddhistischer Sicht – seine ersten Eigenschaften: Stolz (Hochmut), Begierde (Neid) und Unwissenheit (Trägheit). Die christlichen Todsünden also! Sie werden Tod-Sünden genannt, weil sie uns den ewigen Tod einhandeln – wenn wir nicht lernen, sie zu vermeiden. Gemeint ist zum Beispiel der Stolz auf uns selbst, auf unsere Fähigkeiten oder auf unser „Besonderssein", auf die Menschen, mit denen wir uns identifizieren, auf den Wahlerfolg unserer Partei. Krisen sind bestens dazu geeignet, uns diesen Stolz abzugewöhnen. Das Abbrechen des Stolzes ist äußerst schmerzhaft, aber sehr wirkungsvoll. Wegen seines Stolzes wird das Ego so lange gebeutelt, bis es … ja, bis es dankbar ist: Dankbar für meine Gesundheit oder Beweglichkeit, dankbar, dass ich diese Ausbildung machen konnte, dankbar für meine Fähigkeiten oder für das gute Ansehen, das mein Partner genießt, dankbar…. Es ist ein weiter und nicht leichter Weg bis dahin. Manchmal müssen wir erst verlieren, worauf wir so stolz waren, um zu begreifen, dass wir vergessen hatten, dankbar zu sein. Was wir hatten und verloren haben, es war nicht *von uns*, wir hatten es nur für eine kleine Weile vom Leben geliehen.

Neben unserem Stolz sind wir auch neidisch, neidisch auf andere – weil wir nicht mehr eins mit ihnen sind. Und wir begehren Dinge und Menschen – weil wir nicht mehr im paradiesischen Zustand der Fülle verkehren. Außerdem sind wir unwissend – weil wir schlichtweg unsere Herkunft vergessen haben, wir schlafen und befinden uns in einem tiefen Traum. Diese Herkunft zu er-innern, wäre das Ende des Ichs. In vielen Religionen wird deshalb auch die Gotteserfahrung als *spirituelles Erwachen* bezeichnet. Und in allen Religionen gibt es Regeln, um unsere Triebe und Schwächen in Zaum zu halten, die uns sonst dazu treiben würden, uns und anderen Schaden zuzufügen und uns schuldig zu machen. Auch wenn wir uns gegen diese Regeln auflehnen, weil sie uns in unserer „freien" Entwicklung und im „freien" Ausdruck einschränken, so werden wir doch einsehen, dass es ohne solche Regeln nicht geht. Wir würden uns alle an die Kehle gehen, wenn wir nicht in dieser oder ähnlicher Weise an die Zügel genommen würden. Der Rückweg zu Gott, der Prozess der Transformation, über den wir noch sprechen werden, bringt uns mit der vollen Wucht dieser triebhaften Aspekte in Berührung. Um Gott erreichen zu können, müssen wir ihnen begegnen und sie überwinden. Sie sind Teil des Menschseins und von daher „natürlich", aber sie stehen uns im Wege, wenn wir zu Gott wollen. Die ethischen Regeln der Religionen können uns dabei helfen.

Aus diesen ersten Grundhaltungen heraus, die unabänderlich sind, sobald das Ich ins Sein getreten ist, laden wir im Laufe unserer Existenz viel Schuld auf uns. Wir verstoßen gegen die Gleichheit mit anderen, gegen ihre Göttlichkeit und gegen Gott. Wir fügen uns selbst, anderen und Gott damit viel Leiden zu. Der Rückweg zu Gott und in die Gleichheit mit anderen fordert darum auch – im Gegenzug – viel Leid von uns, sozusagen als Sühne, als Ausgleich der Schuld. Es ist in der heutigen Zeit absolut *out*, über Schuld und Buße zu reden, keiner will das hören, und doch geht es genau darum. In einem Prozess der Läuterung – ob in Krisenzeiten oder im so genannten „Fegefeuer" nach dem Tod – werden wir leiden, um unsere Schuld zu sühnen. Nicht etwa, weil am Himmelstor ein Petrus mit einem großen, dicken Buch steht und kontrollieren würde, was wir alles getan haben. Wir selbst sind es, die im Angesicht der Erkenntnisse, die die Krise uns schenkt oder die wir im Angesicht der Wahrheitserfahrungen nach dem Tod bekommen, die eigene Schuld erkennen und uns *freiwillig* der Buße unterziehen. Schuld und Scham sind ätzende, unerträgliche Gefühle, sie „beißen" das Ego. Gefühlte Reue macht uns zu besseren Menschen, für die es selbstverständlich ist, eventuelle Verfehlungen wiedergutzumachen und sich zu entschuldigen. Vielleicht ist unsere Krise eine ausgezeichnete Gelegenheit dazu, um einmal ehrlich Bestandsaufnahme zu machen? Wenn wir uns schuldig gemacht haben, dann werden wir nach dem Tod sowieso dafür büßen müssen. Vielleicht dann doch lieber jetzt?

Der Abbau des Ego

Im Kapitel 1.5 „Konkrete Formen von Krise" (im Abschnitt „Emanzipation als Wachstumskrise") haben wir gesehen, welche Bedeutung der Aufbau des Ego hat und dass wir darüber in eine Krise geraten können. Jetzt geht es um seinen Abbau, was auch nicht leicht ist. Schauen wir noch einmal hin, wie unser Ego funktioniert: Das Ego lebt von dem Gefühl, etwas tun und bewirken zu können, aber auch von der Aufmerksamkeit, die es bekommt. Notfalls sorgt es mit schwierigen oder destruktiven Verhaltensweisen dafür, dass es *negative* Aufmerksamkeit bekommt. Aufmerksamkeit ist Nahrung für das Ego, und wenn andere uns nicht beachten, bekommen wir das Gefühl zu sterben. Im Nazi-Regime hat man diesbezüglich grausame Experimente mit Säuglingen gemacht, die zwar versorgt, aber nicht mit Aufmerksamkeit bedacht wurden. Sie gingen ein, wie Blumen ohne Sonne[19]. In Ego-Krisen kann diese Aufmerksamkeit vorübergehend oder ganz verloren gehen. Andere bekommen Aufmerksamkeit, nur wir nicht. Es ist, als ob es uns nicht mehr geben würde. Dann beginnt das langsame Sterben des Ego. Es windet sich und quält sich, es versucht, Aufmerksamkeit zu erzwingen, die es aber nicht bekommt, und hungert allmählich aus. Es wird gesagt, dass der Ego-Tod schlimmer ist als der leibliche Tod. Keine schönen Aussichten. Möglicherweise wird also mit der Krise, die wir gerade durchmachen, die nächste Phase betreten, die es nun für unser Ego zu absolvieren gilt. Nämlich die Phase, in der das Ego wieder abgebaut wird. Für Menschen, die noch mit ihrer emanzipatorischen Befreiung beschäftigt sind (die also in der 2. Ego-Phase sind) und die noch viel Mühe damit haben, sich als Ego zu behaupten, ist alles, was im Folgenden zum Abbruch des Ego zu lesen sein wird, schlichtweg eine Zumutung. Sie werden es nicht oder kaum glauben können, möglicherweise werden sie es nicht einmal lesen können oder wollen. Und das ist verständlich: Das Ego will nicht mit seinem Abbruch und mit seinem Ende konfrontiert werden. Menschen, die dieses Kapitel trotzdem lesen, werden möglicherweise Unmut oder Unwillen gegenüber mir als Autorin empfinden. Vielleicht wird ihnen auch einfach schlecht werden. All das ist berechtigt, dem Ego wird schlecht davon. Und trotzdem ist es richtig, hier offen darüber zu sprechen.

Irgendwann ist die Emanzipation mehr oder weniger abgeschlossen. Wir sind weitgehend mündig und selbstbestimmt, sagen offen, was wir denken und was wir von Situationen oder anderen Menschen halten. Wir haben einen Beruf, der uns weitgehende Selbstverwirklichung ermöglicht und uns befriedigt. Wir haben uns weiterentwickelt, sind möglicherweise ziemlich fähig, anstehende Probleme anzupacken und Strategien zu entwickeln, um sie zu lösen. Dies geht einher mit einem ruhigen Selbstbewusstsein und mit Selbstsicherheit. Wir brauchen deswegen nicht arrogant zu sein und auch nicht hochmütig. Wir wissen einfach, wer wir sind und was wir können, und wir sind uns ziemlich sicher, auch die anderen Ziele noch erreichen zu können. Unsere Schwächen kennen wir ebenfalls gut und haben sie einigermaßen im Griff. Geht es noch besser? Dies ist für viele Menschen ein Traum. Und wir haben diesen Traum, diese Utopie verwirklicht und fühlen uns gut damit. Wenn wir zurückschauen, dann war es eigentlich gar nicht so schwer,

19 Heutzutage ist eher das Gegenteil der Fall. Kinder, die keine wirkliche Wichtigkeit für ihre Eltern haben, bekommen in der wenigen verbleibenden Zeit als Ersatz oft zu viel Aufmerksamkeit. Mit dem Ergebnis, dass sie ein zu großes Ego entwickeln. Ein starkes Ego ist gut für den Überlebenskampf in unserer Gesellschaft, das wissen Eltern und peppen die Egos ihrer Kleinen auf – bis zur allseitigen Unerträglichkeit.

wir sind immer nur weitergegangen, einfach weitergegangen und haben gelernt, was zu lernen war.

Damit aber haben wir einen Wendepunkt erreicht. Die Kurve des Lebens geht auf und ab und jede Kurve ist – wie in der Mathematik – mit Wendepunkten verbunden. Die dritte Ego-Phase tritt ein, wenn wir den höchsten Punkt der Ego-Entwicklung erreichen und es wieder nach unten geht. Dann verändert sich der Aufbau des Ego (2. Ego-Phase) in einen Abbau (3. Ego-Phase)[20]. Warum das so ist? Es gibt kein „Warum", außer man würde sagen, dass alles im Leben Rhythmus ist, dass alles im Leben veränderlich ist, dass nichts Bestand hat und dass das einzig Ewige im Leben die Veränderung ist und damit die Vergänglichkeit. Aber das ist kein großer Trost. Außerdem beantwortet es nicht wirklich die Frage nach dem Warum. Es gibt wahrscheinlich kein Warum.

In dieser 3. Phase wird das Ego wieder abgebrochen, wir sind in der „Post-Ego-Phase" [21] angekommen. Hier steht die schmerzliche Überwindung des eigenen Ego zentral, bis hin zu seiner Auflösung. Dem Ego werden durch äußere Umstände und Situationen permanent Ungerechtigkeiten, Verletzungen und Schmerzen zugefügt. Wir werden in einem schlechten Licht dastehen und nicht beweisen können, dass wir recht haben. Unsere Geschichte will irgendwann keiner mehr hören, wir bekommen keine Aufmerksamkeit mehr. Niemand ist da, um uns zu bemitleiden, keiner sieht das entsetzliche Leiden, das wir haben. Und wir leiden, wir leiden wirklich, auch unter Schuldgefühlen. In dieser Phase wird Schuld selbst wahrgenommen und *gefühlt*. Wir entdecken eine eigene, innere Ethik, die (Schreck lass nach!) sich in nichts von der Ethik der Religionen unterscheidet, eher sogar noch feiner und noch strenger ist. Dies alles ist schmerzhaft. Ego-Schmerzen sind unerträglich. Und genau wie bei anderen Schmerzen werden wir vielleicht versucht sein, Pillen oder ähnliche Betäubungsmittel zu nehmen, um es „wegzumachen". Diesmal aber geht es darum, die Krise nicht mehr wegzumachen, sondern da durchzugehen, *da durch*. Wenn wir diese Entscheidung treffen, wird es uns grauenhaft ergehen, angesichts der Vorstellungen, was das Ego vielleicht noch alles erleiden muss. Aber diesmal entscheiden wir, da durchzugehen. Wenn wir doch

20 Diese beschriebenen Ego-Phasen können an allen Menschen beobachtet werden, egal, welcher Klasse oder Bildung sie angehören, egal, ob sie Mann oder Frau sind. Ein Problem sind die jeweiligen Übergänge zwischen diesen Phasen, die von den meisten Menschen als Krise erfahren und als sehr anstrengend erlebt werden. Die Übergangsphasen bedürfen oft der Unterstützung von außen, durch einen *psychologischen* Therapeuten (von Phase 1 nach 2) oder durch einen geistlichen Begleiter bzw. *spirituellen* Therapeuten (von Phase 2 nach 3).

21 Es wurde bereits darauf hingewiesen, dass die Bezeichnung dieser Phasen von Ken Wilber übernommen wurde.

nach dem Tod durchs „Fegefeuer“ müssen, dann können wir es auch gleich jetzt tun, oder? Alles, was wir hinter uns haben, haben wir nicht mehr vor uns. Für Außenstehende ist es beinah unfassbar, wenn sie mit ansehen müssen, wie jemand, statt aktiv ein Problem zu lösen und die Krise zu beenden, in einer Haltung von Hingabe zulässt, dass Dinge geschehen, die total auf Kosten der Identität oder des Selbstwertgefühls gehen. Dies ist doch Masochismus, oder? Wir haben hier einen Bereich erreicht, wo die „normalen“ Maßstäbe nicht mehr gelten. Hier zählt nur noch das Ziel, das jemand hat: *Befreiung vom Problem* (und Stärkung des Ego) oder *spirituelle Befreiung* (mit dem Verlust des Ego). Dies sind zwei vollkommen verschiedene Ausrichtungen, zwischen denen wir uns irgendwann entscheiden müssen. Menschen mit der einen Ausrichtung können nicht gut verstehen, was die Menschen mit der anderen Ausrichtung treibt und bewegt.

Niemand sagt, dass das Ja zu diesem Prozess des Ego-Abbruchs eine leichte Entscheidung ist, und es werden sicher auch Zeiten kommen, in denen wir gern alles wieder rückgängig machen würden. Manchmal lässt die Entscheidung sich wieder verändern, und es gelingt, aus diesem schweren Prozess wieder auszusteigen, aber oft gelingt es auch nicht. Wir sind nämlich an einem Punkt angekommen, wo wir selbst oder unser Ego nicht mehr allzu viel zu sagen haben. Es ist vorbei mit dem Einfluss des Ego und mit seiner Macht, stattdessen wird nun zunehmend eine *andere* Macht über unser Leben bestimmen. Dies ist im Beginn nicht einfach, weil das Ego sich wehren und sträuben wird. Es gibt seine alte Macht über uns und unser Leben nicht so leicht preis. Wir gehen durch schwierige Zeiten, weil das Ego noch Widerstand leistet. Es kann nicht anders. Allmählich erst werden wir lernen, Ja zu dieser anderen Macht zu sagen. Die Dinge, die wir in dieser 3. Phase lernen, *übersteigen* in gewissem Sinne das, was wir in der emanzipatorischen 2. Ego-Phase gelernt haben. Langsam gewöhnen wir uns daran, einer Macht zu gehorchen und ihr Folge zu leisten, die größer oder höher ist als wir selbst. Diese Macht, die man auch *Gott* nennt, äußert sich in den wenigsten Fällen direkt, sie äußert sich eher indirekt durch die Aufgaben oder Pflichten, die sie uns auferlegt. Oder durch Werte, Ideale oder Gebote, die wir auf einmal als richtig erkennen, denen wir uns mehr und mehr verpflichtet fühlen und die unsere freie Ich-Entwicklung einzugrenzen beginnen. Wo wir in der 2. Ego-Phase noch mit viel Mühe gelernt haben, endlich Nein zu sagen, werden wir jetzt oft fühlen, dass es richtiger ist, Ja zu sagen. Allerdings ist dieses Ja ein ganz anderes Ja als in der ersten Phase der Ego-Entwicklung, in der wir Ja-Sager waren, weil wir uns nicht trauten, Nein zu sagen – und deshalb Ja sagen *mussten*. Jetzt ist es anderes. Wir haben inzwischen gelernt, Nein zu sagen. Erst war es ein Neinsagen-*Müssen*, aber in dem Maße, wie wir das konnten, verlor dieses Nein seine Wichtigkeit. Jetzt haben wir die freie Wahl. Und wer die Wahl hat, Nein zu sagen, hat auch die Wahl, Ja zu sagen. Wenn wir jetzt Ja sagen, dann ist es aus freien Stücken. Und auf einmal merken wir, dass dieses Ja einen höheren Wert hat, als immer Nein zu sagen. Es ist ein Ja, das wir nicht mehr – wie früher – sagen *müssen*, sondern sagen *wollen*. Menschen, die noch wenig Persönlichkeit und Ego ausgeformt haben, können sich relativ leicht ihrem Schicksal ergeben[22]. Je stärker aber eine Persönlichkeit ist und je dicker das Ego war, umso schrecklicher wird die Schlacht sein, wenn es darum geht, welche Macht nun das Sagen hat: Gott oder Ich. Der Kampf um die Macht kennt keine Gnade!

Die positiven Folgen des Ego-Abbaus

So schrecklich der Ego-Abbau als Erfahrung ist, er hat auch seine positiven Seiten. Wir werden entdecken, dass wir weniger oft und weniger heftig über Sachen diskutieren. Wir werden weniger die Neigung haben, uns zu rechtfertigen. Wir werden weniger urteilen über andere. Wieso? Woher kommt diese Veränderung? Weil wir weniger Ego haben. Unser früheres Ego wollte sich sehen lassen und

---

22 Aber aufgepasst: Von außen ist nicht oder nicht immer deutlich zu unterscheiden, ob es sich um einen Menschen in der Prae- oder in der Post-Ego-Phase handelt. Menschen, die sich ihrerseits noch voll in der 2. Ego-Phase befinden (also in der Phase, in der das Ego voll ausgebildet wird) werden versucht sein, einen Menschen der 3. Ego-Phase für einen Menschen der 1. Ego-Phase zu halten. Sie haben nämlich noch keine Idee, dass es diese 3. Phase gibt, in der das Ego wieder abgebaut wird, und werden dem Betroffenen raten, sich zu widersetzen, etwas dagegen zu tun und sich endlich zu emanzipieren. Sie können nicht weiter schauen als bis zu ihrem eigenen Horizont. Das macht für Menschen in der Post-Ego-Phase manchmal den Umgang mit „Helfern“ aus dem Umfeld so schwierig, weil sie nicht dieselbe Sprache sprechen und über ganz verschiedene Dinge reden, obwohl es scheinbar um dasselbe geht. Kommunikation hat hier ganz klar ihre Grenzen. Es ist für Menschen der verschiedenen Phasen schwierig, hierüber miteinander zu reden, weil ihre Lernziele grundlegend voneinander abweichen und weil sie deswegen zu einer vollkommen anderen Einschätzung ein und derselben Situation kommen. Zum Beispiel kann es passieren, dass von zwei Freunden einer der Meinung ist, dass die Examensleistung des anderen eine hohe persönliche Leistung war, auf die er stolz sein sollte, während der Examenskandidat selbst vor allem dankbar ist für die erfahrene Unterstützung, ohne die diese Leistung nicht möglich gewesen wäre. Der erste Freund bekämpft scheinbare Minderwertigkeitsgefühle oder scheinbar falsche Bescheidenheit, während der zweite Freund einfach nur bescheiden und dankbar ist. Ein weiteres Problem entsteht, wenn der Versuch gemacht wird, die 2. Ego-Phase zu überspringen, um direkt die (heilige) 3. Ego-Phase zu erreichen. Wenn also das Sich-nicht-durchsetzen-*Können* als ein Nicht-*Wollen* verkauft wird. Hier wird scheinbar die 3. Phase erreicht, aber eben nur scheinbar, es entsteht *Schein*-Heiligkeit. Wir sollten uns dessen bewusst sein, dass von außen betrachtet schwierig zu unterscheiden ist, ob jemand in Phase 1 oder in Phase 3 ist, also ob jemand kein Ego mehr hat oder noch keins hat. Von außen betrachtet kann beides das gleiche Erscheinungsbild haben.

gesehen werden (Aufmerksamkeit ist seine Nahrung!). Jetzt interessiert dies alles nicht mehr so sehr, wir wollen eher unsere Ruhe haben. Diskutieren? Wofür soll das gut sein? Mich rechtfertigen? Wofür? Ist doch ihre Sache, was sie über mich denken! Urteilen? Wer bin ich, dass ich mir ein Urteil anmaße? Ich habe selbst genug Schwächen und Fehler, die mich plagen. Wir sind also weniger geneigt, uns zu präsentieren und am Rad der Welt mit zu drehen. Auf der anderen Seite kann es geschehen, dass wir – obwohl wir vielleicht schüchtern sind – auf eine neue und vollkommen angstfreie Weise plötzlich den Mund aufmachen, eindeutig Position beziehen und uns für eine bestimmte Sache engagieren. Das scheint ein Widerspruch zu sein, aber es ist nur ein scheinbarer Widerspruch. Denn oben wurde beschrieben, dass wir uns dann weniger engagieren, wenn es um unser Ego geht. Es ist nicht mehr so wichtig, es interessiert uns nicht mehr so wie früher, ob wir gut dastehen oder nicht. Im zweiten Fall engagieren wir uns wohl, diesmal aber für eine Sache, die nicht unser Ego betrifft, sondern für eine Sache, die wir „heilig" ernst nehmen. Wir setzen uns für die *Sache selbst* ein und verbinden nicht heimlich unser Ego mit dieser Sache und unserem Engagement dafür. In solchen Fällen wird von einem „heiligen" Zorn gesprochen, der uns bewegt und der ungeheuere Kräfte freisetzen kann. Wir denken nicht länger an uns. In diesem Zustand sind wir angstfrei. Wäre das Ego heimlich doch mit im Spiel, dann hätten wir Angst: Angst zu verlieren, Angst uns zu blamieren oder am Ende allein dazustehen, Angst vor der Kraft oder der negativen Energie von anderen usw. Aber wir haben keine Angst mehr. Wo ist sie geblieben? Sie ist zusammen mit unserem Ego verschwunden. Allerdings nicht oder noch nicht für immer. Das Ego und damit die Angst werden zurückkommen. Es kann sein, dass uns gerade nach einem solchen Erlebnis von „Angstfreiheit" wieder enorme Ängste schütteln. Dann wissen wir, dass wir wieder zurückgefallen sind und dass diese „heilige" Phase zunächst vorbei ist. In uns wächst dann das Verlangen nach diesem Zustand, es wächst die Sehnsucht danach, angstfrei zu sein und sich nicht mehr länger um irgendwas Sorgen zu machen. Diesem Verlangen werden wir mehr und mehr nachgeben, wir werden immer mehr *ihm* gehorchen und nicht länger unserem kleinlichen Ego, mit all seinen Sorgen, Bedenken, Zweifeln, Vorurteilen und Ängsten, mit seiner Lust oder Unlust. Wir sind auf dem Weg zu uns *selbst*, auf dem Weg zur Freiheit.

4.4 Der Prozess der Transformation

Je nach dem, wo das Lebensziel eines Menschen liegt, in der Welt oder bei Gott, er wird sich spätestens ab der Verarbeitungsphase der Krise entsprechend verhalten. Wenn wir Gott wählen, ihn wirklich wählen (korrekter wäre: von *ihm* gewählt werden), dann sollten wir uns auf einen einsamen Weg gefasst machen, denn nur sehr wenige Menschen gehen diesen Weg. Und beinah alle anderen Menschen werden wir verlieren, denn kaum jemand wird unsere Wahl verstehen[23]. Aus normaler Sicht sind wir „verrückt". Diese Einsamkeit wird uns noch tiefer in die Krise bringen, als wir sowieso schon sind. Diesen Weg und diese zusätzliche Krise stehen wir nur durch, wenn Religion – wenn Gott – für uns mehr ist als eine beruhigende Idee, mehr ist als einfach nur ein Teddybär, mit dem wir gut einschlafen können. Hatten wir früher vielleicht einen Gott, der uns beruhigt und getröstet hat, so wird der Gott, den wir jetzt erleben, viel von uns fragen und einfordern. Er ist eher beunruhigend als beruhigend. Diese verschiedenen Gottesbilder und –erfahrungen sind ebenfalls ein Grund, warum Menschen der „normalen Welt" nicht gut mit Menschen aus der „spirituellen Welt" reden können. Beide würden sich gegenseitig zu überzeugen versuchen, dass Gott *so* ist, wie sie ihn sehen oder erfahren. Solche Gespräche sind nicht sehr fruchtbar und außerdem hat niemand das Recht, anderen Menschen ihren beruhigenden Gott wegzunehmen.

Die Phase der Entwicklung von Spiritualität

Im Kapitel 1.6 „Die Phasen einer Krise" haben wir gesehen, dass am untersten Punkt der Krise eine Wende eintritt. Der unterste Punkt ist der Punkt des größten Leidens und zugleich der Punkt, an dem wir zum ersten Mal Ja sagen. Es ist noch nicht das vollständige Ja zu dem, was mit uns geschieht, aber es ist ein Ja zur Krise, wir erkennen sie in ihrer Existenz an. Damit ist viel gewonnen, ab jetzt geht es bergauf – in normalen Krisen. Normale Krisen führen uns irgendwann ins Leben zurück. Es gibt aber auch Krisen, in denen Gott mit uns etwas anderes vorhat, in denen er uns für sich zurückfordert. Die östlichen Religionen sprechen davon, dass dieser tiefste Punkt des Elends zugleich auch der Ausstieg aus dem „Rad des Lebens" (*samsara*) ist[24]. Wenn es für uns vorgesehen ist, diesen Weg zu

---

23 Der in diesem Kapitel beschriebene spirituelle Prozess hat sehr viele Gemeinsamkeiten mit dem Prozess eines sterbenden Menschen, also mit dem Kampf um Leben und Tod.

24 Dieser Ausstieg kann auch initiiert werden durch die Erweckung der sogenannten evolutionären Energie (*Kundalini*). Dies geschieht mit Hilfe besonderer spiritueller Techniken oder Initiationen, ist aber nicht ungefährlich, wenn es ohne kompetente Begleitung erfolgt.

gehen, dann gehen wir jetzt ebenfalls durch eine Phase der Verarbeitung, gleichzeitig aber geschehen auch andere Dinge.

Wir haben inzwischen Routine und wissen, wie wir mit den Begleiterscheinungen der Krise umzugehen haben. Möglicherweise erfahren wir eine enorme Einsamkeit und werden wir für eine lange Zeit an den Rand der Gesellschaft gedrängt (Liminalisierung), aber wir tun nichts mehr *dagegen*. Wir sind jetzt „krisenerfahren". In der Phase, die jetzt einsetzt, beobachten wir uns möglicherweise dabei, dass wir zunehmend Interesse an Spiritualität entwickeln. Wir lesen nicht nur Bücher darüber oder gehen zu Vorträgen, zunehmend beginnen wir auch der Spiritualität in unserem Leben einen Platz zu geben. Wir *tun* Dinge, die spirituell sind: beten, meditieren, die Messe oder einen Gottesdienst besuchen, zu Retraits gehen, die Einsamkeit suchen, uns von der Hektik des Lebens zurückziehen usw. Gleichzeitig lernen wir, die Dinge und Geschehnisse aus einer spirituellen Sicht heraus zu betrachten. Natürlich schauen wir noch mit denselben Augen, aber unser „Blick" ist ein anderer geworden: Wir nehmen einen „höheren" Standpunkt ein. Zunehmend betrachten wir die Wirklichkeit aus der Perspektive Gottes heraus. Dieselben Dinge und Ereignisse stellen sich aus dieser Sicht anders dar, komplett anders, vielleicht sogar vollständig umgekehrt, um 180 Grad gedreht. Dies bringt unter Umständen auch die Vertauschung der bisherigen Opfer- und Täterrollen mit sich. Es kann zum Beispiel sein, dass wir uns in den ersten beiden Phasen der Krise vollständig als Opfer einer Situation gefühlt haben, jetzt sehen wir unsere Beteiligung am Geschehen und sehen möglicherweise auch die Rolle, die Gott in diesem Zusammenhang spielt. Langsam lernen wir, nicht nur alles aus dieser neuen Perspektive heraus zu betrachten, wir lernen auch, aus dieser Sicht heraus *zu leben*. Wir ändern uns und unser Leben ändert sich mit uns. Weil die hektische Außenwelt uns von dieser Perspektive eher wegzieht und es schwer macht, danach zu leben, werden wir uns möglicherweise immer mehr zurückziehen und alleine sein wollen. Dies geschieht nicht unbedingt aus Ablehnung der Welt gegenüber, sondern weil es so viel einfacher ist. Wenn wir auf diese Weise mehr und mehr die Wirkung Gottes in unserem Leben zulassen und ihr immer weniger eigenen Willen entgegensetzen, dann setzt nun allmählich ein Prozess ein, den man Transformation nennt: Umformung. Dieser Prozess wird in der mystischen Literatur der verschiedenen Religionen gut und ausführlich beschrieben, trotzdem soll er hier erwähnt werden. Dieses Buch wäre nicht vollständig, wenn wir diesen Prozess nicht kurz besprechen würden.

Was versteht man unter Transformation? Mit diesem schwierigen Wort wird der Heilungsprozess bezeichnet, mit dem uns Gott zu sich zurückholt. In diesem Prozess formt Gott uns Menschen „auf sich zu", wir werden nach seinen Vorstellungen umgeformt und ihm gleich gemacht, das heißt, wir werden – je länger umso mehr – göttlich, im Christentum nennt man das „heilig“ werden. Heilig kommt von Heil und hat etwas mit Genesung zu tun. Aber was heilt und um welche Genesung geht es hierbei? Im Prozess der Transformation nimmt Gott alles von uns weg, was wir nicht länger benötigen, das wir zwar nicht gern hergeben wollen, aber das wir nicht länger benötigen – für unsere Reise zu Gott. Langsam, langsam lernen wir alles *loszulassen*, was uns vordem ein Haltegriff war. Gott formt auch unsere Persönlichkeit langsam um, er verändert unseren Charakter, alte Gewohnheiten gehen weg, neue kommen hinzu. Er oder Es nimmt stets mehr Raum ein. Und das alles, ohne dass wir gefragt würden. Unser eigener Wille bedeutet nicht mehr viel, *ES* macht einfach mit uns! Wir gehen durch Wellen von heftigsten Krisen, aber auch von höchstem Glück. Es gibt Zeiten, in denen wir Gott ganz nahe sein dürfen, und Zeiten, in denen wir das Gefühl haben, es gibt keinen Gott und dass deshalb alles sinnlos ist. Diese Wellen sind so intensiv, dass es uns kaum gelingt, ein neutraler, distanzierter Beobachter zu bleiben, es schleift uns regelrecht mit, rauf und runter. Und nirgends ein Punkt, um zur Ruhe zu kommen. Ruhe? Das war einmal. Wir sind im Hauptwaschgang des Lebens, mit Zwischenschleuder. Manchmal denken wir, dass wir das nicht überleben werden, aber noch überleben wir. Wenn Gott uns hätten sterben lassen wollen, dann hätte er schon viele Male die Gelegenheit dazu gehabt. Gott will uns scheinbar lebend, aber gereinigt. Bis wir der Vorstellung entsprechen, die er von uns hat. Bis wir ihm gleich, gleichförmig geworden sind. Aber bis dahin ist es noch ein langer Weg. Je weiter wir von Gott entfernt waren, desto länger ist der Rückweg zu ihm.

Die göttliche Zerreißprobe

Das Stück des Weges, auf dem wir uns jetzt befinden, ist alles andere als einfach. Es wird zu einer großen Kraftprobe kommen zwischen der Anziehung, die die Welt oder das Leben (noch) auf uns haben, und der Anziehung, die von Gott ausgeht. Manchmal werden wir dies als eine regelrechte Zerreißprobe erfahren. Was geschieht hier und warum ist es so schwierig? Die Anziehungskraft Gottes bekommt immer mehr Einfluss auf uns. Dies fängt mit der Entwicklung von Spiritualität eigentlich recht harmlos an, beginnt dann aber immer stärker zu werden und immer mehr Raum einzunehmen. Ein Teil in uns ist geneigt, diesem Ziehen nachzugeben. Dieser Teil sehnt sich nach Erlösung oder auch ganz einfach nach Entspannung. Mit Entspannung ist hier aber nicht das normale „Relaxen“ gemeint! Dieser Teil geht bereits dazu über, Dinge und Menschen, die Welt und das Leben loszulassen und auf diese Weise „Ballast“ abzuwerfen. Diese Dinge und Menschen sind nicht wirklich Ballast, aber sie sind auf dem Weg zu Gott nicht mehr nötig. Gottes Wille zieht uns weg, raus aus der Welt. Das ist für uns nicht einfach, aber auch nicht für die Menschen in unserer Umgebung. Möglicherweise verstehen wir zu dieser Zeit auch noch nicht recht, was geschieht, und möglicherweise unterschätzen wir den „Ernst" der Lage. Gott meint es möglicherweise ernster mit uns, als wir es wahrhaben wollen. Und noch sind wir nicht in der Lage, voll Ja zu sagen zu dem, was geschieht. Denn es wirken gleichzeitig andere Kräfte auf uns ein und die ziehen uns in die gegenteilige Richtung. War die Anziehungskraft Gottes wie eine Zentrifugalkraft, die uns von der Welt und dem normalen Leben wegzieht, so haben die anderen Kräfte eher die Wirkung einer Zentripetalkraft, sie ziehen uns nach innen, wieder zur Welt zurück. Wir wollen am Alten festhalten, am alten Leben, an den alten Menschen, an der vertrauten Welt, sogar wenn dies alles mit äußerst schwierigen Problemen verbunden war. Diese waren uns vertraut und wir wollen lieber das Vertraute, als uns auf ein absolut unbekanntes Neuland einzulassen, auf das wir keinerlei Einfluss haben. Das ist zu viel des Guten, so weit wollten wir nicht gehen! Nein, so weit wollten wir nicht gehen und deshalb haben diese Zentripetalkräfte einen ziemlichen Einfluss auf uns. Es ist unser Festhaltenwollen am eigenen Willen, am Ego und es ist unsere Suche nach Haltegriffen, die uns hier motiviert und uns klammern lässt. Diese Suche nach Haltegriffen kann zeitweise sehr verzweifelt werden, denn wir spüren, dass uns alles entgleitet, dass alles entgleitet, was jemals Sicherheit versprochen und gegeben hatte. Keine leichte Situation. In dieser Zerreißprobe werden wir in heftigen Wellen durchgeschüttelt und hin und her gezogen. Aber haben wir hier noch irgendwas zu entscheiden? *Können* wir hier noch irgendetwas entscheiden oder entscheiden diese Mächte *über uns*? Entscheiden sie, auf welcher Seite wir landen werden? Es scheint ein Machtkampf zu sein zwischen der Welt und Gott – und wir sind mitten drin. Denn es geht um uns! Es zerreißt uns, vor allem dann, wenn diese Kräfte irgendwann genau gleich groß werden sollten.

Danach entscheidet sich die Sache gewissermaßen. Wenn die Welt und das Leben gewinnen, dann werden wir als spiritueller Mensch zurückkehren und wieder ein normales Leben führen, das aber ganz klar eine spirituelle Ausrichtung bekommen hat. Wir werden versuchen, ein Leben zu führen, in dem „normales" und „spirituelles" Leben nebeneinander bestehen können und sich gegenseitig befruchten. Wir werden auf diese Weise ganz sicher eine Bereicherung für die Welt sein, sie wird ein gutes Stück besser davon.

Die Phase der Entwicklung von Hingabe

Es kann aber auch sein, dass sich die Kraft Gottes durchsetzt und uns von jetzt an wirklich wegzieht, von der Welt wegzieht und von allem, was für normale Menschen wichtig ist. Das geschieht vor allem dann, wenn es inzwischen *wirklich* unser Ziel geworden ist, Gott zu erreichen. Aber ist dieses Ziel *unser* Ziel oder ist es das Ziel Gottes *mit uns*? Wir wissen es nicht und es würde auch keinen großen Unterschied mehr machen. Natürlich sind die Kräfte, die uns zur Welt zurückziehen, nicht vollständig aufgehoben, sie werden auch weiterhin an uns ziehen, aber sie haben verloren. In dem Maße, wie sie noch Einfluss auf uns haben, in dem Maße werden wir durch eine Erfahrung von totaler Ohnmacht gehen. Wir erfahren, dass wir uns, unser Leben und das, was geschieht, nicht mehr in der Hand haben. Es wird nicht danach gefragt, ob wir dies so wollen, im Gegenteil: *ES* macht einfach. Wir haben an dieser Stelle keine Wahl mehr, uns anders zu entscheiden. Wir können uns nur noch hingeben und weil wir genau das nicht *tun* können, gehen wir durch schwierige Zeiten, in denen uns unser Widerstand noch erhebliche Schmerzen bereiten wird. Langsam, ganz langsam erst entwickeln wir Hingabe, sind wir in der Lage, Ja zu sagen zu dem, was Gott hier mit uns und an uns tut.

Gerade Menschen, die einen starken Willen hatten, die Einfluss hatten und bestimmen konnten, wo es lang geht, haben es in diesem Transformationsprozess schwer mit der Tatsache, dass sie je länger umso weniger Einfluss darauf haben, was mit ihnen geschieht. Der Verlust von Macht und Einfluss macht Angst. Befanden solche Menschen sich bisher auf der Seite des Tuns und des Handelns, so werden sie nun immer häufiger damit konfrontiert, dass sie *nichts tun* können, dass sie dazu verurteilt sind, geschehen zu lassen. Je mehr wir uns dem Strom überlassen, umso weniger Einfluss haben wir. Wir werden einfach mitgerissen. Manchmal werden wir Zweifel bekommen, ob wir nicht lieber an das sichere Ufer zurückkehren sollten. Die Seite des Tuns hatte das eigene Ich stark gemacht, gab uns das Gefühl, lebendig zu sein, wichtig zu sein, etwas Besonderes zu sein. Es war die Seite des Lebens. Zu bestimmen, was geschieht, zu entscheiden, zu handeln und vor allem *selbstbestimmt* zu handeln, all das gab uns ein Gefühl von Freiheit. Dies war jedoch eine *psychologische* Freiheit, eine politische oder emanzipatorische Freiheit, es war die Freiheit von der Fremdbestimmung durch andere. Der Prozess, der einsetzt, wenn wir dem Verlangen nach Gott immer mehr Raum geben (wenn dieses Verlangen sich in uns immer mehr Raum nimmt!), dieser Prozess erfragt genau das Gegenteil von uns: *nichts zu tun*, sondern geschehen zu lassen. Geschehen zu lassen, nicht einzugreifen, und anstatt zu handeln, eher Beobachter zu sein. Unerträglich fürs Ego! Bezogen auf unsere alte Rolle im Leben ist dies ein Prozess des Sterbens, und sich diesem Prozess zu stellen, erfordert viel Mut. Haben wir den Mut, uns frei zu machen von unserem inneren Zwang zu handeln, von unserem Bedürfnis einzugreifen, von unserer Lust, es anderen und dem Leben zu zeigen? Sind wir bereit, uns führen zu lassen, uns leer und frei zu machen, damit etwas anderes als wir selbst uns leiten kann? Sind wir dumm genug, die Selbstbestimmung freiwillig in eine andere Bestimmung einzutauschen? Eine Bestimmung, die uns möglicherweise wie die frühere Fremdbestimmung erscheint – nur anders? Wer wird schon seine so hart erworbene emanzipatorische Freiheit und seine Selbstbestimmung aufgeben? Was wir dafür bekommen, ist eine andere Freiheit, ist eine *spirituelle* Freiheit. Es ist die Freiheit vom eigenen Ich, es ist die Freiheit vom Diktat der Gefühle, des Begehrens, der Unzufriedenheit, des Neides, der Eifersucht, die Freiheit von Lust oder Unlust. Es ist die Fremdbestimmung durch Gott, zu der wir dann – in aller Freiheit und Selbstbestimmung – JA sagen.

Denn allmählich nimmt unsere Hingabe zu, allmählich lernen wir Ja zu sagen zu diesem Prozess. Mit dem Ziel sind wir inzwischen sowieso einverstanden, nur sind wir nicht unbedingt glücklich über die Art und Weise, in der es geschieht. Reinigung tut weh. Irgendwann werden wir erkennen, dass unsere Schmerzen aus dem Widerstand entstehen, den wir immer noch der Wirkung Gottes entgegensetzen. Dann geben wir uns wieder ein Stückchen mehr hin…Schmerzhaft ist auch, wenn der eine Haltegriff nach dem anderen verloren geht. Alle Sicherheiten waren nur scheinbar sicher. Mystiker sind Menschen, die Gott erfahren und nichts anderes mehr wollen, als Gott zu erfahren. Sie bitten Gott regelrecht darum, ihnen alle Sicherheiten aus den Händen zu schlagen. Aber wir selbst sind wahrscheinlich (noch) nicht an diesem Punkt. Wir klammern uns immer noch an scheinbare Sicherheiten, die sich doch irgendwann alle in Luft auflösen. Alle! Sie sind, was sie immer schon waren: *Illusion*. Diese Erfahrung der totalen Ohnmacht würde normalen Menschen ein Trauma bescheren. So viel Ohnmacht, die Erfahrung der totalen Machtlosigkeit, ist vergewaltigend, ist überwältigend, niederschmetternd, es sei denn….Es sei denn, dass wir Ja dazu sagen. Wenn es uns möglich ist, Ja dazu zu sagen, dann haben wir eine Ohnmachtserfahrung, aber *ohne* Trauma. Das geht jedoch erst, wenn wir unser Ego schon auf dem Altar Gottes geopfert haben, richtiger: wenn es bereits auf dem Altar Gottes geopfert wurde.

Je länger wir durch die Mühle dieses Transformationsprozesses gezogen werden, umso mehr werden wir lernen und bereit sein, dem Prozess keinen Widerstand mehr entgegenzusetzen. Dann wird es langsam etwas leichter. Solange es aber noch Reste unseres Ichs gibt, so lange werden wir ab und zu Widerstand leisten und damit Schmerz erleiden. Inzwischen wissen wir es eigentlich besser, wir wissen, dass Hingabe nötig wäre, um diese Schmerzen zu vermindern, aber: Wir können es nicht *tun*. Noch nicht einmal unseren Widerstand, der doch so offensichtlich von uns selbst ausgeht, können wir beeinflussen und einstellen. Wir steuern auf unsere totale Niederlage zu, auf den totalen Bankrott, den Bankrott als *willentlicher* Mensch. Stattdessen wird in uns ein neuer Mensch geboren, ein Mensch nach Gottes Maß. So werden wir uns mitten in diesem Prozess immer mehr dem Geheimnis Gottes annähern. Krisenzeiten sind eine ausgezeichnete Gelegenheit, diesem Geheimnis, dem großen Mysterium auf die Spur zu kommen. Was dafür nötig ist, sind die Geduld, die Ausdauer und der Mut, es von *selbst* geschehen zu lassen. Nichts ist einfacher als das … und nichts ist schwerer als das. In dem Maße, wie uns dies gelingt, werden wir entdecken, dass wir zunehmend zufriedener werden. Ein Gefühl von tiefer Erfüllung stellt sich ein, trotz aller Krise und allen Leidens. Falls wir selbst es nicht an uns bemerken, so werden wir möglicherweise von anderen darauf angesprochen. Andere werden aufmerksam und fragen sich (und manchmal auch uns), wie es möglich ist, dass jemand *so* zufrieden sein kann. In ihnen wird ein Verlangen wach, das nicht mehr zu stillen ist, außer durch Gott selbst.

Irgendwann erreichen wir einen Punkt, an dem der weitere Weg nicht mehr zu erkennen ist. Denn es ist nicht länger ein Weg, den *wir* bestimmen und den *wir* gehen könnten. Gott bestimmt, wo der Weg lang geht und Gott geht ihn mit uns. Es ist nicht länger *unser* Weg zu Gott, es ist der Weg Gottes *mit uns*. Jegliche Planbarkeit hört auf, wir setzen zwar Schritte, können aber nicht länger erkennen, ob diese Schritte sich zu einem sinnvollen Ganzen, zu einem Weg zusammensetzen. Vielleicht gehen wir kreuz und quer? Wir können es nicht mehr übersehen. Vielleicht gehen wir in die Irre? Das könnten wir nur beurteilen, wenn wir das Ziel kennen würden. Aber wir kennen das Ziel nicht, das Gott *mit uns* hat. Also können wir auch nicht beurteilen, ob dieser Weg richtig ist. Da wir in dieser Phase immer noch über einen Rest von Verstand verfügen, ist dies alles zum Wahnsinnigwerden. Unser Verstand will Klarheit, sein gutes Recht, was er bekommt, ist Nebel. Wir „gehen, wo kein Weg mehr ist" (Blommestijn). Und doch übergeben wir uns mitten in diesem Untergang des Ego langsam dieser anderen Führung, obwohl wir möglicherweise nicht genau wissen, wer oder was diese Führung ist. Zwar können wir ihr den Namen Gott geben, aber wir könnten ihr genauso gut auch andere Namen geben. Wir wissen es nicht genau. Wir beginnen, dieser Führung zu gehorchen und ihr zu vertrauen, aber wem gehorchen wir da eigentlich? Geben wir uns Gott hin oder geben wir uns unserem tiefsten Verlangen hin? Ist das ein Unterschied? Gehorchen wir unserer Intuition, die uns unbewusst eine Richtung einschlagen lässt, wenn unser Verstand nur noch ratlos ist? Ist es eine Führung von außen oder eher eine von innen? Gehorchen wir anderen Menschen? Menschen, die für uns eine Autorität sind? Vertrauen wir der Führung unseres Begleiters? Wenn wir echt im

Dunkeln stehen und keine Richtung mehr erkennen, werden wir beginnen, den Rat von Menschen anzunehmen, denen wir zutrauen, dass sie es ebenfalls ernst meinen mit Gott und dass sie in unserem Irrweg noch eine Richtung oder das göttliche Ziel erahnen können. Oder hören wir in uns die Stimme des „Weisen Führers“, wie die Tibeter sagen? Manchmal wissen wir nicht genau, wer oder was uns lenkt, aber wir gehen, gehen einfach weiter, und die Schritte puzzeln sich zu einem Weg zusammen, zu einem Weg, der erst als Weg erkennbar wird, wenn er hinter uns liegt.

Das Durchstehen dieses Prozesses erfordert nicht nur große Liebe zu Gott, sondern auch außergewöhnlich viel Mut. Warum Mut? Ganz einfach, weil dieser Prozess zeitweise enorm viel Angst macht. Es geht um die ständige Konfrontation mit dem Ego-Tod, ständig geschehen Dinge, die das arme Ego quälen und es leiden lassen. Es ist enorm viel Mut nötig, um das geschehen zu lassen, ohne einzugreifen. Zuzulassen, dass es geschieht, obwohl das Ego sich aufbäumt und windet wie ein aufgespießter Wurm. Das Leben kennt keine Sicherheiten mehr, es kennt noch nicht einmal mehr Trost. Was uns früher ein Trost war, zum Beispiel der Zuspruch von Menschen, ist jetzt kein Trost mehr. Und nirgends ein Kissen, um das müde Haupt ausruhen zu können. Aber mehr und mehr stellt sich Vertrauen ein, Vertrauen darin, dass dieser Prozess nicht einfach nur eine sinnlose Quälerei ist, sondern zu Gott führt. Bei allem Misstrauen dem Leben gegenüber, das uns oft so wehgetan hat, haben wir vollstes Vertrauen darin, dass dieser Prozess in Gott endet, sonst würden wir diese Reise überhaupt nicht überstehen können. Auch wenn wir sonst nicht mehr viel verstehen, zu Gott können wir Vertrauen haben. Er führt uns auf *seinem* Weg, auf einem Weg, der bei ihm endet. Gott ist das Ziel dieses schwierigen Umformungsprozesses. Wenn wir das nicht wüssten, würden wir nicht weitermachen können. Es ist diese Gewissheit, die wie ein Akku die Energie liefert, die uns weitergehen lässt.

Nicht allein der Prozess auf Gott zu erfordert viel Mut. Möglicherweise werden von uns auch Schritte im Leben verlangt, die viel Mut erfordern. Mut ist nötig, weil wir mit jeder Entscheidung ein Risiko eingehen. Was ist, wenn wir daneben liegen? Inzwischen werden Entscheidungen zunehmend schwieriger, denn anders als früher wissen wir nicht mehr, was richtig und was falsch ist. Und doch müssen wir Entscheidungen treffen. Früher wussten wir, was wir wollten und was unsere Ziele waren. Jetzt aber geht es nicht länger um unsere Ziele, es geht um die Ziele Gottes *mit uns*. Es geht um unsere *Bestimmung*. Aber wie können wir wissen, was Gott von uns will und was er mit uns vorhat? Was ist meine Aufgabe in diesem Leben? Um welchen „Sinn“ geht es zukünftig für mich? Geht es eventuell darum, fremdbestimmte Arbeit in einen selbstbestimmten Beruf zu verändern? Oder geht es darum, dass der selbstbestimmte Beruf einer Berufung weichen muss? Selbst wenn meine persönliche Zielsetzung bei Gott liegt und also höchst spirituell ist, dann ist noch immer die Frage, welchem Beruf ich nachgehen soll. Wenn wir wirklich auf dem Weg der Transformation sind, auf dem Weg der *spirituellen* Selbstverwirklichung (der *Selbst*-Verwirklichung!), dann sind diese Fragen jedoch weit weniger wichtig, als wir zunächst dachten. Je mehr wir uns Gott hingeben und ihn seine Arbeit an uns tun lassen, umso mehr werden wir selbst zu seinem Werkzeug, zu seinem Instrument.

Der „freie" Fall

Der Transformationsprozess wird möglicherweise auch in Bezug auf Gott eine enorme Herausforderung sein. Wenn alles wegbricht, wenn es keinen Haltegriff mehr gibt, was dann? Natürlich werden wir versucht sein, in unserer Not zu anderen Haltegriffen zu greifen. Aber was, wenn wir in die Luft greifen? Was, wenn diese neuen Griffe nicht halten? Sie werden nicht halten. Wenn Gott will, dass wir ihm gehören, dann wird er uns früher oder später alle Haltegriffe aus der Hand schlagen. Was, wenn einer dieser Haltegriffe der Glaube war? Wenn unser letzter Haltegriff Gott selbst war? Gott wird uns *alles* aus der Hand schlagen, *alles*! Zu allem Elend kommt jetzt also auch noch eine Glaubenskrise hinzu. Dieser Gott, zu dem wir immer gebetet haben, für den wir ein frommes und reines Leben geführt hatten, wieso tut er nichts? Wieso hilft er nicht? Wieso antwortet er nicht? Er schweigt. Oder falls er sich mitteilt, so verstehen wir ihn nicht. Vielleicht müssen wir erst lernen, zu horchen und genau hinzuhören? Dieser Gott, auf den wir so fest gebaut hatten, jetzt zeigt sich, dass auch dieser vermeintliche Haltegriff eine Illusion war. Alles ist weg, auch Gott! Wir waren im Leben noch nie sooooo verlassen… Ohne Haltegriff beginnen wir zu fallen, unaufhörlich zu fallen. Zu fallen und zu fallen, es gibt kein Halten mehr. Tiefer und tiefer, immer schneller, dem Abgrund entgegen. Sträucher rechts und links, die für einen Moment Halt zu bieten scheinen, wir reißen sie mit in den Abgrund. Es fällt und fällt und fällt, uns ist schwindelig vom Tempo und von den Saltos, die wir schlagen. Wir sehen die Welt vorbeirasen und bemerken, dass wir ganz leicht sind… Ein unendlicher Fall! Und doch hat er ein Ende, weil alles ein Ende hat. Irgendwann landen wir: in Gott! Aber es ist ein anderer Gott als der Gott unseres Glaubens. Der Gott unseres Glaubens war eine Vorstellung, mehr oder weniger glaubwürdig, aber in jedem Fall sehr tröstlich. Diesen Gott gibt es nicht mehr, er war eine Idee, eine Illusion. Nicht weil er eine Idee oder eine Illusion *war*, sondern weil er *für uns* eine Idee war, die sich als Illusion erwiesen hat. Wir sind nicht von Gott beraubt, wohl aber von der Vorstellung, die wir von ihm hatten. Wir sind desillusioniert, enttäuscht, ernüchtert. Keine schöne Erfahrung. Sie ändert nichts an Gott, aber sie hat uns die Illusionen über ihn genommen. Gott ist kein Beruhigungsmittel, Gott ist beunruhigend. Wir dachten, dass wir Gott in der Tasche hatten? Jetzt erfahren wir, dass er uns in der Tasche hat. Wir dachten, dass er unser Helfer in der Not sei? Jetzt erfahren wir, dass er uns in größte Not bringt, um uns zu helfen. Wir fallen und fallen und fallen, der absolute freie Fall... schnell und doch langsam, beängstigend und doch angstfrei, leicht und doch der Schwerkraft überlassen, zeitlos, immerwährend ...ewiglich. Dann landen wir... in Gott. Aber nicht Gott als Idee, sondern Gott als *Realität*, als einzige, *absolute Wirklichkeit*. Normalerweise wird gesagt, wenn eine Grube einen Boden hat, dann können wir eine Leiter aufstellen, um wieder nach oben zu klettern. Diesmal wollen wir keine Leiter mehr aufstellen, wir wollen nicht mehr nach oben, weil oben unten ist und unten oben. Wir sind angekommen – in der Gottes-*anschauung*. Aber noch gibt es ein Ich, es ist das Ich, das Gott anschaut.

Doch selbst dieses Ich können wir noch verlieren. Selbst dieses Ich kann sterben und muss sogar sterben – für die Vereinigung mit Gott. Das Ich war die Absonderung von und aus Gott, es existiert, weil wir von Gott getrennt sind. Die Wieder-Vereinigung mit Gott ist das Ende des Ichs, eine Erfahrung, die von den Mystikern aller Religionen als Auflösung, als Verschmelzen, als Nichtsein oder als Leere beschrieben wird. Der Tod des Ego ist der Brunnen des Lebens, ist die Geburt ins Ewige Leben. Das Verlangen nach diesem Ewigen Leben, die Sehnsucht nach Gott, fordert den Tod unseres Ego. Wie sollte es für jemanden möglich sein, sich dem eigenen Ego-Tod zu stellen, wenn er nicht ein brennendes, alles verzehrendes Verlangen nach Gott in sich spüren würde? Und abgesehen davon, wir selbst können den eigenen Ego-Tod nicht bewerkstelligen, auch wenn wir es noch so gern möchten, es wäre ein Tun unseres Ego. *Ich* gebe mich Gott hin? *Ich* überlasse mich der göttlichen Führung? Konnten wir schon bisher in dieser Krise nicht viel tun, dies können wir ganz sicher nicht tun. Wir sind es nicht, es ist Gott, der tut. Wir sind es nicht selbst, die ihr Ego hingeben. Das Ego kann sich nicht selbst hingeben, auch wenn es in einem letzten Akt von Selbsterhalt dies gern „tun" würde, um die Fäden in der Hand zu halten. Es ist Gott, der unser Ego *verbrennt*. Wenn unser Ego verbrennt, kehren wir zurück in die Einheit mit Gott. Die Dualität von Ich und Gott, von Ich und Du wird überstiegen, es kommt zur Vereinigung[25]. Alles ist *eins*. Im Hinduismus wird dieses Eine mit *Selbst* bezeichnet, das Selbst ist im Innern des Ichs (aller Ichs!) zu finden und ist göttlich, ist *identisch* mit Gott. Es gibt viele Ichs

25 Dieser Zustand wird mit dem Begriff „Erleuchtung" bezeichnet. Es gibt in allen Religionen treffende Begriffe für diesen Zustand, die bekanntesten sind: Nirvana, Samadhi, Moksha, Mukhti, Befreiung, Erlösung.

(oder Egos), aber nur ein *Selbst*. Dies ist der Grund, warum Jesus sagen konnte: „Mein Vater und ich sind eins." Er sprach die Wahrheit. Wenn dieser Zustand für uns Realität wird (verwirklicht wird), dann erweisen sich alle Ichs, alle Identitäten als Illusion, dann sind Persönlichkeiten die Masken Gottes, dann sind alle Wesen göttlich und eins, dann ist die Schöpfung göttlich, alle Unterschiede fallen weg. Alles, was vorher Wirklichkeit war, ist Illusion, und was vorher Illusion war, ist Wirklichkeit, ist ewige, immerwährende, einzige Wirklichkeit: *Gott*.

Die Phase der Rückkehr ins Leben: Gottes Werkzeug werden

Es kann sein, dass dieser Prozess uns längst dazu gebracht hat, in ein Kloster einzutreten, in Kanada in einer einsamen Hütte zu wohnen oder auf einer griechischen Insel in einer Grotte zu hausen – und uns nur noch Gott hinzugeben! Es kann aber auch sein, dass Gott weitere Pläne für uns hat. Denn sich dem *Nicht*-Tun zu überlassen, heißt oft nicht, dass wir nichts mehr tun müssten. Menschen, die sich dem *Nicht*-Tun hingeben, erfahren, dass sie tun, ohne zu *tun*, und dass sie nichts *tun*, während sie tun. Dass sie selbst nicht die Handelnden sind, obwohl offensichtlich sie es sind, die handeln. Sie erfahren, dass sie nicht länger ihren eigenen, persönlichen Zielen nachlaufen (und hierfür im Gebet um Gottes Unterstützung fragen), sondern dass sie bereit sind, sich den Zielen unterzuordnen, die Gott *mit ihnen* hat. Dies bedeutet, im eigenen Handeln immer gleichzeitig auch darauf zu achten und zu erspüren, was Gott *durch uns hindurch* tun will. Es bedeutet, die Leitung des eigenen Lebens immer mehr an Gott zu übergeben und sich durch Gott führen zu lassen.

Es kann sein, dass wir durch Gott ins Leben zurückgeschickt werden, mit der alten oder mit einer neuen Aufgabe, aber jetzt als sein Werkzeug. Er wirkt dann durch uns hindurch, egal, welchen Beruf wir ausüben – oder auch nicht. Wir brauchen keinen neuen Beruf, wir brauchen auch nicht unbedingt Priester oder Nonne zu werden. Gerade die weltlichen Berufe sind sehr gut geeignet, es gibt da noch viel für Gott zu tun. Gott braucht uns genau an der Stelle, an der wir stehen, sonst würde er es uns wissen lassen. Wir sollten also versuchen, ein feines Ohr zu entwickeln, um seine Weisungen hören zu können. Er äußert sich ganz anders, als wir erwarten, denn – wie gesagt – er entspricht nicht länger unseren früheren Vorstellungen.

Wie auch immer es sein wird, wir sind nicht mehr die „Alten". Christen wie Sufis sagen übereinstimmend: „Wir sind zwar *in* der Welt, aber nicht länger *von* dieser Welt." Ab jetzt werden wir Menschen mit einem Doppelleben sein, führen wir ein Leben mit einer spirituellen Dimension, die unsere Heimat, unser Zuhause ist, und mit einer irdischen Dimension, in der wir unseren „Job" tun. Wir werden alleine sein oder auch nicht, aber wir werden nicht mehr einsam sein. Gott ist mit uns!

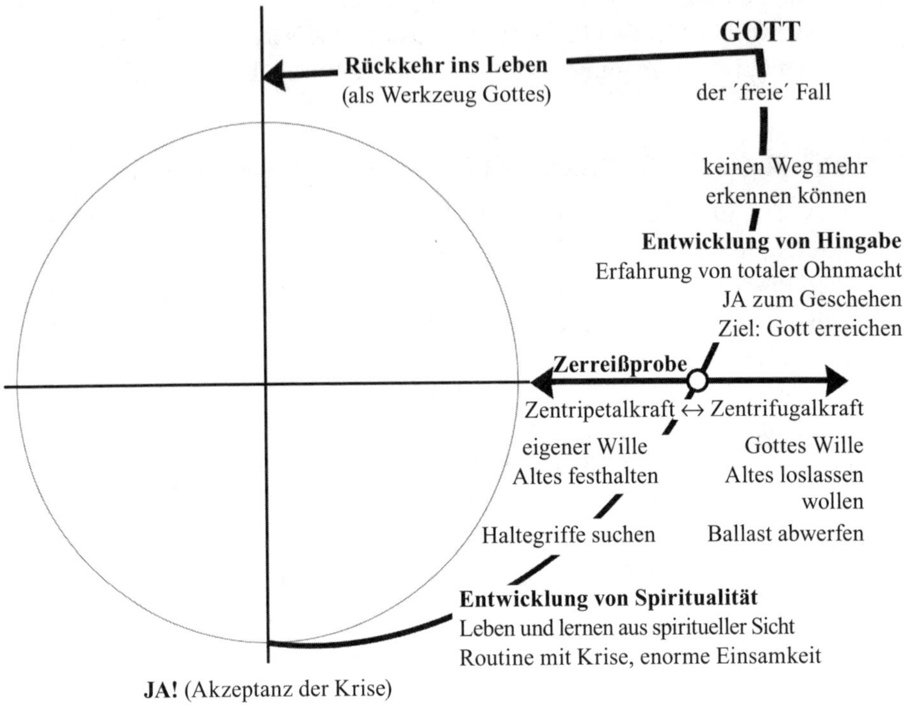

Schema 7: Der Prozess der Transformation

4.5 Spirituelle Krisen

Sobald wir uns ernsthaft auf den Weg der Spiritualität begeben, können und sollten alle weiteren Krisen auch in diesem Zusammenhang betrachtet werden. Es wird im Laufe des Transformationsprozesses immer wieder zu neuen Situationen kommen, in denen wir versucht sein werden, den Weg zu verlassen. Mit zunehmender Ernsthaftigkeit werden auch diese Krisen ernsthafter. Oft genug geht es dabei um alles oder nichts! Wenn vielleicht auch nicht ausdrücklich, so steht doch immer zur Debatte, ob wir unser Ziel aufgeben und uns wieder leichteren Unternehmungen und wieder der Welt zuwenden. Alle Phänomene, die nun beschrieben werden, werden von den Betroffenen als äußerst schwer erfahren, als wirkliche Krisen:

- **aufgeben wollen**
  nicht mehr … wollen (meditieren, beten, studieren, Pflichten erfüllen …)
- **mangelnde Disziplin und Ethik**
- **ernsthafte Versuchungen**
  durch ernsthafte Versuchungen vom Weg weggelockt werden
- **zusätzliche Krisen**
  Existenzkrisen (finanzielle, materielle)
  soziale Krisen (Beziehungskrisen, Krisen mit Freunden…)
  Begleitungskrisen (schwierige Beziehung mit dem Begleiter, den Kontakt abbrechen wollen)
- **Auflehnung und Hader**
  gegenüber Regeln, Geboten und Autoritätspersonen,
  gegenüber dem eigenen Prozess oder gegenüber Gott
- **enorme Ängste**
  Angst, vollkommen verlassen zu werden
  Angst, wahnsinnig zu werden
  Angst, sich nicht mehr ernähren zu können
- **Zwiespalt und Zerreißproben**
  zwischen Gott und dem Leben
  zwischen Gott und einem bestimmten Menschen
  wegen eines zölibatären Gelübdes

- **grundlegende Zweifel**
  ernsthafte Zweifel, ob es Gott überhaupt gibt
  am Sinn von Religion zweifeln
  den Weg, die Lehre, den Lehrer oder Begleiter in Frage stellen
  sich selbst und die eigene Motivation in Frage stellen
  Schuldgefühle wegen früheren oder jetzigen Versagens
- **Abwesenheit von Gott**
  das Fehlen jeglicher Verbindung zu Gott
  das Gefühl völliger Verlassenheit
- **aufgeben!**

Wir brauchen auf diese Krisen hier nicht ausführlicher einzugehen, denn sie sind in der Schwere ihrer Symptome, der Gefühle und Begleiterscheinungen vergleichbar mit anderen schweren Krisen, die bereits besprochen wurden. Es gibt viele Symptome und Begleiterscheinungen, die alle Ausdruck einer solchen spirituellen Krise sind. Sie können vor oder nach wichtigen Entscheidungen auftauchen, aber auch vollkommen unverhofft, durch andere Auslöser. Um diese Krisen zu bewältigen, gelten dann auch die gleichen Regeln und Empfehlungen, wie sie bereits in Teil II „Selbstmanagement in Krisenzeiten“ dargestellt wurden. Die wichtigste Regel ist: Weitermachen! Nicht aufgeben! Was uns in diese Krise gebracht hat, ist stark genug, uns auch wieder herauszubringen!

Ob wir es schaffen? Wovon hängt ab, ob wir es schaffen? Viele verschiedene Aspekte spielen hierbei eine Rolle. Ob wir es schaffen, hängt davon ab, wie ernsthaft unsere Entscheidung ist, diesen Weg zu gehen. Es hängt davon ab, ob wir wirklich eine klare Vorstellung oder Erfahrung davon haben, wer oder was Gott ist. Es wird davon abhängen, ob dieser Gott *wirklich* unser Ziel ist oder ob er eine Fluchtburg oder Rettungsinsel war, weil wir anderen Problemen oder Aufgaben ausweichen wollten. Es wird davon abhängen, wie viel Disziplin wir haben und ob es uns gelingt, trotz Krise mit einer gewissen Rest-Disziplin den totalen Absturz zu verhindern und ein Minimum an Ethik aufrechtzuerhalten. Weiterhin wird es davon abhängen, ob wir Begleiter oder Lehrer haben, die wir akzeptieren und in gewisser Hinsicht auch lieben. Alles wird davon abhängen, ob wir in aussichtlosen Zeiten einfach ihrem Rat, ihrer Empfehlung gehorchen und tun, was sie sagen. Es wird Zeiten geben, in denen es nur noch unsere Liebe zu diesen Begleitern oder Lehrern ist oder unser Glaube an ihre Kompetenz, die uns weitermachen lassen. Außerdem wird es davon abhängen, ob wir bereit und in der Lage sind, die Verantwortung für diesen Weg zu übernehmen oder ob wir immer noch geneigt sind, eigenes Versagen anderen anzulasten. Spirituelle Krisen sind „Initiationskrisen", wir kommen erst weiter und auf die nächste Stufe, wenn wir die aktuelle Krise bewältigt haben.

Und wenn wir „aussteigen"? Nun, dann ist es wie bei den bekannten Brettspielen: eine Runde aussetzen oder 3 Felder zurück. Wenn wir aussteigen, werden wir ein schales Gefühl zurückbehalten, auch wenn entsprechende „Ratgeber" im Umfeld uns unterstützen und richtig finden, was wir tun. Wir selbst wissen es besser, denn da ist dieser schale Geschmack im Mund. Vielleicht gelingt es uns, diese Wahrnehmung zu verdrängen. Vielleicht gelingt es uns, die kommenden Jahre nicht mehr daran zu denken, wie es war, als wir ernsthaft auf dem Weg zu Gott waren. Aber Gott wartet! Wenn es wirklich eine Verabredung mit ihm war, dann wird er zurückkommen, auch wenn es viele Jahre dauert. Wir werden es nicht ewig schaffen, uns hinter Mauern zu verschanzen. Eine kleine Krise, und die Mauer wird bröckeln, wie immer im Leben. Hinter der Öffnung steht Gott und wartet auf uns. Er hat unendlich viel Zeit, unendlich viel Geduld und unendlich viel Liebe. Er wartet einfach – auf uns.

V. Hilfe und Unterstützung in Krisenzeiten

5.0 Einleitung

Nach unserem Ausflug in die höchsten, göttlichen Höhen und den Anstrengungen, die diese Reise mit sich bringt, kehren wir nun wieder zurück auf das Niveau der normalen Krisen, die – mit oder ohne spirituelle Aspekte – der Bewältigung harren.

In Krisenzeiten geht es uns nicht gut, das Leben ist anstrengend, es zieht uns durch die Mühle und deswegen dürfen und sollten wir uns Hilfe und Unterstützung holen. Wir werden diese Hilfe oft im direkten Umfeld finden, manchmal ist es aber auch nötig, sich bei einer außen stehenden, neutralen Person Unterstützung zu holen. Diese Unterstützung kann psychologischer Art sein (Therapie) oder spiritueller Art (geistliche Begleitung). Den Unterschied werden wir noch besprechen. Egal, welche Form von Unterstützung wir wählen: Wichtig ist, dass es zwischen dem Begleiter /Therapeuten und uns „klickt", dann werden wir ein gutes Team sein.

In einem weiteren Kapitel wird es auch Tipps für Helfer und Begleiter geben, denn wir gehen davon aus, dass dieses Buch nicht nur von Menschen in einer Krise zur Hand genommen wird, sondern auch von Personen in der helfenden oder unterstützenden Rolle. Für Helfer aus dem direkten Umfeld gilt es, darauf zu achten, inwieweit sie selbst – als Mit-Betroffene – mit in der Krise sind oder geraten. Bei der Begleitung durch Außenstehende wird deutlich werden, welche besondere Bedeutung die eigene Krisenerfahrung und die Kontaktfähigkeit des Begleiters hat. Reines Bücherwissen hilft in der Begleitung nicht viel weiter, obwohl natürlich – ergänzend zur eigenen Erfahrung – das Studium weiterführender Literatur anzuraten ist. Untersuchen werden wir auch die Frage, welche grundsätzlichen Fehler es in der Begleitung gibt und wie uns selbst diese Fehler noch weiterhelfen können.

Zum guten Schluss kehren wir dann wieder vollständig in die materielle Wirklichkeit zurück. Zur Ergänzung des Abschnittes „Sinnkrisen" (im Kapitel 1.5 „Konkrete Formen von Krise") geht es noch einmal um ganz konkrete Sinnfindungsprobleme im Beruf. Weiterhin soll die besondere Situation von Führungskräften erhellt werden, die, obwohl sie selbst in einer Krise sind, doch die Verantwortung für andere Menschen haben. Und wie gehen wir damit um, wenn

Mitarbeiter in einer Krise ist? Auch das soll kurz besprochen werden. Manchmal aber ist nicht ein Einzelner, sondern ist der ganze Betrieb in einer Krise, in einem Veränderungs- oder Umbruchprozess, in einem Prozess der Demontage oder des beschleunigten Wachstums. Dies stellt die Verantwortlichen vor besondere Probleme, und es wird viel davon abhängen, ob sie die Mitarbeiter dazu bewegen können, diese Prozesse als eine Herausforderung, als eine Chance für die Zukunft zu sehen. Ergänzend hierzu gibt es eine *Strategie zur Lösung komplexer Probleme*, die sich in der Praxis bei Reorganisationsprozessen in Unternehmen und Organisationen bestens bewährt hat. Aber selbst solche „materiellen" Veränderungen haben eine spirituelle Komponente. Die persönliche Spiritualität der Führungspersonen, ihr Vertrauen in solche Prozesse, in die Zukunft und in die Entwicklungsfähigkeit von Menschen – ihr Vertrauen in Gott! – wird die Krise zur *Chance* werden lassen.

5.1 Hilfe und Unterstützung holen

Der Unterschied zwischen Hilfe und Unterstützung

Wir nennen Hilfe und Unterstützung oft (auch in diesem Buch!) in einem Atemzug, als ob es um ein und dasselbe ginge. Sicher sind Hilfe und Unterstützung einander sehr ähnlich, aber sie sind nicht immer dasselbe. Was ist nun der Unterschied? Hilfe haben wir nötig, wenn wir nicht mehr allein können, wenn wir ein Problem haben und dieses nicht selbst lösen können. Zum Beispiel, wenn wir sehr krank oder verletzt sind, wenn wir eine Autopanne haben oder wenn wir ein schweres Möbelstück die Treppe hochtragen wollen. Wir haben ein Problem, können es nicht allein regeln und fragen um Hilfe oder uns wird Hilfe angeboten. Unterstützung sieht anders aus. Unterstützung setzt voraus, dass jemand ein Ziel hat und Unterstützung benötigt, um dieses Ziel zu erreichen. Zum Beispiel, um gesund zu werden, um eine Prüfung zu schaffen, um das Wohnzimmer zu renovieren oder um durch diese Krise zu kommen. Natürlich ist das alles sehr ähnlich, aber Hilfe geht davon aus, dass es da ein *Problem* gibt, während Unterstützung in Richtung auf ein *Ziel* hin erfolgt. Ein kleiner, aber feiner Unterschied. Es ist – qualitativ gesehen – ein Unterschied, ob ich einen Therapeuten oder Begleiter um Hilfe frage oder um Unterstützung. Bei der Bitte um Hilfe bin ich geneigt, die Initiative und die Verantwortung für meinen Prozess abzugeben an den, der hilft, was in Fällen großer oder akuter Not automatisch geschieht und auch in Ordnung ist. Bei der Bitte um Unterstützung liegt die Initiative und die Verantwortung für meinen Prozess jedoch bei mir. In Krisenzeiten werden wir aus diesem Grunde oft die Erfahrung machen, dass Menschen zurückschrecken, wenn wir sie um Hilfe bitten, es sei denn, dass diese Bitte ganz konkret und zeitlich begrenzt ist. Viel leichter fällt es ihnen, wenn wir sie um Unterstützung bitten. Unterstützung setzt automatisch voraus, dass ich *gewillt* bin, es zu schaffen, mit Hilfe anderer und, wenn's sein muss, auch allein. Damit sind wir automatisch beim nächsten Punkt, nämlich bei der Frage, wer eigentlich die Verantwortung trägt.

Verantwortung für den Prozess übernehmen

Viele Menschen sind schon zu normalen Zeiten und erst recht in Krisenzeiten in der Haltung, von anderen abhängig und Opfer widriger oder ungerechter Umstände zu sein. Diese Haltung macht eine Bewältigung der Krise oft äußerst schwierig. Wenn andere schuld sind an meinem Elend, dann kann die Situation sich erst verbessern, wenn andere sich ändern oder wenn das Geschehene ungeschehen gemacht wird. Da es aber sehr unwahrscheinlich ist, dass andere sich ändern und wir die Zeit auch nicht zurückdrehen können, wird so eine Lösung erschwert oder unmöglich. Ganz anders sieht es aus, wenn wir bereit sind, die Verantwortung für die Situation zu übernehmen. Wenn wir Verantwortung für die Situation und für ihr Entstehen übernehmen, dann ist es ein leichter Schritt zu sehen, dass wir auch für ihre Verbesserung verantwortlich sind. Das gibt uns eine enorme Chance, jetzt kommt Bewegung in die Sache. Die Haltung, *selbst* verantwortlich zu sein, leugnet nicht die Tatsache, dass andere an der Situation beteiligt waren oder noch sind, aber es gibt uns die Macht zurück, für uns selbst zu entscheiden, wie wir damit umgehen. Es gibt uns unsere Freiheit zurück, handeln zu können. Andere sind verantwortlich für ihren Beitrag zum Geschehen, ich bin verantwortlich für meinen Teil. Für mehr nicht, aber auch nicht für weniger! Während die Opferhaltung eher darauf wartet, dass der Helfer oder Begleiter dafür sorgt, dass es mir besser geht, ermöglicht es die Selbst-Verantwortung, in einem Begleitungsgespräch einen aktiven Lernprozess mit einem hohen Wirkungsgrad zu erreichen. Wenn wir in der Krise zu dem Entschluss kommen, diese Krise durchleiden und durchleben zu wollen, und wir uns damit in den Augen anderer zum „Opfer" machen, dann ist dies ein aktives und initiatives Vorgehen aus der eigenen Verantwortung heraus. Es gibt jetzt niemanden mehr, den ich schuldig sprechen kann oder den ich verurteilen könnte für mein Leid. Noch nicht einmal Gott.

Die Verarbeitung traumatischer Erfahrungen

Nach wirklich schlimmen Ereignissen, die ja offensichtlich überlebt wurden, kann es einige Monate zu den so genannten post-traumatischen Stress-Störungen kommen. Dies können alle möglichen und un-möglichen Beschwerden sein. Die schrecklichen Bilder werden immer wieder auftauchen, vor allem nachts, wenn wir alleine sind oder uns ausruhen wollen. Man ist regelrecht besessen davon, aber es gehört zum Heilungsprozess. Appetitlosigkeit, Schlaflosigkeit, kein Interesse an ablenkenden Aktivitäten (also Rückzug) oder auch genau das Gegenteil, nämlich die Flucht nach vorn in die Über-Aktivität, kein Interesse an Sex, körperliche Beschwerden wie Kopfschmerzen, Magenschmerzen, Probleme mit dem Blutdruck, keine Ruhe finden können…usw. Zu den normalen Symptomen gehört auch die konsequente Vermeidung von Orten, von Personen oder von Handlungen und Beschäftigungen, die mit dem traumatisierenden Ereignis verbunden waren. Manchmal aber auch genau das Gegenteil: das geradezu zwanghafte Aufsuchen dieser Plätze oder Personen, wobei dies schon Teil des Genesungsprozesses ist. Auch das unaufhörliche „Darüber-reden-Müssen“ gehört dazu – immer wieder dasselbe, mit wechselnden Details (siehe dazu Kapitel 1.5, „Konkrete Formen von Krise“, den Abschnitt „Ohnmacht und Trauma“). Dies ist eine große Belastung für die Menschen um uns herum, von denen hier viel liebevolle Hingabe erwartet wird, wobei notorisches Schweigen eine noch größere Belastung bedeuten kann. Daneben können auch alle anderen Symptome auftauchen, die in diesem Buch beschrieben werden, wie Angst, Wut, Verzweiflung, Einsamkeit, Schuld…es gibt nichts, das nicht auftauchen könnte. Manchmal wird es in heftigen Wellen kommen, dicht hintereinander oder alles zur gleichen Zeit. Es kann wirklich sehr schwer werden.

Nach außen hin ist es offensichtlich, dass wir weniger gut „funktionieren“ als früher. Unser psychologisches und körperliches System war durch die traumatisierende Erfahrung in jeder Hinsicht überbelastet und muss das jetzt abreagieren, um wieder heilen zu können. Es braucht Zeit, um zu genesen und um die Stabilität wieder herstellen zu können. Diese Zeit sollten wir uns und dem Genesungsprozess gönnen, sonst werden wir krank. Als schlimm werden in dieser Zeit gerade die aufmunternden, wohlgemeinten Sprüche von Bekannten und Freunden erfahren, die uns davon ablenken und wieder aufmuntern sollen. Diese Sprüche helfen ihnen vielleicht, weil sie damit ihr eigenes Welt- und Selbstbild polieren, aber sie helfen nicht den Betroffenen. Was hilft, sind Menschen, die unseren hilflosen Versuchen, mit dem Geschehen irgendwie fertig zu werden, nicht ausweichen, die bei uns bleiben, die einfach da sind. Menschen, die nichts tun, sondern uns *lassen*, so wie wir gerade sind. Wir sollten sie ehren, denn sie sind kostbare, wirkliche

Helfer. Sie gehen weiter mit uns, obwohl das nicht einfach ist. Sie bleiben bei uns, wenn wir in der tiefsten und schwärzesten Grube sitzen. Da sie nichts tun, weil sie wissen, dass man nichts *tun* kann, teilen sie mit uns die Ohmacht und die Schrecklichkeit der Gefühle, die wir gerade durchmachen. Es ist nicht ihre Grube, es ist unsere Grube und sie sitzen mit uns da drin. Sie laufen nicht weg, sie probieren nicht, uns da rauszuholen – was sehr verständlich wäre. Dann erst kommt es zu der Erfahrung „Geteiltes Leid ist halbes Leid", eine Erfahrung, die beide sehr glücklich macht – mitten in der schwarzen Grube.

Die meisten Menschen schaffen es selbst oder mit Hilfe liebender Mitmenschen, diese Erfahrung zu verarbeiten und *mit* der Erfahrung weiter zu leben. Manchmal kann der Verarbeitungsprozess aber auch stagnieren und dann zu einer Gefahr für die leibliche und psychische Gesundheit werden. Diese Gefahr besteht vor allem bei Menschen, die niemanden haben, mit dem sie reden können. Menschen also, die entweder bereits vor dem Geschehen – oder hierdurch ausgelöst – sozial völlig isoliert sind. Aber auch für Menschen, die nicht reden, obwohl sie sehr wohl die Gelegenheit dazu hätten. Es macht keinen Unterschied, ob sie nicht reden wollen oder nicht reden können (wie sie oft sagen), das Elend wird nicht *geäußert* (nicht nach *außen* gebracht) und bleibt auf diese Weise in ihnen und hat dort eine krankmachende Wirkung. Erst wenn nach einigen Monaten die Beschwerden und Begleiterscheinungen anhalten und stagnieren, wenn es also keine Entwicklung und Veränderung gibt, brauchen wir professionelle Hilfe. Erst dann brauchen wir jemanden, der unseren vielleicht festgefahrenen Prozess der Verarbeitung wieder in Gang bringt. Dann werden wir mit professioneller Begleitung die Gefühle erleben, denen wir selbst eigentlich immer noch gern ausweichen würden. Nun stellen wir uns dem Erleben – mit Unterstützung eines anderen. Unterstützung darf sein und ist sogar sinnvoll, wir müssen nicht immer alles alleine schaffen. Und es gibt Dinge, die können wir gar nicht allein tun, dann nämlich, wenn sie eigentlich zu schwer für uns sind. Der Rückweg aus einem Trauma ist Arbeit – harte und schwere Arbeit. Wir dürfen uns dabei helfen lassen.

Um Hilfe und Unterstützung bitten!

Natürlich gibt es Menschen, die es überhaupt nicht schwierig finden, sich helfen zu lassen. Sie haben ein sehr natürliches Verhältnis zur Hilfe und helfen selbst auch gern. Das ist völlig in Ordnung. Anderen Menschen jedoch fällt es äußerst schwer, um Hilfe zu fragen. Und wieder anderen fällt es entschieden zu leicht, sie bitten permanent um Hilfe, für die kleinsten Kleinigkeiten. Warum sind Menschen in dieser Hinsicht so verschieden? Dies hat etwas mit ihrer inneren Haltung gegenüber

Hilfe und gegenüber anderen zu tun. Jemand, der aus der Einstellung heraus lebt, alles allein tun zu wollen, wird erst halb tot sein müssen, bevor er sich überwindet, jemanden um Hilfe zu fragen. Es kostet ihn *echt* Überwindung! Ähnlich ist es, wenn Hilfe annehmen zu müssen als eine Niederlage und als eine Demütigung empfunden wird. In beiden Fällen werden Menschen alles Erdenkliche tun und erfinden, um nicht in diese Situation zu kommen. Leider (oder Gott sei Dank?) kann aber gerade die Krise, in die sie wider Willen geraten sind, sie lehren wollen, Hilfe anzunehmen.

Um Hilfe und Unterstützung zu fragen, ist für viele Menschen deshalb nicht leicht, weil es uns in die Position des Bedürftigen und des Bittstellers bringt. Andere haben etwas, das wir benötigen, und wir müssen bitten, um es zu bekommen. Das Ego windet sich, bevor es sich zu diesem schweren Schritt, zu dieser Selbst-Überwindung durchringt. Erst wenn es vollkommen hilflos und ratlos ist, also erst, wenn es nicht anders kann, kommt ihm dieses „Ich brauche Hilfe" über die Lippen. Diese Schwelle hat durchaus ihren Nutzen, denn sonst würden wir vielleicht ständig versuchen, andere einzuspannen, um unsere Dinge zu erledigen und unsere Arbeit zu tun. Für die meisten Egos ist es jedenfalls nicht gerade einfach, Hilfe zu akzeptieren. Deshalb wird aus der Sicht des Yoga die Fähigkeit, um Hilfe und Unterstützung zu bitten und sie auch anzunehmen, als eine hohe spirituelle Fähigkeit angesehen!

Es gibt auch Menschen, die nehmen Hilfe gern als Streicheleinheiten für ihr Ego in Anspruch, weil sie der Meinung sind, dass andere gefälligst für sie da zu sein und sie zu versorgen haben. Dieser Typus wird durch eine Krise möglicherweise hart gebeutelt, wenn nämlich niemand, aber auch niemand da ist, um zu helfen. Hier erwartet die Krise, dass sie selbst die Verantwortung für den eigenen Prozess, selbst die Initiative für die Genesung übernehmen und dass sie selbst Schritte tun und möglicherweise dafür um Unterstützung fragen.

Nahe liegend ist, in schweren Zeiten zunächst Hilfe aus dem direkten Umfeld zu erfragen und auch zu bekommen. Menschen, die mitbekommen, wie es uns geht, werden versuchen, uns zu unterstützen, uns zu trösten und uns Mut zuzusprechen. Voraussetzung dafür ist allerdings, dass sie wirklich mitbekommen, wie es uns geht. Hier beginnen dann auch die ersten Schwierigkeiten:

Problem Nr. 1 ist, dass Menschen in Krisenzeiten entweder keine, nur sehr schwache oder indirekte Signale aussenden, so dass andere nicht wirklich mitbekommen, dass sie Hilfe nötig haben. Es ist für viele Menschen sehr schwer, offen zu sagen: „Mir geht es schlecht, ich brauche dich!". Es ist uns lieber, dass andere es uns von den Augen ablesen oder irgendwie erahnen, wie es uns geht. Aber andere sind mit sich beschäftigt und haben ihre eigenen Probleme. Es wäre besser, wir würden deutlichere Signale senden, wenn wir verstanden werden wollen.

Manchen fällt es leichter, zu einem Außenstehenden Kontakt aufzunehmen und dort um Hilfe oder Begleitung zu bitten, als dass sie dies in der eigenen Familie oder im Freundeskreis tun würden. Das eigene Ego und unser Stolz spielen hierbei eine große Rolle, möglicherweise aber auch Rücksichtnahme, weil man die nahen Angehörigen nicht belasten möchte. Diese Rücksichtnahme ist verständlich, oft ist sie allerdings nicht nötig, weil die Angehörigen oder Freunde sowieso merken, dass etwas nicht stimmt, und bereits mehr als beunruhigt sind. Für sie wäre es eine Erleichterung, wenn endlich offen geredet würde. Die Hilfe kann dann immer noch von außen kommen, was oft sogar besser ist.

Problem Nr. 2 entsteht, wenn wir als Betroffene zwar deutliche Signale senden, diese aber von den Menschen, an die sie gerichtet sind, gefiltert oder abgeschwächt, also „runter-geregelt" werden. Sie hören oder bemerken die Signale zwar, sie passen aber möglicherweise nicht in das Bild, das andere von uns haben, oder es passt ihnen gerade nicht in den „Kram", den sie selbst zu regeln haben. Auch Optimismus als starre Lebenshaltung kann dazu führen, Signale zu unterschätzen, obwohl sie eindeutig sind. Gerade Betroffene, von denen andere das Bild einer „starken Person" haben, werden hier oft im Stich gelassen, obwohl sie, stark wie sie sind, sich nicht scheuen, deutlich zu benennen, wie es ihnen geht. Bei Menschen, die generell eher als schwach oder hilfsbedürftig eingeschätzt werden, die aber nur zaghaft Signale senden, sind andere schneller auf dem Sprung, um zu helfen und zu unterstützen.

Es ist oft also gar nicht so leicht, aus dem direkten Umfeld Hilfe zu bekommen, obwohl es in der allerersten, heftigen Phase der Krise immer irgendwie zu funktionieren scheint. Dann kommen die Probleme später, wenn diese Hilfe allmählich schwieriger wird oder wenn sie auszubleiben beginnt.

Der Umgang mit Helfern

In den schweren und akuten Zeiten einer Krise werden wir als Betroffene die wenigen Helfer, die wir haben, schonungslos überfordern. Für unser Überleben und um gesund zu bleiben kann es möglicherweise sehr wichtig sein, zu reden und zu reden, zu klagen und zu klagen, zu heulen und zu heulen. Dies wird für unsere Helfer nicht immer einfach sein. Sie sehen, dass wir die Wunde immer wieder selbst aufreißen – und wissen nicht, dass dies für den Heilungsprozess nötig ist. Sie schrecken vor unserer Bitterkeit zurück – und wissen nicht, dass es für unsere Galle besser ist, die Bitterkeit rauszulassen. Vor allem unsere Fixierung auf die dramatische Seite der Krise ist es, die andere Menschen als anstrengend erleben, vor allem, wenn sie viel Mühe aufbringen, um uns von dieser Fixierung „abzulenken“. Wenn ihnen das nicht gelingt, erfahren sie dies als mangelnde Bereitschaft, als mangelnde Kooperation. Auch Helfer brauchen ihre Erfolgserlebnisse!

Andere Menschen sind auf diese Weise mit einem Schlag zu Begleitern oder Helfern in einer Krisensituation, ohne dass sie darauf vorbereitet wurden. Sie hätten die Wahl, sich zurückzuziehen und uns allein zu lassen, aber sie bleiben bei uns. Aus Liebe und aus Mitgefühl! Die Tatsache, dass sie bleiben, ist bereits sehr viel mehr, als wir erwarten dürfen. Manche andere sind gegangen oder werden noch gehen. Wir sollten also denen, die bleiben, dankbar sein und ihnen nicht übel nehmen, wenn sie ihre neue Rolle manchmal eher laienhaft ausüben. Es ist sowieso nicht die so genannte „Professionalität“ von Helfern, die Hilfe wirken lässt. Was wirklich hilft, ist die Liebe von Menschen. Was wirklich hilft, ist ihre Fähigkeit, sich von unserem Elend berühren zu lassen und uns mitten in diesem Elend zu begegnen. Dann teilen sie unser Leid und wir erfahren Erleichterung. Wenn wir genau hinschauen, werden wir ihre Liebe wahrnehmen und sie spüren. Das wird uns mit ihren manchmal hilflosen oder überforderten Reaktionen versöhnen und uns ihnen wieder näher bringen. Sich auf ihre Liebe zu konzentrieren, wird in uns Liebe erwecken und wir werden uns mitten in unserer Not reich fühlen.

Sobald wir wieder in der Lage sind, uns selbst ein wenig zu steuern, sollten wir darauf achten, dass wir unsere Helfer *nicht* überfordern. Wir sollten auf Signale achten, mit denen sie angeben, ein Gespräch beenden zu wollen, und sie dann aus ihrer Rolle entlassen. Wenn wir andere gegen ihren Willen in der Rolle festhalten, bekommen beide Seiten ein schales, ungutes Gefühl. Der eine fühlt sich gezwungen und der andere hat ein schlechtes Gewissen, weil er jemanden gezwungen hat. Aber es kostet manchmal eine ziemliche Portion Selbstüberwindung, jemanden aus einem Gespräch zu entlassen, denn es kann ja sein, dass wir selbst noch lange nicht fertig sind. Der Frustration, die dadurch entsteht, können wir vorbeugen, indem wir im Gespräch nicht einfach nur unsere „Story“ abspulen, sondern uns von Anfang an auf die wesentlichen Punkte konzentrieren und die *Essenz*, die eigentliche Botschaft, rüberbringen. Worum geht es genau? Was genau ist es, das mir heute so schwer fällt? In dem Maße, wie es uns gelingt, diese Essenz rüberzubringen, in dem Maße werden wir weniger frustriert sein, wenn das Gespräch durch die Initiative des anderen beendet wird.

In Krisenzeiten sind wir manchmal überaus bedürftig, und dies führt dann dazu, dass wir andere Menschen mit der ganzen Palette an Not konfrontieren, die gerade auf unserer Seele drückt. Wichtig ist dann, zu verstehen, dass jeder Mensch eine andere Art hat zu helfen. Seine Art! Jeder ist einzigartig, jeder ist anders und vor allem anders als wir selbst. Deshalb sollten wir unterscheiden lernen: Es gibt

Helfer, die gut und gern zuhören und denen das präsentierte Leid nie zu viel wird. Es gibt andere Helfer, die uns gern zum gemeinsamen Frühstück oder Abendessen einladen. Das ist ihre Art, uns zu unterstützen. Da wir wahrscheinlich dann doch mit dem inneren Druck da sitzen, unsere Geschichte erzählen zu wollen, sollten wir zunächst sondieren, wie viel von unserer persönlichen Leidensgeschichte sie vertragen, und sollten sie in dieser Hinsicht nicht überfordern. Es gibt auch sehr pragmatische Helfer, die uns kleine Jobs abnehmen und dies mit äußerster Hingabe tun. Es gibt andere, die uns mit juristischen Tipps unterstützen oder mit Ermutigung beim Neuanfang. Jeder gibt, was er oder sie geben kann. Wir sollten lernen, unsere Freunde und Helfer zu unterscheiden, um jeden in seiner Art richtig respektieren zu können. Sonst laufen wir Gefahr, dass wir dem praktischen Helfer verübeln, dass er nicht zuhört, und dass wir dem guten Zuhörer verübeln, dass er uns nicht praktisch unterstützt. Mit *falschen* Erwartungen können wir selbst viel kaputt machen und das in einer Zeit, wo wir jeden Freund brauchen.

Aus dem menschlichen Bedürfnis nach Nähe heraus, werden wir möglicherweise versucht sein, mit einem der Helfer ein symbiotisches Verhältnis aufzubauen, was Trost, Einheit, Wärme, Wichtigkeit, geistige Nähe und vieles mehr verspricht. Hieraus entsteht ein weiteres schwieriges Phänomen, das so genannte „Klammern". Wir sind in Not, es geht uns schlecht, unser Elend ist kaum zu ertragen… natürlich klammern wir! Wir wären Heilige, wenn wir das nicht täten. Es ist zutiefst menschlich, die rettende Hand, das liebende Ohr festhalten zu wollen: „Bitte geh nicht weg, denn dann gehe ich unter!" Da wir in solch schwierigen Zeiten hauptsächlich mit unserer eigenen Not in Kontakt sind, übersehen wir leicht die Not des anderen, der sich vielleicht lösen möchte, aber nicht weiß, wie er das machen kann, ohne uns noch mehr Leid zuzufügen. Vielleicht möchte sich jemand aus diesem Gespräch lösen, vielleicht möchte jemand aber auch den Kontakt als Ganzes lösen. Dann ist es noch schwerer. Klammern bedeutet, von jemandem Besitz zu ergreifen. Es bedeutet, den anderen auf seine Helferrolle zu reduzieren und ihn damit zu funktionalisieren. Natürlich geschieht dies nicht mit Absicht, es geschieht aus Not. Aber sobald es uns bewusst wird oder sobald andere uns darauf hinweisen, sollten wir versuchen, es zu verändern. Wenn wir es nicht verändern können, sollten wir es besprechen. Auf beiden Seiten ist hier absolute Ehrlichkeit erforderlich, um mit dieser Situation „sauber" umzugehen. Was meistens geschieht, ist aber das genaue Gegenteil: Aus Angst vor Verletzung wird nicht ehrlich miteinander gesprochen, wird vertuscht und abgewiegelt, hingehalten. Was zu viel, viel schlimmeren Verletzungen führt.

Der Umgang mit „schwierigen“ Helfern

Leider können bestimmte Helfertypen aber auch sehr anstrengend sein. Sie erreichen damit das Gegenteil von dem, was Hilfe eigentlich sein sollte. Sie sind vor allem deshalb anstrengend, weil sie wollen, dass wir unsere Gefühle und das emotionale Chaos „wegmachen“ oder doch zumindest sie damit in Ruhe lassen. Möglicherweise versuchen sie, uns auf eine indirekte Art und Weise von unserem schweren Thema wegzubringen – und sie meinen das gut und wohlwollend. Das Vermeiden von schwierigen oder dramatischen Themen ist eine Art des Leugnens, die rational gesehen, durchaus verständlich ist. Man hält die Schwere der Situation nicht aus oder befürchtet gefühlsmäßige Ausbrüche oder Tränen bei den Betroffenen, deswegen tut man lieber „normal“. Man schweigt über das, woran aber alle denken. Es ist ein krampfhaftes Vermeiden dessen, was sowieso bleischwer in der Luft hängt. Menschen mit einem starken Intellekt oder Mind bestimmen hier das Spiel, vor allem, wenn sie Angst vor Gefühlen haben. Sie sind in solchen Situationen oft tonangebend, für sie ist alles in Ordnung, denn sie haben alles unter „Kontrolle“, während die Betroffenen mit ihrer gefühlsmäßigen Empfindsamkeit dabei in die Knie gehen. Die einen brauchen das Verleugnen, um sich wohlzufühlen, die anderen fühlen sich erst wohl, wenn das Unaussprechbare ausgesprochen wird. Die einen spalten das Thema ab und wollen lieber small-talken, die anderen wollen es integrieren und *echt* kommunizieren. Es kommt so zu einer unechten, doppelbödigen Kommunikation, solche Gespräche sind auf eine makabre Weise ir-real. Vor allem auch deshalb, weil es den Betroffenen, der Verständnis *für seine* Situation erwartet, in die Lage zwingt, Verständnis *für den Zuhörer* aufbringen zu müssen, der nicht in der Lage ist, den schweren Seiten des Lebens zu begegnen. Mehr noch als sonst gilt in solchen irrealen Situationen die Regel: Wenn ich es mir leicht mache, dann mache ich es anderen schwer! Manchmal kommt es auch zu sehr *direkten* Versuchen, uns von unseren Gefühlen wegzubringen. Helfer appellieren dann an unseren Kopf, an den Verstand, an die gute Erziehung, an hohe ethische Ideale – all das mit dem Ziel, uns von unseren Gefühlen wegzubringen. Denn Gefühle sind irrational und oft auch nicht sehr zivilisiert. Solche Helfer weisen bereits frühzeitig darauf hin, dass die Krise unsere Entwicklung fördern wird, setzen uns sehr hohe Ziele und damit unter Druck. Sie blenden aus, dass für die Erreichung dieser Ziele ein Prozess nötig ist, ein mühsamer Lern- oder Verarbeitungsprozess. Sie würden uns gern am Ziel begrüßen: „Ich wusste, dass du es schaffst!“. Mit der anstrengenden Arbeit und den heftigen Gefühlen unterwegs möchten sie nicht gern belästigt werden. Sie messen uns an dem hohen Ziel und nehmen es uns irgendwie übel, dass wir noch nicht da sind, wo sie uns gern hätten.

Pragmatische Helfer wiederum können kurzfristig, wenn es etwas anzupacken und zu regeln gibt, eine große Unterstützung sein. Für den längerfristigen Lern- oder Verarbeitungsprozess sind sie oft aber eher hinderlich und anstrengend, weil sie versuchen, unsere Verwirrung oder unsere Trauer, unser gefühlsmäßiges Chaos mit pragmatischen und gut gemeinten Vorschlägen in die „richtigen" Bahnen zu lenken, um und uns dabei zu helfen, die Krise schnellst möglich zu beenden. „So schlimm ist das doch alles nicht, es hat doch auch seine guten Seiten; sieh´ dies doch mal positiv, es hätte doch alles noch viel schlimmer kommen können"...das Gegenteil von gut ist gut gemeint! Es funktioniert nicht, weil es aus der Absicht heraus geschieht, Gefühle zu unterdrücken und Leid vorzeitig zu beenden. Wenn Betroffene von sich aus bereits damit beschäftigt sind, ihre Gefühle und ihr Leid abzustellen, dann werden sie wahrscheinlich dankbar von diesen angebotenen Strohhalmen Gebrauch machen. Wenn jemand aber zu seinen Gefühlen steht und der Ansicht ist, dass das Leiden sein *darf*, dass Gefühle (auch negative) sein *dürfen*, dann wird dieser Mensch sich widersetzen und darauf pochen, dass es ein Menschenrecht ist, das Leid, das man fühlt, auch zu äußern. Falls der Kontakt dann nicht sofort abbricht, wird es mit Sicherheit eine Auseinandersetzung zu diesem Thema geben. Allerdings wird dies eine sehr *ungleiche* Auseinandersetzung werden, weil sich Rationalität und Irrationalität, Intellekt und Gefühl gegenüberstehen und jeweils auf ihrem Recht beharren.

Eher schwierig sind auch solche Helfer, die im Leben auf eine gewisse Weise einseitig „Position" bezogen haben. Was ist damit gemeint? Wenn wir uns an die Täter- bzw. Opfertypen erinnern, so wird deutlich, dass es dabei um die sehr tiefgehende Identifizierung mit einer bestimmten Haltung geht, die später zu einer festgefahrenen Rolle wird. Wenn wir in unserer Krise gerade mal wieder (oder immer noch) in der Opferrolle sind, so wird ein Tätertyp-Helfer sehr sicher versuchen, uns davon wegzuziehen und uns unsere Verantwortung klarzumachen. Natürlich haben wir Verantwortung für unsere Situation, davon handelt dieses ganze Buch! Aber wenn wir gerade in Opferstimmung sind, funktioniert es nicht, wenn jemand uns daran erinnert. Im Gegenteil, wir werden voller Protest auf die ungünstigen Umstände und auf das böswillige, unehrliche Verhalten anderer hinweisen. Wir können niemandem seine Opferrolle wegnehmen und werden – wenn es uns selbst betrifft – sie uns auch nicht wegnehmen lassen. Die Opferrolle ist eine sehr tiefe Identifizierung, die man nicht einfach wie ein Kleid wechseln kann. Wir werden über diese Opferrolle hinauswachsen – zu gegebener Zeit und nicht eher. Andersherum funktioniert es genauso: Bin ich als Tätertyp in einer Krise, dann werden Opfertyp-Helfer probieren, mir deutlich zu machen, wie groß das Unrecht ist, das mir geschehen ist. Meine Proteste, dass ich doch bitte schön selbst dafür verantwortlich bin, würde diese Helfer nur irritieren.

Schwierig sind außerdem alle Kombinationen, bei denen eine der beiden Seiten – Betroffener oder Helfer – eine stark *polarisierte* Identität entwickelt hat und damit in gewisser Weise einseitig ist. Wahrscheinlich wird es der anderen Seite wie Eigensinn vorkommen, zumindest aber wenig kooperativ, was meistens das Ende der helfenden Beziehung bedeutet. Dies geschieht, wenn eine der beiden Seiten zu einer starken Polarisierung im Geschlechterkampf neigt (weibliche Unterlegenheit bzw. Feminismus) oder im Klassenkampf (Sozialist bzw. Kapitalist) oder auch in Bezug auf Religion (Atheist bzw. tief-religiös). Die Art und Weise, wie jemand seine Krise bewältigt und verarbeitet, aber auch die Art und Weise, wie jemand hilft und unterstützt, wird in hohem Maße von solchen Identifikationen beeinflusst. Dies ist weiter nicht schlimm, wir sollten aber mit dieser Tatsache rechnen und darauf vorbereitet sein. Krisenbewältigung findet meist zwischen Gleichgesinnten statt, zwischen Menschen, die auf gleicher „Wellenlänge" funken. Wenn trotz der Krise andersgesinnte Menschen in unserem Leben bleiben (was schön wäre!), dann werden manche Gespräche möglicherweise ziemlich anstrengend werden, weil die unterschiedlichen, tiefen Lebensanschauungen aufeinanderprallen. In normalen Zeiten, wenn es uns gut geht, wird es diesbezüglich vielleicht keine Probleme geben, aber in Krisenzeiten sieht die Sache anders aus. Es scheint, dass derjenige, dem es schlecht geht, automatisch Unrecht hat und dass derjenige, dem es gut geht, automatisch im Recht ist. Krise ist konfrontativ und zwingt uns, Position zu beziehen. Im Angesicht einer Krise kommt jeder (auf Grund seiner *Sichtweise*) zu unterschiedlichen Schlussfolgerungen und wird deshalb auch andere Konsequenzen ziehen. Das ist nur allzu natürlich. Durch die Krise angeschlagen, werden uns solche Gespräche, die jeder normalen Geburtstagsfeier eine willkommene Tiefe geben würden, als ziemlich anstrengend erscheinen. Wir brauchen Unterstützung und keine anstrengenden Diskussionen, uns fehlt die Kraft dazu. Natürlich kann es sein, dass in unserer Lebensanschauung etwas verändert werden müsste, aber dies wollen wir selbst erarbeiten oder mit Hilfe unterstützender Freunde. Wir wollen nicht gern belehrt werden, also widersetzen wir uns und dann wird´s anstrengend. Ratschläge, die aus einer anderen Weltsicht, Lebensanschauung oder von einem anderen Lebensziel heraus gegeben werden, können dann auch fast nicht angenommen werden. Wenn ich mich entschieden habe, durch diese tiefe Krise hindurchzugehen, dann werden mir Ratschläge wie „Du brauchst Abwechslung! Geh mal unter die Leute!" nicht viel helfen. Wir empfinden solche Ratschläge dann nicht als Hilfe, sondern als „Schläge", die uns noch zusätzlich treffen. Sie unterstützen uns nicht in *unseren* Zielen, sie haben vielmehr etwas mit dem Ziel des anderen zu tun. Wenn wir aber diese Ratschläge nicht freudig begrüßen und nicht offen dafür sind, werden andere uns als „verbohrt“ wahrnehmen, als nicht kooperativ. Meistens trennen sich die Wege dann oder zumindest werden wir demnächst vorsichtiger sein, was wir erzählen und wie viel wir von unserem Leid sehen lassen. *Dissonanz*, Diskussion und Auseinandersetzung sind in gesunden, kraftvollen Zeiten eine ausgezeichnete Herausforderung, in Krisenzeiten kosten sie uns unnötige Kraft. Und wir müssen unsere Kraft einteilen und aufsparen. Heilsam, beruhigend und Kraft spendend ist deshalb die *Resonanz*, das Sich- gegenseitig-Spiegeln und Sich-Verstehen, das Miteinander-Schwingen auf gleicher Wellenlänge.

Selbsterfahrungsgruppen und Sekten

Wenn wir vor der Krise zu den Menschen gehörten, die sich anderen und dem Leben gegenüber ziemlich „abgepanzert“ hatten, dann kann es durchaus sinnvoll sein, die Öffnung, die durch die Krise (widerwillig) entstanden ist, zu weiteren Selbsterfahrungsprozessen zu nutzen. Viele Menschen gehen dann zum ersten Mal in eine der so genannten „Psychogruppen“, ein Begriff aus dem Jargon der alternativen Szene, der aber genau beschreibt, was sich dort abspielt und was für manche andere eher ein Gräuel ist. In solchen Gruppen wird „Psychoarbeit“ geleistet, wird die Festung der eigenen Psyche untersucht, erforscht, kennen gelernt, erobert und lieben gelernt. Selten wird sie wirklich verändert, eher wird sie weicher gemacht. Manchmal geschieht aber auch das genaue Gegenteil, wenn nämlich Menschen, die viel Psychoarbeit geleistet haben, härter und unduldsamer, kritischer und verurteilender werden. Sie sind in der zweiten Ego-Phase (siehe im Kapitel 1.5 den Abschnitt „Emanzipation als Wachstumskrise“) und vollauf damit beschäftigt, sich selbst zu entdecken, sich abzugrenzen und sich durchzusetzen. Da ist wenig Raum für andere.

Je nachdem, welches Thema man selbst bearbeiten möchte, sollte man sorgfältig auswählen, in welche Gruppe man geht. Wichtiger als die Inhalte sind oft die Methoden, mit denen gearbeitet wird. Es gibt stabilisierende, aufbauende Methoden, die Menschen darin unterstützen, den Mut zu haben, mehr sie selbst zu sein. Und es gibt destabilisierende, harte Techniken, die uns mit den eigenen erstarrten Haltungen und Einstellungen konfrontieren und sie aufbrechen. In stabilen Zeiten kann dies ausgesprochen sinnvoll und nützlich sein, in Krisenzeiten ist von solchen Techniken eher abzuraten. Denn durch eine schwere, persönliche Krise sind wir destabilisiert genug, die Krise ist jetzt unser Lehrmeister. Hilfreich sind vor allem die so genannten Selbsterfahrungsgruppen, in denen wir andere Menschen mit derselben Problematik treffen, um uns mit ihnen auszutauschen und gegenseitig zu unterstützen. In Krisenzeiten ist unser natürlicher Schutz, unsere

Persönlichkeit, angegriffen, was im Prinzip gut ist, aber deshalb müssen wir nun mehr als sonst auf unseren Schutz achten. Wir sollten nur an Gruppen teilnehmen, wenn wir fühlen, dass es uns gut tut, und uns hierbei auf unsere Intuition und auf unser Gefühl verlassen. Wenn die anwesenden Menschen gut und liebevoll miteinander umgehen und die Leitung der Gruppe so handelt und sich so verhält, wie sie es anderen empfiehlt, dann können wir sicher sein, dass wir viel lernen werden. Dieses „Sich-gut-Anfühlen" sollte aber nicht so weit gehen, dass wir nur noch in Gruppen gehen, in denen wir permanent bestätigt werden und man immer unserer Ansicht ist. Das ist Zeitverschwendung und Selbstbetrug, weil wir nichts lernen werden, sondern unsere Burg wieder fester zementieren werden.

Ob eine Psychobewegung oder eine religiöse Gruppierung nun eine Sekte ist oder nicht, spielt für den eigenen Lernprozess eine weniger wichtige Rolle, als von Außenstehenden meist angenommen wird. Ein Problem entsteht erst, wenn ich anderen die Verantwortung für meinen Prozess und für mein Denken und Handeln überlasse und mich damit von dieser Person oder Gruppierung abhängig mache. Solange wir für unseren Lernprozess selbst die Verantwortung übernehmen und solange wir selbst die Ziele dessen setzen, was wir lernen wollen, so lange kann keine Sekte Macht über uns bekommen. Im Gegenteil, wir können viel in und an ihr lernen. So kann jemand in einer Sekte mit Erfolg Seminare besuchen und viel lernen, ohne wirklich Mitglied der Sekte zu sein. Dies ist ein sehr großzügiges Verständnis dessen, was normalerweise als „Sekte" bezeichnet wird, aber es wird Zeit, diesen Begriff aus der Schimpfwort-Ecke zu entlassen. Mit dem Begriff „Sekte" wird viel Politik betrieben, und zwar immer auf Kosten der neuen religiösen Bewegungen. Die Verwendung des Wortes „Sekte" geschieht meistens in der Absicht, eine Gruppierung als dubios erscheinen zu lassen – und die eigene Ausrichtung oder Zugehörigkeit ins rechte Licht zu rücken. Auch das Christentum war – wie jede Religion – zu Beginn eine religiöse Gruppierung, eine Sekte. Da ist nichts falsch oder schlimm dran. Erst wenn Gruppierungen zu unseriösen Werbemethoden greifen, wenn sie ihre Mitglieder in der einen oder anderen Weise zu Dingen *zwingen* (finanzielle Leistungen, Abbruch der Kontakte nach außen), erst wenn die Organisation zum Selbstzweck wird, dem man dienen sollte, oder wenn die Ausübung von Macht im Vordergrund steht, dann kann und sollte man – im negativen Sinne! – von Sekte sprechen. Besser aber wäre es von kriminellen Machenschaften zu reden, um die anderen, positiven Sekten nicht in Misskredit zu bringen. Solange die Ziele und Strukturen einer Gruppierung sich an ethischen Grundlagen orientieren, solange die Mitglieder frei sind zu gehen, wenn sie wollen, so lange kann man in diesem gesetzten und meistens auch geschützten Rahmen ausgezeichnet lernen. Die Mechanismen, die hier besprochen wurden, beziehen sich übrigens nicht nur auf östliche religiöse Gruppierungen oder reine Psychogruppen, sie beziehen sich genauso gut auf Gruppierungen oder neue Bewegungen im christlichen Kontext.

Was Menschen in Krisenzeiten suchen ist Halt, Orientierung, Kontakt, menschliche Nähe und Wärme. In diesen kälter gewordenen Zeiten und anonymer gewordenen Organisationen finden Menschen diese existentiellen Aspekte eher in kleinen, überschaubaren Zusammenhängen, wo man sich kennt und sich persönlich begegnet. Gruppierungen (auch mit Sekten-Charakter), die solche Selbsterfahrungs-Seminare anbieten, wissen, dass Menschen in Krisenzeiten diese Seminare in Anspruch nehmen, um an sich zu arbeiten und sich Unterstützung zu holen. Wenn die Krise vorbei ist, wenn die nächste Beziehung sich anbahnt oder wenn die neue Arbeitsstelle gefunden ist, dann sind diese Menschen schnell wieder weg. Bis zum nächsten Mal.

Psychologische oder spirituelle Begleitung?

In unserer westlichen Kultur wird die Begleitung von Krisen inzwischen größtenteils den eher weltlich orientierten Psychologen überlassen. Und über einige Psychologen darf (leider!) gesagt werden, dass sie die Neigung haben, ihre Klienten dahingehend zu unterstützen, frühzeitig zu einem stabilen Zustand zurückzukehren und die Krise damit zu stoppen. Deshalb scheiden sich an dieser Stelle die Geister in *psychologisch* und *spirituell.* Nur guten Psychologen gelingt es, eine Brücke dazwischen zu bauen, es sind Psychologen, die selbst eine persönliche Spiritualität entwickelt haben. Andererseits fühlen viele geistliche Begleiter sich erst dann gerufen, wenn es um einen Prozess in konfessionellem (christlichem) Kontext geht. Dies auch deshalb, weil sie meist nur von Klienten der jeweiligen Konfession aufgesucht werden. Damit bleibt ein breites Feld brachliegen, auf dem sich aber inzwischen viele alternative Therapeuten und Lebensberater tummeln. Es ist dies das weite Feld der konfessions-*losen* Spiritualität, also der Raum, der zwischen Psychologie und konfessioneller geistlicher Beratung offen bleibt und in dem es viel Bedarf an Begleitung gibt.

Was ist nun der Unterschied zwischen psychologischer und spiritueller Begleitung? In der psychologischen Begleitung wird uns geholfen, das Geschehen vollständig zu erfahren und gründlich zu verarbeiten. Möglicherweise werden wir davor ziemliche Angst haben, vor allem, wenn es um traumatische Erfahrungen geht. Wir wollten es doch ruhen lassen, aber es lässt uns keine Ruhe. Im Gespräch mit dem Therapeuten werden wir alle die Gefühle fühlen, die wir bisher noch nicht erfahren haben, und wir werden lernen, sie zu äußeren. Reden, heulen, malen …

es muss nach draußen, denn sonst wird es uns krank machen. Wir werden lernen, dass diese Gefühle sein dürfen, dass da nichts Schlechtes dran ist, dass sie ein Teil von uns sind, sogar ein wichtiger Teil. Wir werden lernen, ja zu sagen, zu uns und zu unseren Gefühlen. Psychologische Begleitung wird meistens als Therapie angesehen und ist oft auch so vereinbart. Therapie aber unterstellt, dass etwas nicht gut oder nicht richtig ist, dass etwas aus dem Gleichgewicht oder krank ist. Therapie wäre dann die Hilfe zur Genesung. Es ist – mit wenigen Ausnahmen – eine Eigenart der psychologischen Sichtweise, die Ursachen für Probleme in der Vergangenheit und die Verantwortung dafür bei anderen zu suchen, also zum Beispiel für mein Minderwertigkeitsproblem die Ursachen in der frühkindlichen Erziehung zu suchen. Spirituelle Begleitung, aber auch spirituell ausgerichtete Psychologie (wie etwa die Logotherapie von Victor Frankl), ist gerichtet auf Ziele, die sich als Ursachen *von der Zukunft her* bemerkbar machen. Diese eher ungewöhnliche Sichtweise setzt sich inzwischen auch in der breiten Bevölkerung immer mehr durch, wenn zum Beispiel Menschen sagen: „Es wird für irgendetwas gut sein!" Mit anderen Worten: Dann wird mein Leiden wohl einen Sinn haben!

Wir können unterscheiden zwischen *horizontalen* Beziehungen (zur Familie, zu Freunden und Bekannten) und eher *vertikalen* Beziehungen (mit einem psychologischen oder geistlichen Begleiter, einem spirituellen Lehrer). Die normalen Beziehungen zur Familie und zu Freunden können uns viel Unterstützung geben, sie werden aber wahrscheinlich versuchen, uns wieder (horizontal) ins Leben oder in die Welt zurückzuholen. Raus aus dem Leid und rein ins Leben! Menschen, von denen wir lernen und die uns helfen, die Krise zu *verarbeiten* und uns *weiterzuentwickeln*, wären im Vergleich dazu eher als vertikale Beziehungen zu verstehen. Uns geht´s schlecht und wir wollen von ihnen etwas lernen. Dies gibt uns eine untergeordnete Position, was jedoch keine Wertung enthält und keine Aussage über unseren oder ihren Wert als Mensch ist. Eine vertikale Beziehungen, zum Beispiel eine psychologische Begleitung, kann behilflich sein, um aus dem Tal wieder hinauf ans Licht zu klettern und wieder am Leben teilzunehmen. Ein geistlicher Begleiter oder spiritueller Lehrer wird uns dagegen eher helfen, das Leid zu akzeptieren, durch das Tal hindurchzugehen und die Gelegenheit zu nutzen, Gott näher zu kommen. Beides sind Wege hinauf zum Licht, aber einmal ist es das Licht der Welt und des Lebens, das andere Mal ist es das Licht Gottes.

Leider ist in den letzten 50 Jahren (etwa seit den 70er und 80er Jahren des 20. Jahrhunderts) Spiritualität immer mehr zu einer psychologisierten Spiritualität geworden. Dies geschah im Rahmen der allgemeinen Verweltlichung und der damit einhergehenden Psychologisierung der Gesellschaft. Damit es an dieser Stelle keine Missverständnisse gibt: Psychologie ist absolut nötig, vor allem für

Menschen, die mit Menschen arbeiten, also auch für Priester oder geistliche Begleiter. Aber Psychologie sollte – als Hilfsmittel – nicht das Handeln oder das Ziel von Seelsorge bestimmen. Psychologie kann in vielen Fällen helfen, Elend zu vermindern, zum Beispiel durch die Stärkung des Ego, der Identität und des Selbstbildes. Wir lernen so (in der 2. Ego-Phase!), für uns selbst einzutreten, eine leidvolle Situation zu verändern und überhaupt mehr wir selbst zu sein. Psychologie ist auf ein stabiles Ich ausgerichtet, auf den Aufbau des Ego und auf die Stärkung seiner Macht. Diese Entwicklung hatte auch Einfluss auf die Seelsorge. Durch die allmähliche Verweltlichung und Psychologisierung des Lebens wurde die ursprünglich *geistige* „Seelsorge" zu einer mehr psychologischen Sorge. Deshalb wurde eine neue Disziplin nötig: die geistliche Begleitung. Wenn diese nun auch immer mehr psychologisiert wird… nun, dann wird wieder etwas Neues kommen. Psychologisierung der „Seelsorge" ist – spirituell gesehen – ein großes Missverständnis. Psychologie führt zur Abgrenzung zwischen Ich und Du, hat die Tendenz, andere verantwortlich zu machen für meine Situation und für mein Leiden, anstatt auf die Suche zu gehen nach meinen eigenen Fehlern und danach, was aus einer schwierigen Situation gelernt werden könnte – für meine Gottesbeziehung. Eine psychologisierte Spiritualität wiederum probiert, das eine mit dem anderen zu verbinden, was auf Dauer nicht funktioniert. Eine psychologisierte Spiritualität *erschafft* spirituelle Egos, statt Egos (spirituell) *abzubauen*. Auch wenn solche Bilder nur Hilfsmittel sind, reine Spiritualität ist vertikal ausgerichtet und wird früher oder später den Kopf des Ego kosten. Für das Seelen-Heil wäre es besser, wenn Spiritualität nicht zur psychologischen Seite hinübergezogen würde. Seele ist nicht identisch mit Psyche, Psychologie ist keine Weltanschauung (auch wenn sie inzwischen beinah eine geworden ist!) und Spiritualität ist keine Krankheit und auch keine der vielen Neurosen. Irgendwo auf halbem Wege ist Spiritualität ein wichtiges Zwischenstück zwischen dem normalen Glauben und der Mystik. Spiritualität hilft uns, unser Leid zu durchstehen und in einem größeren Zusammenhang einen sinnvollen Platz zu geben. Leid und Krise schlagen eine Bresche in die Burg unseres Ego, mit dem Ergebnis, dass wir uns enorm verunsichert fühlen. Psychologie wird probieren, dem abzuhelfen und dem Ego seine Sicherheit wiederzugeben, Spiritualität lässt diese Verunsicherung zu. Denn Verunsicherung ist der Beginn von etwas Neuem. Wir haben allerdings immer die Wahl, uns dieser Unsicherheit hinzugeben oder sofort wieder eine Ego-Burg zu bauen. Erst wenn das Ego abgebrochen wird, bekommt Gott eine Chance, normal halten wir ihn mit unserer Ego-Burg draußen. Psychologie ist gut geeignet, uns von unseren Neurosen zu befreien und alte Verwundungen zu heilen, aber sie ist nicht geeignet, unsere Seele zum „Heil" zu bringen. Während also Psychotherapie eher dabei hilft, Leid zu vermindern, eine Krise schnell zu beenden und *psychisch* zu gesunden, wird eine spirituelle Begleitung uns eher darin unterstützen, das Leid anzunehmen, die Krise bis zum Ende zu durchleben und die Gesundung *der Seele* bei Gott zu suchen. Psychotherapie kann nicht anderes, denn sie ist auf die Welt und auf das Leben ausgerichtet. Sie will, dass wir gut leben, eine stabile Person sind, und da ist nichts falsch dran! Spirituelle Begleitung richtet den Blick eher vertikal nach oben und hilft uns zu verstehen, was dieses Leid, was diese Krise für unsere Gottesbeziehung bedeuten könnte. Hier wird das Leiden angenommen und wird nach seinem *höheren* Sinn gesucht.

Psychologisch oder spirituell: Kompetent ist ein Begleiter vor allem dann, wenn er selbst diesen oder einen ähnlichen Prozess absolviert hat. Die eigene Erfahrung ist dann zur Kompetenz geworden. Sie ist die absolute und notwendige Voraussetzung, um andere Menschen in solchen Prozessen begleiten zu können. Ein Begleiter, der seinerseits eine Krise abgebrochen hat oder aus der Krise ausgestiegen ist, wird automatisch anderen raten und sie dabei unterstützen, dasselbe zu tun. Die eigenen tiefen Lebensentscheidungen veranlassen ihn dazu, ohne dass ihm dies selbst bewusst wäre. Allerdings können wir darauf vertrauen, dass diese Dinge sich von selbst regeln. Menschen suchen und finden den Begleiter, den sie brauchen.

Der Umgang mit dem Begleiter

An allererster Stelle geht es darum, selbstverantwortlich zu sein und zu bleiben. Auch ein guter, selbst der beste Begleiter (ob psychologisch oder spirituell) kann nicht, sollte nicht und darf nicht die Verantwortung für *meinen* Prozess übernehmen. Er könnte diese Verantwortung auch gar nicht tragen, denn ich bin, was ich bin, ein Wesen, das sich eines Tages vor seinem Gott verantworten muss. In dieser Verantwortung sind wir allein vor Gott, jeder. Ein Therapeut oder Begleiter ist verantwortlich dafür, seine Arbeit so gut zu machen, wie er kann, aber er ist *nicht* für mich und meine Entwicklung verantwortlich. Ich selbst bin verantwortlich dafür, seine Arbeit so gut ich kann, umzusetzen und für meine Entwicklung zu verwenden. Dafür bin ich verantwortlich, nicht er.

Damit diese Verantwortlichkeiten nicht zum Schaden aller Beteiligten vermischt werden, sollten wir zunächst gut untersuchen, ob wir überhaupt zueinander passen. Wir haben oft Hemmungen, einen anderen Menschen – wie in einer Bewerbungssituation – zu testen, das ist verständlich und macht uns scheu und verlegen. Dies können wir ansprechen und benennen und geben damit der gemeinsamen Sache eine wichtige Chance. Wir dürfen und sollten die erste Sitzung bei einem

Begleiter als „Probelauf“ ansehen, denn immerhin geht es um mehr als um einen Autokauf und selbst da machen wir eine Probefahrt. Für unsere „Probefahrt“ mit dem Begleiter könnten folgende Fragen oder Aspekte hilfreich sein:

- Haben wir dieselben oder ähnliche Ziele? Oder liegen unsere Ziele in verschiedenen Welten?
- Ist der Begleiter an Wachstum und Weiterentwicklung interessiert?
- Unterstützt der Begleiter mich darin, mein Leid zu durchleben, oder rät er an, es zu unterbinden?
- Haben wir beide eine ähnliche Einschätzung, was Disziplin betrifft?
- Haben wir beide dieselbe (hohe) Ethik im Umgang mit anderen?
- Ist der Begleiter glaubwürdig? Tut er selbst, was er mir empfiehlt?
- Ist dieser Begleiter eine Autorität für mich? (Der eigenen Intuition vertrauen!)
- Hat der Begleiter Lebenserfahrung? (Ein akademisches Studium ist nicht notwendig, wohl aber Lebenserfahrung!)
- Hat er diese Art Krise selbst durchlebt?
- Fühle ich mich von ihm verstanden?

Wenn es zwischen uns „klickt“, dann haben wird die Chance, ein gutes Team zu werden. Auch in schwierigen Phasen wird dieser Klick dann weiterhelfen. Wenn es aber nicht klickt, dann sollten wir uns verabschieden und einander alles Gute wünschen.

Wenn Betroffene aber mehrere vergebliche Versuche gemacht haben, einen Begleiter zu finden, sollten sie überprüfen, ob sie überhaupt bereit sind, sich diesem Klick zu öffnen, und ob sie bereit sind, sich – zeitweilig und bezogen auf das Problem – der Leitung eines anderen anzuvertrauen, oder ob sie lieber selbst die Kontrolle behalten wollen. Kontrolle behalten wollen ist aber etwas anderes, als Verantwortung für den Prozess zu übernehmen. Wenn das Kontrollbedürfnis eine Rolle spielt, werden wir geneigt sein, uns einen „schwächeren“ Begleiter zu suchen, bei dem wir selbst den Ton angeben können. Wir werden auf diese Weise nichts lernen. Der Teil von uns, der wirklich Hilfe haben möchte, wird diesen schwächeren Begleiter ablehnen, so dass wir uns wieder verabschieden. Um von ihm lernen zu können, muss unser Begleiter in seiner Entwicklung ein Stück weiter sein, ein Stück weiser, erfahrener und stärker sein als wir selbst. Es muss also – im positiven Sinne – ein Gefälle geben. Was nicht meint, dass wir damit die Verantwortung abgeben könnten!

5.2 Tipps für Helfer und Begleiter

In diesem Kapitel wird es einen Perspektivwechsel geben. Bisher handelte das ganze Buch von den Problemen und Schwierigkeiten, die Menschen in Krisenzeiten mitmachen. Sogar der Umgang mit Helfern und mit schwierigen Helfern wurde aus der Sicht eines Betroffenen beschriebenen. Da wir aber davon ausgehen, dass dieses Buch auch von Angehörigen oder Freunden der Betroffenen in die Hand genommen wird, gibt es hier ein besonderes Kapitel für Menschen, die gewollt oder ungewollt die Helferrolle übernommen haben, Menschen aus dem *direkten Umfeld* also, die etwas tun möchten, um einen anderen in seiner Krise – soweit es geht – zu unterstützen. In der zweiten Hälfte dieses Kapitels gibt es ein paar grundlegende Informationen für Menschen, die als *Außenstehende* die Rolle der Begleitung übernommen haben. Begleitung meint nicht die direkte, konkrete Hilfe, sondern meint Unterstützung bei der Verarbeitung und beim Durchleben der Krise. Diese Begleitung kann psychologischer oder spiritueller Art sein, sie kann aber auch im einfachen Annehmen des anderen bestehen. Auch wenn in den folgenden Abschnitten kritische Aussagen über *reines* Bücherwissen gemacht werden, so ist dieses kurze Kapitel doch kein Ersatz für ein Literaturstudium. Zur eigenen Unterstützung und Qualifizierung sollte zusätzlich weiterführende Literatur gelesen oder sollten weiterführende Seminare besucht werden.

Hilfe – verkehrt oder richtig?

Die Frage, wie wir als Helfer mit dem Leid eines anderen umgehen, hängt sehr stark davon ab, wie wir selbst mit unserem eigenen Leid umgehen. Wenn wir selbst geneigt sind, unser Leid zu verdrängen, dann werden wir andere darin unterstützen, ihr Leid ebenfalls zu verdrängen. Wenn wir geneigt sind, unsere eigenen Krisen zu stoppen, dann werden wir andere ermutigen, dasselbe zu tun. Haben wir selbst Angst vor schweren und heftigen Gefühlen, dann werden wir auch Angst vor den starken Gefühlen anderer haben. Wenn wir aber eigene schwere Zeiten in voller Tiefe durchlebt haben, dann werden wir auch die Geduld haben, andere in ihren langen und schweren Krisen zu unterstützen. So lange, bis sie fertig sind.

Genau wie die Betroffenen selbst, sind auch Helfer vor allem dann sehr gefordert, wenn sie mit ihrer Hilflosigkeit und Ohnmacht konfrontiert werden. Ohnmacht ist sehr schwer auszuhalten, aber es ist die Wahrheit. Jeglicher Aktionismus ist ein Versuch, von dieser Wahrheit abzulenken. Es ist wichtig, Menschen in Krisen zu vermitteln, dass die Symptome, Gefühle oder Begleiterscheinungen normal sind. „Normal“ in dem Sinne, dass sie normalerweise zu einer solchen

Krise dazugehören. Da ist nichts falsch dran. Ein Problem ist aber, dass oft genau das Gegenteil passiert und es deshalb zusätzliches Leid gibt, das eigentlich nicht nötig wäre. Viele Menschen in einer Krise, vor allem traumatisierte Menschen, erfahren aus ihrer Umgebung Reaktionen, dass sie es „verkehrt“ machen. Es muss wohl verkehrt sein, sonst wäre es doch längst vorbei? Ungeduld mit dem Prozess und mit dem Nichtfunktionieren des Betroffenen veranlassen Menschen aus dem Umfeld, gut gemeinte Rat-Schläge zu verteilen. Oft auch noch verbunden mit absoluten Killer-Phrasen, mit Sätzen wie „Ich an deiner Stelle würde …!“ Da fällt den Betroffenen meist nichts anderes mehr ein, als zu schweigen und zu denken: „Warte, bis es dich erwischt!“. Wird dieser Satz laut geäußert, dann wird es zum Konflikt kommen. Wie auch immer, der Betroffene hat das nächste Problem.

Meistens sind die Helfer aus dem direkten Umfeld mit der Situation, mit dem, was passiert, und mit den Folgen, die es für den Betroffenen hat, ziemlich überfordert. Auch sie müssen lernen und brauchen ihre Zeit dazu. Damit geht – als sekundäre Krise – auch die Beziehung zwischen dem Betroffenen und seinem Umfeld durch eine schwere Zeit. Gut ist deshalb, wenn es – außerhalb des direkten Umfeldes – zumindest eine Vertrauensperson gibt, die als Zuhörer zur Verfügung steht und in der Lage ist, den Geschichten des Betroffenen und dessen möglicherweise schwierigen Verhaltensweisen gegenüber offen zu bleiben. Ähnlich wie Begleiter werden auch Helfer manchmal von der Frage gequält, ob sie wohl alles richtig machen. Leider aber gibt es kein Richtig und kein Falsch. Wenn es gut abläuft, werden wir hinterher sagen, dass es so richtig war. Geht die Sache dagegen schlecht aus, dann werden wir über die gleiche Handlungsweise sagen, dass sie falsch war. Es ist unser kausales Denken, das eine Handlung mit einem bestimmten Ausgang oder Resultat verbindet und mit einer Wertung versieht. Tatsache aber ist, dass wir eine Handlung zwar gut beabsichtigen können, dass das Ergebnis aber nicht in unserer Macht liegt. Das Ergebnis liegt bei Gott. Wir versuchen ein wenig Gott zu spielen, wenn wir meinen, mit einem bestimmten Verhalten ein günstiges Ergebnis bewirken zu können. Deshalb sind viele Helfer so frustriert, wenn ihre Mühe nicht durch einen positiven Ausgang belohnt wird. Was unser Verhalten als Helfer betrifft, gibt es kein Richtig oder Falsch. Aus einem groben Helfer-Fehler kann ein lernwilliger Betroffener den allergrößten Nutzen ziehen und vielleicht das Aha-Erlebnis seines Lebens haben. Andersherum kann aus der größten Mühe des Helfers nichts Gutes herauskommen, wenn ein eher unwilliger Betroffener die Hilfe nicht umsetzt und sie nicht zur Verbesserung seiner Lage benutzt. Was ist nun richtig und was ist falsch? Richtig ist, wenn die helfende Haltung *liebevoll* ist. Was zählt, ist die Absicht! Wie die Krise selbst, so ist auch die Hilfe ein „Arrangement“, das es dem Betroffenen ermöglicht, entscheidende Dinge zu lernen, sogar aus den vermeintlichen Fehlern eines Helfers.

Wie können die Helfer aus dem Umfeld es nun wohl „richtig“ machen? Wir sollten bei unserer Hilfe darauf achten, jemandem nicht die Arbeit abzunehmen, die er selbst leisten kann und sollte, vor allem, wenn es sich um Lernprozesse handelt. Bei Hilfeleistung sollte es nach Möglichkeit immer um *Hilfe zur Selbsthilfe* gehen, und die Hilfe sollte sofort eingestellt werden, wenn jemand aus eigener Kraft weitermachen kann. Wir sollten den Betroffenen ermutigen, sich seiner Krise und den Begleiterscheinungen zu stellen und sie nicht „wegzumachen“. Dies wird möglicherweise Angst auslösen und dafür wäre es gut, dem Betroffenen deutlich zu machen, dass man an seiner Seite steht und da auch bleibt. Und ihm zu erklären, dass es einen Sinn macht, durch diese Krise und durch die damit verbundenen schweren Erfahrungen hindurchzugehen, weil das der Weg in die Freiheit ist. Allerdings ist diese Freiheit eine Freiheit *danach* und nicht die Freiheit *stattdessen*. Erst die Freiheit danach ist die *wirkliche* Freiheit, nach der wir im Innersten verlangen.

Mögliche Helfer-Fehler

Obwohl oben die möglichen Fehler von Helfern relativiert wurden, sollen doch einige typischen „Fehler“ besprochen werden. Der häufigste Fehler, der gemacht wird, besteht darin, dass Helfer nicht gut zuhören. Sie hören zu, aber sie hören nicht *wirklich* zu. Möglicherweise können sie nicht richtig zuhören, weil ihnen die Intensität des Leidens zu hoch ist oder weil sie selbst einen inneren Druck verspüren, den sie gern loswerden möchten. Oft ist es auch einfach die (weit verbreitete!) Unart, bei einem bestimmten Stichwort sofort mit der eigenen Geschichte loszulegen. Für Betroffene sind diese eigentlich recht unschuldigen Fehler trotzdem schlimm, weil ihnen die Möglichkeit genommen wird, ihre Geschichte zu erzählen und so Spannung entladen zu können.

Ein Fehler, der manchmal von Menschen aus dem Umfeld gemacht wird, besteht darin, beim Betroffenen bestimmte, eigene Botschaften unterbringen zu wollen. Also Dinge zu sagen, die man ihm oder ihr schon längst hatte sagen wollen. Dinge, die mit Kritik zu tun haben und die deshalb in dieser Situation besonders schnell zu weiteren Verletzungen führen können. Hier wird der angeschlagene Zustand des Betroffenen ausgenutzt, was mehr über den Kritiker aussagt als über den Betroffenen. Diese Reaktionen sind allesamt verständlich, einfach menschlich, aber sie tragen logischerweise dazu bei, das Klima zu verschlechtern und die Situation noch schwerer zu machen. So unangenehm es auch ist, solche zusätzlichen Schwierigkeiten wird es geben, es scheint, als gehörten sie dazu. So ist Krise eigentlich immer Mehrfach-Krise, ein komplexes Geschehen. Auf diese Weise kommt es zum Groß-Reinemachen, obwohl zunächst nur der Keller unter Wasser stand.

Ein wirklicher Fehler ist es, wenn beim Helfer die (unbewusste!) Motivation zu helfen darin besteht, sich selbst groß herauszustellen. Oder zu helfen, um sich über den anderen zu erheben. Auch die Variante, zu helfen, um sich und anderen zu beweisen, was für ein guter Christ man ist, kommt vor, und zwar häufiger, als uns lieb ist. Ein weiteres großes Dilemma in unserer christlichen Helfer-Kultur ist, dass die Helfer – aus bester Absicht! – oft motivierter sind als die Betroffenen! In all diesen Fällen sind wir als Helfer uns selbst zum Ziel und der Betroffene wird zum Mittel für unseren (heiligen?) Zweck. Dies ist *eigennützige* Hilfe und wird darum als „Scheinheiligkeit" erfahren. Wirkliche Hilfe ist, wenn der andere das Ziel ist und ich selbst nur das Mittel bin. Hilfe sollte dem anderen dienen und nicht mir. Wo die Grenze zwischen Dienen und Eigennutz liegt, können wir höchstens erahnen. Deshalb ist genaue Selbstbeobachtung erforderlich. Eine vielleicht unangenehme Untersuchung, die aber ausgesprochen fruchtbare Resultate liefert. Resultate, die uns selbst und unserer Hilfeleistung zugute kommen und damit den Betroffenen.

Wenn Helfer in eine Krise kommen

Oft werden es Personen aus dem direkten Umfeld sein, die spontan die Helferrolle übernehmen. Als Teil des Systems sind sie durch ihre Nähe zu dem Betroffenen automatisch mit hineingezogen in die Krise. Sie sind auf diese Weise selbst Betroffene und damit manchmal nicht so gut geeignet, die Helferrolle auszuüben. Sie bekommen dann auch eher die Rolle des *praktischen* Helfers (zum Beispiel im Krankheitsfalle), während die seelisch-geistige Verarbeitung mit Hilfe eines außenstehenden Begleiters geleistet wird. Weil sie automatisch mit in der Krise sind, sind Helfer aus dem direkten Umfeld schnell mit der Komplexität einer Krise überfordert, Zusätzlich werden sie noch durch die Erfahrung gequält, nicht wirklich helfen zu können. Sie sollten gut auf sich achten! Wichtig ist immer auch die Frage, welcher Lernprozess für sie selbst ansteht. Möglicherweise steht es für sie an, Abgrenzung zu erlernen oder das Gleichgewicht zu halten zwischen Eigenleben und Aufopferung für den anderen. Sie sollten die Situation ernst nehmen und sich eventuell ihrerseits Unterstützung holen. In schweren Fällen sollte ein Netz von Helfern aufgebaut werden, die sich in ihrem Job gegenseitig unterstützen und eventuell ablösen können. Wenn ein Helfer ganz allein die Last trägt, kommt es neben der eigenen Überforderung auch sehr schnell zu dem Phänomen, dass der Betroffene „klammert". Das Klammerverhalten aber wird dem Helfer die Luft zum Atmen nehmen, und er wird Wege suchen, auf Distanz zu gehen. Dies wird der Betroffene merken und möglicherweise noch stärker klammern. Es ist also auch für den Betroffenen gut, wenn die Hilfe-Leistung auf mehrere Schultern und Seelen verteilt wird. Ein Netz von Helfern ermöglicht es auch, bei einer Verschlechterung der Situation gemeinsam zu besprechen, was jetzt getan werden muss.

Begleitung – die eigene Krisenerfahrung zählt!

Obwohl die Rollen von Helfer und Begleiter sich manchmal vermischen, sind es doch zwei verschiedene Rollen. Die Helfer kommen meistens aus dem direkten Umfeld und durchleben die Krisenzeit an der Seite des Betroffenen. Ein Begleiter kommt meistens als Außenstehender hinzu, ist also nicht selbst Teil des Systems. Er ist, verglichen mit dem Helfer, in der glücklichen Lage, aus einem Abstand heraus mit dem Betroffenen die Lage in ihrer Gesamtheit reflektieren und Vorgehensweisen entwickeln zu können.

Natürlich ist es möglich, mit Hilfe des vorliegenden Buches oder anderer Literatur zu diesem Thema, Menschen durch schwere Zeiten zu begleiten. Wenn das Wissen über die Prozesse einer Krise aber ausschließlich aus Büchern bezogen wird, dann ist es reines „Kopfwissen" und kein „Erfahrungswissen". Betroffene merken dies recht schnell und es wird zu Diskussionen kommen. Für die Begleitung wäre es besser und für den Betroffenen hilfreicher, wenn der Begleiter zumindest eine der schweren Krisen, die in diesem Buch beschrieben sind, selbst durchlebt und verarbeitet hat. Genauso wichtig wie die eigene Erfahrung, ist die Haltung die der Begleiter gegenüber schwierigen Zeiten und gegenüber Leid einnimmt. Hat er eigene Prozesse abgebrochen und ist er aus der eigenen Krise ausgestiegen, dann wird die Versuchung bestehen, den Betroffenen zu bewegen, dies auf eine vergleichbare Weise zu tun. Alle Menschen wollen für ihre grundlegenden Lebensentscheidungen Bestätigung bekommen. Nichts ist dabei wirkungsvoller, als wenn auch andere die gleiche Entscheidung treffen. Wenn andere es auf eine vergleichbare Weise tun, dann kann ich selbst ja nicht so falsch liegen! Hier ist einmal mehr unser Ego im Spiel, das gern Recht hat und gut dastehen will. Jemanden darin zu unterstützen, eine Krise in voller Tiefe und Länge zu durchleben und sich die Erfahrung zu erarbeiten, das kann nur ein Begleiter leisten, der selbst eine positive Haltung zum tieferen Sinn von Leid entwickelt hat und dies selbst auch *lebt*. Ein solcher Begleiter wird den Betroffenen nicht ermutigen, die Krise zu stoppen, sondern ihn im Gegenteil darin unterstützen, in all dieser Unsicherheit weiterzugehen, die Krise auszuhalten und sich ihr zu stellen. Dies setzt bei beiden eine positive Sicht auf die Bedeutung von menschlichem Leid für die persönlichen oder spirituellen Wachstumsprozesse voraus. Diese positive Sicht wird möglich durch eine eigene durchlebte Krise und ihre reflektierte Verarbeitung – oder besser gesagt: *nach* einer solchen! Wenn dies vom Begleiter aber nicht selbst geleistet wurde, sondern sich als Haltung „angeeignet" wurde (durch Bücher oder durch eine entsprechende Ausbildung), dann wird es in vielen Fällen nicht ausreichen. Solche Begleiter wären wie Wegweiser, die an der Straßenkreuzung stehen, und zwar die Richtung weisen, selbst aber diesen Weg nicht gehen. Aus dieser Sicht ist die moderne Professionalisierung der helfenden Berufe nicht wirklich nötig, obwohl das Handwerkszeug, das in einer formalisierten Ausbildung erworben wird, sehr hilfreich sein kann. Die erworbene Methodenkompetenz hat vor allem dann einen Nutzen, wenn der Begleiter *persönliche Autorität* und *Erfahrungskompetenz* entwickelt hat. Wenn reine Professionalität aber den Platz der eigenen Lebenserfahrung einnimmt, dann ist sie eher hinderlich – vor allem für die Betroffenen. Ein Begleiter, der einen Krisenprozess selbst absolviert hat, ist den Weg gegangen. Er „verkörpert" das Ziel und ist dadurch wegweisend. Er benötigt dazu kein Diplom, sondern Lebenserfahrung und persönliche Reife. Allerdings darf auch gesagt werden, dass sich diese Dinge in der Praxis mehr oder weniger *von selbst* regeln. Betroffene, die möchten, dass ihr Prozess beruhigt und gestoppt wird, finden den Begleiter, der zu ihnen passt, genau wie der Betroffene, der bereit ist, über seine bisherigen Grenzen zu gehen. Jeder Begleiter hat seine eigenen „Kunden" oder „Klienten". Sie suchen und sie finden sich.

Begleitung zwischen Tun und *Nicht*-Tun

Selbst spirituell gesinnte Begleiter unterliegen oft der Versuchung, dass sie probieren, aktiv und steuernd in den krisenhaften Prozess des anderen einzugreifen. Ihre eigene spirituelle Identität verleitet sie, sich mehr oder weniger als „Werkzeug" oder als „Kanal" Gottes zu verstehen. Wenn wir aber nicht 100% in der Lage sind, unser eigenes Ich zur Seite zu stellen (wer ist das schon?) und damit auch unsere Konzepte darüber, wie man Krise bewältigen sollte, dann werden wir als Werkzeug geneigt sein, unseren *eigenen* Willen zu tun, statt *Seinen Willen*. Auch Begleiter sind Menschen und wollen gern Einfluss haben. Besser wäre es, passiver zu sein, zuzuhören und zu versuchen zu verstehen, eventuell ein Spiegel zu sein (aber ein liebevoller!) und zusammen mit dem Betroffenen zu lauschen, was *Gott* von ihm will. Das aber würde heißen: Finger weg vom Prozess! Der Prozess gehört nicht dem Begleiter, er gehört Gott. Aber auch Begleiter haben ein Ego, manchmal ein starkes und sogar sehr spirituelles Ego. Vor allem dann, wenn sie ihre Spiritualität dazu benutzt haben, um eine starke positive Identität aufzubauen. Das Problem ist, dass viele Begleiter diese Passivität nicht aushalten, denn sie wollen etwas *tun*. Der Einfluss des Begleiters sollte sich eher darauf beschränken, den Betroffenen in seiner Disziplin zu stärken, und ihn darin unterstützen, die Aufgaben zu lösen, die die Krise ihm stellt. Passiv bleiben bedeutet für den Begleiter, nicht zu raten oder zu empfehlen, es sein denn, dass direkt hiernach gefragt wurde. Und dann noch gilt es, vorsichtig zu sein! Hilfreicher ist es, von einem Meta-Niveau aus, zusammen die Strukturen des Prozesses zu beleuchten, Phasen deutlich zu machen, Parallelen zu ziehen. Dies alles mit dem Ziel, die Situation des Betroffenen zu erhellen und verständlich zu machen, so dass er seinen Erfahrungen einen Platz in einem größeren Zusammenhang geben kann. Es ist wichtig, das herauszuarbeiten, was für *ihn* sinnvoll ist. Der Begleiter sollte dem Betroffenen nicht seine Sichtweise oder Einschätzung aufdringen. Nach Möglichkeit sollte der Begleiter auch nicht über seine eigenen Prozesse sprechen. Für den Fall, dass er selbst zu wenig Gelegenheit hat, über sich zu sprechen, würde er damit die Situation zuungunsten des Betroffenen ausnutzen. Dem Betroffenen würde Redezeit verloren gehen und er käme möglicherweise in die missliche Lage, sich mit dem Begleiter zu vergleichen. Über uns selbst sollten wir höchstens sprechen, wenn wir direkt dazu aufgefordert würden, und auch dann nur kurz, so dass die Frage beantwortet wird. Und am besten nur auf dem Meta-Niveau, so dass wir gleichzeitig mit unserer Antwort den Lernprozess des Betroffenen unterstützen.

In manchen Krisen kann es hilfreich sein, den Verarbeitungsprozess des Betroffenen durch Rituale zu unterstützen. Dies setzt voraus, dass beide eine Sensibilität hierfür besitzen. Weder sollte der Begleiter dies vom Betroffenen abfordern, noch sollte der Betroffene dies vom Begleiter einfordern. Das Ritual sollte zusammen mit dem Betroffenen gut vorbereitet werden. Es ist eine der vielen Verführungen für den Therapeuten oder Begleiter zu meinen, dass er weiß, was für den Betroffenen gut ist. Stattdessen können wir davon ausgehen, dass im Inneren des Betroffenen das intuitive Wissen darüber vorhanden ist, was ihm helfen könnte. Wir sollten ihn machen lassen, ihn also *lassen* und ihn dabei unterstützen. Das erfordert vom Begleiter eine dienende Haltung, die manchmal erst erlernt werden muss. Dienen heißt, den anderen darin zu unterstützen, *seine* Ziele zu erreichen, nicht meine Ziele mit ihm. Wichtig ist, dass ein solches Ritual sorgfältig abgesprochen und vorbereitet wird, sowohl bezüglich der Zielsetzung als auch der konkreten Durchführung. Rituale wirken auf einer hohen geistigen Ebene und bewirken damit Veränderungen der Wirklichkeit. Betroffene und Begleiter sollten beide sehr sicher sein mit dem, was sie tun. Bei der Gestaltung und Vorbereitung ist es deshalb wichtig, dass der Betroffene mit einbezogen wird oder sogar die Führung übernimmt. Es ist *sein* Ritual!

Fehler in der Begleitung?

Die Rolle des Begleiters hält viele Fallen bereit. Vielleicht müssen wir erst in alle hineinlaufen und daraus lernen, bevor wir die Rolle kompetent ausfüllen können? Und dann noch werden wir Fehler machen. Es sollte deutlich geworden sein, dass *kompetent* etwas anderes ist als *professionell*, obwohl dies manchmal auch zusammengehen kann. Begleitungsfehler sind aus einer bestimmten Sicht heraus eigentlich undramatisch. Unter der Voraussetzung, dass für den Begleiter eine hohe persönliche Ethik selbstverständlich ist, geschehen solche Fehler nicht aus böser Absicht und beide werden daraus lernen. Der Begleiter wird daraus lernen, wenn er in einem Prozess von Selbstreflexion seine Arbeit verbessert, und der Betroffene wird lernen, wenn er (selbst-verantwortlich für seinen Prozess!) auch aus den Fehlern anderer lernt. Als Begleiter brauchen wir uns also nicht zu verbiegen, um einem Ideal zu entsprechen, das in dieser Weise sowieso höchstens in der Literatur existiert. Ein Begleiter ist ein lebendes Wesen und hat eine eigene Persönlichkeit. Wenn ein Mensch uns zum Begleiter wählt, dann wird eine höhere Weisheit dafür gesorgt haben, dass dies seine Richtigkeit hat. Hierauf dürfen wir vertrauen. Genau aus diesem Grund ist es auch nicht nötig, Reklame für Lebensberatung oder für spirituelle Begleitung zu machen. Dies können wir Gott überlassen, er sorgt dafür. Die beste Reklame besteht in guter Arbeit und in zufriedenen Kunden.

Das Beste, was wir als Begleiter tun können, ist für unsere *eigenen* Prozesse Sorge zu tragen. Dies können wir tun, in dem wir das eigene Leben unter die Lupe nehmen und uns ehrlich Rechenschaft ablegen, wo wir den einen oder anderen Prozess gestoppt haben. Möglicherweise haben uns die damaligen Umstände dazu gezwungen? Oder waren wir zu jung dazu, um es anders und besser zu machen? Vielleicht hatten wir auch Angst, verrückt zu werden oder niemals mehr in den Freundeskreis zurückkehren zu können, wenn wir uns weiter dieser Krise überlassen würden? Wir sollten an dieser Stelle sehr ehrlich sein mit uns, ohne uns deswegen aber „fertig zu machen“. Kritik verbessert die Sache nicht, wohl aber die Entscheidung, es beim nächsten Mal besser zu machen. Besser meint, den heutigen Erkenntnissen und Einsichten entsprechend. Diese Selbstuntersuchung ist notwendig, wenn wir nicht Gefahr laufen wollen, die Prozesse anderer zu stoppen. Denn niemand, auch der beste Begleiter nicht, wird anderen empfehlen, eine Grenze zu überschreiten, vor der er selbst zurückgewichen ist.

Kontaktfähigkeit und Präsenz des Begleiters

Ähnlich wie die psychologische Begleitung ist inzwischen auch die geistliche oder spirituelle Begleitung sehr professionalisiert. Sie beruht dann auf einer institutionalisierten und formalisierten Ausbildung oder Fortbildung. Aber als Begleiter benötigen wir kein ausgefeiltes System von Kommunikations- oder Fragetechniken und auch kein Konzept, wie eine gute Begleitung auszusehen hat. Zentrale Bedeutung hat dagegen die Fähigkeit, wirklich *in Kontakt* und vollständig *präsent* zu sein. Beides sind Fähigkeiten, die man üben und erlernen kann. Denn wenn wir innerlich die beste Fragetechnik abwägen, sind wir nicht wirklich in Kontakt mit dem Betroffenen. Wenn wir Angst haben, wegen einer kritischen Bemerkung von ihm abgelehnt zu werden, sind wir nicht wirklich präsent. Natürlich sind Ausbildungen gut, aber es geht auch ohne. Die besten Konzepte von Begleitung wirken erst dann wirklich gut, wenn wir ihre *Essenz* verstehen, uns diese zu Eigen machen, sie dann wieder loslassen und „Freistil" praktizieren. Erst wenn wir alles loslassen, alle Konzepte und Techniken, sogar uns selbst, erst dann sind wir mit unserem Interesse und unserer Aufmerksamkeit *ganz* bei dem anderen. Dann sind wir „angedockt" oder „eingeloggt", wie man heute sagt. Dann brauchen wir nichts mehr zu tun, denn es tut *von selbst.* Zwei Menschen, die so zusammenarbeiten, haben einen Gast in ihrer Mitte: den Heiligen Geist. Nicht wir, sondern er tut die Arbeit, die getan werden muss. Nach getaner Arbeit werden der Betroffene und sein Begleiter dann auch in keiner Weise ermüdet sein, sondern gestärkt und erfrischt aus der Sitzung herauskommen!

5.3 Krisen in Beruf und Betrieb

Sinnkrisen im Beruf

Direkt oder indirekt dreht sich das Leben vieler Menschen um Arbeit. In einer Welt, in der Leistung und Effizienz, Anerkennung und Geld eine wichtige Rolle spielen, stehen Arbeit und Beruf hoch im Ansehen. Beruf und Arbeit haben aus dieser Sicht also wichtige Funktionen. Aber was tun, wenn dieser „Tanz ums Goldene Kalb" uns irgendwann nicht mehr befriedigt, sondern uns nur noch ein leeres Gefühl verschafft? Was ist, wenn unsere Motivation, unser heiliges inneres Feuer, irgendwann erkaltet? Im Folgenden werden stufenweise mehrere Möglichkeiten vorgestellt, die je nach persönlicher Interessenlage unterschiedlich wahrgenommen werden können:

1. Eine nahe liegende Möglichkeit ist, sich wieder neu in den eigenen Beruf zu vertiefen. Also Fortbildungen zu besuchen, sich weiterzuqualifizieren, Informationsveranstaltungen oder Kongresse zu besuchen. Vor allem die neuen Kontakte und die vielen aufs Fach bezogenen Gespräche werden wieder neues Leben in die Sache bringen. Auch ist es den Versuch wert, sich neu für die vorhandene Tätigkeit zu entscheiden, sich Ziele zu setzen und die Arbeit mit ganzem Herzen zu tun, sich also selbst in die Arbeit hineinzugeben. Es kommt auf diese Weise zu sehr befriedigenden Erfahrungen. Die Arbeit im Rahmen der eigenen Fähigkeiten *gut* zu tun, so gut es geht, gibt ebenfalls neue Anreize und Befriedigung.

2. Tiefer gehende Fragen, wie z.B. Fragen nach dem „Sinn" dessen, was ich tue, sollten eher außerhalb des Arbeitsplatzes und der beruflichen Umgebung erörtert und bearbeitet werden. Am besten ist ein *neutraler* Rahmen, der uns Abstand ermöglicht und die Reflexion über Beruf und Leben und die Besinnung aufs Wesentliche fördert. Dies könnte eine Teilnahme an einem entsprechenden Seminar bedeuten oder auch ein Rückzug in ein Kloster. Beides wird dabei helfen, uns selbst und dem, was für uns wirklich wichtig ist, wieder auf die Spur zu kommen. Der normale Alltag, das Eingebundensein in den Kleinbetrieb einer Familie oder in den größeren Betrieb der wichtigen Welt da draußen, fordert täglich so viel Organisationstalent und bindet unsere ganze Aufmerksamkeit, so dass wir nicht in uns hineinhören können. Die Welt ist nicht per se schlecht, aber sie ist zu laut und zu hektisch, wenn wir über Dinge nachdenken wollen, die wichtig sind und uns selbst betreffen.

3. Sinngebung und Erfüllung können wir auch in unser Leben bringen, wenn wir der eigenen Spiritualität mehr Raum geben. Wenn wir regelmäßig dem Göttlichen und unserer Beziehung dazu Zeit widmen, uns also um Gott kümmern, dann wird Gott sich um uns kümmern. Außer unserem eigenen Tod ist dies vielleicht die einzige Sache im Leben, die sicher ist.

4. Ob nun Menschen ihrer Spiritualität Raum geben oder nicht, manchmal wird es im Leben zu Krisen kommen, die einen spirituellen *Prozess* auslösen. Spiritualität als Prozess ist eine persönliche Umformung oder Transformation, in der wir selbst und unser altes Leben (meist gegen unseren eigenen Willen) durch eine Phase der Umwandlung geleitet werden. Dies kann das ganze bisherige Leben auf den Kopf stellen und alles, was wir aufgebaut oder worauf wir gehofft haben, zunichte machen. Gottes Hand wird dann als sehr hart

erfahren und es ist zunächst kaum möglich zu verstehen, was er mit uns vorhat. Unsere alte Identität geht verloren, die Situation beutelt unser Ego, alles liegt in Scherben. Bevor sich ein neues Leben, ein neuer Horizont abzeichnet, kann es lange dauern. Solche Krisen können durch äußere Ereignisse ausgelöst werden, können aber auch durch die eigenen Entwicklungsprozesse initiiert werden. Wenn wir es schaffen, die Härte einer solchen Krise durchzustehen, nicht sofort zur nächsten, sich anbietenden Lösung greifen, sondern auf die Er-Lösung warten, die sich *von selbst* einstellt, dann werden wir irgendwann ein *neuer* Mensch sein, mit höheren Fähigkeiten, mit einer größeren Klarheit darüber, was für uns wichtig ist, wartend auf das Ziel, das uns als Werkzeug braucht. Je tiefer wir wagen, in diese Krise hineinzugehen, umso größer werden die „Schätze" sein, die wir beim Auftauchen mit an die Oberfläche bringen und der Welt geben können. Unser altes Leben, in dem Beruf *und* Spiritualität möglicherweise nebeneinander Bestand hatten, wird auf diese Weise langsam immer mehr abgelöst durch eine Spiritualität, die sich *durch den Beruf hindurch* ausdrückt. Die Haltung, aus der heraus wir dann leben, ist Arbeit *als* Spiritualität. Welcher Beruf und welche Arbeit dies dann sein werden, ist weit weniger wichtig, als wir zunächst dachten.

Menschenführung in Krisenzeiten

Selbstführung und Menschenführung hängen sehr eng zusammen, gerade auch in Krisenzeiten. Eine gute Menschenführung kann nur gelingen, wenn wir uns auch *selbst* gut führen. Der ganze Teil II über „Selbstmanagement in Krisenzeiten" handelt von dieser Selbstführung. Daneben gibt es aber auch Aspekte, die erst dann eine Bedeutung erhalten, wenn wir – trotz eigener Krise – zusätzlich mit Menschenführung beauftragt sind. Dies ist eine besondere Herausforderung, die dann auch dieses kleine Kapitel nötig macht. Ein zweites Problemfeld, das wir in diesem Kapitel behandeln werden, liegt in der Tatsache, dass Führungskräfte manchmal Mitarbeiter haben, die in einer Krise sind. Auch das bringt besondere Schwierigkeiten mit sich. Krisen, bei wem auch immer, intensivieren alle anderen Prozesse und machen deutlich, wo wir noch besser werden können oder müssen.

Viele Führungskräfte erfahren die Übernahme ihrer neuen Position als eine Krise. Damit hatten sie nicht gerechnet und nehmen es sich selbst dann auch teilweise ziemlich übel. Das darf doch wohl nicht wahr sein? Folgerichtig wird diese Tatsache vor anderen verschwiegen, die aber doch merken, was los ist. Der nächsthöhere Vorgesetzte, die eigenen Mitarbeiter, eventuell die Kollegen, alle schauen zu und merken, wie schwer wir uns noch tun. Zu Hause wird darüber wahrscheinlich ebenfalls geschwiegen, wodurch die Beziehung zum Partner in eine Belastungsprobe kommt. Der Stellenwechsel, die Einarbeitung, das höhere Pensum, die Tatsache der Probezeit, eine größere Gruppe von Mitarbeitern, eventuell höhere Fahrzeiten oder Auslandsreisen…all dies war eigentlich schon Belastung genug. Viele Führungskräfte kommen mit dem Wechsel in die höhere Position zusätzlich in Bezug auf sich und ihre Fähigkeiten in eine Krise. Beruflicher Aufstieg ist zwar eine erwünschte und gesellschaftlich anerkannte Aufbaukrise, trotzdem stellt sie eine enorme Herausforderung dar. Anfangs geht es vor allem darum, in dieser neuen Rolle zu überleben. Erst später merken wir, dass damit persönliches Wachstum, sprich Weiterentwicklung, verbunden ist. Irgendwann werden wir gelernt haben, diese größere Rolle „auszufüllen".

Wenn Führungskräfte in eine Krise kommen

Menschenführung, Führung von anderen, fängt bei uns selbst an, bei der Selbstführung. Wenn ich mich gehen lasse und schlecht über andere rede, mich vor schwierigen Aufgaben oder Auseinandersetzungen drücke, wenn ich meinen Pflichten nicht nachkomme, wenn ich Konkurrenz mit Kollegen oder mit höheren Vorgesetzten aufbaue, wenn ich bestimmten Menschen gezielt Informationen vorenthalte und sie auflaufen lasse, wenn ich gegenüber Dritten schlecht über den Betrieb oder die Organisation rede, wenn ich an Mitarbeitern meine schlechte Laune oder meinen eigenen Frust auslasse, wenn ich bei der kleinsten Kritik an die Decke gehe und anfange zu schreien – dann zeigt dies alles, dass ich nur über eine geringe Selbstdisziplin und Ethik verfüge und wahrscheinlich im gleichen Maße über eine geringe Selbsterkenntnis. Wir dachten, dass wir die Wahrheit über uns verschweigen könnten? Etwa indem wir uns manchmal von unserer Schokoladenseite zeigen oder Theater spielen? Die Wahrheit ist offenkundig, andere wissen, was mit uns los ist. Und in dem Maße, wie wir auf uns selbst Einfluss haben, in dem Maße haben wir Einfluss auf andere. So einfach ist das und soooo schwer. Menschenführung beginnt also bei dem Menschen in der Führungsrolle. Wo sonst? Fangen wir an. Teil II „Selbstmanagement in Krisenzeiten" und Teil III „Krise als Chance für persönliches Wachstum" sind diesbezüglich voll hilfreicher Tipps. Wir sollten besser schon jetzt damit anfangen, solange die Zeiten noch normal sind. Wenn wir erst einmal tief in einer Krise sind – und das kann jederzeit durch unglückliche Umstände passieren – dann wird der Schwierigkeitsgrad wesentlich höher sein. Krise bedeutet, selbst angeschlagen und tief verunsichert zu sein. Wenn wir dann unseren Rückstand in Sachen „Selbstmanagement" und „Selbstführung" aufholen wollen, dann haben wir doppelte Arbeit zu leisten.

Was Selbstführung ist, können wir in Teil II „Selbstmanagement in Krisenzeiten" nachlesen. Dort geht es darum, der Krise nicht auszuweichen, sondern sich ihr zu stellen und sie lernend zu durchleben. Dies bedeutet, dass der Betroffene in die eigenen inneren Tiefen hinabtaucht und gleichzeitig in höhere Höhen aufsteigt, was Selbstdisziplin und Ethik betrifft. Damit bewältigt er oder sie eine sehr anspruchsvolle Aufgabe. Führungskräfte sind schon zu normalen Zeiten – für die kompetente Ausübung ihrer Rolle – verpflichtet, über mehr Selbsterkenntnis, über eine höhere Selbstdisziplin und über eine höhere Ethik zu verfügen[26]. Mitarbeiter erwarten diese persönliche Kompetenz von ihren Führungskräften. Ob mit oder ohne Leitungsfunktion: In dem Maße, wie ein Mensch über diese Eigenschaften oder Qualitäten verfügt, in dem Maße wird er als *persönliche Autorität* akzeptiert. Mit der höheren Funktion (formale Autorität) ist nicht automatisch persönliche Autorität verbunden. Diese ist auch nicht automatisch an ein Diplom oder an einen Doktortitel gebunden (fachliche Autorität). Wir besitzen also nicht automatisch *persönliche* Autorität, wenn wir eines dieser begehrten Dinge in unseren Besitz bringen. Persönliche Autorität erwerben wir auf eine andere Weise. Sie ist etwas, das wir von anderen bekommen, das andere uns geben, wenn wir sie in menschlicher Hinsicht überzeugen und sie in uns ein Vorbild sehen. Führungskräfte, die sich nur auf formale und fachliche Autorität stützen können, werden es schwer haben. Sie werden viel Kraft aufbringen müssen, um andere dazu zu bringen, ihren Willen zu tun. Sie ruhen nicht in sich selbst, sie schöpfen die Kraft nicht aus ihrer eigenen inneren Festigkeit und sind darum nicht überzeugend.

Führungskräfte sind in der besonderen Situation, dass man ihnen zuschaut. Sie stehen auf einem Podest, und es ist weithin sichtbar, wie sie ihre Sache machen und wie sie mit Schwierigkeiten umgehen. In guten Zeiten ist dies möglicherweise sehr schmeichelhaft für das Ego. Aber in schwierigen Zeiten ist dies nicht immer leicht auszuhalten. Ganz abgesehen davon, dass da oben ein härterer Wind weht, wenn es um Fehlleistungen geht. Hier gibt es keine Kündigungszeiten, keine Tarifverträge, hier wird sofort gehandelt und der Stuhl vor die Tür gesetzt. Für das Ertragen dieser erschwerten Bedingungen werden Führungskräfte gut bezahlt, erst an zweiter Stelle für die Arbeit, die sie leisten. Als Führungskraft in eine Krise zu kommen, bringt dann auch zusätzlich einen besonderen Schwierigkeitsgrad mit sich. Die Krise setzt uns zu, bindet Energie und geistige Kapazität. Wir sind nicht so leistungsfähig wie sonst und müssen doch dasselbe leisten. Denn andere schauen zu und wir werden an gesetzten Zielen gemessen und beurteilt. Vor allem

---

26 Es wäre schön, wenn es so wäre, wir alle aber wissen, dass nicht immer die Besten in die Spitze aufsteigen (manchmal sind es wenigstens die fachlich Besten!).

das Verantwortungsbewusstsein wird uns drücken und uns zwingen, weiterzugehen und nicht nachzulassen. Wo normale Mitarbeiter sich in Krisenzeiten vom Arzt krankschreiben lassen, sind die meisten Führungskräfte noch voll damit beschäftigt, ihr Pensum abzuarbeiten. So positiv dies ist, manchmal gehen sie hier zu weit und schaden sich und ihrer Gesundheit. Ein übertriebenes Verantwortungsgefühl kann uns umbringen, wir sind deshalb auch verantwortlich für unsere eigene Gesundheit. Hier sind oft innere Einstellungen im Spiel, wie „alles schaffen zu müssen" oder „alles allein schaffen zu müssen", „sich nicht ausruhen zu dürfen" usw.... Genauso gut können unbewusste Ängste eine Rolle spielen, die Angst, vielleicht überflüssig zu werden, wenn ich delegiere, oder die Angst davor, was ich entdecke, wenn ich mich endlich um meine Gesundheit kümmere ... Verantwortung ist gut und für Führungskräfte selbstverständlich, aber sie sollte auch der Basis der eigenen Leistung gelten: der Gesundheit.

Führungskräfte sind in Zeiten, in denen sie eigene Krisen durchleben, also besonders gefordert. Hinzu kommt ein fast prekärer Aspekt: Wenn ich angeschlagen bin und nicht so sicher auf meinen (inneren wie äußeren) Beinen stehe, dann wird es Menschen geben, die dies bemerken und ausnutzen werden. Wer unsere Feinde sind, merken wir am besten in den Zeiten, in denen wir keine Kraft haben, um uns zu wehren. Es ist wie im Tierreich: Andere werden sofort über unsere Grenzen gehen und wir werden es schwer haben, sie von unserem Terrain zu vertreiben. Andere werden Gerüchte über uns in die Welt setzen und wir werden die Kraft nicht haben, sie zu dementieren oder die Urheber zur Rechenschaft zu ziehen. Es wird Mitarbeiter geben, die unsere Anordnungen überhören, weil wir die Kraft nicht haben, sie zu führen oder anzuleiten. Man wird uns ausgrenzen und übergehen, als ob wir keine Rolle mehr spielen würden. Man wird uns übersehen, so, als ob es uns nicht mehr gäbe. Harte Zeiten! Eigentlich bräuchten wir die ganze Kraft, um mit der eigentlichen Krise umzugehen, und auf einmal stehen wir vor einer neuen Front. Wir sind über alle Maßen gefordert. Das ist, was eine Krise mit unserem Leben macht! Es kommt von allen Seiten und irgendwann kämpfen wir ums Überleben. Ist jetzt klar, warum man sich um „Selbstmanagement" und „Selbstführung" frühzeitig, sprich rechtzeitig, kümmern sollte? Damit wir diese Dinge können und damit sie auf eine selbstverständliche Weise zum eigenen Repertoire gehören, wenn wir sie brauchen. Ebenso nötig ist es, sich um die eigene Kontaktfähigkeit und die eigene Präsenz zu kümmern. Schon in normalen Zeiten können Führungskräfte ihre Leitungsaufgaben wesentlich besser bewältigen, wenn sie diese Fähigkeiten entwickelt haben. In Krisenzeiten sind sie noch weitaus nötiger.

Führung von Menschen, die in einer Krise sind

Manchmal ist es schwerer, die Krise eines anderen zu ertragen und damit umgehen zu müssen, als selbst durch eine Krise zu gehen. So auch, wenn ein Mitarbeiter in eine Krise gerät. Wenn es eine Krise im privaten Bereich ist, so sind viele Mitarbeiter scheu, dies kundzutun. Sie scheuen sich, private Dinge im beruflichen Umfeld zu erzählen, zum Teil aus Scham, zum Teil aber auch, weil sie Angst haben, dass es ihnen zum Nachteil gereichen könnte. Immerhin ist die Führungskraft auch Arbeitgeber und steht damit für viele Menschen auf der „anderen" Seite. Mitarbeiter sind abhängig von dem Bild, das die Führungskraft / der Arbeitgeber von ihnen hat. Oft fehlt das vertrauensvolle Band, das ein offenes Gespräch ermöglichen würde. Oft wird die Information erst über Dritte an den Chef herangetragen, was meist mit ziemlicher Verzögerung geschieht, weil ja niemand einen Kollegen in Misskredit bringen will. Der Vorgesetzte hat dann die unangenehme Aufgabe, den Betroffenen irgendwann – falls es nötig erscheint – darauf anzusprechen. Da der Betroffene nicht selbst die Initiative ergriffen hat, es eventuell nicht nötig fand oder es ihm zu schwer erschien, wird die nun erfolgende Initiative des Vorgesetzten immer ein wenig wie „sich aufdrängen" erscheinen. Der Vorgesetzte wird sich jedenfalls so fühlen. Hier kann es hilfreich sein, sich selbst und auch dem Betroffenen deutlich zu machen, dass es um eine „Einladung" zum Gespräch geht, um eine Einladung, sich zu öffnen. Mit viel Fingerspitzengefühl gelingt es vielleicht, den Betroffenen zum Reden zu bringen und ihm die nötige Unterstützung anzubieten. Es ist und bleibt aber ein Problem, dass viele Mitarbeiter einer solchen „Einladung" von Seiten des Vorgesetzten misstrauisch gegenüber stehen und möglicherweise kaum bereit sind, sich zu öffnen. Wenn sie dazu bereit wären, hätten sie selbst das Gespräch gesucht. Für die Gespräche aber, die auf Grund der Initiative des Vorgesetzten doch zustande kommen und die mehr oder weniger offen geführt werden, lohnt es sich, das Risiko einzugehen. Es gibt ein paar hilfreiche Regeln, um mit einer solchen Situation kompetent umzugehen:

1. Wir sollten versuchen, von Mensch zu Mensch in Kontakt zu sein, und dabei doch die Rollen wahren, das macht es für beide Seiten einfacher!

2. Auch im Zuhören sollten wir in der Führungsrolle bleiben und nicht aus dem Bedürfnis nach Nähe heraus oder um es dem anderen leichter zu machen, Details aus eigenen Krisen erzählen.

3. Wir sollten die Mitarbeiterrolle des anderen aufrechterhalten und sein Bedürfnis nach Distanz oder nach Privatsphäre respektieren. Der Vorgesetzte ist nicht der Therapeut und auch nicht der geistliche Begleiter!

4. Im Gespräch sollten wir uns um (sachliches) *Verstehen* bemühen und uns nicht vom eventuellen Bedürfnis des Mitarbeiters nach (emotionalem) *Verständnis* einfangen lassen.

5. Wir sollten auch das (weitere) Funktionieren des Mitarbeiters besprechen und darauf achten, ob seine Aussagen dazu realistisch sind. Wenn unsere eigene Einschätzung davon abweicht, sollten wir dies ansprechen.

6. Es kann wichtig sein, offen über mögliche Veränderungen zu sprechen, mit allen Vor- und Nachteilen, die diese eventuell haben.

7. Es sollte über Aspekte des „Selbstmanagements" gesprochen werden, auch hinsichtlich der Gesundheit des Mitarbeiters.

8. Es sollte abgeklärt werden, ob wir nach einiger Zeit wieder nachfragen dürfen oder ob der Mitarbeiter zukünftig selbst das Gespräch suchen will.

9. Wichtig ist, sich anschließend Notizen zu machen und dies auch offen anzusprechen. Die Notizen kommen nicht zu den Personalakten, sie sind eine persönliche Gedächtnisstütze für den Vorgesetzten.

Krisen in Unternehmen und Organisationen

Prinzipiell gesehen gelten für Krisen in Unternehmen oder Organisationen die gleichen Regeln wie für die Krise eines Einzelnen. Daneben aber gibt es Aspekte, die etwas mit den Krisen und Lernprozessen größerer Gruppen zu tun haben. Es ist ein Unterschied, ob ein Einzelner entscheidet, aus einer schwierigen Lage das Beste zu machen, und er bereit ist, dafür zu lernen, oder ob eine Organisation in Umstände gerät, die bei einigen Mitarbeitern und Führungskräften möglicherweise Angst oder doch zumindest erhebliche Verunsicherung auslösen. Nicht jeder kann (oder mag) diese Unsicherheit aus einer positiven, bejahenden Haltung heraus zur Weiterentwicklung nutzen. Dies gelingt der gesamten Belegschaft umso besser, je mehr die Führung an der Spitze diese mutige Haltung verkörpert. Dieses kurze Kapitel beleuchtet vor allem die Atmosphäre, die in Krisenzeiten herrscht, und bespricht die Einflussfaktoren, die es ermöglichen, eine Krise positiv zu nutzen – *als Chance* für die Zukunft.

Lernen für die Zukunft

Genau wie einzelne Menschen, so haben auch Unternehmen oder Organisationen gern ihre „Ruhe“, zumindest wenn diese Ruhe mit einem gewissen Wachstum verbunden ist. Aber die Fixierung auf Wachstum, Wachstum, Wachstum hat schon so manches Unternehmen an den Rand des Untergangs gebracht. Wachstum im Sinne von permanenter Umsatzsteigerung kann zu einer einseitigen Entwicklung und damit zu einem „schiefen Stand“ des Unternehmens führen. Wichtig ist, dass die Basis, dass das Fundament, auf dem die Leistung erbracht wird, ebenfalls wächst und sich entwickelt. Gemeint sind hier die internen Organisationsstrukturen, die Produktions- und Verwaltungsabläufe sowie die Qualifikation der Mitarbeiter und der Führungskräfte. Meistens werden diese Aspekte jahrelang vernachlässigt, man hatte nur die Aufträge und den Umsatz im Blick. Dann werden 10-15 Jahre später diese alten Schulden fällig, werden Entscheidungen von damals zur Katastrophe, weil sie nicht mitgewachsen sind und nicht den Anforderungen der Zeit angepasst wurden. In Krisenzeiten müssen auch bei Unternehmen und Organisationen die lange aufgeschobenen „Hausaufgaben“ gemacht werden. Was gibt es zu lernen für das Unternehmen oder für die Organisation? Was gilt es zu lernen für die Mitarbeiter und Führungskräfte? Welchen Herausforderungen müssen sie begegnen?

Es kann in Betrieben zu Wachstums-, Veränderungs- und natürlich zu Abbaukrisen kommen. Es ist wie in einer individuellen Krise: Wenn die Situation nicht nur als Dilemma und als Zumutung verstanden wird, sondern auch als Herausforderung und als Aufgabe, dann haben Unternehmen und Organisationen eine gute Chance, die Krise zu bewältigen. Und mehr als das: Sie haben eine gute Chance, sich *fit für die Zukunft* zu machen. Dies ist an erster Stelle eine Frage des Mutes und erst an zweiter Stelle die Frage einer guten Strategie. Für das eine wie für das andere kann man sich Begleitung „einkaufen“. Aber so schwer dieser Schritt einem individuellen Ego fällt, so schwer fällt es auch einem Unternehmer-Ego. Hilfe zu holen, um Unterstützung zu bitten und dafür auch noch zu bezahlen. Das ist für viele wirklich schwer! Sie warten oft, bis es eigentlich schon zu spät ist. Hier darf daran erinnert werden, dass aus yogischer Sicht die Fähigkeit, Hilfe und Unterstützung anzunehmen, als eine sehr hohe Fähigkeit angesehen wird, ohne die es kein dauerhaftes Wachstum und keine wirkliche Entwicklung geben wird.

Was kann die Situation weiterbringen?

Viele Betriebe oder Organisationen greifen in Krisenzeiten zu allererst zu einem linearen Lernprozess mit horizontalen Rückkopplungsschleifen (*single loop learning*, Argyris). Sie gehen zu mehr Vorschriften und Richtlinien über und zu mehr Kontrolle, um vermeintliches Fehlverhalten auszuschließen. Sie erhoffen sich davon, die Produktion oder Dienstleistung zu erhöhen. Dies aber erhöht die schon vorhandene Verunsicherung und hat einen negativen Effekt auf die Denkprozesse. Mitarbeiter beginnen, sich abzusichern und sehr genau darauf zu achten, die Vorschriften einzuhalten. Das Ergebnis ist ein Absinken der Kreativität und ein Nachlassen der *spontanen* Problemlösungsbereitschaft. Noch mehr Kontrolle wird diesen Prozess verschärfen und beschleunigen. Es kommt zur vollständigen Lähmung der Mitarbeiter, die bald nur noch mit der Gerüchteküche beschäftigt sind, in der die neuesten schlechten Nachrichten gehandelt werden. Die Energie der Mitarbeiter ist auf diese Weise irgendwann vollständig von der eigenen Existenzsicherung absorbiert. Menschen, die sich bedroht fühlen, sind nicht mehr kreativ und auch nicht mehr produktiv. Die Umsatzzahlen sinken und werden weiter sinken, denn keiner hat etwas gelernt.

Genau wie in individuellen Krisen geht es auch bei Krisen in Unternehmen und Organisationen darum, aus der Not eine Tugend zu machen. Das heißt, aus der schwierigen Situation zu lernen und so das Beste herauszuholen. Erst dann wird eine Krise zur Chance! Es geht um Entwicklungsprozesse, wobei die Entwicklung in sehr unterschiedlichen Bereichen anstehen kann. So kann es manchmal um reine Reorganisation gehen, das heißt um die Anpassung der Organisationsstrukturen an die tatsächlich ablaufenden Prozesse. Manchmal müssen Abteilungen, Funktionen oder Hierarchiestufen zusammengelegt werden, manchmal müssen diese neu eingerichtet werden. Es kann auch dazu kommen, dass eine Organisation geteilt werden muss, weil die Entwicklung es sinnvoll erscheinen lässt. Manchmal muss fusioniert werden, um zentrale Einheiten wirkungsvoller agieren zu lassen. Es kann um eine Veränderung und Anpassung der Produktionsabläufe gehen, die zwar für alte Produkte sinnvoll waren, inzwischen aber umständlich und hinderlich geworden sind. Es kann um die längst überfällige Entwicklung neuer Produkte oder Dienstleistungen gehen und es kann um die Abschaffung alter geliebter „Hüte“ gehen, von denen man sich nur schwer trennen kann. Als schwierig und beängstigend wird die Tatsache erfahren, dass Veränderungen in dem einen Bereich oft automatisch Veränderungen in anderen Bereichen nach sich ziehen. Das hatte man so doch nicht gewollt? Nein, aber so passiert es. Krisen sind keine gradlinigen, planbaren Prozesse, sondern komplexe und oft genug unberechenbare Prozesse. Gerade weil unser Kontrollbedürfnis wenig „Griff" auf solche komplexen Prozesse hat, erfordern diese viel Mut und Vertrauen. Darum ist *persönliche* Spiritualität eine gute Unterstützung für die Bewältigung solcher Prozesse – eine Spiritualität, die nicht unbedingt konfessionsgebunden sein muss, die aber *gelebt* wird und damit zu einer inneren Basis wird.

Bedrohung oder Herausforderung?

Krisen bedeuten die Chance, frischen Wind in den Laden zu bringen, aufzuräumen und neu zu ordnen, sie bedeuten Großreinemachen. Krisen enthalten die Chance, sich auf die Herausforderungen der Zukunft vorzubereiten. Genau wie in individuellen Krisen werden Menschen auf eine solche Situation jedoch sehr unterschiedlich reagieren: Die einen werden sich ängstlich verhalten und voll Sorge in die Zukunft blicken, sie bangen um ihre finanzielle Sicherheit oder um die vertraute Gewohnheit, in diesem Betrieb und an diesem Platz zu arbeiten. Möglicherweise hatten sie für sich nicht an Weiterentwicklung gedacht? Vielleicht wollten sie so weitermachen, bis sie in Rente gehen? Ein bestimmter Typus Mensch setzt sich irgendwann zur Ruhe und genießt es, *ausgesorgt* zu haben. Die kreative Energie geht dann in private Freizeitprojekte – falls es noch kreative Energie gibt. Dies ist keine Frage des Alters! Solche Menschen reagieren zutiefst verunsichert oder ängstlich bis hin zu panisch, wenn der vertraute Boden unter ihren Füßen zu wackeln beginnt. Sie erfahren die Veränderungen nicht als Herausforderung, sondern als Bedrohung. Mit dem Ergebnis, dass sie sich vor der anstehenden Veränderung verschließen und sich einer konstruktiven Mitwirkung entziehen. Mitarbeiter, die von ihrem Naturell her lieber stehen bleiben würden, werden durch die Veränderungsprozesse des Betriebes zur Bewegung *gezwungen*. Solchen Menschen gelingt es nicht, die Chance zu sehen, die jede Veränderung für die Zukunft bedeutet oder bedeuten könnte – auch für die eigene Zukunft. Sie verweigern dem Leben die Kooperation und zahlen einen hohen Preis dafür. Ihr Nein macht nicht nur allen Beteiligten das Umgehen mit der Krise des Betriebes oder der Organisation sehr schwer, sondern vor allem auch ihnen selbst.

Der gegenteilige Typus ist eher auf Wachstum gepolt, auf persönliche Entwicklung und auf Weiterqualifizierung. Auch solche Mitarbeiter reagieren auf betriebliche Krisen zunächst mit Verunsicherung, sind aber viel eher in der Lage, die Bedrohung als Herausforderung zu verstehen. Die Situation berührt eine Saite in ihnen, die zu schwingen beginnt und die sie möglicherweise zu völlig neuen Ufern aufbrechen lässt. Sie schaffen es, Angst in *Neugier* zu verwandeln, sie schaffen es, nicht „dicht zu machen", sondern sich für das Neue, Unbekannte zu öffnen.

Immer wieder neu! Abgesehen davon, dass dies individuell eine große menschliche Leistung ist, sind solche Mitarbeiter für betriebliche Entwicklungsprozesse ein kostbares Potential. Es wäre gut, wenn es der Führung gelingen würde, solche Mitarbeiter in der Belegschaft zu entdecken und sie aktiv in die Veränderungsprozesse einzubinden. Auf diese Weise motiviert man sie noch mehr, nutzt ihre kreative Energie für den Betrieb und schafft so auch wertvolle Multiplikatoren für die übrigen Mitarbeiter.

Die Überzeugungsarbeit, die von Führungskräften an verunsicherten oder verängstigten Menschen geleistet werden muss, gehört sicher mit zum schwersten Teil des ganzen Prozesses. Diese Überzeugungsarbeit gelingt nur, wenn die Führungskräfte selbst *überzeugt* und *überzeugend* sind. Oft genug sind sie das jedoch nicht, erwarten diese Überzeugung aber von ihren Untergebenen, die wiederum genau spüren, auf wie schwachen (psychischen) Beinen die Führung steht. Wenn die Führung ehrlich und offen den Mitarbeitern die Lage kommuniziert und auch eigene Unsicherheiten nicht verschweigt, wird sie glaubwürdig und damit überzeugend. Solches Verhalten wird von Mitarbeitern hoch angerechnet und mit Respekt bedacht. Beim üblichen Appell „Wir sitzen alle in einem Boot!“ winkt die Belegschaft dagegen ab, dieser Satz wurde zu oft als Druckmittel missbraucht. Wenn die Führung aber *sehen* lässt, dass sie nicht am sicheren Ufer stehen bleibt, sondern dass auch sie mit im Boot *sitzt* und auf die Mitarbeiter angewiesen ist (was die Wahrheit ist!), dann kann der gemeinsame Lernprozess beginnen. Erst dann wird es möglich, prinzipielle (essentielle) Veränderungen im Denken und Handeln von allen an der Organisation beteiligten Mitarbeitern und Führungskräften zu initiieren.

Strategisch vorgehen!

Lernen für die Zukunft beginnt bei der Gegenwart und bezieht die Vergangenheit mit ihrem Ursachen-Charakter mit ein. Vielen Menschen und damit auch vielen Führungskräften ist es aber ausgesprochen unangenehm, sich mit dem Schnee (Dreck?) von gestern zu beschäftigen. Wenn wir die Situation wirklich verbessern wollen und nicht nur an Symptomen herumkurieren wollen, dann gilt es, auf die Suche zu gehen nach den Faktoren, die für die Entstehung dieser Krise verantwortlich waren. Ansonsten kommt es (wie bei Krankheiten) zu einer Symptomverschiebung, das heißt, in kürzester Zeit wird sich das Problem auf eine neue, meistens schlimmere Weise irgendwo anders bemerkbar machen.

Durch die Vermischung und Gleichzeitigkeit verschiedener Ursachen und Ursachenbereiche kommt es zur Entstehung *komplexer* Probleme, die einer gründlicheren Diagnose und Bearbeitung bedürfen. In solchen Fällen einfach mal eben eine Entscheidung zu fällen, wäre Aktionismus und wäre genauso ungesund wie bei individuellen Krisen. Die Ursachenfindung ist deshalb der erste große Schritt in der Krisenbewältigung. Das ist viel Arbeit. Herzstück jeder Problemlösungsstrategie ist deshalb eine ausführliche Analyse der IST-Situation. Diese Analyse oder Anamnese ermöglicht es, verschiedene Faktoren mit Ursachen-Charakter herauszulösen. Ursachenbereiche kann neben der Organisationsstruktur und den betrieblichen Abläufen auch die Beziehungsebene sein, bis hin zur schwierigen Persönlichkeit eines Einzelnen. Die Ursachen können also auch in vollkommen anderen Bereichen liegen, als anfänglich vermutet wurde. Zum Beispiel kann es sein, dass die Schwierigkeiten in der Zusammenarbeit zwischen zwei Abteilungen nicht von disharmonischen Abläufen oder miserabler Koordination herrühren, sondern entstanden sind, weil es vor 15 Jahren Schwierigkeiten gab, die nie vollständig geklärt wurden, und weil die beiden Chefs sich seitdem „nicht grün" sind! Es wird Ursachenbereiche geben, die normalerweise nicht oder nur begrenzt im Einflussbereich der Führung des Betriebes oder der Organisation liegen, wie zum Beispiel die gesamte Markt- oder die konkrete Auftragslage, aber auch Krankheiten der Mitarbeiter. Glücklicherweise gibt es aber immer auch Ursachenbereiche, die sehr wohl in den eigenen Zuständigkeitsbereich fallen und an denen man somit auch etwas verändern kann. Möglicherweise will der Aktionismus uns dazu treiben, nun sofort zu Lösungen überzugehen. Lösungsvorschläge sollten aber erst *nach* einer Zieldefinition (Soll-Situation) entwickelt werden, denn um dieses Ziel und um seine Verwirklichung in der Zukunft geht es.

Am Ende dieses Kapitels wird kurz eine Problemlösungs-Strategie vorgestellt, mit der viele Unternehmen und Organisationen arbeiten, wenn es um die Lösung komplexer Probleme geht. Diese Methode trägt der Tatsache Rechnung, dass zur Entstehung einer komplexen, problematischen Situation viele verschiedene Ursachen beitragen, die in vielen verschiedenen Bereichen liegen können, und dass zur Entwicklung einer tragfähigen Lösung nicht nur die problematische Situation, sondern vor allem auch das Ziel deutlich sein muss. Für die Durchführung dieser Methode ist es sehr hilfreich, wenn ein außen stehender Moderator einbezogen wird, der den roten Faden hält und dafür sorgt, dass bei den einzelnen Schritten methodisch sauber gearbeitet wird.

Ein lernendes Unternehmen werden

Motivation und Kreativität der Mitarbeiter und der Führungskräfte haben wesentlichen Einfluss, wenn es um die Innovations- und damit um die Zukunftsfähigkeit eines Unternehmens oder einer Organisation geht. Methoden und Strategien zur Motivationsentwicklung sind hinlänglich bekannt, Methoden und Strategien zur *Kreativitätsförderung* dagegen sind in den meisten Betrieben noch kaum vorhanden. Veränderung und Verbesserung kann nur erreicht werden, wenn Mitarbeiter und Führungskräfte sich mit dem Prozess des Betriebes oder der Organisation „identifizieren". Ein ganz wichtiger Einflussfaktor für diese Identifikation ist der Führungsstil an der Spitze des Unternehmens. Leider aber gibt es in fast allen Unternehmen neben innovations-fördernden auch viele innovations-hemmende Einflussfaktoren und leider muss gesagt werden, dass oft auch einige der Führungskräfte zu diesen hemmenden Faktoren gehören. Erneuerungsgeist gedeiht am besten in einem Klima, in dem Kreativität und Spontaneität erlaubt sind, in dem Offenheit und Vertrauen den Nährboden dafür bieten und in dem Führungskräfte selbst Begeisterungsfähigkeit und Risikobereitschaft, sprich Mut, verkörpern. Erneuerungsgeist kommt zustande, wenn Einzelne es schaffen, ihre Innovations*fähigkeit* (also ihr Können) in eine Innovations*bereitschaft* (in ein Wollen) zu verwandeln. Sie werden die Zugpferde oder Multiplikatoren sein, die ein Betrieb / eine Organisation nötig hat, um sich den Veränderungsprozessen zu stellen. Dafür ist zunächst die Abschaffung von Sanktionen für fehlerhafte Leistungen nötig und stattdessen die Installation eines Verbesserungs- und Vorschlagswesens. Verbesserungsvorschläge dürfen nicht länger in der Schublade von eifersüchtigen Vorgesetzten landen, andererseits sollte finanzielle und sonstige Anerkennung auch nicht an der „Nase" des Vorgesetzten vorbeigehen. Vorgesetzte der mittleren Ebene (ihr Ego!) sollten etwas davon haben, wenn ihre Mitarbeiter kreativ und problemlösend tätig sind. Wir können nicht erwarten, dass Führungskräfte so uneigennützig sind, aus reiner Loyalität heraus die Ideen von Mitarbeitern zu fördern. Sie sollten belohnt werden für ihren Führungsstil, der diese Kreativität ermöglicht. Das Verbesserungswesen liegt in den meisten Betrieben und Organisationen brach und damit wird ein unendliches Potential nicht genutzt, nämlich die *Erfahrungskompetenz* der Mitarbeiter. Verbesserungen und Erneuerungen gelingen nicht im Alleingang oder mit Druck von oben, sie gelingen auch nicht gegen den zähen Widerstand eines großen Teils der Belegschaft. Sie gelingen nur, wenn alle *zusammen* daran arbeiten. Dafür müssen die Möglichkeiten und die Rahmenbedingungen geschaffen werden. Für Betriebe oder Organisationen, die in Schwierigkeiten geraten sind, bedarf es oft dringend der Entwicklung angepasster Methoden und Verfahren zur Förderung von Motivation und Kreativität, also auch eines geeigneten Vorschlagswesens. Sonst überlässt man das Feld der Angst, was zunehmende Lähmung und Stagnation zur Folge hat, auch bei den Führungskräften.

Ein übergeordnetes Ziel solcher Prozessarbeit könnte darin bestehen, nicht nur die jetzige Krise zu meistern und zu Verbesserungen zu kommen, sondern *kontinuierliche* Verbesserungsprozesse in Gang zu setzen. Ein kontinuierlicher Verbesserungsprozess erfordert aus den oben genannten Gründen eine zweite Reflexionsebene, nämlich die *Reflektion der Prozesse selbst* auf einer übergeordneten Meta-Ebene. Wie wird gedacht, von welchen stillschweigenden Voraussetzungen, Normen oder Regeln wird ausgegangen? Welche Haltungen oder Ängste sind unausgesprochen im Hintergrund wirksam? Welche Folgen könnten diese oder jene Maßnahme bzw. ihre Unterlassung haben? Durch solche Überlegungen wird es zu einer zweiten (vertikalen) Rückkopplungsschleife kommen, die immer wieder steuernd und verändernd in die laufenden Veränderungsprozesse eingreift (*double loop learning*). Wichtig ist, in dieser Zeit der Gesundung nicht allzu sehr auf materielle Ziele fixiert zu sein, wie Umsatzsteigerung oder Profitmaximierung, sondern den Prozess selbst als Ziel zu sehen. Es geht um den Lernprozess an sich, es geht darum, ein *lernendes* und damit ein *lebendiges* Unternehmen zu werden. Nur was lebendig ist, hat Zukunft! Dies setzt eine positive Haltung zur Veränderung, zum Wandel voraus. Alles, was entsteht, vergeht auch wieder, das einzige Beständige ist der Wandel selbst (Kai-Zen). Nichts bleibt für immer, nur die Veränderung ist ewig. Wir alle hätten es wesentlich leichter, wenn wir dies akzeptieren und vielleicht sogar lieben lernen könnten. Womit wir wieder bei der Spiritualität wären! Die persönliche Spiritualität von Führungskräften kann in dieser Hinsicht von großer Bedeutung für das Unternehmen oder für die Organisation sein. Ihre Fähigkeit, Vertrauen in die Zukunft und in die Entwicklung zu haben, ist oft höher als bei andern und sie haben eine deutlichere Ausrichtung auf ideelle Werte. Sie sind dann auch eher gewillt, Profitmaximierung nicht auf Kosten der Arbeitsbedingungen zu erzielen[27].

---

27 Es gibt inzwischen gute Literatur zu diesem Thema, die aufzeigt, wie Spiritualität im betrieblichen Kontext gelebt werden kann. Verwiesen sei hier vor allem auf die (anthroposophisch orientierte) Literatur von Friedrich Glasl und Bernard Lievegoed, *Dynamische Unternehmensentwicklung*. Hier wird deutlich gemacht, dass betriebliche Krisen auch im Zusammenhang mit den „Lebensphasen" einer Person, aber auch des Unternehmens gesehen werden können. Außerdem wird der spirituelle Gesamtkontext berücksichtigt. Weiter sei auf die Bücher von Anselm Grün hingewiesen, vor allem auf *Menschen führen – Leben wecken*, in dem er die Leitungsaufgaben in den spirituellen Kontext der Klosterregeln des Heiligen Benediktus stellt.

Problemsolving – eine Strategie zur Lösung komplexer Probleme

1. **Problembeschreibung**
   - Darstellung der Ist-Situation, incl. der eigenen Position

2. **Analyse der Ist-Situation**
   - Durchleuchten der Ist-Situation mit Hilfe von Fragen zu allen möglichen Aspekten der Situation
   - Trennen der Informationen nach verschiedenen Kriterien
   - Unterscheidung zwischen Symptomen und Ursachen

3. **Neu-Formulierung des Problems**
   - bezogen auf die Ursachen und reduziert auf den eigenen Einflussbereich

4. **Beschreibung der Soll-Situation**
   - ebenfalls bezogen auf Ursachen und auf den eigenen Einflussbereich

5. **Lösungsvorschläge**
   - Konkrete Vorschläge zur Verbesserung
     (alle Ideen sind erlaubt, ***keine Diskussion!***)

6. **Diskussion und Bewertung der Vorschläge**
   - Aufzeigen der Vorteile, Nachteile und Konsequenzen jeder Idee
   - Welche neuen Schwierigkeiten könnten auftauchen?
   - Eigene Konfliktbereitschaft bedenken!

7. **Entscheidung für einen oder mehrere Vorschläge**

8. **Erstellen eines Handlungsplans**
   - Reihenfolge der Handlungen festlegen, Zeitrahmen festlegen
   - Maß an Öffentlichkeit bedenken
   - Möglichkeiten der zwischenzeitlichen Überprüfung erwägen

9. **Durchführung der Lösung**

10. **Überprüfung in Intervallen und evt. Korrektur**

VI. Erfahrungsberichte

6.0 Einleitung

Was wäre dieses Buch ohne die Berichte von Menschen, die Krisen mitgemacht haben oder aktuell noch in einer Krise sind? Die folgenden Berichte (Leidensgeschichten, Erfolgsmeldungen, Lageberichte ...) mit ihrem Nachdenken über die eigene Spiritualität und den anschließenden Tipps für andere Menschen, die aktuell in einer Krise sind, sie sind die Krönung dieses Buches. Das Buch wäre nichts weiter als (noch) eine Theorie darüber, wie Leben funktioniert, wenn es nicht diese Geschichten gäbe, die das Leben *selbst* geschrieben hat.

Die Berichte kamen mit Hilfe eines Fragebogens zustande, der in manchen Fällen durch ein Interview ergänzt wurde. Sowohl Frauen als auch Männer haben mitgewirkt. Menschen aus drei Ländern waren daran beteiligt: aus Belgien, Deutschland und aus den Niederlanden. Natürlich wurden die persönlichen Angaben anonymisiert.

Da es unmöglich erschien, die Krisenberichte sinnvoll zu ordnen (nach Formen von Krise, nach Schwierigkeitsgrad ...) wurde für die Reihenfolge das Alter der Betroffenen genommen – von 26 bis 69 Jahre! Die Vertreter der 40er und 50er überwiegen (vielleicht weil die Autorin in den 50ern ist?) Nun denn, es muss eine Reihenfolge geben. Die Berichte alphabetisch zu ordnen, wäre eine andere (aber schlechtere) Lösung gewesen. Die einzelnen Berichte werden im Folgenden nicht weiter kommentiert. Es ist nicht nötig, sie stehen für sich selbst. Von leichteren Krisen bis hin zu total umfassenden Lebenskrisen, bei denen kein Stein auf dem anderen bleibt, in diesen Berichten kommt alles dran. Manche Krisen liegen lange zurück, dann ist der Bericht eine Art „Nachlese". Oft wurde von den Betroffenen dann die Bemerkung gemacht: „Es war gut, alles noch einmal anzuschauen!" Andere Krisenberichte sind neueren Datums, sie liegen 1-2 Jahre zurück. Aber es gibt auch Berichte von Krisen, bei denen die Betroffenen noch voll im Prozess sind. Hier ist der Ausgang noch offen. Interessant ist, was all diese Menschen gelernt haben, und auch, was ihnen geholfen hat, ihre Krise zu bewältigen. Egal, welche Krise sie mitgemacht haben, sie stimmen vor allem in den Tipps, die sie anderen geben möchten, verblüffend überein. Es scheint, als ob *sie* dieses Buch geschrieben hätten!

Eine besondere Frage galt immer der Spiritualität. Aber wäre Spiritualität auch genannt worden, wenn nicht danach gefragt worden wäre? Bei einigen Berichten bleibt das ein wenig offen. Was Spiritualität ist, wird von vielen in ihrem Bericht sehr ähnlich beantwortet. Sie scheint für viele eine große Bedeutung zu haben, damals, als sie in der Krise waren, aber auch in der Zeit danach.

Euch allen meinen herzlichen Dank für eure Mitwirkung!
Eure Geschichten sind schön und schmerzhaft, traurig und voll Hoffnung.
Sie sind voll Weisheit.
Sie sind das Leben selbst:
lebendig!

6.1 Erfahrungsberichte

Andrea

Studentin, (26)

Durch welche Krise bist du in den letzten Jahren gegangen?
Ich habe Kinder gezeugt und sterben lassen. Zwischen 15 und 20 habe ich mich viermal für eine Abtreibung entschieden. Hört sich brutal und kaltherzig an. Das 1. Mal passierte es trotz Verhütung. Das 2. Mal hatte ich keine Lust, mir meine gerade erweckte Freude am Leben und an meiner Liebe zu einem jungen Mann durch ein Kind nehmen zu lassen. Das war Leichtsinn, das war Verhütung auf die ganz üble Weise, das war schlimm. Das 3. Mal war drei Monate nach dem 2. Abbruch. Ich habe die Pille, die ich nicht vertrug, einfach abgesetzt und trotz der Unlust und der Frigidität, die durch mein schlechtes Gewissen hervorgerufen war, mit meinem Freund nach einer Party geschlafen. Ich hatte es anscheinend nicht begriffen. Ich wurde wieder schwanger. Mein Schmerz war unerträglich. Ich habe mich so sehr geschämt. Niemand konnte mir die Entscheidung abnehmen und ich musste handeln, um nicht nachher ein Kind zu haben, was mich in einem Zustand des vollkommenen Unglücklichseins angetroffen hätte. Ich war doch noch gar nicht so weit. Ich war ein halbes Jahr mit meinem Freund zusammen und hatte endlich für mich, für *meine* Person eine Familie gefunden. Und ich wollte das nicht sofort hergeben. Ich hatte mich selbst doch noch gar nicht kennen lernen können, ich brauchte Zeit. Und anscheinend brauchte ich diesen Schmerz, um mit mir selbst in Einklang kommen zu können. Nach den Abbrüchen zerbrach die Beziehung. Ich hatte jegliche Gefühle

unterdrückt, ich wusste nicht mehr, was ich fühlen und denken durfte. Es war enorm schwierig für mich, das angefangene Leben, die Ausbildung, mit Disziplin und Kontinuität weiterzuführen. Habe immer mehr gekifft und mich abgekapselt. Mein Freund hatte mich enttäuscht, ich hatte den Respekt vor ihm verloren. Wir haben noch ein Jahr versucht, uns wieder zu finden. Wenn wir unter Drogen standen, war es gut erträglich. Ich wusste nicht, dass ich mir Hilfe hätte suchen müssen. Ich zog in eine eigene Wohnung und innerhalb kürzester Zeit lebten wir uns auseinander. Und verliebten wir uns auch beide neu. Aber ich verdrängte und kiffte weiter.

Und schlief wieder mit einem Mann, betrunken, keine Lust, mich *nicht* verführen zu lassen, keine Lust, über die Zukunft nachzudenken, ich wurde zum 4. Mal schwanger. Gleichzeitig wurde mir die Arbeitsstelle gekündigt. Ich bin damals zerbrochen. Habe keine normalen Sätze mehr gesprochen, nur noch Hilfsjobs gehabt, um mich über Wasser zu halten, hatte aber immer was zum Kiffen. Keiner konnte mehr etwas mit mir anfangen. Ich habe Drogen genommen und sehr viel Zeit verpasst, um mit den Dingen, die mich belastet haben, klarzukommen.

Dann bin ich Mutter geworden, ich habe einen Sohn bekommen, er wird in Kürze vier. Ich war der festen Überzeugung, niemals mehr gutmachen zu können, was ich verbockt hatte. Nach so vielen Chancen, die ich vertan hatte, hatte ich keine mehr verdient, aber ich habe sie bekommen. Ich habe mit dem Kiffen, Rauchen und Trinken aufgehört, von heute auf morgen, und habe innerhalb eines halben Jahres gelernt, mit fast allem zurechtzukommen, was ich in den letzten Jahren nicht geschafft hatte. Nicht gerade viel Zeit, um sein eigenes Leben komplett umzugestalten. Dann wurde ich noch mal schwanger, aber leider starb mein zweites Kind in der Schwangerschaft. Mein Baby ist nicht mehr da. Ich hätte eine Tochter gehabt. Doch sie ist viel zu früh geboren worden und ich darf nun nicht miterleben, wie sie groß und stark wird. Sie war schon ziemlich groß, und als ich sie im Arm hielt, hat ihre Vollkommenheit mich sehr glücklich gemacht.

Welches war die härteste Erfahrung dabei?

Ich habe mich bis heute nicht von den 4 Kindern verabschiedet. Bei meinem Mädchen war es anders. Ich hatte keinen Mord, keine Ausschabung erlebt, sondern eine Geburt, und ich wusste, dass ich es bis zu einem gewissen Punkt hätte erzwingen können, mein Kind am Leben zu halten. Aber die Vernunft des Herzens hat dann doch gesiegt. Man ist einsam. Niemand kann einem die Last abnehmen.

Was hat dir geholfen, diese Krise zu bewältigen?

Was geholfen hat, war die Zeit. Die Zeit hat sich einen Weg gebahnt und mich immer wieder daran gehindert, Hand an mich zu legen. Einerseits hatte ich oft suizidale Gedanken, anderseits wollte ich des Öfteren einen Neuanfang beginnen, mit anderen Menschen, in anderen Städten. Das Internet war da sehr hilfreich, denn virtuell ist man sehr viel schneller in der Lage, offen zu sein. Aber es hat nie geklappt. Vor allem habe ich nie begriffen, dass ich mich da selbst belogen habe. Irgendwie musste auch diese Erfahrung her.

Sehr geholfen hat mir, das Gute zu sehen. Dass es einen Sinn hat, haben MUSS. Nicht aufzugeben, mich nicht aufzugeben. Mich schätzen zu lernen. Zu sehen und zu wissen, welche Qualitäten ich dennoch besitze. Loslassen. Zu lieben und loszulassen. Aber auch Menschen und die Gespräche mit ihnen haben geholfen. Wichtig war auch die Arbeit an mir selbst. Mein kleiner Sohn hat mir sehr dabei geholfen, mich und meine Werte noch einmal zu überprüfen: Was wurde mir gegeben und was fehlt noch, um gut zu meinem Kind sein zu können?

Was hast du in dieser Krise gelernt?
Dass man seinem Weg, dem spirituellen, nicht ausweichen kann. Alles wird so lange und so oft wiederholt, bis man es endlich kapiert hat. Und dass man sich nur selbst dahingehend ändern kann, diesen zu ändern und dann zu wählen, was am ENDE wie sein könnte.

Inwiefern war Spiritualität für dich in dieser Krisenzeit eine Hilfe?
„Und ist es auch noch so schwer, kommt irgendwo ein Lichtlein her." So ähnlich ging es mir in meinen schlimmsten Zeiten. Wenn ich dachte, schlimmer kann es nicht mehr kommen, dann hat sich meist (zurückblickend) fast im selben Augenblick etwas Wundervolles ergeben.

Was ist für dich Spiritualität?
Es ist eine Erfahrung, ob sie empirischer Natur des diesseitigen Lebens ist oder des jenseitigen, kann ich nicht genau sagen. Bei mir war sie wohl immer irgendwie anwesend. Sie hilft mir, dem Leben und Sterben einen Sinn zu geben.

Inwiefern bist du heute dankbar für diese Krise?
Ich habe mich weit entwickelt. Ich weiß selbst nicht, wohin es mich noch führen wird und welche Aufgabe mir dadurch erlassen oder gegeben wurde. Ich sehe vor allem besser, was wichtig ist, um den Tag zu erleben.

Wie geht es dir heute?
Gut!! Sehr gut. In meiner schlimmsten Zeit hätte ich niemals gedacht, dass ich einmal so froh über mein Leben sein würde. Mein Studium hatte ich unterbrochen,

denn wann hätte ich sonst Zeit für mein Kind gehabt?! Nun fange ich wieder an zu studieren. Ich habe keine Angst mehr vor Problemen und bin sicher, bei einer weiteren Krise am Ende wieder lachend dazustehen und mich über diese auch noch freuen zu können.

Welche hilfreichen Tipps könntest du Menschen geben, die durch eine Krise gehen?

Vielleicht dieses Buch zu lesen?! Nicht aufzugeben und fest daran zu glauben, dass es irgendwann ein Ende mit ganz viel Glanz und Licht geben wird. Und sprechen. Sprechen mit Menschen, denen man begegnet, auch wenn es vielleicht zum x. mal ist. Wenn man sich verkapselt, wird man krank.

Arnold

Gartenbauer (31), selbständig

Durch welche Krise bist du in den letzten Jahren gegangen?

Durch eine private und berufliche Krise, in der ich mich immer wieder grundsätzlich in Frage gestellt habe. Ich wusste nicht, ob ich das Richtige tue oder nicht, und hatte deshalb einen ziemlichen Hang zur Depressivität. Früher habe ich Probleme immer auf die Seite geschoben, sie ignoriert. Das ging jetzt in dieser Krise nicht mehr. Inzwischen haben sich viele Dinge geklärt, die ich vorher verneint hatte.

Welches war die härteste Erfahrung dabei?

Dass man in solchen Zeiten Menschen verletzt und sie deshalb verliert. Es ist schwer, mit ihnen zusammen diesen Weg zu gehen, deshalb stellt sich immer wieder die Frage, ob man sich trennen soll oder muss. Was für mich am härtesten ist und war? Dass man Menschen verliert. Vieles geht auseinander, zu vielen Menschen habe ich heute Distanz. Das ist hart. In der Vergangenheit war vieles einfacher als das, was ich jetzt mitmache. Aber man findet auch neue Menschen. Neue Menschen haben mir durch diese Krise geholfen, oft besser, als die bisherigen Freunde es hätten tun können.

Was hat dir geholfen, diese Krise zu bewältigen?

Das Wichtigste war der Austausch mit anderen. Es war total wichtig für mich, mit anderen und mit meiner Partnerin darüber reden zu können. Ich hatte viel Unterstützung durch Freunde, aber auch professionelle Hilfe von außen. Vor allem ganz alte Freunde hatten einen sehr guten Blick dafür, was los war. Sie kannten mich von früher, mit ihnen hatte ich immer einen sehr guten, intensiven Kontakt. Sie haben mich sehr ermutigt, mehr als die Freunde aus der jetzigen Lebensphase. All das hat mir geholfen, mein Problem (oder meine Probleme) aus verschiedenen Richtungen zu sehen. Es war wichtig, mir von anderen helfen zu lassen und diese Hilfe auch anzunehmen. Denn erst wollte ich mir nicht helfen lassen, ich wollte es alleine tun. Aber irgendwann kam ich an einen Punkt, wo das nicht mehr ging. Die Hilfe von anderen hat es mir möglich gemacht, mit meinen Problemen „praktisch" umzugehen und so die Krise gut zu durchstehen. Hilfreich waren dabei vor allem die Kinesiologie (für mein Tun), die Familien-Aufstellung (für mein Denken) und die Astrologie (um mich zu verstehen und für das Nach-vorne-Schauen).

Was hast du in dieser Krise gelernt?

Tja, da ich momentan noch nicht über den Berg bin, kann ich noch nicht alles aufzählen. Aber eines steht fest: Man sollte sich helfen lassen und nicht den Kopf in den Sand stecken. Manchmal ist es besser, mit Leuten zu reden, die einen kaum kennen, weil diese alles neutraler und realistischer sehen als Freunde und Bekannte.

Inwiefern war Spiritualität für dich in dieser Krisenzeit eine Hilfe?

Sie war meine immer wiederkehrende Stütze. Es war gut zu wissen, dass sie da war und mir eine Hilfe bot, die mir meine Freunde, Bekannten und Geschwister eben nicht geben konnten, z.B. das (astrologische) Wissen, wann diese Krise zu Ende gehen würde. Spiritualität hat mir geholfen bei Fragen, die ich mit mir selbst klären musste, wo andere mir nicht bei helfen konnten. Ich habe den Eindruck, meine Spiritualität „sucht" etwas für mich, aber ich kann das nicht fassen. Es ist genau wie Gott. Einmal habe ich eine emotionale Befreiung erlebt, da kam deutlich auch Spiritualität auf. Mir wurde total warm ums Herz. Ich erfahre es als eine Art „Bewusstseinserweiterung", ich wurde aufgeweckt, ich bin wach gemacht worden. Jedenfalls achte ich inzwischen viel mehr auf mich und auf meinen Körper. Ich habe ein viel feineres Empfinden bekommen für andere Menschen, auch für Kunden. Dadurch erlebe ich alles viel bewusster, ich fühle, wie eine Situation ist, wie die Stimmung ist. Das ist nicht immer einfach, vor allem, wenn es Spannungen gibt, zum Beispiel, wenn andere Menschen Beziehungsprobleme haben.

Was ist für dich Spiritualität?

Das ist schwer zu beantworten, denn dieses Wort heißt ja „Geistigkeit", „Übersinnlichkeit". Das ist, was Spiritualität ist, es ist *über* meinen Sinnen. Ich kann diese Art Spiritualität aber nicht wirklich annehmen, ich selbst würde es anders ausdrücken: Spiritualität ist sich *weiterzuentwickeln*, offen zu sein für sein *Leben*, für das, was war, und für das, was ist. So würde ich es beschreiben. Spiritualität heißt, das Leben in die Hand zu nehmen, Schritte zu tun, um dem eigenen Ich, dem eigenen *Sein* näher zu kommen. Ich fühle auch, ob andere spirituell sind oder nicht. Das fühle ich einfach. Und automatisch gehe ich anders mit diesen Menschen um. Ich begrüße sie anders, umarme sie, hören ihnen besser zu ... Mit ihnen ist Austausch möglich, es gibt andere Themen, man hört sich gegenseitig zu und so wird auf Dauer der Horizont immer weiter.

Inwiefern bist du heute dankbar für diese Krise?

Da sie noch nicht vorbei ist, kann ich es nicht sagen. Aus der Erfahrung, die ich gemacht habe, ist eines klar: Dass es immer ein Danach gibt (hoffe ich zumindest). Es wird immer eine Antwort geben auf meine Fragen. Auf Fragen wie: Warum tue ich dies oder das, warum verhalte ich mich so, warum reagiere ich so oder eben nicht, wie oder wodurch werde ich gesteuert? Ich bin dankbar, weil ich durch diese Krise einen Schritt nach vorn gemacht habe. Ich bin mehr *ich selbst* geworden. Mein Ziel ist, herauszufinden, *wer ich bin*, wer diese Seele ist, die ich bin (lacht verlegen). Meine Seele hat viele Facetten, das ist mir durch diese Krise bewusst geworden. Ich habe angefangen, mit mir selbst bestimmte Sachen zu klären. Dafür brauchte ich den Druck der Krise. Die Krise hat vieles aufgerüttelt, beinah aufgerissen, wie bei einem guten Nährboden. Sie hat neuen Samen in den Boden gelegt (Gedanken, Ideen, Hoffnungen, Ängste), aber dieser Samen muss noch wachsen.

Wie geht es dir heute?

Im Moment geht es mir gut, der Situation entsprechend, je nach Tagesform optimistisch oder eher pessimistisch. Nur dass ich eben diese Krise noch nicht hinter mir habe. Ich habe sie tatsächlich noch nicht hinter mir, das spüre ich. Vor allem muss ich mir über meine Beziehung noch klarer werden.

Welche hilfreichen Tipps könntest du Menschen geben, die durch eine Krise gehen?

Sich auf die Suche zu machen nach dem Problem, das da ist, und zu untersuchen, warum es da ist. Und sich nicht abzuwenden und Sch... zu sagen, nicht zu Hause zu bleiben und sich selbst zu bemitleiden. Aufstehen ist schwer, aber man muss auf den Beinen bleiben und darf nicht aufgeben. Wichtig ist, zufrieden mit sich und der Welt zu sein (Ich arbeite noch dran!). Wir sind alle wie eine Zwiebel: Nach jeder Schale, die wir abstreifen, kommt eine neue und bei jeder Schale muss man weinen. Es ist ein hartes Stück Arbeit, aber ich glaube daran.... Es ist für DICH, du hast es verdient, aus deinem Schatten herauszutreten und das Neue an dir zu finden.

Anmerkungen:
Ich habe nicht überlegt, was sich schreiben oder sagen soll. Es kam einfach aus mir raus, ohne Nachdenken, von der Leber weg. Es war für mich wie eine Bestandsaufnahme, die deutlich gemacht hat: Okay, da wollte ich hin. Zwar mit ein paar Schrammen, weil das Gebüsch dornig war, aber ich habe es geschafft!

Emma

Sozialpädagogin (37), leitende Angestellte

Durch welche Krise bist du in den letzten Jahren gegangen?
Meine Krise entstand durch eine berufliche Veränderung, ich bin nämlich innerhalb unserer Organisation hierarchisch „aufgestiegen“. Die damit verbundene neue Rolle, insbesondere gegenüber den Mitarbeiterinnen (alles frühere Kolleginnen!), habe ich für mich zunächst nicht finden bzw. füllen können. Ich fand meinen Platz nicht, war nirgendwo aufgehoben, noch nicht sicher angekommen; ich verlor jegliche Orientierung, war total verunsichert, zweifelte stark an mir und an meinen Kompetenzen. Ich hatte den Boden unter meinen Füßen verloren und bestand nur noch aus Sorge um alles Mögliche, sah nur noch „Baustellen“, konnte nicht mehr abschalten und hatte das Gefühl, alles falsch zu machen. Am Ende des Tunnels sah ich *kein* Licht und ich dachte, dieser Zustand würde ewig anhalten. Positive Erlebnisse, Situationen und Erfahrungen nahm ich überhaupt nicht mehr wahr.

Welches war die härteste Erfahrung dabei?
Grenzverletzendes und grenzüberschreitendes Verhalten von Mitarbeiterinnen und einer externen Beraterin. Durch meine große Verunsicherung war ich kaum in der Lage, mich vor diesem Verhalten zu schützen, zeitweise traf es mich bis ins Mark und verletzte mich zutiefst.

Was hat dir geholfen, diese Krise zu bewältigen?
- mich und meine Sorgen und Nöte immer wieder mitzuteilen, d. h. letztendlich die Krise „offen“ zu machen
- Hilfe von außen, in Form von Beratung hat mir geholfen, mich wieder zu sortieren/strukturieren, zu orientieren und letztendlich: mich zu entwickeln
- Eine positive, zuverlässige, stabile und wohlwollende Partnerschaft und Freundschaften, die mich verstanden, trugen und stärkten
- mich und meine Bedürfnisse, Wünsche und Ängste wahrzunehmen und sie umzusetzen

Was hast du in dieser Krise gelernt?

- auch eine Krise hat ein Ende, das heißt, es gibt doch ein Licht am Ende des Tunnels
- Krisen bringen – im positiven Sinne – viel in Bewegung
- Differenzierung zwischen beruflichen (z.B. Strukturen, Kultur der Einrichtung usw.) und persönlichen (eigene Haltungen, Werte, Leitsätze) Anteilen der Krise
- Handeln statt Reden und Denken
- Ich kann mich und damit auch die Krise aktiv verändern
- Eigener Schutz ist auch in Krisen wichtig (werde ich so schnell nicht vergessen)
- Ich darf auch unnett sein
- Schuldgefühle haben ist okay
- Fehler sind wichtige Teile des Tuns

Inwiefern war Spiritualität für dich in dieser Krisenzeit eine Hilfe?

Während der Krise hatte ich das Gefühl, dass ich z.B. nicht kündigen sollte; allerdings konnte ich mir rational nicht erklären, warum ich nicht alles „hingeworfen" habe. Mein „Bauch" hat mich, zum Glück, davon abgehalten. Ich habe zum Schutz bestimmte Farben getragen und bestimmte Öle benutzt. Bei bestimmten Gesprächen habe ich meinen Sitzplatz aktiv gewählt (z.B. in welcher Himmelsrichtung). Ich habe positive Gegenstände bei mir getragen und habe stärker auf die Wahrnehmung meiner Gefühle geachtet.

Was ist für dich Spiritualität?

Ich weiß nicht genau, was ich alles zu Spiritualität zähle; auf jeden Fall Gefühle, Schwingungen und Intuitionen, die ich unabhängig vom Denken wahrnehme. Ich weiß, dass ich mich darauf verlassen kann.

Inwiefern bist du heute dankbar für diese Krise?

Ich bin dankbar für die Krise, da ich durch sie viel über mich gelernt habe. Ich hatte noch einmal die Möglichkeit, mich weiterzuentwickeln, neue Haltungen auszuprobieren und mich noch einmal stärker für meine Wünsche und Bedürfnisse zu sensibilisieren.

Wie geht es dir heute?

Meine Krise ist noch sehr „frisch"; trotzdem kann ich mir die vergangenen Monate schon ansehen, mit allem, was ich – insbesondere über mich selbst – gelernt habe. Das Verhältnis von „Leid / Schwere / Anstrengung" und positiven Lernerfahrungen ist inzwischen etwa gleich, aber mit jedem Tag kommt für mich ein großes

Stück positiver Entwicklung / Chance dazu. Nicht mehr lange und dieser Teil wird als Ergebnis überwiegen.

Welche hilfreichen Tipps könntest du Menschen geben, die durch eine Krise gehen?

- Teile dich in der Krise mit; teile dadurch die Krise mit anderen.
- Sei auch offen für die positiven Erlebnisse, Erfahrungen und Situationen innerhalb der Krise.
- Eine Krise ist eine einmalige Erfahrung, die viele Entwicklungen, Veränderungen und Chancen bereithält.
- Krisen gehören zum Leben.

Anmerkung:
Es hat Spaß gemacht, noch einmal die vergangenen Monate und meine Entwicklung anzuschauen!

Arthur

Manager (41)

Durch welche Krise bist du in den letzten Jahren gegangen?
Eine *echte* Krise? … Ich bin durch eine kleine Krise gegangen, aber da habe ich so viel draus gelernt, dass ich das gern erzählen will. Im Zusammenhang mit einer aufwendigen Reorganisation unseres Betriebes war ich auf einmal gezwungen, mich auf meine eigene Stelle zu bewerben. Alle mussten das tun, mit Hilfe eines Assessment-Centers. Ich hatte so was noch nie mitgemacht und hatte ziemliche Angst davor, ich war sehr verunsichert.

Welches war die härteste Erfahrung dabei?
Die Ohnmacht und mein Kampf damit, in den Wochen vor dem Assessment-Center. Von 12 Managern sollten nur noch 7 übrig bleiben, das wussten wir. Ich war sehr verunsichert und wusste auf einmal nicht mehr, was ich kann oder wer ich bin. In diesem Test würde auf eine objektive Weise ans Licht kommen, was ich wirklich kann und was nicht. Etwa wie bei einem Röntgenfoto meiner ganzen Person. Ich wusste, dass ich – intellektuell gesehen – Schwachstellen hatte, aber ich wusste auch, dass ich ein sehr guter Manager bin und sehr gut mit Leuten umgehen kann. Aber was, wenn sie das nicht so sehen würden oder wenn das nicht

zählte? Ich war ausgeliefert an andere, es hing davon ab, was sie sehen würden und wie sie mich beurteilen würden.

Was hat dir geholfen, diese Krise zu bewältigen?

Viel reden und nachdenken, das war absolut wichtig! Ich habe mir professionelle Hilfe geholt, um gemeinsam über diese Dinge und über mich nachzudenken. Dies hat mir geholfen, mich zu ordnen, und auf diese Weise wurden meine eigenen Stolperstellen bloßgelegt, über die ich sonst wahrscheinlich gestrauchelt wäre. In den Gesprächen gab es irgendwann eine Art „Wendepunkt". Mir wurde klar, was immer auch geschehen würde, es würde nichts an meiner Person ändern. Damit konnte ich die Situation akzeptieren, wie sie war, und damit wurde es einfacher. Was mir auch geholfen hat, waren die täglichen Gewohnheiten zu Hause, mit den Kindern und mit meiner Frau. Sie hatten Aufmerksamkeit nötig und zwangen mich, mich mit normalen Dingen zu beschäftigen. Sie brachten mich immer wieder zurück auf den Boden. Ich genieße sehr, dass sie da sind, sie geben mir Energie und Luft zum Atmen.

Was hast du in dieser Krise gelernt?

Ich habe enorm viel gelernt. Und zwar, wie Krise funktioniert, Krise im Allgemeinen. Was macht man mit in Krisenzeiten, was begegnet einem, was ist die eigene Basis-Haltung gegenüber den Schwierigkeiten, denen man begegnet...Diese Dinge sind mir alle viel deutlicher geworden und darüber bin ich sehr froh. Ich habe meine Haltungen und Einstellungen untersucht, um herauszufinden, was meine eigenen Ausgangspunkte sind, meine innere Basis, von der aus ich denke und handele. Und was ich da gefunden habe, macht mich glücklich. Denn ich habe entdeckt, dass es in mir ein *Grund-Vertrauen* gibt, dass es gut werden wird, selbst wenn es „schief gehen" sollte. Also eine Art Glauben, eine Mischung aus Hoffnung und positiven Erfahrungen, die ich früher gemacht habe. Das verstärkt sich gegenseitig und formt eine positive Spirale. Dies gab mir innere Ruhe und half mir, den Schwierigkeiten zu begegnen. Auf dieser Basis war es mir möglich, 1. zu akzeptieren, dass es diese Krise gab, und 2. mich ihr zu stellen und sie kommen zu lassen.

Die Krise hat mich reifen lassen, nun bin ich in der Lage, Zugeständnisse zu machen, aber auch andere, neue Wege zu gehen. Ich wusste, wenn ich nicht angenommen werden würde, dass ich dann auch andere Dinge tun könnte. Es ist nicht schlimm zu verlieren. Entweder ist dieser Weg dann für mich nicht vorgesehen oder diese Stelle ist für mich nicht geeignet. Vielleicht war ich noch nicht so weit? Oder vielleicht verdienen sie mich nicht? Nach all dieser inneren Unsicherheit habe ich die Haltung entwickelt: Ich bin, wie ich bin. Ich weiß, was meine Kapazitäten sind und was sie an mir haben. Ich stehe zu ihrer Verfügung. Wenn nicht, dann ist es auch gut.

Inwiefern war Spiritualität für dich in dieser Krisenzeit eine Hilfe?

Das Wort „Spiritualität“ sagt mir nicht viel, ich rede eher von dem Sinn, den Dinge oder Ereignisse haben. Wenn es nicht geklappt hätte, dann hat dies anscheinend so sein müssen. Dies meine ich nicht im spirituellen Sinne, obwohl man das so verstehen könnte. Wenn sie mich nicht genommen hätten, dann wäre eine neue Situation entstanden, da brauche ich mich nicht für zu schämen. Ich habe das ab diesem Wendepunkt nicht mehr als „eng“ erfahren, sondern eher als Freiheit, ich konnte freier denken und handeln. Dies war möglich, weil es mir gelang, die Situation als *gegeben* anzusehen, ich konnte all meine Zweifel annehmen, meine Unsicherheit, meine Ängste, die nun einmal da waren. Sinnvoll ist für mich, was gut ist. Mir wird warm, wenn etwas gut ist, dann fühle ich *Sinn.* Es ist sinnvoll, Unsicherheiten zuzulassen und sich nicht zu verkrampfen.

Was ist für dich „Spiritualität“?

Basis-Vertrauen zu haben. Wo ich das herhabe? Durch einfach *zu sein.* Am Beispiel unserer Kinder sehe ich, wie wichtig es ist, „echt“ zu sein. Die Kinder fühlen, wenn ich nicht wirklich „echt“ bin, meine Mitarbeiter übrigens auch. Was man ausstrahlt, bekommt man zurück und indem ich *ich selbst* bleibe, bekomme ich auch ehrliche Reaktionen zurück. Ich bin mein Werkzeug, ich habe kein anderes, da muss ich es mit tun, so oder so. Indem ich ich selbst bleibe, begegne ich anderen und gebe ihnen außerdem die Chance, auch sich selbst zu bleiben. Erst in der *Authentizität* begegnet man sich wirklich und dann gelingt es, die allerschwierigsten Dinge miteinander zu besprechen. Dies ist manchmal eine richtige Prüfung für mich, ein Test, aber erst dann weiß ich, ob ich auf dem richtigen Weg bin. Man kommt so viel weiter. Und meine Arbeit besteht nun einmal aus Kontakt, Fühlen, Spüren, Reden, Motivieren, vor allem Motivieren für Veränderungen. Das geht nur, wenn man „echt“ ist. Aber dann macht es Spaß. Und andere merken mir das an.

Meine Sicht auf Mitarbeiterführung ist nicht gerade verbreitet, aber ich habe Bücher entdeckt, in denen diese Sicht geteilt wird. Wenn man Menschen die Chance gibt, sich zu entwickeln, dann setzen sie sich ein und bringen gute Leistung. Dann übernehmen sie Verantwortung. Dafür muss ich ihnen mein Vertrauen geben. Das ist eine Vision, mit der man weit kommen kann. Sie bereichert mich. Es ist für mich eine Art Wahrheit: Wenn Menschen sich entwickeln können, dann werden sie reicher, sie kommen auf ein *geistliches* Niveau. Das gelingt, wenn sie mit ihrer Entwicklung beschäftigt sind. Ob das nun spirituell ist? Ich weiß es nicht.

Eigentlich interessiert mich das auch nicht wirklich. Ein gutes Gefühl zu haben ist auch eine Form von Spiritualität, die so genannte „seelische Ruhe". Obwohl gute Gefühle auch psychologisch sein können, auf eine eher egoistische Art. Das spielt manchmal dabei sicher auch eine Rolle.

Ich benutze nicht gern die Worte „Glauben" und „Spiritualität", sie sind mir zu konfessionell, dagegen fühle ich eine Abneigung. Ich halte es lieber mit dem englischen „belief", was eher Auffassung, Meinung oder auch Haltung bedeutet. Es bezieht sich auf die Basis meines Handelns. Manchmal habe ich Angst, dass mein „belief", also das, woran ich glaube, mich im Stich lassen könnte, aber das habe ich noch nicht erfahren.

Möglicherweise bin ich spirituell? Für mich heißt Spiritualität, zu lernen und sich zu entwickeln. Was motiviert mich, zu handeln und genau auf diese Weise zu handeln? Das zu entdecken, mich zu entdecken, das ist für mich spirituell.

Inwiefern bist du heute dankbar für diese Krise?

Ich bin dankbar!! Ich bin froh, dass ich dies erfahren habe, es war eine gute Erfahrung. Ich war sehr unsicher und habe doch alles teilen und besprechen können. Ich bin froh, dass es mir gelungen ist, ich selbst zu bleiben, und das in einer sehr schwierigen Situation.

Zu entdecken, dass ich die Haltung habe „Es kann kommen was will, wir werden es sehen", das macht mich sehr glücklich. Ich fühle mich seitdem ein gutes Stück reicher, denn es gibt mir mehr Raum für mich selbst, den Raum, ich selbst zu sein. Dieses Gefühl ist eine Art Lebenshaltung geworden, es ist mir sehr kostbar, ich pflege es. Es ist ein Gefühl, als ob ich damit die Wahrheit pflege und achte. Mir wurde deutlich, dass ich auf der Suche nach Wahrheit bin und diese Suche besteht darin, aufrecht und ehrlich zu bleiben. Es ist meine Überzeugung, dass man damit sehr weit kommen kann. Nach der Krise war diese Überzeugung viel deutlicher. Alles, worüber wir nun gesprochen haben, fühlt sich gut an, es gibt mir Energie. Selbst die Zweifel sehe ich als sehr positiv an. Sie haben mich angespornt, zu suchen und neugierig zu sein. Man lernt aus ihnen, sie helfen uns, uns zu entwickeln.

Wie geht es dir heute?

Mir geht es richtig gut und das genieße ich. Aber in mir ist auch die Frage: Wie wird die folgende Krise? Ich bereite mich innerlich ein wenig darauf vor. Das wird dann das nächste Projekt, die nächste Sorge, aber ich gehe anders hinein. Ich bin sehr reich geworden! Ich bin jetzt 41, habe also noch rund 25 Jahre zu arbeiten, das gibt mir noch viel Raum, um mich zu entwickeln.

Welche hilfreichen Tipps könntest du Menschen geben, die durch eine Krise gehen?

Wichtig ist, zu vertrauen, dass es gut wird, auch wenn's schief gehen sollte. Und alle Ängste und Zweifel zuzulassen. Ein chinesisches Sprichwort sagt: „Zweifel sind die größte Ehrerbietung der Wahrheit gegenüber." Zweifel sind nötig, damit sollten wir weitermachen. Zweifel lassen uns suchen nach dem, was am besten für uns ist. Aber was das Beste ist, das wird sich entwickeln, das kann man nicht im Kopf ausdenken. Wichtig ist auch, die Erfahrungen mit anderen zu teilen, *echt* zu teilen. Lass deine Ängste sehen, egal, ob sie real sind oder nicht. Wichtig ist, sich nicht selbst mit finanziellen Verpflichtungen in die Klemme zu bringen. In dieser Hinsicht ist es nötig, total ehrlich zu sein, sonst hat man eines Tages eine viel zu hohe Hypothek am Bein. Dann verkrampft man sich und ist nicht mehr ehrlich sich selbst gegenüber und gegenüber den eigenen Entscheidungen. Dann verliert man sich in diesen Verpflichtungen. Besser ist es, sich den Rücken frei zu halten, so dass man wirkliche Entscheidungen treffen und aufrecht bleiben kann. Hierfür ist es natürlich auch wichtig, eine gute Beziehung zu haben und diese Dinge sorgfältig zu besprechen.

Reflektiere auch über deine eigene Entwicklung, dein Können, deine Erfahrungen in Bezug auf die Lebensphase, in der du bist. Wie viel Energie hat deine Familie nötig und was sind deine eigenen Erwartungen? Stimmen diese Aspekte überein oder müsstest du was ändern und dich anpassen? Wichtig ist auch, sich nicht auf ein bestimmtes berufliches Ziel zu fixieren, sondern den Raum vor sich eher offen zu halten. Man kann seinen Weg nicht im Voraus planen, er kommt auf einen zu.

Hedwig

Yogalehrerin (45)

Durch welche Krise bist du in den letzten Jahren gegangen?

Ich habe mich vor etwa 14 Jahren entschieden, der Welt zu entsagen, das heißt, keine Familie zu gründen und keine Beziehung zu haben; also im Zölibat zu sein und mein Leben nur der Meditation und dem Erlangen von Erleuchtung zu widmen. Durch verschiedene Umstände in meinem Leben ist vor einiger Zeit in mir aber der Wunsch erwacht, eine Beziehung zu haben und mit einem Mann zusammen zu sein. Dadurch bin ich in einen großen Zwiespalt geraten.

Welches war die härteste Erfahrung dabei?

Das Ausgeliefertsein an sehr starke Gefühle, fast wie auf einem Drogenentzug. Nicht zu wissen, was die richtige Entscheidung ist. Die Unfähigkeit, mich nicht entscheiden zu können. Das Ausgeliefertsein und mich dabei völlig alleine zu fühlen.

Was hat dir geholfen, diese Krise zu bewältigen?

Kommunikation, immer wieder mit anderen darüber zu reden, also Austausch mit Gleichgesinnten. Weiter auch das Studium spiritueller Schriften, beten, Hingabe an Gott, der Glaube und das Wissen, dass es „Zustände" sind, dass es nicht die *Wahrheit* ist, also das Wissen um den Geist und um dessen Funktionen. Aber am meisten hat mir das Beten geholfen.

Was hast du in dieser Krise gelernt?

Dass andere mich verstehen, dass alles vergänglich ist, dass jeder Zustand sich verändert, wenn ich es schaffe, bei meiner Entscheidung zu bleiben und nicht aus Verzweiflung handle. Dass es verschiedene Phasen der Krise gibt, dass Beten wirklich hilft, standhaft zu sein und durchzuhalten (klingt vielleicht komisch, ist aber so). Gelernt habe ich auch, wie wichtig es ist, ehrlich zu mir und zu andern zu sein und auf andere zu hören – zum Beispiel auf meinen Lehrer.

Inwiefern war Spiritualität für dich in dieser Krisenzeit eine Hilfe?

Alleine das Beten hat mir sehr geholfen, in der Not wirklich einfach Gott zu bitten, dass er es für mich macht. Ich kann nicht entsagen, wenn er mir nicht die Kraft dazu gibt.

Was ist für dich „Spiritualität"?

Das Wissen um die *Wahrheit*; meine eigene Erfahrung, dass es etwas gibt, was wahr ist, unumstößlich *wahr* ist. Beten zu können, der Glaube an mich und an andere. Die Schriften über Wahrheit.

Inwiefern bist du heute dankbar für diese Krise?

Das kann ich noch nicht sagen, ich lerne mich völlig neu kennen und werde als „neuer" Mensch aus der Krise hervorkommen.

Wie geht es dir heute?

Da ich noch in der Krise bin, sehr unterschiedlich. Meine Zuversicht ist mal groß, mal klein.

Welche hilfreichen Tipps könntest du Menschen geben, die durch eine Krise gehen?

- (Ich finde es schwierig, Tipps zu geben! Denn ich bin noch nicht durch! Vielleicht schaffe ich es ja auch nicht?)
- Lass dir Zeit, zieh dich zurück und erlaube dir, so zu sein, wie du bist (weinen, verzweifelt sein), verstecke also nichts. Immer wieder aber auch den Kontakt mit anderen suchen.
- Rede mit anderen darüber, wie es dir geht, Gleichgesinnte können sehr helfen.
- Sei ehrlich zu dir und zu anderen. Lerne langfristiger zu denken.
- Glaube an dich selbst und sei standhaft.
- Körperliche Arbeit oder Sport (hilft sich zu erden). Hol dir Hilfe.
- Regelmäßige spirituelle Praxis hilft sehr (meditieren, in die Kirche gehen, religiöse Bücher lesen).
- Vertraue deinem Lehrer/ deiner Lehrerin.
- In der Not: Bete!

Janine

Pädagogin (47)

Durch welche Krise bist du in den letzten Jahren gegangen?

Ein schwerer Unfall – auf einem anscheinend sicheren Platz und in einem sehr glücklichen Moment – von dem meine ganze Familie betroffen war. Das ist nun etwa 2 Jahre her. Wir alle wurden von einem Auto überfahren. Meinem Sohn hätte es beinah sein Leben gekostet, aber auch ich und meine Tochter trugen Verletzungen davon. Es ist ein Wunder, dass niemand von uns *ernste* körperliche Schäden zurückbehielt, aber unsere ganze Familie ist durch dieses Unglück traumatisiert.

Gibt es heute noch irgendwelche Nachwirkungen, egal welcher Art?

Bei unserer Tochter gab es nur die Verletzungen von damals, sie hat das alles gut überstanden. Mit unserem Sohn geht es nicht so gut. Er kann keinerlei Stress vertragen, zum Beispiel im Zusammenhang mit der Schule. Er hat enorme Konzentrationsprobleme beim Lernen und ist oft schlimm depressiv. Dann möchte er sterben, er sagt, dass sie ihm sein Leben gestohlen haben! In diesen Phasen ist er sehr verletzlich und empfindlich. Normale Ängste, die zum Leben einfach dazu gehören, kann er nicht vertragen. Und mit mir? Ich kann Autofahren nicht gut vertragen, auch nicht als Beifahrerin. Ich habe auch jetzt noch Schmerzen, bleibende Schmerzen, durch Nervenschädigungen. Und ich bin durch den Unfall in eine schwere Krise gekommen und habe das Gefühl, *alles* verloren zu haben: Verlust meiner „Unschuld“, meiner Lebensfreude, des Gefühls von Sicherheit, das Vertrauen ins Leben und in Menschen, den Sinn des Lebens … und ein Stück meiner selbst.

Inwieweit haben dieser Unfall und deine Krise dich behindert bei der Suche nach Arbeit?

Meine Suche nach Arbeit ist zum Problem geworden. Ich hatte kurz vor dem Unfall erste Schritte unternommen, weil ich wieder arbeiten wollte. Die Zeit war reif dafür und ich hatte Lust dazu. Jetzt, durch diesen Unfall, bin ich viel empfindlicher und verletzlicher geworden. Ich bin unsicher, ob ich unter Druck überhaupt funktionieren kann. Körperlich – und wahrscheinlich auch seelisch – bin ich nicht so belastbar wie früher. Bezogen auf den Arbeitsmarkt ist dies ganz sicher ein Handikap, eine Einschränkung. Man kann das nicht in Zahlen ausdrücken, aber den Versicherungsgesellschaften gegenüber muss man es doch beweisen. Das ist ein Problem. Es hat mir außerdem den Mut genommen, überhaupt anzufangen.

Welches war die härteste Erfahrung dabei?

Am schwierigsten war für mich (am Anfang der Krise), das Gefühl verloren zu haben, warum ich überhaupt lebe. Normal hat man einen Trieb, um zu leben, man *will* leben. Das war weg bei mir. Ich hatte den Sinn des Lebens verloren und die Lust am Leben, beides! Auf einmal war alles bedeutungslos. Ich hatte erfahren, dass man so einfach aus dem Himmel in die Hölle fallen kann, innerhalb einer Sekunde. Das will man doch nicht, oder? Ich kam mir sehr klein vor. Und ich fühlte nichts mehr, alle Gefühle waren weg, ich war lange Zeit gefühlsmäßig wie amputiert. Später kamen die Gefühle zurück. Es war ein Prozess: Erst war ich gefühlsmäßig tot, dann war ich meistens depressiv, dann wütend, dann traurig und danach wieder froh. Ich falle immer noch zurück, aber nicht vollständig, nicht in die Phase von „tot“, sondern nur bis in die Wut.

Wie sieht es insgesamt heute aus?

Wir reden in der Familie noch immer darüber, die Situation und auch meine Krise sind noch nicht 100%ig überstanden. Bei mir gehen immer noch sofort die Alarmglocken, wenn mein Sohn sich nicht gut fühlt. Eine Kleinigkeit kann plötzlich in mir viele Gefühle auslösen, dann kommt jedes Mal noch viel Leid nach oben.

Was hat dir geholfen, diese Krise zu bewältigen?
Geholfen hat vor allem die Betroffenheit von Menschen und ihre liebevolle Aufmerksamkeit. Aber auch die positive Kraft meiner Kinder und die Unterstützung durch meinen Partner. Ich hatte einige Gespräche mit einem Psychologen, aber auch Gespräche und Massagen von einem Körpertherapeuten, der mir mit Kontakt und viel Gefühl bei der Verarbeitung geholfen hat. Ich musste viel ausruhen und schlafen und manchmal habe ich auch Antidepressiva genommen. Auch das Aufschreiben meiner wechselnden Gefühle in einer Art Tagebuch hat mir geholfen, ich schreibe gern. Sehr wichtig war die Natur für mich, ich habe mich viel in der Natur aufgehalten. Die Krönung war der Kauf eines Schrebergartens, mit einem Gartenhäuschen, in das ich mich zurückziehen kann. Auch wenn dies bizarr klingt, es war mir regelrecht ein körperliches Bedürfnis, um weg und raus zu können. Ich musste weg, ans Wasser und in die Natur. So hatte ich mir eine eigene sichere „Sub"-Welt geschaffen.

Was hast du in dieser Krise gelernt?
Dass das Leben einem sehr wehtun kann und dass es nutzlos ist, sich über unwichtige Dinge verrückt zu machen oder sich unter Druck zu setzen. Warum tun wir das? So eine Krise ist ein Prozess mit vielen ups und downs. Ich habe gelernt, dass man sich selbst Ruhe und Zeit gönnen muss, um es in seinem eigenen Tempo zu tun. Jeder hat seine eigene Art und sein eigenes Tempo, um mit einer Krise umzugehen. Gelernt habe ich, dass es Menschen gibt, die gern helfen wollen, aber nicht genau wissen, wie sie einem helfen können. Aber durch manche wird man auch enttäuscht, weil sie es ab einem bestimmten Moment genug finden und keine Lust mehr darauf haben. Sie haben zu wenig Einfühlungsvermögen. Das ist sehr schmerzhaft! Manchmal hat man auch selbst die Neigung, sich zu isolieren, weil man anderen nicht lästig fallen will. Aber ich habe auch erfahren, dass gerade in einer solchen Krise auch neue Freundschaften wachsen können. Wichtig ist vor allem, weiter mit seinem Partner gut zu kommunizieren, so dass er einen versteht und weiß, was in einem vorgeht. Eigentlich hat man keine andere Wahl, als da durch zu gehen, man muss diese Schwierigkeiten selbst angehen und hauptsächlich alles selbst tun. Aber man sollte etwas mit seinem Ärger tun, sonst wird man depressiv. Und manchmal gibt es dann Dinge, die man doch akzeptieren muss, auch wenn sie unehrlich oder unbegreiflich sind. Insgesamt habe ich gelernt, dass man – wenn man alle Phasen gut durchlebt – immer wieder einen Schritt weiter kommt.

Inwiefern war Spiritualität für dich in dieser Krisenzeit eine Hilfe?
In dieser Periode habe ich in einem spirituellen Zentrum Unterstützung gesucht und dort einen kurzen Kursus mitgemacht: „Positiv Denken – Lektionen in Glück". Wir haben auch mit Meditationsübungen gearbeitet. Dadurch habe ich tiefere Einsichten bekommen, tiefere Quellen angebohrt und besser relativieren können. Außerdem habe ich auch Reiki-Sitzungen genommen, um mehr Kraft zu bekommen und im Gleichgewicht zu bleiben. Durch Yoga-Sitzungen konnte ich bestimmte Ängste und Schmerzen fühlen, Emotionen erfahren, äußern und überwinden.

Ich habe auch ein „Medium" besucht, um eventuell eine Erklärung für die Bedeutung des Unglücks zu bekommen. Und insgesamt habe ich nach der tieferen Bedeutung des Vorfalls in einem größeren spirituellen Zusammenhang gesucht. Mir selbst zum Beispiel Fragen gestellt, wie:

Was kann ich tun mit dem, was mir passiert ist? Was lehrt mich dies bezüglich meines Lebens?

Ich habe gemerkt, dass man in Bezug auf die allgemeinen Lebensfragen, auf einem tieferen spirituellen, geistlichen Niveau wachsen kann. Ich bin *geistlich* gewachsen, habe mehr und tiefere Einsichten bekommen und bin irgendwie auf dem Niveau von Weisheit angekommen.

Was ist für dich „Spiritualität"?
Sich damit zu beschäftigen, was Leben ist! Fragen zu stellen und nachzudenken über das Leben und über den Sinn des Lebens. Eben einen Schritt zur Seite zu tun, die Fakten zur Seite zu schieben und nachzudenken über die „andere" Wirklichkeit. Über das, was wir nicht benennen können, was nicht sichtbar ist. Ist alles Zufall – oder nicht? Nachzudenken über Dinge, die geschehen und die man nicht erklären kann. Auf viele verschiedene Weise das Leben anzuschauen und sich nicht nur auf die Fakten zu konzentrieren. Es ist mein Bedürfnis, mehr Sicht zu bekommen auf die alltäglichen Ereignisse. Was tun wir hier? Worum geht es eigentlich? Wozu ist das alles gut?

Inwiefern bist du heute dankbar für diese Krise?
Echt dankbar? Das finde ich schwierig. Aber es hat mir auch etwas gebracht: Ich kann Dinge oder Aspekte des Lebens viel mehr schätzen, auch die kleinen Dinge. Ich kann in guten Momenten glücklicher sein als früher. Ich gebe mehr um Menschen und liebe sie mehr. Ich habe doch etwas mitgemacht, das außergewöhnlich ist und wodurch ich um eine Erfahrung reicher bin. Ich weiß jetzt besser, was gut oder schlecht für mich ist. Ich habe mehr Selbstkenntnis, wie z.B.: Wer bin ich,

wofür stehe ich, was finde ich *echt* wichtig? Schön ist, dass man andere Menschen nun besser begreifen kann und ihnen helfen kann, wenn sie in schwierigen Phasen sind. Und ich schätze Menschen nun anders ein, bin toleranter geworden, kann besser relativieren. Jetzt weiß ich, dass man in Krisen sehr merkwürdige Dinge tut und erlebt, und es ist mir möglich, zuzugestehen, dass andere, die das noch nicht mitgemacht haben, mich nicht begreifen.

Welche hilfreichen Tipps könntest du Menschen geben, die durch eine Krise gehen?

- Du darfst dich fühlen, wie du dich fühlst.
- Und du darfst dich schrecklich fühlen, solange du willst.
- Suche irgendwo Unterstützung oder ein zuhörendes Ohr.
- Suche evt. Hilfe bei einem Therapeuten.
- Frage Freunde und Bekannte um Unterstützung.
- Suche Schicksalsgenossen, Seelenverwandte, unterstützende Gruppen usw.
- Suche Umgebungen auf, wo du dich gut fühlst.
- Und bleib dort weg, wo es nicht gut für dich ist.
- Wehre Tipps und Einflüsse ab, die du nicht willst.
- Die Natur kann sehr heilend wirken.
- Bleibe in Bewegung (wörtlich und im übertragenen Sinne)
- Nimm wieder ein Hobby oder eine (alte oder neue) Leidenschaft auf.
- Nähre dich mit Dingen, die dir Freude geben oder die dir gut tun.
- Schreibe ein emotionales Tagebuch, das ist dein bester Freund. Dort kannst du alles reinschreiben und er ist immer da, auch mitten in der Nacht.
- Verliere deinen Partner nicht, haltet Kontakt, geht zur Not in eine Paar-Therapie.
- Vertraue dir selbst, du kannst mehr, als du denkst.
- Auch wenn du denkst „Ich gebe auf, für mich hat es keine Sinn mehr“: Halte durch!
- Die Täler werden immer weniger tief.
- Traue dich zu fühlen, gehe da durch, du wirst ein reicher Mensch werden.

Andreas

Ingenieur (49)

Durch welche Krisen bist du in den letzten Jahren gegangen?

1. Vor etwa 10 Jahren erlebte ich die Scheidung von meiner Frau, verbunden mit der Aufgabe des gemeinsamen Hauses und der Trennung von meiner Stieftochter.
2. Vor 8 Jahren erfuhr ich die Kündigung durch den Arbeitgeber, trat aber bald eine neue Stelle an, nahm dort eine Wohnung und war deshalb nur am Wochenende zu Hause. Inzwischen wurde ich auch dort gekündigt und bin jetzt wieder auf meiner alten Arbeitsstelle.

Welches war die härteste Erfahrung dabei?

Am schlimmsten war für mich, feststellen zu müssen, dass es einen Menschen gibt, mit dem ich nicht zusammenleben und mit dem ich nicht auskommen kann. Damit ist für mich eine Welt und mein Glaube zusammengebrochen. Ich habe Super-Eltern, mit viel Verständnis. Und deshalb konnte ich nicht glauben, was geschah. Es war ein Schock für mich. Schlimm war auch der Verlust meiner Stieftochter, jeglicher Kontakt war immer mit viel Stress verbunden und an viele Bedingungen geknüpft. Sie konnte doch nichts dafür, wurde aber von ihrer Mutter als Druckmittel benutzt. Ich habe versucht, so ehrlich wie möglich zu sein, deshalb ist der Kontakt jetzt okay.

Was hat dir geholfen, diese Krisen zu bewältigen?

Was mir vor allem geholfen hat, war, ein Tagebuch zu schreiben, da konnte ich alles loswerden. An zweiter Stelle kam die Selbstfindung mit Hilfe von Seminaren (z.B. Mind-Clearing und Yoga). Ich hatte mich bis dahin nicht getraut, über mich zu reden, wollte es aber lernen. Parallel dazu gab es dann auch viele Gespräche mit Freunden. Am besten helfen Freunde, die gut zuhören können. „Ratschläge“ von anderen haben mir nur selten geholfen. Auch Monitoring (eine unterstützende Technik aus dem Yoga) ist wichtig für mich gewesen. Denn ich bin bequem, ich brauchte Leute, die mich nach einer verabredeten Zeit gefragt haben, ob ich an den Problemen arbeite.

Was hast du in diesen Krisen gelernt?

Meine wichtigste Erkenntnis ist, dass Beziehung das Allerwichtigste ist! Alte Freunde zu haben, mit ihnen weiterzumachen und zu reden. Es geht immer weiter, gerade auch dann, wenn ich nicht mehr daran glaube.

Verstanden habe ich, dass ich mich nicht grundlegend ändern kann, sondern lernen darf, mich so anzunehmen, wie ich bin! Das ist eine Gnade für mich! Früher dachte ich, ich könnte mich oder andere ändern. Aber es geht nicht: Es ist, wie's ist. Wir haben nicht wirklich die Wahl, wir können uns eigentlich nur hingeben. *Das* ist die Wahrheit!

Ich bin bewusster geworden und achte mehr darauf, was ich sage. Mein Ziel ist: erst zu denken und dann zu sprechen. Damit ich andere nicht verletze.

Ich habe gelernt, Verantwortung für mich zu übernehmen. Lange Zeit wollte ich mich nicht in die Welt „verwickeln", keine Verantwortung übernehmen. Ich habe einfach nichts gemacht, aber das ist noch schlimmer, als sich zu verwickeln. Vorher habe ich viel geschwiegen, aus Angst, andere zu verletzen oder etwas kaputt zu machen. Jetzt kann ich über mich sprechen, das ist meine Art, Verantwortung zu übernehmen. Ich schiebe die Verantwortung nicht mehr auf andere ab, vielleicht auf Gott, aber auf sonst keinen. Ich trage selbst die Schuld für meine Fehler.

Und ich habe meine Unschuld verloren: Ich bin ein Kind Gottes, aber ich muss auch Verantwortung für mich übernehmen. Ich kann nicht nur hingegeben sein, sondern lebe in der Welt und da verwickelt man sich: Ich fahre Auto und kaufe im billigsten Supermarkt … All diese Sachen belasten mich, ich wollte mich nicht binden und muss es doch. Mir ist bewusst, dass ich ein „Verursacher" bin, ich verschmutze die Erde. Das, was ich tue und wie, hat Auswirkungen. Dafür bin ich verantwortlich. Mit diesem Bewusstsein muss ich trotzdem weitermachen und fahre zum Beispiel Bio-Diesel. Ich kann nicht im Bett und unter der Decke bleiben. Deshalb suche ich nach sinnvollen Wegen und Möglichkeiten, aber am liebsten würde ich Fahrrad fahren.

Inwiefern war Spiritualität für dich in dieser Krisenzeit eine Hilfe?

Wenn ich „Spiritualität" so definiere, dass es Konstanten gibt, die unabhängig von der Zeit sind, dann haben mich diese Konstanten zum Glauben geführt. Und auch dazu, Verantwortung anzunehmen und selbst aktiv zu werden. Und nicht anderen die Verantwortung für mein Schicksal zu geben. Mit Konstanten meine ich, dass es hinter allem etwas gibt, das durchscheint und das man Gott oder Wahrheit nennt. Das ist die Konstante, das Absolute. Konstant ist es, weil sich in meinem Leben alles verändert hat, alles wurde auf den Kopf gestellt, aber dies ist übrig geblieben. Diese Krise hat alles zerstört, woran ich geglaubt habe, alles, was ich hatte. Ein wenig religiös war ich immer schon. Ich hatte sehr religiöse Großeltern, das hat mir immer gut gefallen. Für mich würde „ethisch" aber eher zutreffen als „religiös". Religiös – in konfessionellem Sinne – ist nicht neutral genug, ethisch ist neutraler.

Was ist für dich „Spiritualität"?
Ursache von allem ist das Geistige, für mich gibt es diesen geistigen Ursprung. Aber wann ist jemand spirituell? Wenn man positive Gedanken denkt, das ist konstruktiv, heilend, auf das Gemeinsame gerichtet. Wenn man in Gedanken immer betet, für andere immer das Beste will. Das ist für mich Spiritualität und nicht, wenn man in die Kirche geht oder sich einer bestimmten Religion zuordnet.

Inwiefern bist du heute dankbar für diese Krise?
Ich lebe bewusster und übernehme leichter die Verantwortung. Ich komme aber immer wieder an neue Grenzen, die mir vorher überhaupt nicht bewusst waren. So ganz dankbar bin ich aber nicht, ich wäre lieber wieder „unschuldig". Aber Vertrauen habe ich immer noch, in alles! Ich bin ziemlich naiv und glaube immer noch an das Gute. Ich verstehe das selbst nicht

Wie geht es dir heute?
(Nachdenken) Keine Ahnung … Ich kann nichts mit vielen Leuten anfangen, ich bin lieber in kleinen Gruppen von zwei bis vier Leuten. In größeren Gruppen bin ich weniger ich selbst, ich verliere mich dann. In kleinen Gruppen bin ich eher ich selbst, dort bin ich bei mir und nicht verloren. Ich bin gern mit mir allein. Es ist gut, Ruhe zu haben, auch ohne Musik. Ich brauche diese Momente, diesen Ruhepunkt, das habe ich schon länger. Da will ich keine Ablenkung, ich will mit mir allein sein. Dann kann ich philosophieren. Das ist nahe am Nicht-Handeln (von früher), aber es ist Handeln. Es ist äußerlich identisch, aber es ist innerlich ganz anders. Ich mache eigentlich das Gleiche, aber ich mache es mit anderem Bewusstsein, *mit* Bewusstsein. Ich liebe Philosophen, weil sie diese Dinge präzise ausdrücken!

Welche hilfreichen Tipps könntest du Menschen geben, die durch eine Krise gehen?

- Schreibe jeden Tag auf, was passiert.
- Akzeptiere dich und die anderen Menschen, so wie sie sind.
- Höre bei anderen gut hin und gib selbst keine Ratschläge.

Kristian

Ingenieur (49), selbständig

Durch welche Krise bist du in den letzten Jahren gegangen?

Die wichtigste Krise der letzten Jahre war die Trennung von meiner Frau, mit der damit verbundenen Auflösung der vorhandenen Familienstruktur. Durch den Weggang meiner Frau mit den Kindern konnte ich meine Kinder nicht mehr täglich sehen und musste meine Position als Junggeselle (während der Woche) und als Vater (am Wochenende) neu finden. Daneben und eng damit verbunden war die wirtschaftliche Krise, weil die Trennung hohe finanzielle Belastungen bedeutete.

Welches war die härteste Erfahrung dabei?

Am härtesten traf mich die immer wieder drohende Beschneidung des Kontaktes zu meinen Kindern. Ich fühlte mich oft ohnmächtig angesichts der geltenden Rechtsprechung und sollte mich mit der Tatsache abfinden, dass andere (Gericht, Ehefrau) sich zwischen meine Kinder und mich stellen konnten.

Als zweiten Punkt möchte ich den Verlust von Freunden nennen. Ich habe feststellen müssen, dass dort, wo die Kinder am meisten sind, auch der Kontakt zu den anderen Familien bleibt. Ich habe erst langsam gelernt, dies nicht persönlich zu nehmen, sondern zu verstehen, dass dies für die meisten befreundeten Familien auf diese Weise am „praktikabelsten" ist. Wenn der Kontakt zur „Haupterzieherin" gewährleistet war, war die Wahrscheinlichkeit größer, dass die Kinder sich auch weiterhin viel treffen können.

Was hat dir geholfen, diese Krise zu bewältigen?

Am meisten hat mir die Rückbesinnung auf meine grundlegenden Bedürfnisse geholfen. Was brauche ich wirklich im Leben? Ich habe meinen Lebensstandard zurückgeschraubt. Rückbesinnung auf Werte heißt aber auch, mit Freunden in die Einfachheit zurückzukehren. Keine aufwendigen Hobbys, Wandern statt Surfen, Laufen statt Fitness-Training. Die Rückbesinnung auf die Einfachheit war mir möglich, weil ich spürte, dass ich auch leben kann, wenn man mir (fast) alles nimmt.

Was hast du in dieser Krise gelernt?

Die Erfahrungen, die ich damit gemacht habe, waren erstaunlich. Als ich nichts mehr zu verlieren hatte, habe ich eine neue Qualität von Ehrlichkeit und Offenheit in den Beziehungen zu Freunden gefunden. Ich konnte direkter sein und auch konträre Positionen beziehen. Es war für mich auch ein „Testballon", um zu sehen, ob mich Freunde wegen meiner Meinung oder wegen meiner Person akzeptieren. Im Beruf kam mir diese Direktheit sehr zugute, da ich klarer meine Ziele verfolgen konnte und mich nicht mehr auf taktische Spiele mit Auftraggebern einlassen brauchte.

Inwiefern war Spiritualität für dich in dieser Krisenzeit eine Hilfe?
Die Rückbesinnung auf ein einfaches Leben bedeutet für mich auch die Rückbesinnung auf mich. Jetzt habe ich mehr Zeit für mich. In mein Leben ist Raum für Stille eingetreten, ich lasse mich nicht mehr durch äußere Dinge, wie Ansprüche oder Konsum ablenken. Dieser Lebensstil ist unabdingbar mit Spiritualität verbunden. Zeit, Stille, keine Ablenkung … das ist ein guter Nährboden für Spiritualität. Dazu kommt ein großes Gottvertrauen, welches mich auch in den Stunden der Not immer wissen ließ, dass ich getragen werde.

Was ist für dich „Spiritualität"?
Den Begriff „Spiritualität" benutzte ich nicht gern, da dies für mich ein Sammelsurium von religiösen Gefühlen unterschiedlichster Art ist. Für mich ist die Einbettung in den christlichen Glauben und in dessen Wurzeln und Traditionen wichtig, das ist *mein* Ausdruck des Glaubens. Wenn ich mir Unterstützung durch Yoga oder Meditation hole, so lebe ich doch weiterhin in meinem christlichen Glauben.

Inwiefern bist du heute dankbar für diese Krise?
Ich bin so froh, dass ich in meinem Leben eine zweite Chance bekommen habe. Doch ich sehe dies auch kritisch. Auf der einen Seite spüre ich, dass ich näher an meiner Bestimmung bin und einen ehrlicheren Lebensstil führe, auf der anderen Seite laufe ich in „schrägen" Situationen Gefahr, das „erste" Leben vor der Krise herablassend zu bewerten. Manchmal denke ich, dass ich zu wenig wahrnehme, was ich mit meinem „zweiten" Leben aufgebe (z.B. ein gemeinsames Familienleben).

Wie geht es dir heute?
Sehr gut, ich habe das Gefühl, mir und meiner Mitwelt sehr nahe zu sein.

Welche hilfreichen Tipps könntest du Menschen geben, die durch eine Krise gehen?

- Auch Ratschläge können „Schläge“ sein!
- Es ist wichtig, in Krisensituationen immer zu prüfen, ob man ehrlich ist, nicht nur zu anderen, sondern insbesondere zu sich selbst. Da die meisten Krisensituationen in Beziehungen zu anderen entstehen, ist Ehrlichkeit immer die beste Basis. Es hat sich bewährt, das Leben und die Wünsche, aber auch die Ansprüche an die anderen herunterzuschrauben. Das Downsizing (Reduzieren) schafft auch für andere die Chance, ehrlich zu sein und sich mit ihren Ansprüchen auseinanderzusetzen.

Anmerkungen:
Es hat Spaß gemacht, diese Fragen zu beantworten!

Bernadette (Ananda)

Körpertherapeutin (50), selbständig

Durch welche Krisen bist du in den letzten Jahren gegangen?
Was hat dir geholfen, diese Krisen zu bewältigen?
Was hast du in diesen Krisen gelernt?
Inwiefern war Spiritualität für dich in dieser Krisenzeit eine Hilfe?
Und inwiefern bist du heute dankbar für diese Krisen?

Krise 1
Mit 38 Jahren eine Schwangerschaft zu einem Zeitpunkt, als mein erstes Kind bereits 8 Jahre alt war und für mich eigentlich wieder eine berufliche Entwicklung anstand; darüber hinaus während dieser Schwangerschaft erhebliche Beziehungsprobleme. Alles in allem hat diese Krise dazu geführt, dass ich innerhalb eines Jahres ca. 30 kg Übergewicht zugelegt habe.

Diese Krise ist noch nicht vollständig bewältigt, aber ich bin im Prozess. Vergebungsübungen haben schon zum Teil geholfen. Aber anzuerkennen, was ist, ist immer noch nicht einfach! Inzwischen bekam ich Krebs und das hatte einen guten Einfluss auf die Beziehung zu meinem Mann und zu meinem Kind, eigentlich auf alles!

In Bezug auf diese Krise lerne ich aber immer noch! Hauptthema ist „Abgrenzung“, vor allem gegen emotionale Erpressung! Ich habe gelernt, mich selbst anzunehmen. Ich bin noch nicht wirklich dankbar für diese Krise, weil ich noch nicht ganz da raus bin. Aber entlang des Weges sind schon diverse kleinere Lernerfolge und Erkenntnisse zu verzeichnen.

Mich auf Spiritualität zu besinnen, finde ich in Bezug auf mein Kind am schwierigsten; der Themenkomplex ist sehr vielschichtig! Obwohl Spiritualität für mich etwas Alltägliches ist, finde ich es schwierig, sie in Bezug auf die eigenen Kinder anzuwenden. Zu meinen Kindern habe ich keine Distanz, sie rufen gnadenlos meine Schattenseiten hoch!

Krise 2

Vor zwei Jahre gab es eine Krise mit meinem Geschäftspartner. Er war mein Freund, bevor wir die Gründung einer gemeinsamen therapeutischen Praxis vornahmen. Es tauchten Konflikte auf, die zwar durch seine Person ausgelöst worden waren, aber als Ursache auf meiner Seite mit meinem Vater und mit meiner Kindheit zu tun hatten. Ich bin sehr krank darüber geworden! Gelernt habe ich dabei, dass Offenheit einen immer weiterbringt und dass jedes Problem lösbar ist. Was mir geholfen hat, die Krise zu bewältigen, war die Auflösung des Grundthemas: Vater und Kindheit, mit Hilfe der Mandala-Arbeit aus dem Yoga. Mit Hilfe der Mandala-Karten und der Arbeit damit hat sich das Problem vollständig aufgelöst. Es wurde mir möglich, meinem Vater zu begegnen als einem „Wesen“, er war kein Vater mehr. Wir hatten eine vollständig gereinigte Beziehung! 14 Tage später starb mein Vater!

Das Grundthema war zwar psychologischer Art, aber die Arbeit mit den Mandala-Karten und das Ergebnis sind sicher spirituell zu nennen. Die Karten machen deutlich, wie der menschliche Geist funktioniert und wie die Dinge der einen Ebene in die anderen Ebenen hineinspielen. Die Auflösung des Themas war derart, dass persönliche Rollen weitestgehend aufgehoben waren, Aussöhnung und Liebe übrigblieben und mein Vater letztendlich in Frieden gehen konnte – und ich ihn gut gehen lassen konnte! Ein großes, schweres, dunkles Kapitel meines Lebens ist aufgelöst, wie sollte ich dafür nicht dankbar sein! Auch wenn jetzt der Blick auf andere Themen fallen könnte, die noch auf eine Lösung warten. Es gab nichts Schwereres in meinem Leben als dieses Thema – mit all seinen Ausprägungen.

Krise 3

Außerdem hatte ich vor drei Jahren eine Krise mit meinem spirituellen Lehrer. Es ging für mich um einen großen Konflikt: Jemanden als eine Autorität „über mir“ anzuerkennen, der mir seine Anerkennung versagte (wie ich annahm), also Konkurrenzdenken versus Wunsch nach Anlehnung und Führung.

Diese Krise hatte ein spirituelles Thema! Natürlich hatte ich bereits gute Unterweisungen durch meinen Lehrer erhalten, aber auch das Lesen in anderen

Schriften hat geholfen. Geholfen hat mir zunächst das *Tibetische Buch vom Leben und vom Sterben* (Kapitel: Was ist ein Lehrer, wie soll er sein, was ist zu lernen?). Daraufhin ein Briefwechsel mit meinem Lehrer – bei dem mich am meisten „versöhnte", wie schnell er meinen Brief beantwortet hat! Nun konnte ich mir die „Erlaubnis" geben, zu „gehen" und mir auch andere Lehrer anzuschauen. Ich bin dann anlässlich eines Festes zurückgekommen, hörte mir einen Vorbereitungs-Vortrag über Feuerlauf an – und hatte blitzartig die Erkenntnis über meinen ganz persönlichen „Feuerlauf": meinen Lehrer um seinen Segen zu bitten, mich vor ihm als Lehrer zu verneigen. Ich erfuhr erst später, dass man das „Darshan nehmen" nennt: die Verehrung des Göttlichen im Lehrer. Es war eine außergewöhnliche Erfahrung, in der alles andere um uns herum nicht mehr wahrgenommen wurde – wie in einer „Blase", in der wirkliche Begegnung stattfindet und in der alle Gegensätze aufgehoben sind. Gleichzeitig hatte ich das Gefühl, ganz klein zu sein und mich vor etwas Großem zu verneigen – das nicht die Person des Lehrers war! – Am nächsten Tag gab er mir meinen spirituellen Namen, d.h., er nahm mich als seine Schülerin an.

Ich habe in dieser Krise gelernt, dass die Verantwortung für meine spirituelle Entwicklung ganz allein bei mir liegt, dass ich mir und meiner Urteilskraft trauen darf und dass auch ein Lehrer lieber „Erwachsene" als „Kinder" um sich hat …

Inwieweit ich dankbar für diese Krise bin? … Ich darf meinen Lehrer jetzt lieben – und kann gut trennen von der Person! Ich bin viel freier geworden und hänge nicht mehr von seinem Urteil ab. In gewisser Hinsicht habe ich ihn „funktionalisiert", für Lebensfragen will ich ihn als Lehrer haben und die Widersprüche mit seiner Person tun mir nichts mehr, er kann so sein, wie er sein möchte. Ich fühle mich dadurch sehr frei! Und das, obwohl der Weg zu dieser Art Freiheit über eine Art von „Unterwerfung" ging!

Welches war die härteste Erfahrung bei all diesen Krisen?

Am schwersten auszuhalten ist für mich das, was lange anhält, was die ganze Zeit latent, unterschwellig mitschwingt und das ich nicht lösen kann. Dies bezieht sich vor allem auf mein Kind, es gab so viele gemischte und vermischte Gefühle, die absolut nichts mit ihm zu tun hatten. Wenn ich darüber nachdenke, muss ich aufpassen, dass mich die Traurigkeit nicht packt.

Aber ich habe Erlebnisse hinter mir, die viel härter waren. Als ich sechs Jahre alt war, ist mein Bruder (als Baby) über einen ganzen Tag hinweg langsam und jämmerlich gestorben, weil kein Arzt kam. Das war sehr traumatisch für mich. Und meine erste große Liebe ist mit 17 bei einem schweren Motorradunfall ums Leben gekommen, ich war dabei. Diese traumatischen Ereignisse und die Trauer haben sicher viel Lebensenergie gebunden und waren wahrscheinlich Mit-Auslöser für meine Krebserkrankung.

Was ist für dich „Spiritualität"?

Oh ha! …Spiritualität bedeutet, ein Bewusstsein zu etablieren … (Nachdenken) … Spiritualität ist, mich selbst in einem Gefüge wahrzunehmen, als Teil von allem, mit meinem Platz darin. Sie gibt mir Kleinheit und Größe, Göttlichkeit. Spiritualität hilft mir, meiner Konzepte bewusst zu werden und sie aufzulösen. Sie ist die Beschäftigung mit der Frage, ob es Gott gibt. Als Kind wusste ich, spürte ich es, aber dann habe ich es geleugnet. Spiritualität bedeutet, dem Göttlichen, dem Absoluten einen Platz zu geben im Leben … Spiritualität ist wie Religiosität, sie ist ein Begriff, der die Beschäftigung mit Gott meint. Aber Religiosität macht Leuten Angst! Und ist ganz was anderes als die *direkte* Erfahrung Gottes, als die Erfahrung der Tatsache, dass Gott *ist*. Spiritualität meint, sich außerhalb des alltäglichen Lebens zurückzubesinnen, sich zu Höherem zu entwickeln und bewusster zu werden.

Ich bin katholisch erzogen und war als Kind sehr, sehr religiös, mit viel Hingabe. Aber erst über die Beschäftigung mit dem Buddhismus habe ich Jesus richtig verstanden. Ich bezeichne mich als „religiös", ich folge der buddhistischen Lehre, fühle mich aber auch als Christ, die christlichen Werte sind mir wichtig. Ich habe das Verbindende in den Lehren erkannt. Die Kirche ist für mich eher der Anti-Christ, wenn man sieht, was im Namen der Kirche alles geschieht, was aus der ursprünglichen Lehre gemacht wurde. Die Kirche nimmt den Menschen die Möglichkeit, selbst zu *erfahren*, denn es gibt ja Mittelsmänner, die das für uns erledigen. Allerdings hat sie es nicht geschafft, den einfachen Leuten auf dem Dorf ihre große Hingabe an Gott zu nehmen, den alten Frauen, die große Kraft aus dem Glauben schöpfen. Davor habe ich Respekt!

Wie geht es dir heute?

Heute habe ich Brustkrebs, mit Chemo und allem, was dazu gehört, mit vielen Schwankungen. Ich habe mich entscheiden müssen zu leben. Sonst wäre ich gestorben … ich hatte meinen Tod bereits akzeptiert. Aber das Leben ist ein Geschenk an mich und ich hatte mich noch nicht bedankt. Eher hatte ich es bisher wie eine schwere Bürde getragen, wie einen Sack, der immer voller wurde und getragen werden musste! Ich habe fleißig an mir gearbeitet, neben der Chemo habe ich auch NLP gemacht und Familienaufstellung. In Bezug auf mehrere traumatische Erfahrungen ist es mir gelungen, die psychischen Knoten zu lösen. Mit dem Ergebnis, dass ich nach einem halben Jahr keinen Krebs mehr hatte. Ich habe mich jetzt gegen eine weitere Behandlung entschieden, gegen den Protest der Ärzte. Trotzdem habe ich immer wieder Ängste, Angst vor den psychischen Auslösern der Krankheit. Ich fühle einen enormen Druck, alles richtig zu machen, richtig zu denken. Einmal hatte ich totale Todesangst, bis ich entdeckte, dass sie eine Phantasie in meinem Geiste war, dadurch hat sie sich aufgelöst. Insgesamt bin ich durch diese Erkrankung viel dichter am Leben dran. Mich hat sehr die Frage beschäftigt: Was ist Leben? Leben im Angesicht des Todes: Das ist das *eigentliche* Leben!

Welche hilfreichen Tipps könntest du Menschen geben, die durch eine Krise gehen?

- Immer: Hol´ dir Hilfe! Und zwar von Leuten, die dir – liebevoll – die Wahrheit über dich sagen und dir nicht nach dem Mund reden! Einen Lehrer suchen, kann man nicht als Tipp geben – denn es ist Gnade, wenn man ihn findet. Er kann auch in einem selbst entdeckt werden.
- Die Betrachtungsweise, eine Krise als *Chance* zu sehen, ist sehr hilfreich!
- Sei neugierig auf dich selbst!
- Bei schweren Krisen hilft auch die Einstellung: „Dein Wille geschehe!“ (an Gott, an das Leben oder an die innere Führung gerichtet)

Susan und Pim

Hausfrau (51) und Handwerker (55)

Durch welche Krisen seid ihr in den letzten Jahren gegangen?

Susan: Vor etwa drei Jahren habe ich eine schwere Krankheit bekommen (Parkinson), darüber bin ich in eine Krise gekommen. Es war eine totale Konfrontation, das hatte ich doch niemals erwartet. Ich bin in ein tiefes Loch gefallen. Und es kamen Spannungen auf, die Situation war sehr belastend für unsere Beziehung. Wie sollte es weitergehen? Beide Partner verlieren viel, damit muss man dann umgehen.

Pim: In derselben Woche wurde der Betrieb verkauft, in dem ich arbeite. Wir wussten, dass es nicht gut ging. Und weil es immer schlechter ging, hat mein Chef den Betrieb verkauft. Ich wusste nicht, was weiter geschehen würde, ob ich da bleiben konnte oder nicht …Es war sehr belastend.

Susan: Und drei Wochen später wurde unsere Tochter operiert, zweimal. Es ging schief und sie musste ein drittes Mal operiert werden, danach schwebte sie längere Zeit in Lebensgefahr. Ein halbes Jahr lang waren wir nur mit solchen Katastrophen beschäftigt.

Welches war die härteste Erfahrung dabei?
Beide: Am schwierigsten war, als unser Kind im Sterben lag! Es konnte jeden Moment zu Ende sein. Aber sie hatte einen starken Lebenswillen und hatte glücklicherweise vorher gesund gelebt. Wenn dein Kind stirbt, das ist das allerschlimmste, dann hat das Leben keinen Sinn mehr. Aber wir haben Glück gehabt!

Pim: Ich habe mir vorgenommen, nie mehr zu klagen!

Susan: Schau, wir haben einander noch und können füreinander sorgen. Aber wenn dein Kind stirbt, das ist schlimmer als Parkinson. Ich kann auch jetzt noch Dinge tun, die mir Freude machen. Und wenn ich nichts mehr tun kann, dann kann ich immer noch laufen.

Aber auch wegen meiner Krankheit hatte ich viele schwere Gefühle: die Angst, Pim wegen meiner Krankheit zu verlieren; Angst, dass die Krankheit schnell fortschreiten würde, dann würde er seine Frau verlieren!

Pim: Man denkt doch niemals drüber nach, dass das Leben so schnell über den Haufen gekippt werden kann. Dass es so schnell eine Wendung nehmen kann. Du gehst beim Arzt ins Sprechzimmer, du hörst die Diagnose … und du gehst als gebrochener Mensch nach Hause.

Schwierig war die Frage, wie es weitergehen würde. Ich hatte Sorge, dass Susan vielleicht in ein paar Jahren im Rollstuhl sitzen würde … Es war eine Art „Wut" in mir, gegenüber dem Leben … Es war sehr konfrontierend! Das hatte doch niemand erwartet: Auf einmal hat man Angst, sein Kind zu verlieren und läuft selbst Gefahr, behindert zu werden.

Was hat euch geholfen, diese Krise zu bewältigen?
Susan: Das Gefühl zu haben, dass ich noch gebraucht werde, dass ich für meinen Mann und die Kinder noch „nötig" bin! Wir haben viel zusammen geredet, wir haben zusammengehalten und uns gegenseitig gestützt. Wichtig war, zu probieren, die Gefühle des anderen zu verstehen. Ich kann noch gut im Garten arbeiten, gehe viel spazieren und bin in der Natur. Einfachere Dinge kann ich noch gut tun, so dass ich beschäftigt bin. Das hilft mir, Abstand zu nehmen. Die Liebe meines

Mannes hat mir sehr geholfen und tut es noch. Wie oft geschieht es, dass Beziehungen unter solchen Belastungen zerbrechen?

Pim: Offenheit, Vertrauen und Ehrlichkeit sind die wichtigsten Pfeiler des Lebens. Sie sind alles! Wenn das einmal nicht mehr sein sollte, dann ist eine Beziehung kaum wiederherzustellen, denke ich.

Was habt ihr in dieser Krise gelernt?
Susan: Früher machte ich mir wegen allen möglichen Sachen selbst Druck. Und Sorgen über das, was noch kommen würde. Jetzt habe ich eine andere Einstellung: Ich lebe und genieße den Tag, so wie er ist. Du musst jetzt genießen! Ich nehme mir nun mehr Zeit für die Kinder und für unsere Freunde. Denn wir müssen jetzt leben, nun können wir es noch.

Pim: Bei mir ist das anders. Ich fühle Zeitdruck. Ich möchte unsere Wohnung anpassen und unser Ferienhaus umbauen. Damit meine Frau gut leben kann. Aber das tue ich nicht nur für ihre Krankheit, sondern für uns beide. Das möchte ich so schnell wie möglich tun, denn die Zeit läuft. Erst will ich das hinterm Rücken haben, dann kann ich genießen.

Inwiefern war Spiritualität für euch in dieser Zeit eine Hilfe?
Pim: Spiritualität ist hilfreich, wenn man nach Kraft sucht. Sie bietet einen Halt, aber sie hat nur eine kleine Rolle gespielt. Ich habe probiert, möglichst positiv zu denken, dass alles wieder gut wird und wir durch das Glück nicht vollkommen in Stich gelassen werden. Alles hätte noch viel schlimmer sein können. Das gab mir Halt. Ich habe gebetet, innerlich und für mich selbst, dafür bin ich nicht extra zur Kirche gegangen.

Susan: Auch für mich war sie wichtig, aber sie hat nicht die Hauptrolle gespielt. Wohl habe ich in der Kirche Kerzen angezündet, etwas öfter als normal, Kerzen geopfert aus Dankbarkeit. Wichtiger aber war meine Hoffnung und mein Wille, das Beste aus der Situation zu machen und nicht zu viel nachzudenken. Ich habe versucht, meine Krankheit zu akzeptieren und alles zu tun, was ich tun konnte. Ich versuche, mit der Krankheit umzugehen und damit Frieden zu finden. Zum Beispiel bin ich sehr zufrieden, wenn ich etwas getan habe, daraus hole ich dann neue Kraft und Zufriedenheit.

Was ist für euch „Spiritualität"?
Pim: Ein Gefühl … Glauben an einen Teil der Lehre der katholischen Kirche. Allerdings bin ich unzufrieden damit, wie die Kirche sich den Menschen gegenüber verhält. Dass Priester nicht heiraten dürfen, die Fragen mit den Kondomen und dem Abortus! Ich sehe einen großen Unterschied zwischen Spiritualität und der Lehre der Kirche. Spiritualität ist *in* mir. Ich bin gläubig und gehe zur Kirche. Tatsache ist, dass es nur einen Gott gibt. Und ich bin sicher, dass die Bibel stimmt. Aber sie interpretieren es ganz anders und verdrehen Sachen. Dadurch kommt Unglaube auf! Mit den 10 Geboten stimme ich überein, sie sind kurz und kräftig. Aber inzwischen wurde das Ganze total ausgeweitet, damit bin ich nicht einverstanden. So groß war der Stein von Moses doch nicht? Auf diese Weise gibt es viele Dinge, die nicht stimmen. Das Zölibat steht doch nicht in der Bibel! Die Lehre stimmt nicht mehr, die Kirche hat was anderes draus gemacht: Frauen dürfen kein Priester sein, Priester dürfen nicht heiraten. Das ist so ein großes Unrecht. Wo steht das? Gut, so fühle ich es. Ich war Messdiener, viele Dinge waren damals heilig. Und nun? All diese Veränderungen.

Inwiefern seid ihr heute dankbar für diese Krisen?
Susan: Ich sehe und achte viel mehr auf die kleinen Dinge! Das Leben kann sich in wenigen Sekunden verändern. Wir stehen alle sehr nah am Tod. Deshalb ist nicht alles selbstverständlich. Darüber bin ich mir viel bewusster geworden. Wenn man gesund ist, dann ist alles selbstverständlich, aber das ist nicht so. Ich habe viel mehr Respekt vor Behinderten bekommen. Es wird so schnell geurteilt und verurteilt, obwohl es für alles einen Grund gibt. Ich kann es nicht vertragen, wenn Behinderte als Schauspieler oder Betrüger bezeichnet werden. Jeder Mensch will doch eigentlich gesund sein, das ist doch ein natürlicher Drang in uns!

Pim: Dankbar? Nein, dankbar nicht. Ich sehe wohl die Welt mit anderen Augen, ich sehe alle Blumen, sie sind jetzt schöner als früher. Ich bin mir total bewusst, dass die Sonne scheint. Heute lebst du, morgen bist du tot.

Susan: Die Anziehungskraft in unserer Beziehung ist stärker geworden. Wir lieben uns mehr als früher, die Beziehung ist jetzt enger. Aber da mussten wir auch dran arbeiten. Wenn die Beziehung unsicher ist, dann schafft man das so nicht, nicht in Krisenzeiten. Aber wenn man eine starke Beziehung hat, dann kann man das schaffen.

Wie geht es euch heute?
Susan: Die Sache mit unserer Tochter haben wir hinter uns, ihr geht es prima. Tod und Leben liegen wirklich dicht beieinander! Aber meine Krankheit spielt natürlich eine Rolle. Wenn man krank ist, dann gibt es immer irgendwelche Probleme. Am schwierigsten ist es, zu akzeptieren. Das muss man lernen und das braucht seine Zeit. Manchmal bin ich noch „sauer" auf die Situation, aber ich weiß auch, dass es noch schlimmere Dinge gibt. Diese Krankheit wird immer schlimmer werden, ich werde immer weniger tun können.

Welche hilfreichen Tipps könntet ihr Menschen geben, die durch eine Krise gehen?
Beide: Ehrlich zueinander sein! Miteinander reden und einander respektieren. Versuchen, so viel wie möglich Verständnis aufzubringen. Zuhören und nicht immer schon das eigene Urteil parat haben. Einander lieben, sich stützen und unterstützen; Liebe geben und nehmen! Wichtig ist, es zusammen zu tun und einander dabei möglichst viel Vertrauen zu schenken, dann hat man automatisch gute Gespräche.

Katharina

Krankenschwester (69), im Ruhestand

Durch welche Krise bist du in den letzten Jahren gegangen?
Das langsame Sterben meiner langjährigen Ehe. Es war ein langer Leidensprozess, den ich aber nicht immer so empfunden habe, denn ich hatte immer noch Hoffnung. Durch meine Erziehung war ich geeicht auf Durchhalten und geprägt durch das: „Bis dass der Tod euch scheidet..." Das Ende kam, als ich 50 war (also vor 19 Jahren). Im öffentlichen Kreis habe ich erfahren müssen, dass mein Mann eine andere hat. Daraufhin hatte ich einen Nervenzusammenbruch, einen totalen Zusammenbruch – physisch und psychisch. Ich war einige Wochen nicht lebensfähig. Ich lag im Bett, habe nicht gegessen, mich nicht gewaschen und mich vernachlässigt. Ich war wie im Koma und hatte keinerlei Empfinden. Ich wurde erstmals wieder auf die Beine gestellt durch zwei markante Sätze meiner Tochter, die kurz, aber sehr wirkungsvoll für mich waren. Meiner Tochter habe ich in dieser Zeit viel zugemutet und bin ihr sehr dankbar, dankbar für ihre Unterstützung und für ihre resolute Reaktion. Danach ging es langsam und stufenweise aufwärts. In den kommenden drei Jahren erlebte ich sämtliche Gefühle, die ein Mensch

empfinden kann. Ich habe mich sehr, sehr schuldig gefühlt und ging durch alle Tiefen, auch durch Hass. Dieser Hass hat mich verzehrt, aber ich ging da durch. Danach war ich wie gereinigt.

Welches war die härteste Erfahrung dabei?
Schwierig war, dass Außenstehende mit mir nicht gut umgehen konnten. Für sie durfte so eine Trauer oder Krise nur so und so lange dauern, dann musste es vorbei sein. Aber es war nicht vorbei. Am schlimmsten war der Vertrauensbruch, weil mein Mann mir nicht gesagt hat, dass er eine andere hat. Wir hatten verabredet, dass wir offen darüber reden würden, wenn es einem von uns „passieren" sollte. Aber obwohl ich meinen Mann irgendwann gefragt habe, hat er es geleugnet. So habe ich es in aller Öffentlichkeit erfahren müssen. Gegenseitiges Vertrauen war die Basis unserer Beziehung und deshalb zog es mir den Boden unter den Füßen weg. Dieser Bruch des Vertrauens beginnt erst jetzt langsam zu heilen. In all den Jahren bin ich nur wenig Risiko eingegangen, alles, was ich unternahm, habe ich total abgesichert. Inzwischen habe ich wieder Vertrauen in mich selbst und lasse Dingen auch ihren Lauf. Das klappt immer besser und ist viel stressfreier als vorher diese Kontrolle.

Was hat dir geholfen, diese Krise zu bewältigen?
Gott sein Dank hatte und habe ich Unterstützung durch Freunde und Verwandte. Lange Gespräche, in denen ich reden, jammern, klagen und anklagen konnte und durfte. Ohne Hilfe schafft man das nicht! Wichtig ist, dass man viel darüber redet und dass man gute Zuhörer hat. Die habe ich schätzen gelernt. Im Reden wurden mir Dinge deutlich, auch über mich selbst. Leider aber können Zuhörer nicht verstehen, was sie nicht selbst mitgemacht haben. Das ist leider so. Ich habe auch viele Bücher gelesen (psychologische und spirituelle). Viele gute Bücher, aus denen ich Hilfe und Kraft bekommen habe. Freunde, Bücher, Musik und Meditation haben mir geholfen, sie haben mein Leben bereichert und mich gestärkt. Und es gab auch abschreckende Beispiele in meiner Umgebung, bei denen ich dachte: So nicht!

Was hast du in dieser Krise gelernt?
Jetzt lebe ich seit 19 Jahren allein und bin zufrieden und glücklich. Mein Leben hat sich sehr verändert und ich habe eine innere Stärke gewonnen. Ich habe gelernt, mich und andere Menschen mit anderen Augen zu sehen und zu begreifen. Gegenüber den Menschen in meinem Umfeld bin ich einfühlsamer geworden und gehe achtsamer mit ihnen um, aber auch mit mir selbst. Mittlerweile verstehe ich den Satz „Liebe deinen Nächsten wie dich selbst!" Jetzt (mit 69 Jahren) kann

ich zurückblickend sagen, dass ich aus Schicksalsschlägen (Krisen) immer was Positives gelernt habe. Krisen haben mir innerliche Türen geöffnet!

Inwiefern war Spiritualität für dich in dieser Krisenzeit eine Hilfe?
Meine Spiritualität hat mir sehr geholfen, sie hat mich unterstützt und gestärkt. Nach einer starken Religiosität im Jugendalter hatte ich als Erwachsene meinen Glauben und meine Bindung an die Kirche verloren. Durch die Krise ist diese Spiritualität wiedergekommen, ich bin auf einmal wieder frommer, religiöser geworden. Im Nachhinein bedanke ich mich oft bei Gott und bei meinem Schutzengel, dass ich alles so gut überstehen konnte. Im Glauben an Gott, an ein göttliches Dasein und an einen vorgegebenen Weg fühle ich mich mittlerweile gut aufgehoben. Ich fühle mich eingebunden, ich kann mit Gott reden, es ist ein Zwiegespräch. Als junge Erwachsene habe ich alles hinterfragt, lange genug, jetzt gebe ich mich selbst und den Lauf der Dinge ab, in eine höhere Hand. Da fühle ich mich angenommen. Ich lasse es geschehen, irgendwie zwischen selbst- und fremdgesteuert.

Was ist für dich „Spiritualität“?
Spiritualität ist für mich sehr positiv, aber Spiritualität und Religion vermischen sich. Ich bin 100% sicher, dass es mehr gibt als das, was wir sehen. Für mich bedeutet Spiritualität, an Dinge zu glauben, die wir nicht sehen, und Zusammenhänge zu fühlen, die man nicht erklären kann. Ich habe oft Déjà-vu-Erfahrungen, dass mir also Situationen bekannt vorkommen. Ich meditiere viel und weiß, dass ich gut aufgehoben bin in einer göttlichen Kraft. Ich glaube an ein Göttliches, aber obwohl ich mit ihm reden kann, ist es für mich weniger eine Person, sondern eher eine (geschlechtsneutrale) Kraft oder Schwingung, es ist Licht und Liebe, durchsichtig. Ich bin als Christin erzogen, katholisch, aber ich fühle mich nicht mehr als Christ. Heute fühle ich mich zum Buddhismus hingezogen, mit seinem Glauben an die Wiedergeburt. Der Buddhismus ist milder als das Christentum. Allerdings muss ich sagen, dass ich zwischen dem christlichen Glauben und der Kirche unterscheide. Christus war mild, aber in der Lehre gibt es so viele Widersprüche, an denen ich mich stoße.

Wie geht es dir heute?
Mir geht es gut! Und dafür bin ich sehr dankbar! Heute gehen mein Mann und ich wieder gut miteinander um, das tut uns gut und vor allem unserer Tochter. Lange habe ich diese Geschichte einseitig gesehen, mit meinen Augen. Ich war total konzentriert auf mein eigenes Erleben. Inzwischen sehe ich das Zusammenspiel

von beiden Partnern bei dem Ende unserer Ehe. Ich habe lange gebraucht, um zu verstehen. Und lerne auch heute noch.

Inwiefern bist du heute dankbar für diese Krise?

Ich bin offener geworden! Krisen bringen uns weiter, zumindest wenn sie gut „geführt" werden. Hinterher ist man sensibler, achtsamer, sich selbst und anderen gegenüber. Man freut sich an kleinen Dingen und kann mitfühlen, wenn andere leiden. Man *weiß!* Die Krise hat mich stärker und freier gemacht, ich bin unabhängiger geworden und in gewisser Hinsicht auch egoistischer. Ohne Krise hätte ich das nicht geschafft. Aber ich bin keine Männerhasserin geworden. Jedoch hätte ich nicht die Kraft für eine neue Partnerschaft, was vielleicht auch eine Sache des Alters ist. Ich würde wahrscheinlich immer noch mehr geben als nehmen. Sehr glücklich bin ich darüber, dass ich diese Krise so gut verarbeitet habe und dass keine schmerzenden Narben zurückgeblieben sind. Meine Narben sind gut verheilt, sie sind nicht rot und wulstig, sondern blass, es sind glatte, schöne Narben.

Welche hilfreichen Tipps könntest du Menschen geben, die durch eine Krise gehen?

- Jeder hat seinen eigenen Weg. Es ist wichtig, gute Zuhörer zu haben. Gute Zuhörer sind ein Geschenk.
- Wenn man keine guten Zuhörer hat, dann sollte man sich professionelle Hilfe holen. Sonst bleibt zu viel übrig, was später das Leben schwer macht und das einem den Atem nimmt.

Stichwortverzeichnis

Weitere Bücher aus dem Verlag Via Nova:

Liebe dich selbst, sonst liebt dich keiner

Ein neues Selbstwertgefühl für Frauen

Irene Goldmann

Hardcover, 168 Seiten, ISBN 978-3-86616-125-2

Warum fällt es Frauen heute trotz besserer Möglichkeiten so schwer, ihr Leben glücklich zu gestalten? Dieser Frage geht die Autorin nach und kommt auf überraschende Antworten: Die Vorstellung von der Liebe als einer Art „Schlaraffenland" ist es, die verhindert, in der Partnerschaft das ersehnte Glück zu finden. Viele Frauen haben nicht genügend gelernt, sich um sich selbst zu kümmern, sich selbst zu lieben. Warum aber mangelt es Frauen an dieser Fähigkeit, die doch die Grundlage für persönliches Glück ist? Auf der Basis jüngster wissenschaftlicher Forschung erklärt die Autorin nicht nur, wie dieser Mangel entsteht. Sie macht auch deutlich, dass es möglich ist, Selbstliebe zu lernen, und begleitet Frauen auf diesem Weg. Sie zeigt ihnen, wie sie ihre Bedürfnisse optimal befriedigen, ihr Leben glücklich und sinnerfüllend gestalten und zu seiner einzigartigen Bedeutung vordringen können, um dann wirklich fähig für wahre Liebe und Partnerschaft zu werden.

Der Tod als Durchgang zu neuem Leben

Sichtweisen der verschiedenen Religionen

Das Totenbuch des Westens

Werner Plate / Helene Etminan

Paperback, 144 Seiten, ISBN 978-3-86616-113-9

In allen Religionen wird der Tod als eine wichtige Chance zur Erreichung von Erleuchtung und des Ewigen Lebens angesehen. Deshalb wird in diesem Buch das Geschehen nach dem Tod aus der Sicht der großen Religionen untersucht, und es werden die Erfahrungen erläutert, die die Seele einer verstorbenen Person auf ihrem Weg in die Unsterblichkeit bzw. zur nächsten Wieder-Verkörperung macht. Auf einer grundsätzlichen Ebene wird einsichtig, was im Nach-Tod eigentlich geschieht, und es wird eine Sicht darauf eröffnet, wer wir wirklich sind – im spirituellen Sinne. Orientiert am Tibetischen Totenbuch enthält das Buch einen Text, der einer verstorbenen Person zur Begleitung ihrer Seele vorgelesen werden kann. Das Vorlesen dieses Textes unterstützt die Seele des Verstorbenen darin, sich für die Erfahrung des Göttlichen zu öffnen oder sich für eine positive Wiedergeburt zu entscheiden. Mit der Ermutigung zur Sterbebegleitung kann dieses Buch außerdem helfen, sich dem Sterben einer geliebten Person zu stellen und auch positiv mit dem eigenen Sterben umzugehen.

Die heilende Kraft des Scheiterns

Ein Weg zu Wachstum, Aufbruch und Erneuerung

Claus Eurich

Hardcover, 128 Seiten, ISBN 978-3-86616-043-9

Ohnmacht und Scheitern zu erfahren ist ebenso alltäglich wie zu erleben, dass Erwartungen zerbrechen. In unserer Kultur werden diese schmerzhaften Lebenserfahrungen überwiegend verdrängt und als Schwäche des Menschen diskriminiert. Dieses Buch verändert den Blick auf das Scheitern grundlegend: fort vom Makel, hin zu den heilenden Aspekten. Es zeigt auf, dass Neues nur entstehen kann, wenn Altes sich auflöst bzw. zerbricht. Scheitern wird in diesem Blick zur Chance. Das Buch gibt Hinweise für eine entsprechende Gestaltung des Lebens. Es ist zudem in eine Zeit hinein geschrieben, die im Großen wie im Kleinen von Krisen geschüttelt ist, in der zugleich aber auch die Sehnsucht nach Aufbruch und Erneuerung überall spürbar ist. In Krisen und Grenzerfahrungen wird dieses Buch ein wertvoller Begleiter sein.

Wie Sie herausfinden, wann Ihre Beziehung wirklich zu Ende ist und was Sie tun können, um sie zu retten

Chuck Spezzano

Taschenbuch, 120 Seiten, ISBN 978-3-86616-108-5

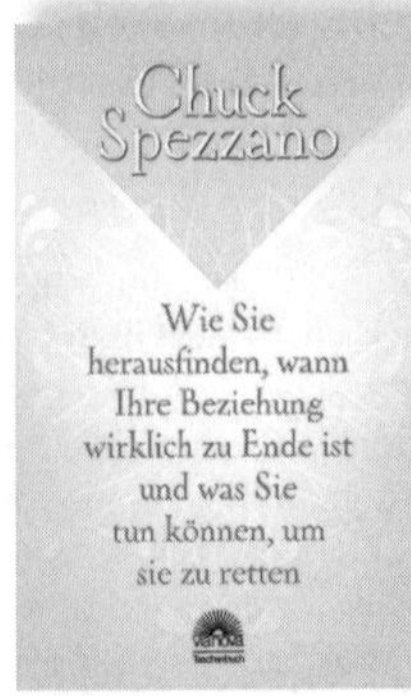

Heute sind (vor)schnelle Trennungen an der Tagesordnung, weil jeder glaubt, er könne beim nächsten Partner das Glück finden, das der gegenwärtige Partner ihm scheinbar nicht geben kann. Die Chance, in einer bestehenden Beziehung zu echter Partnerschaft zu gelangen, wird so oftmals voreilig und leichtfertig vergeben. Der erfahrene und weltweit bekannte Beziehungsexperte macht im vorliegenden Buch klar, was eine Beziehung zerstört und was sie zu stärken vermag. Er vermittelt Prinzipien der Heilung, die dazu beitragen können, eine Beziehung aus dem gefährlichen Fahrwasser einer drohenden Trennung herauszuführen, und er zeigt eine „narrensichere" Methode auf, die es einem oder beiden Partnern ermöglicht, zweifelsfrei festzustellen, ob ihre Beziehung wirklich zu Ende ist oder nicht.

50 Wege, loszulassen und glücklich zu sein

Wegweiser, Vergangenes loszulassen und glücklich in der Gegenwart zu leben

Chuck Spezzano

6. Auflage

Hardcover, 168 Seiten, ISBN 978-3-936486-20-9

Dieses Buch des weltweit bekannten Lebenslehrers Chuck Spezzano ist ein wichtiger Wegweiser für alle, die einen Ausweg aus ihrer Lebenskrise suchen, eine Veränderung in ihrem Leben herbeiführen und eine bessere und glücklichere Gegenwart und Zukunft für sich eröffnen wollen. In kurzen und einprägsamen Lektionen erklärt der Verfasser an vielen Beispielen, wie alte Muster aus der Vergangenheit unser Handeln in der Gegenwart beeinflussen, und macht deutlich, dass wir nur dann wahrhaftig glücklich sein können, wenn wir die Fähigkeit entwickeln, Vergangenes loszulassen. Die Wahrheit seiner Lehren und Prinzipien erweist sich immer wieder in ihrer praktischen Umsetzung im Alltag, ganz gleich, ob die Krise durch den Verlust einer Beziehung, den Tod eines geliebten Menschen oder den Verlust der Gesundheit oder des Arbeitsplatzes ausgelöst wurde. Dieses Buch wird zu einem Ratgeber, Lehrer und weisen Freund werden, der dem Leser jederzeit hilfreich zur Seite steht.

Heilung beginnt im Herzen

Die inneren Kräfte wecken, um Körper und Seele zu heilen

Chuck Spezzano

Hardcover, 240 Seiten, ISBN 978-3-86616-140-5

Das neue Buch des bekannten Lebenslehrers Dr. Chuck Spezzano gibt dem Leser grundlegende Prinzipien und Methoden an die Hand, um sich von allen Formen von Krankheit und Schmerz zu befreien. Es ergründet nicht nur die Wurzeln dessen, was Krankheiten und Schmerzen erzeugt, sondern zeigt darüber hinaus praktische Wege, wie man die dem eigenen Herzen und Geist innewohnende Kraft nutzen kann, um Krankheiten zu heilen und Schmerz aufzulösen.

Trennung oder Neuanfang?

Bewältigung von Partnerschaftskrisen aus psychologischer und juristischer Sicht
Matt Galan Abend / Celia Elsdörfer

Hardcover, 144 Seiten, ISBN 978-3-86616-141-2

Die beiden Autoren Matt Galan Abend (Psychologe) und Celia Elsdörfer (Rechtsanwältin) behandeln die psychologische und die juristische Seite einer Problematik, in die heutzutage immer mehr Menschen verstrickt sind. Dieses Buch zeigt genau auf, auf welchem Boden sich solche Problematiken entwickeln, welche Fehler gemacht werden, wie solche Fehler zu vermeiden sind, was dabei unsere Lernaufgabe ist. Menschen, die in problematischen Partnerschaften leben, die vielleicht schon vor der Frage des Aufgebens stehen, erhalten hier fundierte Antworten, die aus täglicher Praxis und eigener Lebenserfahrung entstanden sind und nicht nur irgendwelchen Theorien folgen.

Vom Übergewicht zum Gleichgewicht

Wie ich auf der Suche nach der Wahrheit 50 kg abnahm
Theresa Weißkircher

Paperback, 224 Seiten, ISBN 978-3-86616-144-3

Die Autorin Theresa Weißkircher beschreibt und erörtert in diesem Buch eigene Erfahrungen mit ihrem übergewichtigen Körper, ihre Auseinandersetzung mit sich selbst und ihren Lebensbedingungen, ihre Suche nach ihrem innersten Wesen, dem Urgrund des Seins. Indem sie sich von ihrer inneren Stimme, ihrer Intuition führen lässt, gelingt es ihr, in ein paar Monaten 50 kg abzunehmen, ihr seelisches und körperliches Gleichgewicht wiederzufinden und sich in Liebe und mit Freude dankbar anzunehmen. Ihr Erfolg macht allen Mut, die unter Gewichtsproblemen, besonders Übergewicht, leiden, ihr äußeres Erscheinungsbild in Einklang mit ihrem inneren Wesen zu bringen.

Sich ändern – statt ärgern

Vom Umgang mit turbulenten Gefühlen
Kurt A. Richter

Paperback, 288 Seiten, ISBN 978-3-86616-124-5

Machen Sie sich fit im Umgang mit arroganten, nörglerischen, vorwurfsvollen, eifersüchtigen, rechthaberischen, neidischen und zynischen Zeitgenossen. Erkennen Sie die inneren Ursachen negativer Gefühlszustände, die Ihr Selbstbewusstsein und Ihre besten Qualitäten unterdrücken. Entdecken Sie anhand von 22 inspirierenden Gesprächen, ähnlich der Dialog-Methode von Sokrates, völlig neue Möglichkeiten, mit verbalen Tiefschlägen und turbulenten Gefühlszuständen wie Ärger, Schuldgefühlen, Streit, Sorgen, Prüfungsängsten und Schlafstörungen umzugehen. „Update your brain" heißt: Aktualisieren Sie Ihr Denken und bringen Sie Ihre soziale Kreativität auf den neuesten Stand. „Update your brain" heißt: *Update für deinen Geist ... dein Gemüt ... dein Wohlbefinden ... deine Leistungsfähigkeit ... deine Lebendigkeit ... dein Glückserleben ... deine Liebe ... deine Lebensfreude ... deine Kreativität ... deine Inspiration ... deine Leidenschaft ... deine Energie ... deinen Humor.*

Freundschaft – ein Geschenk des Lebens

Max Lang

Paperback, 240 Seiten, ISBN 978-3-86616-143-6

Was wäre unser Leben ohne gute Freunde! Wie könnte es ohne sie gelingen! Die Freundschaften sind es, die dem eigenen Dasein Fülle und Tiefe verleihen. Im Geben und im Nehmen erschließen sie menschliches Werden und Vollenden. In zahlreichen Geschichten, im Blick auf die Jahrhunderte und auf die Kulturen der Welt und die Weisheit der Philosophen erschließt er die spirituelle Dimension der Freundschaft. Als besonders hilfreich erweisen sich hierbei Impulse aus der Welt des Buddhismus. Ein eigenes Kapitel ist der Freundschaft mit alten Menschen gewidmet.

Medizin für die Seele

Lebens- und Seelenkräfte im Alltag mobilisieren

Prof. Franz Decker

Paperback, 224 Seiten, 32 Grafiken, ISBN 978-3-86616-115-3

Für viele Menschen ist es heute sehr schwierig, den Herausforderungen des Alltags in unserer komplexen, schnelllebigen Welt gerecht zu werden, das eigene Leben selbstverantwortlich zu gestalten und sinnvoll und erfüllt zu leben. Prof. Franz Decker zeigt in seinem Buch diese Probleme auf, aber auch Möglichkeiten, die „Überlebenskräfte", die unerschöpflichen Kraftquellen der Seele und des Geistes, zu wecken und zu entwickeln, um in seelischem Gleichgewicht, mit Freude, Gelassenheit, Mut und Zuversicht das Leben zu bestehen. Das Buch erwuchs aus eigener Erfahrung und basiert auf den neuesten Erkenntnissen, dass durch eine entsprechende Neuorientierung und Seelenprogrammierung ein erfülltes und ausgeglichenes Leben möglich ist. Beispiele veranschaulichen und überzeugen. Es bietet sehr einprägsam ein Programm zur Förderung der Lebens- und Seelenkräfte im Alltag sowie Übungen zur Entspannung, Besinnung, Meditation, mentalen Lebensänderung und emotionalen Stabilisierung.

Die Vision vom göttlichen Menschen

Eine spirituelle Weg-Begleitung in das neue Jahrtausend

Barbara Schenkbier

Paperback, 424 Seiten, 21 ganzseitige Bilder, ISBN 978-3-928632-68-3
Prachtband: Geb., 424 Seiten, Einband Kunstleder mit Goldaufdruck,
21 ganzseitige Bilder, Zweifarbendruck, ISBN 978-3-928632-18-8

Das Buch ist ein umfassendes Standardwerk, das den Durchbruch einer neuen Evolutionsstufe im Bewusstsein des Menschen vorbereiten hilft. Aufbauend auf wissenschaftlichen Erkenntnissen und der mystischen Tradition aller Religionen führt es zu einem tieferen Wissen über das menschliche Bewusstsein, um dann den Weg zum göttlichen Menschen zu beleuchten. Alle wichtigen Schritte werden beschrieben, wesentliche Übungen aus einer neuen Sicht heraus dargestellt und die Transformationsstufe zu einem neuen Bewusstsein geschildert. Beim Lesen und Anwenden der beschriebenen Wahrheiten eröffnet sich dem Leser eine neue Sicht auf den Sinn des Lebens. Alle, die den geistigen Weg beschreiten, werden ihn besser verstehen, ihn bewusster, mutiger und konsequenter weitergehen. Das Buch ist aus der eigenen spirituellen Erfahrung der Autorin heraus geschrieben und eröffnet den Blick in eine Zukunft, die die evolutionäre Schöpferkraft selbst schaffen wird.

Die Kunst der Lebensfreude

Ein praktischer Weg zu mehr Lebensglück und Erfüllung

Peter Reiter

Hardcover, 264 Seiten, ISBN 978-3-936486-19-3

Der Verfasser macht in diesem Buch dem Leser bewusst, dass Lebensfreude, Glück und Erfüllung bereits in jedem liegen, wie die mystische Philosophie sowie auch die großen Religionslehrer verkünden. Der Zustand der Freude ist kein Fernziel, kein Endzustand weniger Heiliger, Erleuchteter oder gereifter Persönlichkeiten, sondern kann von allen Menschen hier und jetzt erfahren werden, wenn sie bereit sind, sich vom selbstgeschaffenen seelischen Ballast zu befreien. Diese Lebenskunst anzuwenden, die vom Lebenskampf zur Lebensfreude führt, wird jeden freier, glücklicher und vor allem liebevoller machen. Der im Buch beschriebene Weg der Lebenskunst erfordert keine Vorbildung, ist jederzeit möglich, wo immer man steht. Wenn die wenigen einfachen Regeln und Methoden dieser Kunst angewendet werden, werden Lebensaufgaben fortan mit Freude statt mit Leid ausgeführt, um geradezu „unverschämt glücklich" zu sein. Denn Glück und Unglück liegen einzig im Geist, und was ist wichtiger, als glücklich und lebensfroh zu sein?

Verwandle Mißerfolg in Erfolg

Gewinnen durch Verlieren

Mariana Caplan

Paperback, 176 Seiten, ISBN 978-3-936486-17-9

Was geschieht, wenn alle unsere vermeintlichen Götter – Glück, Gesundheit und Liebe – uns im Stich lassen? Genau dann entsteht das Potenzial für eine klarsichtige Bewusstheit, die zu wahrer Erkenntnis der Realität, zu nie dagewesenem Wachstum und zu radikaler Transformation führen kann. Das ist die Lehre, die Mariana Caplan dem Leser in diesem Buch vermitteln will. Auf anschauliche und spannende Weise beschreibt sie, wie man durch Misserfolge und den Verlust vermeintlich wichtiger Dinge zu der Erkenntnis gelangt, dass authentischer Erfolg nicht an materiellen Dingen, Vorstellungen oder Erwartungen, sondern an der Qualität unseres Menschlichseins und unseres Daseins gemessen wird. Der Schriftsteller Joseph Chilton Pearce bezeichnet das Buch als „ein Werk voll zarter Weisheit, echter Führung und mitfühlender Richtungsweisung".

Mach mehr aus deinem Leben!

20 Schlüssel, Ausstrahlung und Attraktivität zu verbessern

Frank Ihle

Paperback, 160 Seiten, ISBN 978-3-86616-126-9

Menschen sind oft unsicher im Umgang mit sich selbst und mit anderen, fühlen sich minderwertig und haben Probleme, einen passenden Partner, eine Partnerin zu finden. Der Autor Frank Ihle erforscht seit Jahren Möglichkeiten und Wege, wie Menschen ihre Lebensqualität steigern können. Er vermittelt in diesem Ratgeber und Arbeitsbuch seine Erfahrungen und Erkenntnisse, zeigt auf, wie man mit 10 „äußeren Schlüsseln" selbstbewusst sein Aussehen und Auftreten verbessern und mit 10 „inneren Schlüsseln" Charakter, Geist und Psyche, seine inneren Werte positiv entwickeln kann. Der Leser kann sich mit Hilfe dieses Ratgebers Kenntnisse erarbeiten, sie anwenden und entsprechende Verhaltensweisen und Einstellungen trainieren, um sie bis ins Unterbewusstsein hinein als Ausdruck und Ausstrahlung seiner Persönlichkeit zu festigen. Ein klarer Aufbau, eine deutliche, eindringliche, z.T. humorvolle Sprache erleichtern das Lesen.